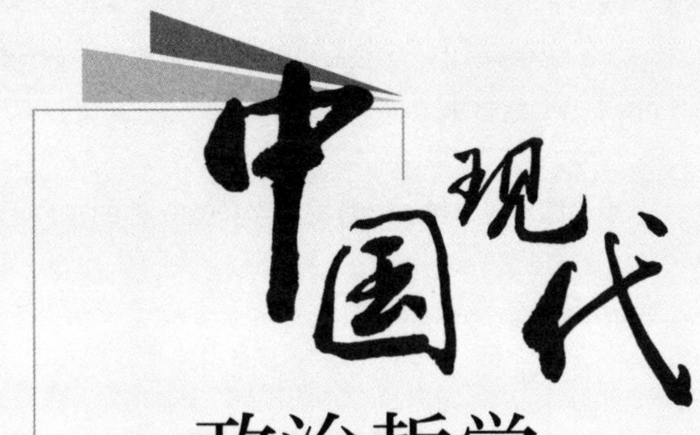

政治哲学的历程

张师伟——著

天津出版传媒集团
天津人民出版社

图书在版编目（CIP）数据

中国现代政治哲学的历程 / 张师伟著. -- 天津 :
天津人民出版社, 2023.6
ISBN 978-7-201-12793-4

Ⅰ. ①中… Ⅱ. ①张… Ⅲ. ①政治哲学—政治思想史—中国 Ⅳ. ①D092

中国国家版本馆 CIP 数据核字(2023)第 037577 号

中国现代政治哲学的历程
ZHONGGUO XIANDAI ZHENGZHI ZHEXUE DE LICHENG

出　　版　天津人民出版社
出 版 人　刘　庆
地　　址　天津市和平区西康路 35 号康岳大厦
邮政编码　300051
邮购电话　(022)23332469
电子信箱　reader@tjrmcbs. com

策划编辑　郑　玥
责任编辑　王　琤　郭雨莹
装帧设计　明轩文化·王　烨

印　　刷　天津新华印务有限公司
经　　销　新华书店
开　　本　710 毫米×1000 毫米　1/16
印　　张　29.25
插　　页　2
字　　数　350 千字
版次印次　2023 年 6 月第 1 版　2023 年 6 月第 1 次印刷
定　　价　98.00 元

目　录

第一章　导论

中国传统政治思想的主题是民本君治,其所提倡和主张的政体形式始终是君主制,而且君主制的发展每每与君主政治理论的发展相伴随。中国传统政治思想总的发展趋势就是君主专制主义政治理论的日益完善。但自鸦片战争以来,不仅中国政治思想的主题发生了巨大变化,由积极提倡君主专制而逐渐提倡民主政治,而且中国政治思想发展的动力系统也出现了重大变化,外来文化的刺激和驱动成了中国政治思想发展的决定性影响因素。中国的民主思想乃是道地的舶来物,传统中国既无民主政治经验,也无民主政治思想,[①]其根本原因并不是中国传统政治思想家无能,而是中国一向的政治传统无此需求。中国政治思想的研究者,特别是出于政治学的视角进行中国政治思想研究的学者,大都承认外来文化对中国民主政治思想产生的重大影响,而不肯贸然认定民主政治思想可以自然而然地普遍出现于世界各个政治共同体。

萧公权认为中国传统政治思想中"缺乏近代国家观念","近代国家的品行如何,虽无绝对之标准以资判断,然按世界各国政治经验之通例言,则所

---

① 参见陈旭麓:《民主思想的长卷——为〈中国近代民主思想史〉作序》,《陈旭麓文集》(第四卷),华东师范大学出版社,1997 年,第 206 ~ 211 页。

谓近代国家,至少具有下列数特点:(一)树立民族自主之权”“(二)承认列国并存”“(三)尊法律,重制度,而不赖人伦道德以为治。……(四)扩充人民参政权利”。“欧洲近代国家之发生与长成,先于中国者数百年。……明季清初,西洋教士虽已东来,国人尚狃于专制天下之结习,对其所传来之西学,未发生普遍之影响。必经辛丑、庚申、甲午、庚子诸役丧师辱国,然后朝野人士渐觉专制天下之旧制度旧思想不足以图存。于是效法西人,维新变法之议大起。欧美近代国家观念乃传入中国,与传统思想互相争斗,局部调和。”[①]作为一个熟悉西方近代国家与政治理念而又以中国政治思想研究见长的学者,萧公权的上述判断揭示出了中国传统政治思想与现代政治思想在背景及内容上的根本差异。这也表明现代政治观念在中国的兴起,一方面与鸦片战争以来的“西学东渐”密不可分,另一方面,中国的现代政治观念在形成和发展的过程中又不可避免地受到了传统政治观念的影响,古今中西之争中形成的“新学”凝聚着古今中西之学的观念内涵。但在总体上,新学之新恰恰是因为它吸纳了西学的有益成分,并标志着传统古学在思想主题及逻辑框架上开始向现代方向转进,“新学”是古学的一种转折性发展。

尽管西方社会在控制国家权力方面有悠久的传统,但是在迈进近代社会的门槛前,它无疑也已经走到了以集权为主流政权形式的阶段。17 世纪,西方社会主流的政权形式并不是近代宪政已经开始孕育的英格兰,而是“朕即国家”的法兰西君主专制主义政权。世界范围内的近代化社会只能是世界一体化运动的产物,每一个民族都只有容身于世界一体化的洪流中,才能发展出具有民族特征的近代化社会。诚然,前近代社会发展到近代社会的第一步当然是消解传统社会本身,但是并不是所有对传统社会的消解都能够顺乎自然地导致近代社会的到来。前近代社会发展到近代社会的关键一

① 参见汪荣祖:《中国现代学术经典·萧公权卷》,河北教育出版社,1999 年,第 13 页。

步在于确立近代性，而民主主义启蒙思想的关键恰恰在于其思想的建设性方面具有近代属性。所谓民主主义启蒙思想只能产生在近代社会和文化已经开始孕育的国度和时代，它的目的和任务，就是缔造、传播、普及、发展近代意义上的科学和民主，它固然要破坏传统旧世界，但是它的重点和核心则是从本体论的意义上建构具有必然性的新世界。人类社会进入近代阶段必须具备近代化了的社会生活系统，而这个系统却是在一个比较漫长的历史发展过程中逐渐解决一系列经验性问题的结果。[①] 民主主义启蒙思想的实质必须也必然是近代化过程中的一系列近代化经验性问题的理论升华，其中心在于从思想上确立近代化了的社会秩序和社会目的系统等的必要性和必然性。中国政治思想的近代化或现代化，也同样只有置身于世界一体化的历史洪流中才可能发生，而中国社会由传统到现代的一切划时代重大变化就只能发生在鸦片战争之后。[②]

鸦片战争以后，中国虽然出现了林则徐那样开眼看世界的朝廷官员，出现了魏源《海国图志》那样介绍西方政教风俗的著作，但是中国社会并没有马上进入一个迅速变化的时代，而尚存有传统迟滞社会的诸多特点。中国在政治体制及政治思维上出现一点真的变化则要等到 19 世纪 60 年代初的第二次鸦片战争，其结果是出现了洋务性质的专门机构及洋务维新思想。19 世纪 80 年代，洋务运动中出现了一些比较关心政治的杰出人物，他们开始向国人传播议会思想，既介绍西方国家的议会，又设计中国自己的议会，但是这始终不过是汇入历史洪流中的潺潺流水，几乎没有引发社会的相关政治反应，也没有在广大人群中广泛传播开来。[③] 中国传统政治思想发生根

---

① 参见张师伟：《民本的极限——黄宗羲政治思想新论》，中国人民大学出版社，2004 年，第 4 页。

② 参见陈旭麓：《近代中国社会的新陈代谢》，上海人民出版社，1992 年，第 1 ~ 52 页。

③ 参见熊月之：《中国近代民主思想史》，上海人民出版社，1986 年，第 124 ~ 133 页。

本性裂变的起点可能要算甲午战争以后康有为等发起组织的"公车上书",随后中国社会出现了一个变法维新的政治思潮,各个层次的读书人都强烈要求变法维新,但是其中只有康有为等维新派及主张自强的洋务派在政治思想上有些新意。自此以后,中国在政治上进入了一个快速的跃进时期,各种各样的政治方案,形形色色的政治制度,不同特点及政治追求的主义,在中国大地上交织着。中国的旧东西,有的去而复来,有的与新东西共存而争艳,中国在政治上及政治思想上都表现出了半封建半殖民地的特点,其中半封建代表中国传统的旧东西,而半殖民地所代表着的新东西又是以半殖民地的血腥方式植入的。近代中国新学并不完全就是所谓西学,其实质仍然是改造中国的中学。

一、世界一体化与政治现代化

政治现代化是人类社会发展到一定历史阶段出现的特殊形式的政治发展,其核心和关键是政治民主化、科学化和文明化。[①] 所谓政治民主化就是各阶层的社会、经济、文化和政治等权利不断快速而全面地扩充,不仅享有各种权利的人越来越多,而且人们享受到的权利类型和总量也不断增加,人们享有各种权利的途径、方式和方法也日益增多而越发多样化、多元化。所谓政治科学化,就是各种实体都受到了足够的一般教育和政治教育,各种各样的教育特别是政治教育在提供大量合格的政治人的同时还产出大量的知识和技术产品。于是,各种政治实体的积极性都能够得到科学的理论与方法的大量帮助,从而不仅使得社会政治活动中的盲目性进一步减少,而且还极大地提高了政治活动的效率和质量。所谓政治的文明化,就是政治活动乃

---

① 参见王楷模、田正利、张师伟主编:《政治学原理》,中国政法大学出版社,2006 年,第 392 页。

至整个政治系统越发显示出日益强烈的人文特点,不仅强调政治要真正地关心人、关怀人和帮助人,而且还强调政治必须要一视同仁地对待一切政治人。中国传统政治理论具有强烈的民本倾向,认为政治要一切为了人,要为了一切人,为了人的一切,要真正体现其“使人成人”的根本追求。自迈入近代的历史门槛以来,中国人最根本的政治利益,就在于政治的完全现代化。

政治现代化并不是人类在某个历史阶段不可避免的宿命,而是一种经验的东西,它从具备了各种条件的某一点开始形成,而后又随着世界一体化运动的深入而传遍全世界。现代化社会就其本质而言必然也必须是一种世界性的社会,它的产生和发展都将是世界性的。某一个社会共同体是否已经开始现代化的标志,就是它是否以及在多大程度上世界化了。人们已经非常习惯了从一定的历史逻辑出发来认识和论证社会的思想发展问题,这种逻辑推论具体表现为社会形态更替和社会运作程序的程式化上,一切社会历史现象都被吸附到某种体大精深的逻辑框架中,在其中占有一个固定而必然的逻辑位置,它的产生、存在、结果以及消亡都必须而且也只能在该逻辑框架中得到说明。这种认识方法和解释体系不无历史目的论的嫌疑,它在某种程度上造成了历史研究的僵化,也在一定程度上加重了人们在历史研究中的困惑。[①] 人类社会从来就是多元的,不仅在社会现象的表现方面如此,就是所谓社会的本质也是如此,各种社会现象的本质都只能从其本身的表现和过程中才能得到说明。历史研究固然不能没有一定的逻辑推理体系,然而一定的逻辑推理体系毕竟不能作为历史研究的起点,更不能包办或代替历史研究本身,否则就会从逻辑推理的主观需要出发,断章取义地取舍和解释历史材料,片面地理解历史,甚至阉割历史。人类历史毕竟不是按照

---

① 参见张师伟:《民本的极限——黄宗羲政治思想新论》,中国人民大学出版社,2004 年,第 3 页。

某种先验原则提供的序列按部就班地进行着，人类及各个民族的客观历史都是经验地形成的。虽然每一个实现了近代化的民族都具有民族性特征，但这并不意味着任何一个民族都可以独立地发展出自己的近代化社会。[①]政治现代化只能是世界一体化运动的产物，每一个民族都只有容身于世界一体化的洪流中才能发展出具有民族特征的政治现代化。

即使原发性的政治现代化也是一种世界性的产物。英国的政治现代化是世界各国政治现代化之母，各种各样的政治现代化都学习和继承了英国政治现代化的某些属性或特点，英国还是各种近现代基本制度的发源地。英国的政治现代化是在没有任何先例和现成经验的前提下发生的真正意义上的政治现代化。原发性政治现代化并不意味着它没有受到外来文化的影响，而是说外来文化的影响已经内化成了英国政治社会的新的属性或新的动力，致使英国政治社会的新的属性不断受到支持而逐渐发展起来，直到英国政治社会的民主化达到了新的爆发点而将贵族的权利转化为资本的权利，政治社会也因此具有了所谓政治现代化的许多特征，从而成了一个名副其实的政治现代化社会。[②] 原发性政治现代化并不是政治现代化发生的通例，而是政治现代化发生的一个特例。这个特例的前提之一是封建性的政治民主以及一定形式的代议政治的存在，其最典型的事件就是十三世纪出现的“自由大宪章”确立了贵族相对于国王的自由权利。这个特例的前提之二，就是贵族自由权利随着历史的发展不断巩固，而且还逐渐普及于非贵族的其他政治阶层，如果说第一个前提曾经是中世纪早期西方历史的通例的话，那么第二个前提就是英国政治独有的特例，在其他民族国家的贵族自由权利日益萎缩和代议政治日益没落的情况下，只有英国的自由权利和代议

---

① 参见张师伟：《民本的极限——黄宗羲政治思想新论》，中国人民大学出版社，2004 年，第 3～4 页。

② 参见王楷模、田正利、张师伟主编：《政治学原理》，中国政法大学出版社，2006 年，第 393 页。

政治发生了积极的变化。[①]

政治现代化一旦产生,就开始了它风靡世界的风光历程,没有哪个民族国家可以抵御住它的迷人魅力。[②] 目前,政治现代化正在随着世界一体化运动的继续深入而不断扩充到全世界各个社会共同体。政治现代化风靡全球给人类社会带来了普遍的繁荣,而其起点则是由寥寥数人完成的所谓"地理大发现"。"地理大发现"并不是一个纯粹的地理问题,而是一个重要的人文问题,因此"地理大发现"所谈论的问题并不是谁在何时首先发现了美洲新大陆,而是探讨"地理大发现"何以能够发生并由此而推动了人类社会发展的进程,使人类社会发生了历史性的重大突破,使政治现代化的发生成为可能。"地理大发现"发生于1500年左右,同样不是由历史的宿命造成的,也主要不是由航海技术的进步而造成的,而是东西方贸易受阻后不得不然的自觉应对,而且西方人自古希腊以来的天文观也非东方能有。中国人的航海技术在郑和七下西洋(中国南海以西的海洋及近海各地)的时代已经很成熟,不论是船队的规模,还是背后的财力支持,完成了"地理大发现"的哥伦布、达·伽马、麦哲伦等都无法望其项背,但是就历史活动的影响而言,中国的郑和显然不能与哥伦布、达·伽马、麦哲伦等相比。哥伦布、达·伽马、麦哲伦等的事业,"从地理上沟通了欧、美、亚、非之间的关系。谓之地理大发现是名副其实的。……从此,历史在很大的程度上成了世界的历史,在这个意义上应当说,他们的航程是划时代的"[③]。

人类历史成为真正的世界史开始于16世纪,而它的真正起点正是"地理大发现"。"地理大发现"使历史成为世界史的进程是从西方开始的,其所以如此乃是因为"地理大发现"与西方社会的发展逻辑之间存在密切内在联

---

① 参见王楷模、田正利、张师伟主编:《政治学原理》,中国政法大学出版社,2006年,第392页。

② 参见王楷模、田正利、张师伟主编:《政治学原理》,中国政法大学出版社,2006年,第392页。

③ 陈旭麓:《近代中国社会的新陈代谢》,上海人民出版社,1992年,第27页。

系。郑和的七下西洋与中国社会自身的发展逻辑没有内在联系。陈旭麓先生曾比较郑和与哥伦布、达·伽马、麦哲伦等的功业,他指出:“哥伦布、达·伽马和麦哲伦在西方航海史上是迭连出现的。三者在纵向上前后相承,在横向上独立完成各自的创举,在他们的前后左右,还有一大批那个时候的二流和三流航海家,由此构成了整个地理大发现。而郑和七下西洋,却是前无古人,后无来者,楼船东返,海域沉寂。西方的航海者之所以冒险犯难,百折不挠,孜孜以向东方,有着十字军最后努力的宗教背景,但更大的原因在于神秘的东方有多量而且易取的黄金、香料和其他货利之物。”①

东西方社会对航海的态度背后是彼此在社会结构和理论观念上的巨大差距。就社会结构来说,东方之中国在社会结构上并没有突出经济与社会发展的逻辑要求,而较多地保留着权力逻辑的要求,因而航海缺乏来自经济与社会的驱动,从而陷入了人亡政息的循环。就理论观念来说,中国也缺少相应的自然地理知识理论,从而并不能得出“全球航行”的理论结论,反而在观念上能接受越是前行就离出发地越远的常识看法,并认为无限的地理空间会隔绝与中国本部的政治及社会联系。不同的社会结构与理论观念不仅决定了不同的航海态度,而且也决定了在近代国家形成过程中的历史性差距及彼此在同一个时代的发展落差和彼此间的关系。如西方航海家所料,在“地理大发现后,地理距离所造成的空间障碍比过去变得容易超越了,世界格局发生了大变化:西方成为殖民主义,东方变作殖民地”②。西方在新航路开辟中出力最多的西班牙和葡萄牙首先成为血腥的殖民势力,而后是荷兰、英国、法国等,西方主要国家都在迅速成为殖民势力的同时积聚起了巨额通货,巨额通货涌入的国家,如西班牙和葡萄牙等因此而发生了物价飞涨

① 陈旭麓:《近代中国社会的新陈代谢》,上海人民出版社,1992 年,第 29 页。
② 陈旭麓:《近代中国社会的新陈代谢》,上海人民出版社,1992 年,第 30 页。

的“价格革命”，其中部分世袭贵族阶层受到沉重打击而没落，而掌握政权的世袭贵族则加倍地野蛮化，巨额的通货成为政治统治者盘剥的工具，致使社会发展趋于畸形。英国等则将巨额通货转化为工业资本，促进了产业的发展，改变了社会各阶级的政治力量对比，使英国的议会政治朝着有利于大多数人的方向发展，并最终实现了现代化的飞跃性发展。[①] 地理大发现造成了西方社会的迅速崛起，及东方社会的继续迟滞，终于引发了世界局势的重大变化，使古老落后的东方依附和从属于文明先进的西方。西方殖民者对东方的掠夺和蹂躏由极其野蛮的海盗式活动，逐渐发展到建立普遍的有法理依据的国际政治经济秩序，使西方传统的国际秩序世界化为全球秩序，要求世界各国都按照西方传统的国际关系规则来处理彼此间的关系。值得注意的是，西方殖民者掠夺和蹂躏方式的转变是随着其掠夺和蹂躏对象文明程度的逐渐提高而实现的，但殖民者的掠夺和蹂躏不论是豪夺，还是巧取，都难掩其暴虐的本质。

西方殖民势力到达东方以前，中国及周边地区已经建立了稳定的国际政治经济秩序，他们一直按照中国朝廷设立的规则进行活动。但是世界局势已经导致了东方对西方的依附和从属关系，从而东方世界古老的国际规则不得不逐渐让位于西方传统的国际规则。西方殖民势力的到来注定要给传统中国带来巨大的前所未有的变化。需要指出的是，中国由于一直处在东方文明中心的地位，特别是清朝在与俄罗斯的战争中获胜以后，落后的中国仍然保留着强盛的外观，致使西方殖民势力中力量较小和贪图小利的国家采取了表面上的忠顺态度，这反过来又增加了中国天朝上国的虚骄心态，从而使中国一直自以为很强大，而不必把天朝以外的“夷人”放在心上。“西洋人到中国来的，我们总是把他们当作琉球人、高丽人看待。他们不来，我

---

① 参见吴于廑、齐世荣:《世界史》(近代史编上卷)，高等教育出版社，1992 年，第 20 ~ 21 页。

们不强迫他们。他们如来,必尊中国为上国而以藩属自居。”[1]但是实力强大的英、法等国,特别是英国却不愿如此,他们要求与中国建立西方国家间的秩序传统所强调平等的国际关系。西方社会素有追求政治平等的传统,各个国家之间没有依附或从属关系,他们到了东方也要求建立平等的国际关系,虽然他们的势力强大,但是仍然企图通过外交努力取得平等的政治地位。不过,中国社会此时虽然已经落后于西方,但中国素来强调夷夏有别,特别在意彼此间的尊卑贵贱关系,从而特别执着地坚持国际关系的不平等原则。西方国家的外交努力一而再,再而三……似是不达目的誓不罢休地要求实现国家间关系的平等。但是中国天朝的表态却并不含糊,也绝不通融,逐渐地西方的殖民势力又不得不回到战争的起点上,以战胜攻取获得彼此对等的政治待遇,而平等也恰是《南京条约》的主要内容之一。中国社会的半殖民地化开始于《南京条约》,其后列强所强加的一系列国际条约都是战败的结果,其中原因可能极为复杂,但是中国天朝既不了解国际大势,也对西方列强富强及所以富强的原因缺乏了解,而清廷一再地以不变应万变,以华夷之道来应对列强,拒绝适应国际规则,恐怕要算是一个重要原因。[2]

中国融入西方资本主义主导的世界一体化并非出于自愿,更非出于自觉,而是充满了被动。19世纪二三十年代,中国社会的儒家君子又一次面临着找不到出路的悲哀。“随着旧王朝行将走向自己的尽头,中国又面临着一个周期性的改朝换代的局面。”[3]这在中国传统时代原本是不足为怪的惯例。“纵观中国封建社会,大凡历史较久的王朝,其社会经济都经历过恢复、高涨和危机三个阶段,以王朝的兴衰为一个周期,依次交替,往复出现”,周期“发生、发展的轨迹清晰可见。……周期的长短并不十分规则,特别是当少数民

① 蒋廷黻:《中国近代史纲》,东方出版社,1996年,第5页。
② 参见蒋廷黻:《中国近代史纲》,东方出版社,1996年,第5~9页。
③ 陈旭麓:《近代中国社会的新陈代谢》,上海人民出版社,1992年,第51页。

族大规模入侵时，周期会被暂时打乱，但在绝大多数情况下，历史沿着既定的轨道运行，……周期性危机有规律的再现，在中国封建社会中是一种客观存在”。究其实，“中国封建社会的周期性危机，是由社会再生产周期性地中断和阶级矛盾定期激化引起的，实际上是社会再生产危机。这种危机与资本主义社会因扩大再生产引起的产品过剩的危机不同，是一种产品不足的危机。周期性危机的形成，一方面是生产不足，由于地主阶级残酷剥削和压迫，使农民被剥夺了本来可用以发展和扩大再生产规模的一切力量，造成社会再生产周期性中断。另一方面是消费过度，地主阶级无休止地攫取农民的剩余产品，穷奢极侈，挥霍无度。……周期性危机总爆发时，又具体表现为五大危机，即土地危机、人口相对过剩危机、商品经济危机、财政危机和政治危机。五大危机同时降临，必然使整个社会陷入混乱，封建王朝的崩溃便势不可免”①。

这就是中国传统历史发展过程中的周期律，周期性的治乱兴废存亡与周期性的康复、重构、巩固，造成了中国传统社会的长期迟滞。每一个王朝都有或长或短的生命周期，短命的王朝或者仅仅十几年，如秦朝，也或者有近四十年，如隋朝，但即便是长命的王朝也超不过三百年，如前后汉和南北宋则显然一分为二而不能视为一个连续的政治体。每个王朝固然在制度体系上各有特点，但在社会及政治形态上的变化则显然都是修复性的，从而在社会的整体形态特征上保持了一种“超稳定”的结构特征，而在社会形态未发生质变的情况下，“超稳定”社会结构所对应的历史就只能处在迟滞状态，并因缺少一些必要的因子而长期徘徊在传统阶段而未能及于现代之门。从社会结构及运行体制来说，中国传统社会缺乏现代社会所必需的民主和法治因素，而在主体认知层面则缺乏创造现代社会化大生产的科学。

---

① 王守稼：《封建末世的积淀和萌芽》，上海人民出版社，1990 年，第 3 ~4 页。

民主和法治在社会发展中的优势是在近现代西方国家才凸显出来的，而在此之前，尽管西方政治传统从古希腊、罗马以来就在民主、法治的路上探索了很久，但在很长的一段历史时期，民主与法治在国家治理上的成绩却远不如君主集权的中国。君主集权拥有比较成熟的官僚制，能够及时有效地解决问题，并在政治整合上有利于国家共同体规模的扩大，从而建立了广土众民的国家。民主与法治的治理则只是在工业化来临之后才确立了官僚制，在此之前，民主与法治的治理效果却远不如君主集权，在政治整合力度及效果上也远不如君主集权，主要是维持了一种小规模的国家共同体，从而主要施行于小国寡民的简单国家。君主集权国家的规模与治理优势主要在于农耕社会所面对的问题相对简单，承担的治理任务也不是非常繁重，治理的中心工作主要是汲取必要资源和维护安全秩序，所提供的其他公共服务十分稀少。民主与法治在农耕时代的规模与治理劣势恰恰是因为相对简单的社会结构与治理需求，通过面对面的民主与法治得到了有效满足，而民主与法治作为一种政治运行与公共决策的方式，反过来又限制了官僚机器等复杂手段的发展。

但是君主集权的复杂手段也并不是总能解决国家治理的复杂问题，在君主集权国家治理的认识与实践的关系中，一方面是实践越来越复杂，让国家治理体系难以应付，另一方面是国家治理体系在时间之流里的钝化和腐化，导致其治理能力的周期性瓦解，因此君主集权国家治理体系在赢得国家规模和治理效益方面突出优势的同时，也不可避免地带来了历史发展的周期性中断。民主与法治的简单手段却在近现代工业化国家的体系中得到了丰富，并且由于民主与法治更能够处理好国家与社会、政府与市场等的关系，更借助于民主与法治所支持的人文社会科学的成果，民主与法治的国家规模与治理优势在工业化社会中获得了相对于君主集权的明显优势。在西方世界因民主、法治等在政治上变得越来越优越的时候，中国在东方社会的国家治理却又一次遭遇了君主集权政治的历史循环。

但中国在19世纪中叶并没有重现这种传统发展中常见的循环局面,而是进入了一个新的发展轨迹。进入这个轨迹,并不是中国社会传统的自觉选择,而是世界一体化浪潮席卷全球而到达中国家门口的一个不得已的遭遇。中国在应对新的形势及问题的过程中开始了了解西方和学习西方的转型之路,外部的影响逐渐改变了内部的机制及发展趋势。“西方资本主义东来使中国历史改变了轨迹。在炮口的逼迫下,中国社会蹒跚地走入了近代。走这条路不是中国民族选择的结果,而是外国影响造成的。”[①]总体上说,“中国走向现代社会之路的大变革是由外力推动的。……从16世纪以来,一种新的国际政治经济力量就逐渐深入南亚和东亚的边缘地区,但中国仍以其不变应对世界之巨变,把西来势力遏制在中国的大门之外。只是到了19世纪中叶,当西方工业革命终于以雷霆万钧之力推动其世界征服运动进入一轮新周期,而中国内部也开始出现王朝统治危机之时,内因和外因才达到一个交会点,开始逐渐影响中国历史发展的转向。西方殖民主义入侵不同于中国历史上的‘外族入侵’,而是现代资本主义的世界扩张运动。由于这一全新的外部引导因素的介入,中国被卷入世界发展的大潮之中,根本打破了中国自身的王朝循环。……近代中国的变革至少贯穿了下面四条明显的线索,或称之为四个过程”[②]。自身衰败的过程,即“王朝循环”中的各种内部体制性危机和社会骚乱的再现,中央集权的王朝统治机构衰落的趋势,如果没有外来的新因素的介入或异乎寻常的挑战,清王朝的衰败终将会导致新旧王朝的鼎革,形成又一轮改朝换代。但半边缘化及半殖民地化的过程使得传统中国原有的历史进程被打断,被逐步纳入以西方资本主义为中心的世

① 陈旭麓:《近代中国社会的新陈代谢》,上海人民出版社,1992年,第32页。

② 罗荣渠:《现代化新论》,北京大学出版社,1993年,第239~240页。

界经济新体系之中，主权沦落或变形而沦为依附性的半殖民地，同时半殖民地化也意味着现代化因素的输入。革命化过程，就是中国社会在上述两个过程的影响下产生的反抗西方侵略与拯救民族危亡的斗争与自救过程。而现代化过程则是中国传统社会在这个历史时段所发生的由传统社会向现代社会的转换。[①]

中国正是由于受到殖民势力的影响，而接触到了许多新的先进的东西，从而走出了徘徊盘旋的迟滞状态，而进入近代阶段。不过，中国的近代并不是资本主义正常发生和顺利发展的阶段，而是伴随着血雨腥风的半殖民地化的逐步加深。西方殖民势力给中国带来了前所未有的巨大灾难和挑战，但也带来了中国社会前所未有的发展，使中国社会逐渐具有了一些近代或现代社会的特点。中国社会在与殖民势力的抗争中不断前行，通过斗争逐渐摆脱殖民势力的奴役，并在反抗殖民势力的过程中，使自己受到民主主义的启蒙，能够最终实现有民族特色的政治现代化。“鸦片战争以后，中国的传统发展轨道已被打断，开始被纳入现代世界发展的大潮之中，因此中国的半边缘化与革命化，实际上都是中国现代化进程中旧体制向新体制转变的特殊形式。就现代化的特定意义而言，在19世纪的后半叶，它只是中国近世社会大变动诸流向中的一个流向；到本世纪（指20世纪）初清王朝解体，现代化才异常艰难地上升为诸流向中带有主导性的趋势；到本世纪（指20世纪）50年代以后，它才逐渐上升为大变革的主流，即占支配地位的大趋势。”[②]现代化的趋势并不是在中国迈步进入1840年就自觉到的，而是经历了一个历史过程的慢性酝酿，在中西比较中才产生了现代与传统的差异，并在进化论的鼓舞下，决心走向一个民族国家林立的现代世界。在走向现代

① 参见罗荣渠：《现代化新论》，北京大学出版社，1993年，第241页。

② 罗荣渠：《现代化新论》，北京大学出版社，1993年，第243页。

的过程中,中国传统向现代的转型同时要完成扬弃旧文化与发展新文化的时代重任。旧的不去,新的不来,文化层面上的新陈代谢一步一步地形成了一个自觉的现代意识。一个完整的旧文化在历史洪流中逐步被冲刷成碎片,并渐进地形成新文化的整体框架。正是因为有了文化上的新旧接触和新陈代谢,“随着旧王朝走向自己的尽头,中国又面临着一个周期性的改朝换代的局面。但是,这种局面最终并没有实现”。王朝循环的故事结束了,代之以新的政治发展方式和新的政治故事,这在根本上是“因为西方资本主义东来使中国历史改变了轨道。在炮口的逼迫下,中国社会蹒跚地走入了近代。走这条路不是中国民族选择的结果,而是外国影响造成的”①。“在中国,新东西的出现只能在鸦片战争之后。”②所谓新东西的核心,在政治上就是自由、民主、平等、共和和法治,在认识世界的方法及结果上就是科学。民主和科学的新东西,既不是根植于传统的沃土,也不是传统发展到19世纪中期的自然产物,而是生长在中西文化两极相逢的环境中,在两极相逢的种种冲突和争鸣中一步一步地得到了发展,并最终成为近现代中国的主流政治文化内容。

二、中国政治现代化的传统障碍

中国传统政治及政治意识经历了几千年的悠久岁月,已经形成了相对稳定的性格特点,特别是由于它自古以来在东亚世界的巨大影响,东亚世界主导性政治意识形态的基本观念大多出自中国,而中国对自己孕育产生的政治意识形态的自信也随着历史的演进而达到了它的高潮,甚至在明眼人

---

① 陈旭麓:《近代中国社会的新陈代谢》,上海人民出版社,1992年,第51~52页。
② 陈旭麓:《近代中国社会的新陈代谢》,上海人民出版社,1992年,第20页。

看来明显有些虚骄。中国传统政治文化对来自西方的政治文化既缺乏必要的了解,又充满了排斥性偏见。中国传统的政治文化已经达到了理论上的完全成熟,形成了相当稳定的政治心理及最基本的思维方式。中国传统的政治心理及政治思维方式与中国传统政治制度之间具有高度的内在一致性,它们彼此已经形成了一个相对封闭的发展链条,政治心理及政治思维方式使政治制度获得了某种程度的自觉,而政治制度的自觉又进一步固化了人们的政治心理及政治思维方式。中国传统的政治心理及政治思维习惯,一向只是影响和同化别的民族,而近代的中国却必须接受西方政治传统的影响。中国政治传统对以往固有之“我”万分的执着,仍然抱着“以不变应万变”的心理,对已经到来的重大变化缺乏应有的敏感和自觉,并由此而形成了当时特有的闭塞风气。

闭塞的中国只能以纲常名教与神道迷信为武器,而纲常名教与神道迷信的广为流行又注定了中国社会在近代的悲惨经历。中国以坚决维护纲常名教、拒绝平等开启战端,又以神道迷信、排斥科学和理性,不能顺利而自觉地与时俱进。中国近代的每一步前进,都必须经历纲常名教和神道迷信的围追堵截,反过来,中国近代的每一步前进又都使纲常名教和神道迷信遭受了重创,而纲常名教和神道迷信的每一次沉重打击又同时加剧了中国的苦难。中国传统的完整性与近现代政治的整体性之间存在着严重的冲突,近现代政治在中国有效传播的前提就是传统在欧风美雨冲刷下日益碎片化,传统不碎片化,近现代的政治就不能顺利进入中国,传统碎片化则又意味着近现代的政治在进入中国之时缺少了能够统辖和聚拢的核心要素,从而使中国近现代政治的整体性难以有效形成,影响了中国近现代政治之民族个性及整体可持续性的正常发育。

中国的闭塞心态在鸦片战争到来以前已经达到了前所未有的程度,其原因既不在于中国人智力不及人,更不在于种族之退化或低劣,而在于中国对自己悠久文化的过度自信，在于中国拥有一套完整但封闭的政治意识形态。西方政治文化在中国的传播必须突破中国传统政治文化的概念体系，否则就不能真正地传播，而中国传统政治文化的概念体系的突破又异常艰难，以至于中国传统政治文化的概念体系突破总是要通过外交上的重大挫折来实现，甚至即使在付出沉重代价之后所获得的概念突破仍然非常有限。"当时君臣既无外交经验，又乏国际知识。秦汉以后一统天下之观念，深入心中。以天朝自居，鄙外国为蛮夷。实际上彼邦之富强远过于我，而犹蒙昧无闻，妄自尊大。……清代风气闭塞，几达不可思议之程度。"[①]风气闭塞在一定程度上表现了传统概念网络的体系还相当完整，且非常有解释力和说服力。实际上，在传统的概念话语看来，天下的概念还深入人心，国家的概念及国家间平等的观念还无从发挥影响。

因此，从现代国家之间外交的意义上看，"在19世纪以前，中西没有邦交。西洋既没有派遣驻华的使节，我们也没有派大使公使到外国去。此中的缘故很是复杂"。这既是因为中国与西方"相隔遥远，交通也不方便"，也是因为"我们的经济是自给自足的，用不着西洋的出品"，因而"在这种情形之下，邦交原来可以不必有的"，更是因为传统夷夏观念的天朝上国观念，强调中国作为天朝的至尊地位和核心作用，因为"中国不承认别国的平等"，所以"西洋人到中国来的，我们总把他们当作琉球人、高丽人看待"，如果"他们不来，我们也不勉强他们"，"他们如来，必尊中国为上国而以藩属自居"。在外交中，华夷之间的"体统问题、仪式问题就成为邦交的大阻碍，'天朝'是绝不肯通融的。中国那时不感觉有联络外邦的必要，并且外夷岂不是蛮貊之邦，不知礼仪廉耻，与他们往来有什么好处呢？他们贪利而来，天朝施恩给他们，许他们做买卖，借以羁縻与抚绥而已。假若他们不安分守己，天朝就

① 汪荣祖：《中国现代学术经典·萧公权卷》，河北教育出版社，1999年，第573页。

要‘剿夷’。……中国那时对于法权并不看重。在中国境内外国人与外国人的民刑案件，我国官吏不愿过问，那就是说，自动地放弃境内的法权”①。

天朝臣民对西洋人普遍心存偏见，且极为不屑与其为伍，极尽文字手段，丑化和贬低西洋人。鸦片战争前夕的著名学者俞正燮曾说：“洋人巧器，亦呼为鬼工，而罗刹安之。其自言知识在脑不在心。盖为人穷工极巧，而心窍不开。在彼为常，在中国则为怪也。”②魏源曾著《海国图志》介绍西方的地理、政教、风俗等，是中国近代比较早地开眼看世界的开明人，但其《海国图志》中也同样存在不少荒诞不经的记载。比如其论天主教则说：“受教者先令吞丸一枚，归则毁祖先神主，一心奉教，至死不移。有泄其术者，服下药，见厕中有物蠕动。洗视之，则女形寸许，眉目如生。诘之本师，曰：此乃天主圣母也。入教久则手抱人心，终身信向不改教矣。凡入教人病将死，必报其师。师至则妻子皆踞室外，不许入。良久气绝，则教师以白布裹死人之首，不许解视。盖目睛已被取去矣。”③道听途说的谣传内容堂而皇之地存在于著名思想家的著作中，这在一定程度上反映了即使著名思想家也缺乏关于西方较为充分的可靠知识，而以谣传内容为知识载体则又表示思想家著作在传播西学方面还有所欠缺。

在保守闭塞的时代氛围中，从西方来的现代新文化在中国落足十分艰难，而中国自觉传播西方政治文化的先知不仅总是得不到政府的重用，得不到人们的理解，甚至还会被人恶毒地诅咒。“中国因外患而遭受的每一次失败都产生过体现警悟的先觉者。但他们的周围和身后没有社会意义的群体，他们走得越远就越是孤独。”④中国社会整体上具有对西方文化的自觉抗

---

① 蒋廷黻：《中国近代史纲》，东方出版社，1996 年，第 5 ~ 7 页。
② 俞正燮：《癸巳类稿 · 天主教论》。
③ 魏源：《海国图志 · 天主教》。
④ 陈旭麓：《近代中国社会的新陈代谢》，上海人民出版社，1992 年，第 154 页。

拒意识,一些激烈反对西方文化的士人被视为民族英雄,有一大批虔诚的追随者。中国传统的士人整体上缺乏择善而从的自觉变革意识。当时,“每一件带有创置意义的举措设施都曾招来非议,激成争论。它们常常在反对声中艰难地出世,其中一部分又在反对声中夭折。传统社会中守护夷夏大防的人们容不得这些东西。在他们那里,即使‘西用’依附于‘中体’,其入门之途仍然处处障碍难逾。……新政之举,几乎步步都会受到来自四面八方的阻力。……在那个时候的中国,顽固是一种社会病症,仅仅把它们归于守旧官僚的可恶是不够的”①。实际上,中国人在有些方面还特别喜欢西方的东西,他们只是不喜欢西方人所传播的与中国传统名教及风俗有冲突的东西。郭嵩焘曾不无痛心地指出:“中国人心有万不可解者。西洋为害自烈,莫甚于鸦片烟。英国士绅亦耻其以害人者为构衅中国之具也,力谋所以禁绝之。中国士大夫甘心陷溺,恬不为悔。数十年国家之耻,耗竭财力,毒害生民,无一人引为疚心。钟表玩具,家皆有之;江浙风俗,至于舍国家钱币而专行使洋钱,且昂其价,漠然不知其非者。一闻修造铁路、电报,痛心疾首,群起阻难,至有以见洋人机器为公愤者。”②

中国传统的政治意识形态中也具有有利于西方政治文化传播的因素,这就是它的入世的治国、平天下的自觉意识,以及由此而产生的实用理性,它在19世纪中期主要表现为龚自珍等的政治批评与林则徐、魏源等的经世济用学风,而林则徐、魏源等的经世济用学风直接导致了林则徐的“开眼看世界”和魏源的“师夷之长技”的中国近代思想传统。但即使是林则徐和魏源等开启了中国近代思想传统的先进人士也没有对名教纲常表示出丝毫的怀疑,而只是意识到了中国与西方相比在“器”与“技”等方面存在不足。林

① 陈旭麓:《近代中国社会的新陈代谢》,上海人民出版社,1992年,第120~124页。

② 郭嵩焘:《郭嵩焘诗文集》(卷11),岳麓书社,1984年,第189~190页。

则徐在给友人的信中对中、英双方的军事情况作了客观比较，指出了中国相对于对手的悬殊差距："彼之大炮，远及十里内外，若我炮不能及，彼炮先已及我，是器不良也。彼之放炮，若内地之放排枪，连声不断，我放一炮后，须转展移时，再放一炮，是技不熟也。"[①]从世界历史发展的脉络看，中国与西方在19世纪中叶的差距，乃是一种时代的差距，近现代的西方与传统的中国两极相逢。虽然中国的综合国力及经济实力都还比较强，但在已经获得近现代属性的西方面前，却已经毫无疑问地成了一个大而弱的落后国家。

中国在面对由殖民势力掀起的不可避免的世界一体化潮流中，仍然企图完整保存自己的已有文化，就理而言，没有什么不妥当，但就世界历史发展的大势而言，却不能说是很明智，因为回避了现代化选择的旧文化保存实际上就是构筑现代化的文化碉堡。这个选择显然没有抓住现代化——这个中国近代最重要的问题。[②] 中国传统的纲常伦理及其世俗诸种表现已经成为中国社会现代化的文化障碍。中国传统社会尽管出现了对纲常名教的批判，但就中国社会文化发展的大势而言，纲常名教的势力仍然处在扩张状态，由精英阶层逐渐通过戏曲等通俗文艺形式变成普通社会成员自觉的价值意识。纲常名教作为自觉的价值意识，被普遍作为不同阶层抵御西学西政的理论依据。魏源的《道光洋艘征抚记》记录了广州三元里的抗英义民们，以"大清国之子民"的立场，痛诉"英夷"义律的犀利檄文，该檄文比较典型地反映了民众中普遍存在着自觉的儒家纲常意识。其文指出："尔自谓船炮无敌，何不于林制府任内攻犯广东？此次由奸相受尔笼络，主款撤防，故尔得乘虚深入。倘再犯内河，我百姓若不云集十万众，各出草筏，沉沙石，整枪炮，截尔首尾，火尔艘舰，歼尔丑类，我等即非大清国之子民。"[③]顽固派大

① 中国近代史资料丛刊《鸦片战争》(一)，神州国光社，1954年，第521页。

② 参见蒋廷黻：《中国近代史纲》，东方出版社，1996年，第2页。

③ 中国近代史资料丛刊《鸦片战争》(四)神州国光社，1954年，第20~21页。

官僚及士人们反对洋务运动,斥责其以夷变夏的最基本的依据也来自儒家纲常名教。大学士倭仁以道学闻于当时,他真诚地相信纲常名教具有不可战胜的力量,他坚决主张:“立国之道,尚礼义而不尚权谋;根本之因,在人心而不在技艺。”[①]有人更进而提出:“朝廷命官必用科甲正途者,为其读孔孟之书,学尧舜之道,明体达用,规模宏远也,何必令其学为机巧,专明制造轮船、洋枪之理乎?”[②]

清朝统治者在提倡新政的倡议中仍然对纲常名教给予了充分的肯定,指出:“世有万古不易之常经,无一成不变之治法,……盖不易者三纲五常,昭然如日星之照世,而可变者令乙令甲,不妨如琴瑟之改弦。”[③]义和团的意识形态虽包装以神学迷信,但纲常名教仍为其最基本的内容。日本人佐原笃介辑录《拳事杂记》,收录有义和团运动期间衡州义和团代拟的和约,其中有些内容反映了义和团意识形态中的纲常名教成分。如其中规定:“所有教士各归其国,不准再来,……中国仍有管理高丽安南之权,……各国使臣来中国者,照乾隆时所定之制,不许进京,……日本亦须照乾隆时例入贡,……所有东西洋人与中国官场相见,须行叩头之礼。”[④]中国社会对现代性文化价值的接纳往往以纲常名教价值的萎缩为前提,而中国社会在文化价值观方面的逐渐现代化也确是逐渐动摇并最终驱逐了纲常名教在文化价值观方面的垄断性影响和权威地位的结果。[⑤] 纲常名教的影响萎缩一步,才可能有新文化的前进一步。自鸦片战争以来,传统政治赖以维系的纲常伦理逐步由受到冲击之初的韧性坚挺而变得支离破碎,而西学也在侵蚀冲击纲常伦理的过程中变得强劲而如水银泻地,虽影响力变得强劲异常,但系统性、整体

---

① 中国近代史资料丛刊《洋务运动》(二),上海人民出版社,1961 年,第 30 页。
② 中国近代史资料丛刊《洋务运动》(二),上海人民出版社,1961 年,第 29 页。
③ 中国近代史资料丛刊《义和团》(四),神州国光社,1951 年,第 81 ~ 82 页。
④ 中国近代史资料丛刊《义和团》(一),神州国光社,1951 年,第 259 ~ 260 页。
⑤ 参见陈旭麓:《近代中国社会的新陈代谢》,上海人民出版社,1992 年,第 120 ~ 124 页。

性和协调性却很低。纲常伦理的旧文化支离破碎,从西方传来的西学也分解为名目繁多的主义,破碎的理论、破败的社会、动荡的政治,其间的逻辑关联清晰可见。

中国传统纲常名教的文化价值观,在政治制度层面表现为王权主义的君主专制主义政治制度,因此中国社会在政治方面的现代化在政治制度层面就表现为王权的陨落和民权的兴起。一方面,反现代化的政治势力总是千方百计维护王权的权威,并极力阻止民权思想的传播,甚至对一切可能影响王权权威的制度革新或适应都本能地予以坚决反对。另一方面,自觉调整中国传统政治制度,以使其适应世界新形势的人,则都是或多或少地推动了中国社会政治现代化进程的杰出人物,其中有些人是以维护传统的面目出现的,而另一些人则是以传播民权主义政治文化,并提倡政治制度革新的政治维新者的面目出现的。中国传统政治制度为适应世界新形势而发生的第一个转变是随着洋务运动的出现而出现的,直到清朝新政的宪政改革时期,纲常名教在制度方面的表现仍然被牢牢地守卫着,不允许稍加变更,君权神圣,民权只字不提。

1861 年,清政府成立了总揽涉外事务的“总理各国事务衙门”,主持外交(对外交涉,如出使和教案之类)以及同外国发生关系的财政、军事、制造、矿物、交通、海防和边务等。“总理各国事务衙门”独立于军机处,始终以亲王总领其务,实际上是清政府的另一个中枢机构,但它在性质上又始终为一种临时性机构,“俟军务肃清,外国事务较简,即行裁撤,仍归军机处办理,以符旧制”。中国传统政治制度中的大多数制度及职位都是由临时而逐渐成为定制的。“总理各国事务衙门”成为定制似乎也要经历这样的变化过程,但“总理各国事务衙门”似又并不可能成为政治制度中的定制,因为设立时已明确规定,其职能将来必归还军机处。虽然中国近代面临的客观形势越发使“总理各国事务衙门”变得不可或缺,但是它在制度上的这种临时属性却使它处在了从属于旧制度的地位上，而不具备作为新政治制度母机的功能，从而它只能算是世界一体化运动在中国传统王权主义政治机器上冲出的一个窟窿，而不可能成为中国社会在政治上现代化的制度发动机。[①] 鉴于“总理各国事务衙门”长期被士人群体所鄙视，受到守旧派大官僚的大肆抨击，其主持者长期受人诟病，其在旧制度中的合法性也岌岌可危等事实，主持的“总理各国事务衙门”在中国的政治现代化方面，甚至连一个有力的推动者都算不上。

中国近代由非理性愚昧因素激发和催动的变化往往具有不可控制的消极因素。非理性的愚昧因素往往效法鼓吹传统的神道迷信，假托神灵附体，以神的庇护为力量之源。不仅基层的义和团运动充斥着非理性愚昧因素，而且一些守旧的官僚也鼓吹神道的力量，把非理性的愚昧作为抵抗殖民侵略的最后一件武器。在鸦片战争中，杨芳将军收集妇女溺器，以之为“压胜具”，把殖民者的利炮视为传统邪教法术一类，颇显滑稽。洋务新政几乎每一步举措都会受到来自西面八方的阻力，而阻力的世俗思想之源即为愚昧无知。陈旭麓指出：“风水龙脉之类，比起倭仁的‘礼义’，更是等而下之的东西。但在落后的社会里，它却能因为落后而成为力量，足以同风驰电掣的蒸汽机车相抗衡。”[②]在义和团运动中，红灯照据传闻“皆处女为之，亦安炉奉香”，“每出行，数十为群，左手执帕右执扇，皆红色，拦街舞蹈，若跑秧歌状。前后以黄衣力士护卫，遇行人必使面壁长跪，俟其过尽乃行”，“其附体之神则有樊利花、穆桂英、张桂兰、刘金定等类”[③]。“习拳者持咒面东南方，三诵而三揖，即昏绝于地。顷之，手足伸屈，口作长歔，一跃而起，舞蹈不已。其咒文有：天灵灵，地灵灵，奉请祖师来显灵，一请唐僧猪八戒，二请沙僧孙悟

---

① 参见陈旭麓：《近代中国社会的新陈代谢》，上海人民出版社，1992 年，第 108 页。

② 陈旭麓：《近代中国社会的新陈代谢》，上海人民出版社，1992 年，第 123 页。

③ 中国社会科学院近代史研究所编：《义和团史料》（上），知识产权出版社，2013 年，第 34 页。

空,三请二郎来显圣,四请马超黄汉升,五请济颠我佛祖,六请江湖柳树精,七请飞标黄三太,八请前朝冷如冰,九请华佗来治病,十请托塔天王、金吒、银吒、哪吒三太子,率领天上十万神兵。”①神道的力量虽然是一种精神性的信仰力量,但又在民众中具有普遍的影响力,这在一定程度上恰恰说明了科学的力量还没有深入民间,神道与科学的较量,在一定意义上形象地展示出了较量者的巨大时代落差。

中国在近代的前途,并不在于愚昧对殖民者的坚决抵抗,而在于科学对愚昧的决定性胜利,只有科学战胜愚昧,真正改变世俗生活的传统形态,中国才能在实现现代化之余顺便摆脱殖民势力的奴役和盘剥,否则就只能永为鱼肉,任人宰割。蒋廷黻曾指出:“近百年的中华民族根本只有一个问题,那就是:中国人能近代化吗?能赶上西洋人吗?能利用科学和机械吗?能废除我们的家族和家乡观念而组织一个近代的民族国家吗?能的话,我们民族的前途是光明的;不能的话,我们这个民族没有前途的。因为在世界上,一切的国家能接受近代文化者必致富强,不能者必遭惨败,毫无例外。”②但中国几千年来已经形成了完整的文化形态及相对闭塞的文化心理,这在中西文化接触之初首先就在文化及心理层面产生了对西方文化的抵拒意识。西方近代的文化并不会因为其所具有的时代性优势而自然地获得进入中国的通道,在层层设伏的文化防御之下,西方近代的文化要获得价值上的承认自然是需要经历一系列的社会变故。一次又一次的战败经历及求和屈辱,成为中国近现代新旧文化代谢的一个常规前奏;而一次又一次的冲击及屈辱结果又会继之以科学与民主的点滴输入。科学与民主的渐进输入终于改变了传统中国的历史轨迹,结束了几千年的帝制而迈步进入了共和时代。

---

① 中国社会科学院近代史研究所编:《义和团史料》(上),知识产权出版社,2013 年,第 33 页。

② 蒋廷黻:《中国近代史大纲》,东方出版社,1996 年,第 2 页。

三、政治风波造成的政治觉醒

中国社会政治由传统君主专制主义到现代民主主义的转型，并不是内在地发生的，而是逐渐认识世界并融入其中的结果。[①] 但近现代以来的世界大势主要由西方资本主义列强主导，其发展方向乃是世界的普遍资本主义化，或者成为资本主义强国，或者沦为资本主义的殖民地，这个过程充满了刺鼻的血腥气味。中国作为有影响的传统东方大国，就内在因素而言，其历史发展的趋势仍然是继续以往王朝循环的老路，并逐渐巩固和固化中国社会仁、礼并举的儒家化特征。不过，中国传统社会毕竟不能继续其以往的发展逻辑。一方面，中国传统社会的发展逻辑已经充分展开，并且已经接近自己的极限值，继续发展只能是在其历史逻辑极限附近的徘徊和盘旋。另一方面，西方殖民主义势力掀起和推动的世界资本主义化浪潮已经有席卷全球之势，任何国家的发展趋势，都决定于全球资本主义化的大趋势，即使一向与其他文明很少接触的美洲原住民印第安人、澳洲原住民等，也概莫能外。中国传统社会继续发展的趋势在此时也主要取决于全球资本主义化的大趋势，然而中国传统社会几千年积累和积淀的文明属性或特征仍然极大地影响着中国社会发展的方式和步伐。人类文明尽管是自己参与群体的结果，但其文明的具体样式及文明化的程度则取决于自己的自觉意识的形式和程度。中国传统社会集体性的自觉意识在中国社会实现现代化的过程中具有极端重要的决定性作用。因此，我们要探讨中国传统社会的集体自觉意识如何由传统逐渐转为现代的心理过程。这个心路历程既充满了民族传

① 参见张师伟：《民本的极限——黄宗羲政治思想新论》，中国人民大学出版社，2004 年，第 4 页。

统政治意识瓦解后的步步抵御，也充满了为寻求政治新路而孜孜以求的急切与焦躁，更预示了今天还需要继续努力以求完成心路转折的思维惯性。

许多研究中国近代政治思想的人都倾向于在中国传统社会中寻找类似于近代政治意识的东西，或者说他们大多愿意把近代民主思想和中国传统政治思想在逻辑上看成是顺承关系，好像中国社会即使不接触西方社会也照样能产生民主主义思想。[①] 我则倾向于认为，中国传统既无民主的实践，也无民主的观念，近代民主主义思想在中国的发生乃是西洋政治文化输入的结果。陈旭麓先生曾指出："中国古代没有雅典式的民主制度，近代也没有建立起像样的民主国家。对于我们这个封建历史漫长、缺乏民主传统、吃够专制苦头的国度来说，民主是个迷人的字眼，也是近百年来力追不舍的目标。……近代中国的民主思想不是从黄宗羲等人的思想直接孕育出来的，而是由传述西方思想及其政制为起点，是在西方民主思想传入之后才去追溯中国固有的民主思想"，"中国近代的民主思想也同民族资本一样，是随同西方资本主义的冲击而来"[②]。"中国古代虽无民主制度，却有丰富的反对专制主义的思想，诸如民本思想、重民思想、平等思想、分权思想"，"它们不是近代意义的民主思想，但与近代民主思想不无灵犀相通之处"[③]。两者的灵犀相通大多发生在价值层面的重民，而在程序方面两者则决然不同。虽然民主一词来自中国传统，但它却在近代中国的西学东渐中发生了含义上的根本改变，从"民之主"变成了"民做主"，"人民主权"的观念逐步代替了民主中传统的"君权神授"观念。

中国社会自鸦片战争以来在政治现代化方面的集体自觉以"新学"或

---

① 参见张师伟：《重构专制——明清之际政治思想的社会意义》，参见吴光等编：《黄宗羲与明清思想》，上海古籍出版社，2006 年。

② 陈旭麓：《浮想偶存》（陈旭麓文集第四卷），华东师范大学出版社，1997 年，第 206 ~ 210 页。

③ 陈旭麓：《浮想偶存》（陈旭麓文集第四卷），华东师范大学出版社，1997 年，第 209 页。

"近代学"为基本载体。这种自觉随着"新学"的产生而产生,也随着"新学"的发展而发展。王先明认为:"近代新学在新旧学术文化的历史更替中勃然而兴,它既是社会文明转型的历史需求,也是社会文明转型的学理动力。"① 与传统认为新学是西学不同,他认为"新学是中学内部的积极成分在回应西学的冲击过程中,适应近代社会生活变动的需求,不断吸纳西学成分并改造自身的产物"。这就意味着新学并非原版的西学,即新学虽然"是中西会通基础上形成的与传统中国旧学体系在知识体系和价值标准上全然不同的新的知识系统";但"它在结构体系上兼有中学和西学的二元知识因子",因此新学"既与单纯的西学","也与传统的中学一元结构相区别;在制度层面上","新学以近代学校体制和专业人才培养模式为标志,与以书院和科举八股人才为标志的旧学体制相区别;在社会政治作用上,新学是晚清一系列社会变革和政治变革的学理基础,并以此从学理层面上与维护旧制度旧政体的旧学相对立;在时代意义上,新学标志着一个学术文化新时代的到来和旧时代的终结"②。"中学由旧学蜕变为新学,是适应中国社会由传统农耕文明向近代工业文明转型的一种文化变迁,也是中国近代化进程中文化转型的必然过程。"③在传统学术当中,儒学的价值理性逐渐衔接了西方来的新价值,而传统实用理性的思维特质则打开了西方工具理性输入的入口。陈旭麓认为:"中国近代学,又叫近代中国学。它是中国社会进入近代之后,在学习西方、改造中国的过程中,逐步形成的一门新型学问。"④"中国近代学,相对于中国古代学而言,概括言之,就是改造中国之学。这个改造,包括对自然的改造和对社会的改造两个方面,主要是对社会的改造,社会改造推动对

① 王先明:《近代新学与社会文明转型的几点思考》,《天津社会科学》,2001年第6期。
② 王先明:《近代"新学"形成的历史轨迹与时代特征》,《天津社会科学》,2002年第1期。
③ 王先明:《近代新学与社会文明转型的几点思考》,《天津社会科学》,2001年第6期。
④ 陈旭麓:《思辨留踪》(上)(陈旭麓文集第二卷),华东师范大学出版社,1997年,第21页。

自然的改造。这个改造中国之学是通过古今之争、新旧之争、中西之争产生和形成的。”近代中国的思想家们“通过这些争论，提出改造中国的一些新思想、新理论，这些新思想、新理论在中国近代社会新陈代谢的过程中不断得到修正、充实，日趋完善，更加适合中国的国情和社会改造的需要”[①]。新学的产生过程，既包括了传统学术在西学东渐背景下的现代转换，也包含了西学在东渐过程中不可避免的中国化演变。

新学既然从旧中学中逐渐演化而来，那么它的逻辑起点当然是旧中学。旧中学发展在鸦片战争前夕已经表现出超越“汉宋之争”的势头，显示出经世济用的实用和批判学风。王国维以清朝的遗民自居，对清代学术思想有精深的研究，他曾经十分经典地指出：“我朝三百年间，学术凡三变：国初一变也，乾、嘉一变也，道、咸以降一变也”，“顺、康之世，天造草昧，学者多胜国遗老”，“离丧乱之后，志在经世，故多为致用之学，求之经史，得其本原，一扫明代苟且破碎之习，而实学以兴。雍、乾以后，纪纲既张，天下大定，士大夫得肆意稽古，不复视为经世之具，而经史小学专门之业兴焉。道、咸以降，涂辙稍变，言经者及今文，考史者兼辽、金、元，治地理者逮四裔，务为前人所不为。虽承乾、嘉专门之学，然亦逆睹世变，有国初诸老经世之志。故国初之学大，乾嘉之学精，道咸以降之学新”[②]。王先明指出：“从学术文化的渊源上说，近代新学是从晚清中学的‘经世致用’学风和公羊今文学直接抽演发展而来，所以无论是新学创建者的梁启超还是新学反对派的王先谦、叶德辉等旧学派们，都认为近代‘新学’与倡导公羊今文学以经世的龚自珍、魏源关系甚大。”[③]梁启超说：“语近世思想自由之向导，必数定庵。吾见并世诸贤，能为现今思想放光明者，彼最初率崇拜定庵，……数新思想之萌蘖，其因缘固

① 陈旭麓：《思辨留踪》（上）（陈旭麓文集第二卷），华东师范大学出版社，1997 年，第 22～23 页。

② 姚淦铭、王燕编：《王国维文集》（第一卷），中国文史出版社，1997 年，第 97 页。

③ 王先明：《近代“新学”形成的历史轨迹与时代特征》，《天津社会科学》，2002 年第 1 期。

不得远溯龚、魏。”[①]叶德辉也指出:“大抵公羊之学便于空疏,沈文起所谓书短而易习,义浅而易推者。……盖尝论之,日中则昃,……有康雍之纯朴,而后有乾嘉之文治,有戴、段、毕、阮诸人之实事求是,而后有魏、龚诸人之嗜奇争胜,有东塾之平实而后有新学之猖狂。……古今无百年不变之学,何论文字之粗迹乎?”[②]陈旭麓则指出,中国近代学是从鸦片战争期间林则徐、魏源等认识世界地理的学问开始的,其发展的主要方式是翻译和宣讲西方科学知识。[③] 中国传统时代为新时代准备的学术遗产,主要是经世济用的实用理性和重民的政治批判意识,当中国社会的内在衰败化达到一定程度时,主张经世济用及政治批判的学风,就会在学界占据支配性地位。鸦片战争前夕,中国传统社会的学风已经存在着比较普遍的经世济用的实事求是学风及今文经学的政治批判学风。他们以这种学风面对新的情况,部分地吸纳西方知识,从而开始了中国近代学或新学的历史。中国传统的经世济用的实用理性和重民的政治批判意识显然还不是近代新学,但它们却是近代新学的事实和逻辑前提,是中国古代学和中国近代学的逻辑和历史榫接处。中国近代新学事实上的起点则只能是鸦片战争后开始的认识世界地理的学术活动。林则徐和魏源的认识世界地理的学术活动仍然是传统史书四夷传的继续,但他们在继续当中却提出了“师夷之长技”的新思想。[④]

一般来说,新思想的出现需要两个最基本的条件:其一是社会客观上有了新的理论需要,其二是思想的发展出现了新的思想资源。社会客观上的新的理论需要刺激思想家的情趣和意愿,使他们有了思考的冲动,新的思想资源则提供了思想家进行思考的基本养分。中国社会产生政治现代化方面

---

① 梁启超:《论中国学术思想变迁大势》,《饮冰室合集·文集之七》。

② 苏舆编:《翼教丛编》六。

③ 参见陈旭麓:《思辨留踪》(上)(陈旭麓文集第二卷),华东师范大学出版社,1997 年,第 21 ~ 44页。

④ 参见王先明:《近代“新学”形成的历史轨迹与时代特征》,《天津社会科学》,2002 年第 1 期。

的集体理论自觉,也同样需要两个最基本的条件:其一是中国社会在政治上有了新的理论需求,其二是中国的思想家已经有条件获得新的思想资源。值得注意的是,中国社会政治现代化集体理论自觉形成所依赖的两个最基本的条件,都不是一蹴而就的,而是随着中国社会被迫融入世界的深度和程度而逐步具备的,并且条件的具备多多少少是以非理性的方式实现的,条件的到来对于具体的思想家而言都显得过于仓促,缺乏认识主体足够的自觉性、主动性和选择性。中国社会在政治现代化的集体理论自觉方面缺乏宏观而整体性的计划,甚至社会的新的理论需求也同样是缺乏长远战略规划的,许多新的理论需要都是在战败的不利形势下短时间内迅速催生的。就实而论,中国近代社会对新理论的需求程度也大多取决于中国所面临的不利局势,而局势平稳则社会整体上呈"舒则苟安"之势,局势危险则知识阶层群起而动,呈"穷则发奋"之势。中国近代社会的新思想、新思维、新理论,随着中国殖民地化程度的加深而发展,其中租界的出现具有重要的知识社会学价值。① 殖民地化程度的加深,一方面激化了中国反殖民地化的自觉,客观上提出了新的理论需求,另一方面又提供了西方资本主义政治更加逼真的样板,加速了西方新文化进入中国的速度,从而强化了西方新文化对中国先进分子的吸引力,并最终促发了政治思想上的飞跃。

中国社会带有殖民地性质是从鸦片战争开始,而中国近代新学的起点也恰恰是鸦片战争时期的林则徐、魏源,这并不是偶然的巧合,而是具有一定必然联系的相关现象。在从1640年到1840年的二百年中,西方已经进入了这样一个历史时期,"自然力的征服,机器的采用,化学在工业和农业中的应用,轮船的行使,铁路的通行,电报的使用,整个大陆的开垦,河川的通航,

---

① 参见陈旭麓:《思辨留踪》(上)(陈旭麓文集第二卷),华东师范大学出版社,1997年,第603~605页。

仿佛用法术从底下呼唤出来的大量人口,——过去哪个世纪能够料想到有这样的生产力潜伏在社会劳动里呢?"①与西方社会的迅速变化相比,"同一时间里的中国却景物依旧:成千上万胼手胝足、转辗沟壑的小农背负着一代一代歌讴唐虞盛世,高谈名物考据或性心义理的士人。……旧世界因成熟过度而在慢慢腐烂之中"②。鸦片战争"铭刻了中世纪古老社会在炮口逼迫下走入近代的最初一步。……一部分中国人透过弥漫的硝烟终于发觉自己面临的对手是完全陌生的",他们了解了"来自西洋的'夷'人,是历史上从未碰到的族类。两千年来传统的夷狄观念在他们的头脑中开始动摇。处风云漩涡中心的林则徐便在时代波浪的鼓荡下成为'开眼看世界的第一人'。……林则徐是从闭塞风气中走出来的人,他曾经相信过禁使茶叶大黄出口即可治西方人的成见。但是,战争的权威性,在于它把矛盾置于生死存亡之中,并用暴力戳出了一个窟窿,迫使人们去认识自己的对手。在中世纪与近代之交,林则徐观念的大变,既展现了御辱的民族勇气,又表现了接纳新知的开明,两者具有同样的光彩","尽管林则徐的新知中仍然掺和着种种旧见,但他是从传统的夷夏观念中探出头来认识西方的人。……创巨痛深唤起了改革仅事物的最初意识。过去被士人置于眼界之外的'夷务',在林则徐的手里开始成为一门学问。……鸦片战争后,夷务逐渐渗入国计民生,成为经世之学的大题目。……它们表现了传统经世之学在近代的延伸。而中国文化与西方文化的交汇最初就实现于这种延伸之中"③。在这种延伸中,既有中国传统思想的惯性,也有整体惯性下对西学的逐渐吸纳。

然而鸦片战争后的中国"又在炮声沉寂后昏昏睡去",直到第二次鸦片战争后,中国社会才有了一点点比较普遍的觉醒。陈旭麓教授比较过两次

---

① 《马克思恩格斯选集》(第一卷),人民出版社,1972年,第256页。

② 陈旭麓:《近代中国社会的新陈代谢》,上海人民出版社,1992年,第2~3页。

③ 陈旭麓:《近代中国社会的新陈代谢》,上海人民出版社,1992年,第56~57页。

鸦片战争的社会影响力,强调了第二次鸦片战争在中国人觉醒方面的作用。他指出:“如果说鸦片战争的震撼主要冲击了沿海地区的话,那么连头带尾持续四年之久的第二次鸦片战争则把沉重的震撼带到了中国社会的中枢。它发端于广东一隅而最终进入华北,使上国帝京一时成为夷狄世界,夷夏之大防因之而完全崩溃。……中国社会中的人们已经体会到有一种不受欢迎,但又无法拒绝的变化正在发生。尽管在开始的时候,这种意识还朦胧地羼杂着种种臆测和附会,但比起鸦片战争之后十几年浑浑噩噩的天朝旧梦来,终究是另一番境界了。”[①]在第二次鸦片战争之后,亦䜣、文祥、桂良、曾国藩及李鸿章等,迫于国内外严峻的形势,不得不与异己的洋人打交道,并由此而加深了对西方对手的了解,开阔了视野,拓展了实践的路径,开始了学习西方之长技的师夷之路。他们渐渐地“从对手的身上感触到另一个世界的一部分;获得了中国传统历史经验中所没有的新知识,思想因之也发生变化。……在当时的中国人当中,明乎中西事理的人并不多,这样,他们与恪守传统的顽固派之间就不能不出现区别和分歧。于是而产生了中国最早的洋务派”。在新生的洋务派身上,通过师夷之长技,寻求“自强以图御辱开始成为自觉意识,这是第二次鸦片战争刺激的结果”[②]。

洋务运动体现了中国纲常之体和西方技术之用的结合,企图以新工具来守护旧伦理,他们只想改变中国技术的落后现状,而不打算进行社会关系的根本变革。但世界历史发展的大势却又使中国社会的社会关系不得不发生巨大的变化,不发生这种变化,中国社会徐图自强的设想就不能实现。日本与清政府大体同时开始大规模维新的徐图自强事业,但两者的结果却迥然不同,日本的大规模维新基本达到了徐图自强的目的,而清政府的徐图自

---

① 陈旭麓:《近代中国社会的新陈代谢》,上海人民出版社,1992 年,第 96 ~ 97 页。

② 陈旭麓:《近代中国社会的新陈代谢》,上海人民出版社,1992 年,第 106 页。

强则在实践中碰得晕头转向,头破血流。其原因可能很复杂,不过日本徐图自强一开始就包含了远比洋务派更为丰富的内容,社会关系及人本身的根本维新在日本的维新事业中占有重要战略地位,而清政府的维新则总是斤斤计较于西技的吸纳,极力避免涉及社会关系及人根本属性的变更,而且即使这样的维新也常常很艰难。[①] 清政府的维新意志一直比较模糊,而且也很不坚决,整个社会则更存在着反对维新变革的巨大阻力。中国社会意识到洋务运动维新方式的局限性是在中日甲午战争中,在甲午战争之后,中国社会才有了在社会制度方面进行维新的要求,中国的读书人及知识体系,才开始了有计划地学习和吸纳西方先进的社会及人的知识。“本来潜心于骈四俪六之文的人们也渐渐张目四顾,为种种新学和时论所吸引了。这个变化,直接和间接地改变了许多人的生活态度和生活方式,造就了一批近代知识分子的雏形。维新改良的潮流迅速地涨涌于民族觉醒的曙光之中,成为那个时代的主流。它吸引着一批爱国的中国人从改革中寻求民族的出路。”[②] 甲午战争的大失败促使中国人普遍意识到了维新的必要性和紧迫性,洋务派主张扩充维新的范围和深度,进行西艺和西政的变革,即使顽固派中也出现了少部分要求进行少量变革的人士,他们对洋务运动的自强持有条件有限支持的态度。值得注意的是,原来顽固思想阵营中开始分化出激进的变法维新论者,谭嗣同由顽固派转而成为激进变法派的契机,就是甲午战争的大失败。[③]

中国近代在与殖民者的搏斗中,开明和顽固的力量都逐渐在积累,并日益走向自觉,但真正使中国能够产生希望的则只有开明的力量。中国社会

---

① 参见陈旭麓:《思辨留踪》(上)(陈旭麓文集第二卷),华东师范大学出版社,1997 年,第 404 ~ 407 页。

② 陈旭麓:《近代中国社会的新陈代谢》,上海人民出版社,1992 年,第 157 ~ 158 页。

③ 参见李泽厚:《中国近代思想史论》,安徽文艺出版社,1994 年,第 178 ~ 181 页。

的开明力量和顽固力量之间存在极为复杂的关系。一方面,两者的主张相互矛盾,从而两者是在相互搏斗中各自获得成长的。中国近代严峻的形势使开明的力量和顽固的力量同时获得成长,主张变革的洋务运动与反洋教运动交错或同时进行,形成中国近代特有的社会矛盾。另一方面,中国社会的顽固力量具有体制化力量的支撑。只要中国传统的各种体制性力量还比较完整,那么中国社会占支配或主导地位的力量就总是顽固力量,顽固不仅是中国社会大部分社会阶层共有的属性,而且还是中国传统体制惯性的体现,残存的传统影响首先表现为某种程度的顽固,开明的力量过不了多久就成了顽固力量,这似乎是中国近代社会独具的离奇现象。义和团运动既是顽固力量救国的最后一搏,也为开明力量的迅速发展提供了难得机遇。义和团运动及顽固士大夫的救国之心"寄托于封建主义战胜资本主义的群起一决之中"①。尽管顽固势力在义和团运动后遭受了重创,但它仍然顽固地存在着,只要中国小生产的状态存在一天,顽固力量就不可能完全退出历史舞台。不过,开明力量在义和团运动后获得较大发展,这又似乎预示着中国社会获得新生的步伐将越来越加快。中国社会在义和团运动以后的五十年比义和团运动前六十年所取得的维新或现代化方面的成就要辉煌得多,其主要原因可能就包括进步的开明力量在社会变革中逐渐掌握了主动控制权这一条。先进开明力量的源泉是中国与世界联系的日益紧密和有机体化,先进的开明力量正是通过一系列事件的强烈刺激,领悟中国与世界的密切联系,提升了自己的政治现代化意识,扩展了自己的群体,强化了对中国社会的影响力和支配程度。

---

① 陈旭麓:《近代中国社会的新陈代谢》,上海人民出版社,1992 年,第 200 页。

四、西方政治实践的启发与示范

毛泽东在《人的正确思想是从那里来的?》一文中指出:“人的正确思想是从那里来的?是从天上掉下来的吗?不是。是自己头脑里固有的吗?不是。人的正确思想,只能从社会实践中来,……人们的社会存在,决定人们的思想。”①实际上,不仅正确的思想,而且错误的思想也只能从人们的社会实践中来,一切思想都必然根源于一定的社会实践,并受到一定社会实践的根本制约。人们的一切理论学习从根本上说也都是向实践学习,而不是概念、范畴、命题与判断等的自我传播。从这个意义上说,没有新的实践,就没有新的客观联系的产生和发现,就没有新的概念、范畴、命题和判断。中国传统政治思想也同样根源于中国传统的社会实践特别是社会政治实践,并受到了社会政治实践的根本制约。中国传统社会既没有民主政治的实践,也就没有根源于民主政治实践的民主思想,中国的民主思想只有在接触到民主政治的实践之后才可能产生。中国社会与西方政治实践的接触首先强化了中国传统的民本意识,以尧舜比华盛顿即足以证明之,而后才由民本意识逐渐转变为民主意识,“民主”的含义也由刚开始的“民之主”转变为“民做主”。

中国现代社会接触民主政治实践和接受民主政治基本理念的方式或途径有三:其一,西方资本主义势力在中国的政治实践,这种政治实践在租界治理中包含着民主政治的基本特点,它以实践的方式反映了民主政治的基本理念,给先进的中国人以最初的民主主义教育,为传教士宣传的民主政治理念在中国的扎根与普及提供了主体性条件;其二,清政府派出的外交公使

① 《毛泽东著作选读》(下册),人民出版社,1986年,第839页。

或留学生在西方社会中亲身经历和感受了民主政治，受到了民主政治的洗礼，体会并逐步理解了民主政治的基本理念，外交公使和留学生群体一度是中国社会中民主政治理念的最基本载体；其三，大多数中国人接触的民主政治是中国社会中不成熟而又逐渐成长的民主政治，他们在其中受到了不太健全的民主主义的启蒙教育，但随着中国民主政治的逐渐发展，人们从实践中受到的民主主义教育也逐渐健全，而人们所受民主主义教育的日益健全又反过来促进了中国民主政治的发展。

中国传统政治发展到清朝，不论在政治制度上，还是在政治理念上，都构成了一个完整的系统，正如它在经济上没有感到对外贸易必要性一样，它在政治系统上也完全可以自给自足。在接触西方政治社会以前，中国传统政治系统不仅没有感到自身的不足，而且对自己的政治系统还充满自信，甚至在接触到西方政治实践以后，中国传统仍然对自己的政治系统高度自信。但鸦片战争毕竟暴露了中国传统政治的某种不足，知己知彼的做法带来了关于西方政治的新知，而新知的出现又引发了中国社会精英阶层深刻的政治自省，中国近代学的发生就是这种政治自省的结果。[①] 不过，中国近代学从民本意识的强化转化为民主主义在中国的扎根，却又毕竟是西方殖民势力在中国建立租界以后的事。中国近代社会处在一个尴尬的二律背反之中，自信始终伴随天朝的虚骄和封闭，而学习西方却大多由耻辱引发，耻辱又导致了人们对学习西方的顽强抵制。但是顽强的抵制又没有封闭向西方社会的学习，先进的政治实践总是会曲折而必然地发生它的积极影响，中国

---

① 中国虽然自唐以来就与西方世界存在着频繁的文化交流关系，特别是晚明以来西方教会传入中国本土以后，中国已经有比较多的西方社会知识，人们关于西方社会的知识充分反映在《明史》中。但中国社会关于西方政治的新知却出现于鸦片战争以后，出现于林则徐的《四洲志》、魏源《海国图志》及徐志畲的《瀛环志略》等著作中。新知之所以为新知的关键就在于该知识对中国政治具有重大的启迪，但启迪也就仅仅是启迪，作者最基本的立场、观点和方法仍然完全限于传统，新知对传统的积极影响尚没有发生。

近代社会在政治上的积极变化只能根源于先进社会政治实践在中国的引入和普及,一切接触和积极看待先进政治实践的动作、机会和结果都是必然的、积极的。

西方的资本主义社会在政治实践上自然比封建主义的中国要先进,来自西方的政治文化一般都反映了先进政治实践的本质和要求,传教士在中国传播西方政治文化对中国近代社会具有积极作用,因为它从根本上说是体现了先进政治实践的作用。中国清政府的外交公使和留学生既接触西方社会的政治实践,又亲身感受了西方的政治文化,他们传播到国内的政治文化及相应的政治要求在中国社会的作用也主要是积极的,这从根本上说同样体现了先进政治实践的作用。西方殖民势力在中国仿照西方社会的政治系统建立了损害中国主权的租界,这固然有损中国的尊严和利益,但它又是普通中国人能够见到的真实的先进政治实践,中国最早的民主思想家大多受到了租界政治的影响。[①] 太平天国的洪仁玕写出《资政新篇》乃是中国政治思想发生重大转折的标志,其所以能够产生则与作者曾经生活在沦为英国殖民地的香港有必然关系。[②] 冯桂芬写作《校邠庐抗议》也与其在上海租界的生活经历有必然关系。[③]

鸦片战争以后,《南京条约》《北京条约》等不平等条约相继签订,西方人来华源源不绝,其中商人和传教士占据着主导地位。他们在对中国进行军事侵略、经济侵略和文化侵略的同时,也或多或少地将西方的社会习俗、科

---

① 陈旭麓指出:“租界客观地存在着善与恶,”“它曾确实带来中国中世纪所没有的东西”,“它有值得学习之处,它送来了资本主义及其先进事物”,“租界里确有一些值得学习的事物”。[陈旭麓:《思辨留踪》(上)(陈旭麓文集第二卷),华东师范大学出版社,1997 年,第 604 页。]

② 洪仁玕虽然是一个农民起义军的干王,但在来到天京以前,他并不是一个面朝黄土背朝天的旧式农民,而是一个教书先生兼传教士,他在香港、上海等地住过多年,与西方的传教士有过很多的接触,对西方的科学文化知识有较为广泛的了解。

③ 冯桂芬生在苏州,毗邻上海,而且在上海活动过,对西方的文明有所接触。他关心时政,留意西学,也研究过《海国图志》,世界知识比较丰富。

学技术和社会政治学说带到中国，此中就包括对西方议会制度及民主思想的介绍。外国人主要是传教士在中国编写、翻译了一批史地、政治书籍，如《万国史记》《万国通鉴》《泰西新史揽要》《大英国志》《米利坚志》《联邦志略》《万国公法》和《公法会通》等。这些著作不仅概述了西方国家的历史，而且记述了英国、美国、法国等国资本主义立宪制度代替封建专制制度的资产阶级革命史。他们还撰写或翻译了一些专门介绍西方议会制度和民主思想的书籍和文章，如《佐治刍言》《译民主国与各国章程及公议堂解》等。此外，对中国的时事、政治，他们也时常发表一些体现民主思想的评论和建议。①

西方传教士所介绍的西方各国的政治制度及民主思想是传统中国人见所未见闻所未闻的新奇知识，这些新奇知识在鸦片战争以前原本不足为奇，晚明以来中国士大夫对西方政治制度及民主思想很少有兴趣，他们仅仅表示了对西方技术和巧器的兴致。但鸦片战争的刺激迫使部分先进的中国人认识坚船利炮之后的根本决定性力量，迫使他们注意西方的政治制度及民主思想，迫使他们承认西方政治制度及民主思想对中国社会的价值。当然，先进的中国人首先把西方的政治制度及民主思想想象成中国儒家政治原则的真实体现，把西方的华盛顿当作西方的尧、舜，尽管如此，西方政治制度及民主思想毕竟为他们提供了尧、舜理想的新的表现方式。② 这种新的表现方式一旦被先进的中国人接受，那么这种被接受的新的方式就会逐渐扩充它的存在，并在中国近代社会的新陈代谢中逐渐占据主导地位。林则徐、魏源等之所以开中国近代学之端绪，其重要的条件就包括传教士所介绍和传播的西方政治制度及民主思想。

---

① 参见熊月之：《中国近代民主思想史》，上海人民出版社，1986 年，第 105 ~ 114 页。

② 参见耿云志：《西方民主在近代中国》，中国青年出版社，2003 年，第 5 页。

中国近代民主思想的发展在本质上是西方民主思想在中国的普及，它的起点就是传教士传播西方民主思想的活动。不仅在中国近代民主思想发展的逻辑起点上，而且在中国近代民主思想发展的过程中，传教士所介绍和传播的西方政治制度及民主思想仍然具有关键作用。清末，中国上层社会活跃着一位英国传教士，他就是被中国民众称为“鬼子大人”的李提摩太。他参与办报，办学，著书立说，翻译中西书籍，积极参与近代中国的政治活动。他与李鸿章、张之洞、左宗棠、梁启超、康有为、孙中山等政治风云人物关系密切。由于极力鼓吹变法，他甚至有机会晋谒光绪皇帝，光绪皇帝还决定聘请他担任私人顾问，帮助决策维新。此人在晚清社会中的影响之大，可谓鲜有人匹敌。他在山西省太原府，每月举行一次科学报告会，并邀请官吏和士绅观看其科学演示。他还不失时机地晋见各级官吏，讲解世界地理、宣传变法主张，劝其建铁路、开矿藏，以养民富国。李提摩太主张改革，“首教官员、次教富绅、三教儒士、四教平民”。他还一再强调要教民、养民、安民、新民。1882 年，时任山西巡抚的张之洞看过李提摩太有关筑路、开矿、通商的建议书后，甚至希望他放弃传教而出任政府的顾问。[①]

鸦片战争以前，中国与外国并无外交可言，从而也不存在近代的外交关系及外交公使，尽管西方资本主义列强屡屡要求建立外交关系，互派外交使节，但清政府一直拒绝与西方列强建立平等的近代外交关系，并一直不准外国派驻外交使节。[②] 即使在鸦片战争以后，西方列强在中国派驻外交公使仍然步履艰难，而中国派驻对外公使则在鸦片战争后三十年，中国第一位驻外公使就是驻英公使郭嵩焘。1875 年初，云南中缅边境发生了英国教士马嘉理在与当地居民冲突中被杀的“马嘉理案”。“马嘉理案”发生后，清政府手

---

① 参见贝勒：《“鬼子大人”李提摩太》，《今晚报》，2004 年 3 月 24 日。

② 参见蒋廷黻：《中国近代史大纲》，东方出版社，1996 年，第 5 ~ 9 页。

足无措，只得答应英国的种种要求，其中一条是派钦差大臣到英国“道歉”，并任驻英公使。清廷决定派郭嵩焘担此重任。中国派驻出使英国大臣的消息，引起了轩然大波。因为中国传统观念认为，其他国家都是蛮夷之邦的“藩属”，只有蛮夷定期派“贡使”来中国朝拜，而绝无中国派使“驻外”之说。19 世纪后期，中国虽然早已屡遭列强侵略，但这种对外观念并无改变，认为外国使节驻华和中国派驻对外使节都是大伤国体的奇耻大辱。郭嵩焘的亲朋好友都认为此行凶多吉少，认为他出洋“有辱名节”而深感惋惜。更多的人甚至认为出洋即是“事鬼”，与汉奸一般。有人还编出一副对联骂郭嵩焘，该联曰：“出乎其类，拔乎其萃，不容于尧舜之世；未能事人，焉能事鬼，何必去父母之邦。”当时守旧氛围极浓的湖南士绅则更加群情激愤，认为此行大丢湖南人的脸面，要开除他的省籍，甚至扬言要砸郭宅。

郭嵩焘在强大压力下，曾几次告病推脱，但都未获准，终于在 1876 年 12 月从上海登船赴英。行前，朝廷应总理衙门之奏请，命郭嵩焘将沿途所记日记等咨送总署。次年 1 月到达伦敦，他立即将几十天极为详细的日记题名为《使西纪程》寄回总署。他把途经十数国的风土人情、宗教信仰，土耳其设立议会、制定宪法的改革，苏伊士运河巨大的挖河机器，重商对西方富强的作用等全都做了介绍。① 郭嵩焘驻英期间，进一步认识到资本主义社会的优越性，考察了以议会民主和自由选举为特征的西方民主政治。郭嵩焘非常注意并积极评价英国“君民兼主国政”的政治制度，不仅亲身旁听议会辩论，而且在日记中也对英国政治制度有详细记载。② 另外，严复作为近代中国早期留学生的代表，在传播西方政治制度及民主思想方面所发挥的作用则早已经家喻户晓，严复翻译的西方政治学和社会学名著在中国近代民主思想的

---

① 参见雷颐：《郭嵩焘：开眼看世界的“名教罪人”》，《寻根》，2001 年第 1 期。

② 参见钟叔河：《走向世界——近代中国知识分子考察西方的历史》，中华书局，2000 年，第 212 ~ 216 页。

发展中具有重大的启蒙意义。[①] 西方政治制度及民主思想在中国的普及则更是清政府决定大量派出留学生之后才成为事实,特别是留日学生群体对西方政治制度及民主思想在中国的普及更发生了举足轻重的作用。从某种程度上说,社会上流行的关于西方政治制度等的知识同样具有极其重要的政治启蒙作用,其效果并不亚于当时流行的民约论与进化论。

租界是西方列强在中国重要通商口岸设立的完全自治机构,它以西方资本主义政治制度为基本样板,按照分权制衡原则设立政治机构,保证列强公民享有西方资本主义的民主权利,体现了资本主义民主思想。[②] 租界可以看作是西方列强在封建主义中国强行揳入的近代小社会,其逻辑及历史起点乃是不平等条约规定的治外法权。它既为新鲜事物在中国的落足提供了最早的栖息地,也为中国人开始享有资产阶级普遍人权提供了最初的政治保障。[③] 西方社会已有的新鲜东西从租界开始向周围传播,中国近代许多民主主义思想家都从租界获得了最初的思想启示,而中国社会真正完全的近代化或现代化也同样开始于租界,西方社会新出现的近代事物在封建主义的中国腹地还不可能被接纳,但它们却可以毫无政治阻挠地出现于租界社会,而后再由租界社会向外传播。

中国传统的报纸只有朝廷的邸报,它并没有社会批评及舆论监督作用,而中国社会首次出现的具有政治社会批评和舆论监督作用的现代报馆和报纸即出现在租界中,其他许多现代意义上的文化、教育和出版机构也大多首先出现在租界里。[④] 租界特别是其中的公共租界标榜人的权利,只要先进事物或活动是在租界里,封建主义中国的政权就只能或听之任之,或通过外交

---

① 参见李泽厚:《中国近代思想史论》,人民出版社,1979 年,第 249 ~ 285 页。

② 参见熊月之、周强:《海外上海学》,上海古籍出版社,2004 年,第 286 ~ 293 页。

③ 参见[日]小滨正子:《近代上海的公共性与国家》,葛焘译,上海古籍出版社,2003 年,第 188 ~ 206 页。

④ 参见熊月之:《中国近代民主思想史》,上海人民出版社,1986 年,第 106 页。

途径要求租界管理当局进行干预,或要求租界管理当局进行引渡,但是租界当局引渡当事人时又不能不考虑资本主义化的外国人的正义要求,即不能不考虑租界里许多非中国人的态度。如果租界管理当局与封建主义中国政府勾结,压迫进步中国人,那么同情进步中国人并要求实现和保护普遍人权的外国公民就会对租界管理当局施加政治压力。中国人在租界里尽管不能享受与外国公民同样的权利及政治保护,但清政府也不能随意闯进租界进行对先进中国人的直接抓捕,而清政府的抓捕行为一旦必须与租界当局商量,那么先进中国人就获得了一层政治保护。特别是当租界拒绝引渡之后,清政府就只能会通租界当局进行审理,其审理的方式已经渗入了资本主义司法权的理念,而即使先进中国人被判刑,也只能在租界监狱执行,从而减少了受迫害的程度。①

当然,租界也为一些顽固腐朽势力提供了政治保护地,许多军阀或政客,在失势以后生活在租界以避免革命势力或其敌对势力的责任追求或政治迫害。租界的政治模式,以实践的方式,传播了西方资本主义的民主主义政治文化,对广大的中国人产生了广泛的思想影响,加速了封建主义政治文化的瓦解和崩溃。一方面,民主主义和民权思想得到了快速传播,许多中国人都超越了传统儒家的民本思想,滋生了民主主义思想,从而坚定了人们反封建的意志;另一方面,分权制衡思想得到了中国人的广泛认可,使得中国社会普遍产生了建立现代资本主义三权分立的政治国家的愿望。从康有为、严复等人的思想开始向近现代转换的事实来看,西方近现代文化的有效传播乃是一个基本的条件。

---

① 1903 年,清政府勾结租界当局制造了轰动全国的“苏报案”,逮捕了宣传反清的章太炎、邹容等人,租界当局坚持维护“租界治权”,声称苏报案是“租界案,当于租界治之”,不答应清政府的引渡要求,经租界“会审公廨”审理,章太炎、邹容等被判入狱,清政府企图处决章太炎、邹容二人的企图落空。

中国的现代化及政治现代化，并不是一个内生的自然而然的现象，而是受到西方资本主义政治、经济、文化影响的结果。西方资本主义对中国的影响具有解构和重构的两重性，一方面，先进的西方瓦解了落后的东方，使东方社会饱受解构过程的剧痛；另一方面，古老的东方又在先进的西方的影响下重构自己，以获得新生。不论是解构还是重构，都只能是随着先进西方对东方影响力的加大而逐步地深化。先进西方对落后东方的影响归根结底乃是先进社会实践的影响，随着先进中国人对西方先进社会实践的深入体认，中国由落后而先进的步伐也逐步加快。当中国的先进分子还没有经验地接触到西方的先进，或还没有意识到西方的先进，或还不愿意承认西方的先进的时候，当先进的西方在中国社会还普遍被误解，或还很难顺利推广的时候，中国的现代化及政治现代化就还只能以缓慢的速度推进，甚至在一个比较长的时间里处在停滞阶段。

第二章　现代政治思想的序曲

现代政治思想在中国的孕育，虽然开始于鸦片战争中的“开眼看世界”，但中国现代政治思想的真正起点却是甲午战争后风行海内的康有为，甚至是稍后的孙中山。中国政治思想在正式开始以前经历了一个漫长的序曲，这个序曲不论是与其他社会转型国家相比，还是就中国现代政治思想的发展本身而言，都过于漫长，经历了将近五十年。序曲漫长的主要原因，在于中国传统政治思想所造成的政治传统和心态。

一、龚自珍、林则徐、魏源等的政治新知

鸦片战争前夕，中国传统的经世济用学风发展到了高潮，最著名的思想代表就是龚自珍、林则徐、魏源等，其中龚自珍虽死于鸦片战争爆发以后的1841年，但他的思想并没有受到西方资本主义势力的直接影响，而林则徐、魏源等的经世济用学风则直接经受了西方资本主义坚船利炮的洗礼而发生了质的变化，从而成为中国近代政治思想发展的真正起点。[①] 中国近代民主

① 参见陈旭麓:《思辨留踪》(上)(陈旭麓文集第二卷)，华东师范大学出版社，1997年，第23页。

思想能够发生的学术前提就是中国传统经世济用学风的再度兴起,而接受西方社会实践的影响开始开眼看世界才是中国近代民主思想发生的事实起点。不过,起点也就仅仅是发生的起点,而并不标志着政治民主思想在中国的产生,林则徐、魏源等的政治思想,实际上仍然是中国传统的儒家民本思想。他们出于战争条件下知己知彼的目的,了解了一些西方的民主政治实践及思想,拥有了一些有意义的政治新知。虽然这些政治新知在林则徐、魏源那里还没有必要的逻辑位置,但它们在中国近代思想中必然获得重要的逻辑地位,而且只有这些政治新知不断扩充并获得必要的逻辑位置,中国社会才能有真正的近代民主主义思想。

龚自珍,字璱人,号定庵,浙江仁和(今杭州)人,生于清乾隆五十七年,即公元1792年,卒于道光二十一年,即公元1841年。龚自珍生于官僚世家,祖、父皆为经官,外祖父段玉裁为著名文字学家和汉学家。他青年时期就关心时政,善写针砭时弊的政论性文章。龚自珍读书不拘泥于儒家典籍,"方读百家,好杂家之言",科场及仕途颇为不顺,后被迫辞官南下,鸦片战争结束前死于丹阳云阳书院。龚自珍虽然没有机会接触西方资本主义政治实践,也没有林则徐和魏源那样的政治新知,但他所代表的"经世致用"学风却是政治新知产生的思想前提。龚自珍的政治思想虽没有明显的过渡时代特点,但他又是中国传统政治思想即将发生过渡时代的重要思想代表。另外,龚自珍的社会政治批判和提倡变法的政治主张又在晚清主张政治变革的维新运动中产生了重要影响,从而与晚清提倡政治变革的维新思潮发生了必然的思想联系。由此看来,龚自珍的政治思想虽然没有包含任何传统中国所没有的政治新知,从而他在政治思想上完全是一个古人,但他又确实可以作为中国近代要求政治维新和人性解放的重要思想代表,在近代中国产生了重要的思想影响。梁启超对龚自珍及其政治思想在近代中国的影响给予了高度评价。"当嘉道间,举国醉梦于承平,而定庵忧之,……其察微之识,举世莫能及也,生网密之世,风议隐约,不能尽言,……语近世自由之先导,必数定庵,当其始读定庵集,其脑识未有不受其刺激者也。"[①]"龚自珍……喜为要渺之思,……往往引公羊义讥切时政,诋诽专制,……晚清思想解放,自珍确与有功焉","光绪间所谓新学家者,大率人人皆经过崇拜龚氏之一时期。初读定庵文集,若受电然"[②]。龚自珍政治思想中最主要的内容就是他的政治批判思想。[③] 龚自珍的政治批判思想在某种程度上乃是洪亮吉政治思想的继续和深化,反映了清王朝在嘉庆时期所面临的社会危机日益严重。

龚自珍以敏锐的眼光、卓越的胆识指出,嘉庆、道光以来,清朝早已国势凌夷,已经到了"日之将夕"的衰世,虽然从表面上看来,清朝还"文类治世,名类治胜,声音笑貌类治世"[④],但骨子里却不行了,满目疮痍,百病丛生。清朝嘉庆、道光两朝"承乾隆六十载太平之盛,人心惯于泰侈,风俗习于游荡,京师其尤甚者。自京师始,概乎四方,大抵富户变贫户,贫户变饿者,四民之首,奔走下贱,各省大局,岌岌乎不可以支月日,奚暇问年岁?"[⑤]"自乾隆末年以来,官吏士民,狼艰狈蹷。不士、不农、不工、不商之人,十将五六。"[⑥]龚自珍对政治腐败及人才凋零的状况痛心疾首,指出"左无才相,右无才史,阃无才将,庠序无才士,陇无才民,廛无才工,衢无才商"[⑦],即使有才能的人想贡献自己的力量,朝廷也不重视,相反还"督之,缚之,以至于戮之"[⑧]。君主专制统治在本能上敌视人的自我,企图使人皆成为无我的奴仆,越是拥有了无我之自觉,就越是愿意牺牲我之自觉,就越是能升官,直至位极人臣,而位极

① 梁启超:《论中国学术之变迁大势》,载《饮冰室合集》文集第3册第7卷,上海中华书局,1936年。

② 梁启超:《清代学术概论》,载《饮冰室合集》专集之三十四,第54页。

③ 参见李泽厚:《中国近代思想史论》,人民出版社,1979年,第37页。

④ 《乙丙之际箸议第九》,见《龚自珍全集》,第6页。

⑤ 《西域置行省议》,见《龚自珍全集》,第106页。

⑥ 《西域置行省议》,见《龚自珍全集》,第106页。

⑦ 《乙丙之际箸议第九》,见《龚自珍全集》,第6页。

⑧ 《尊隐》,见《龚自珍全集》,第88页。

人臣之人也往往因循旧例，敷衍塞责而故讨皇帝的欢心。马克思指出：“君主政体的原则总的说来就是轻视人，蔑视人，使人不成其为人。”[①]中国传统君主专制主义统治至清朝而至于极，清统治者“积百年之力，以震荡摧锄天下之廉耻”[②]，“官益久，则气愈媮；望愈崇，则谄愈固。地益近，则媚亦益工。至身为三公，为六卿，非不崇高也，而其于古者大臣巍然岸然师傅自处之风，匪但目未睹，耳未闻，梦寐亦未之及。臣节之盛，扫地尽矣。非由他，由于无以作朝廷之气故也”[③]。

龚自珍在激烈的批判之外还提出了变法的要求，其变法要求虽并无新的历史内容，但他要求变法的主张本身却具有重大历史意义。一方面，龚自珍提倡变法的理论依据来源于《公羊春秋》，而康有为的维新变法主张也同样在理论上根基于《公羊春秋》，两者之间虽无直接师承关系，但是他们在思想方法上却具有共同的理论来源及理论依据，足以说明《公羊春秋》在近代中国思想变革中的意义，毕竟中国传统思想转变为近代思想是从《公羊春秋》开始的。康有为后来提倡的“公羊春秋学”，既是包含着新学内容的旧学，也是以旧学形式出现的新学。另一方面，龚自珍的变法思想体现了一种主张普遍变化的历史观，“自古及今，法无不改，势无不积，事例无不变迁，风气无不移易”[④]，“一祖之法无不蔽，千夫之议无不靡，与其赠来者以劲改革，孰若自改革？……易曰穷则变，变则通”[⑤]，“奈之何不思更法？”[⑥]龚自珍的改革并无新意，其改革只是君主专制主义政治下的点滴改良，属于中国传统政治思想中的补天派，而不是一般学者所认为的“掘墓人”。龚自珍在政治

---

① 《马克思恩格斯全集》（第一卷），第411页。
② 《古史钩沈论一》，见《龚自珍全集》，第20页。
③ 《明良论二》，见《龚自珍全集》，第31页。
④ 《上大学士书》，见《龚自珍全集》，第319页。
⑤ 《乙丙之际箸议第七》，见《龚自珍全集》，第7页。
⑥ 《明良论二》，见《龚自珍全集》，第31页。

上主张适当限制君权，提高臣僚的权力，提倡君臣要以礼相处，以实现孔子提倡的“君使臣以礼”“臣事君以忠”的理想君臣关系。君臣之间，“厉之以礼出乎上，报之以节出乎下，非礼无以劝节，非礼非节无以全耻”[①]。“内外大臣之权，殆亦不可以不重，……权不重则民不畏，不畏则狎，狎则变”，皇帝则只需“亲总其大纲大纪”[②]，余则放手让臣下去干。龚自珍在政治上主张抑制君权而扩张臣僚之权，自然有他的针对性，从而也具有一定的积极意义，特别是在近代中国不能不反对君主专制的大前提下，主张抑制君权扩张臣僚之权的做法就更富有积极意义，他与梁启超主张兴绅权有内在联系，与洋务派主张以官僚参与为主的议会思想也有某种内在关联。

但中国传统政治的周期性动乱并非完全由君主造成，实际上，中国传统所谓的盛世往往还产生于君主的强权及其卓越的个人素质，名相、名将、名臣等卓越人物的出现往往以名君的出现为前提。中国传统政治导致人的普遍异化乃是其本质之所在，责任并不在君主一人，君弱臣强的政治往往比君强臣弱的政治更糟糕。龚自珍深知土地兼并对王朝安危的重大影响，他认为“千万载治乱兴衰之数”，在于社会财富分配是否“相齐”，“小不相齐，渐至大不相齐，大不相齐，即至丧天下”。[③] 为了抑制土地兼并，他在《农宗》中主张按照宗法家族授田，将家族中人分为大宗、小宗、群宗、闲民四个等级，其中长子为大宗，授田百亩，次子为小宗，三子、四子为群宗，小宗和群宗皆授田二十五亩，闲民不分田。大宗可役使五户闲民耕种，小宗、群宗可分别役使一户闲民作佃户，五品以上大官则由国家授予禄田若干，可世袭几代，而不必交税。龚自珍土地改革思想的实质是企图通过土地的宗法制度化来达到抑制兼并的目的，使人们按照等级尊卑分享社会的土地资源及社会财

---

① 《明良论二》，见《龚自珍全集》，第 32 页。
② 《明良论四》，见《龚自珍全集》，第 36 页。
③ 《平均篇》，见《龚自珍全集》，第 78 页。

富，人人各得其所。龚自珍的土地改革思想仍然强调君主政治强权必须对经济事务进行直接干预，使人们按照封建名分进行资源和财富的分享，其目的是使资源和财富的分享务必合于伦理的要求，并通过资源和财富的纲常伦理化来确保封建社会的长期稳定。总之，龚自珍的变法主张虽然都有比较强的社会针对性，但其主张却并不能付诸实践，若真的付诸实践，那么它所引起的新问题将比它能解决的老问题更多，更复杂，更不可驾驭。

龚自珍的政治批判深刻揭露了君主专制主义政治的“吃人”本质，甚至可以说龚自珍是中国近代反君主专制主义的理论先驱，尽管龚自珍主要批判了君主专制主义政治扼杀人才，但人才所以能被扼杀的关键，是君主专制主义能够使人的主动性和积极性渐趋消灭。人必须有自足的自我，才能成为社会有用的人才，人的自我一旦被遏止或扼杀，那么人也就失去了自我，而只能成为靠阿谀奉承讨生活的奴才。龚自珍对人的自我普遍遭受遏止甚至被无情扼杀的情况悲愤异常，从而最早在近代中国提出了人性解放的要求。尽管这种人性解放的结果不可能是民主主义情况下的公民，而仍然是中国传统君主专制主义政治下的儒家君子。但是人性解放的要求一旦接触到了西方的新政治，它就演化成了一场反对君主专制主义政治而要求实现民主主义政治的思想文化运动，在这个意义上，严复、谭嗣同、陈独秀、吴虞等的反传统思想都是龚自珍政治批判思想的继续。但是，龚自珍的人性解放又与严复、谭嗣同、陈独秀、吴虞等的反传统思想存在本质性的差异，相对于后者要求人的全面解放，龚自珍的人性解放更多的是一种哲学意义上寻求失去了的自我的反异化。因此，龚自珍要求的人性解放在不能恢复官场的生气后就转入佛学中，而严复、谭嗣同、陈独秀、吴虞等的反传统思想则根本没有扭转官场风气的企图，他们直接诉求于人的普遍权利，要求确立新的政治经济社会形态。

林则徐，字元抚，号少穆，福建侯官（今福州市）人，生于清乾隆五十年，即公元1785年,卒于清道光三十年,即公元1850年。1811年,林则徐在进士及第以后,先后任翰林院编修、盐运使、布政使、按察使、江苏巡抚、两江总督、湖广总督等职,为政清廉,整刷吏治,办事认真严肃,提倡民本政治,强调民惟邦本,爱惜民力,为民请命,受到民众的爱戴。他认为鸦片的输入及白银的输出已经严重危及国家御敌的兵源及军饷,指出"若犹泄泄视之,是使数十年后,中原几无可以御敌之兵,且无可以充饷之银"[①],他主张坚决禁绝鸦片,详细论述了禁绝鸦片的必要性。林则徐在广州奉皇帝钦命,主持禁绝鸦片,采取措施缉捕鸦片贩子,在虎门海滩当众焚烧收缴的鸦片,表达了中国人民不可侮辱的民族气节。林则徐在主持禁绝鸦片期间,注意了解殖民者的活动动态,积极探求关于西方的知识,以为制夷之用。[②] 林则徐实事求是的经世济用学风在接触西方的殖民势力之后滋生出了新的学问,这种渐渐突出的新学问就是近代中国的所谓新学,也即中国近代所产生的所谓中国近代学。林则徐的经世济用强调实用,积极发展理性的可操作性,即使没有鸦片战争,林则徐也同样可以清官廉吏的形象垂名青史,然而鸦片战争的爆发使林则徐在中国近代思想史上的意义发生了重大变化。林则徐在鸦片战争中的开眼看世界成了中国近代学的真正开端,而林则徐也正是由于成了开眼看世界的第一人而具有了更深远的政治思想意义。[③]

林则徐并不是天生的开明主义者,他在面对西方资本主义方面表现出的相对开明乃是其经世济用实事求是学风的延续,其了解西方的初衷出于较量中的知己知彼。林则徐初至广州时,也和当时一般士大夫一样,并不了解西方资本主义世界,同样偏狭自大地认为,"我天朝君临外国,尽有不测神

① 林则徐:《钱票无碍甚关碍宜重禁吃烟以杜弊源片》,见《林文忠公政书·湖广奏稿》,卷五。
② 参见陈锡祺:《林则徐奏稿·公牍·日记补编》,中山大学出版社,1985年,第101页。
③ 参见陈旭麓:《近代中国社会的新陈代谢》,上海人民出版社,1992年,第21~44页。

威”，外夷“自然畏服”，错误地以为“茶叶、大黄，外夷若不得此，即无以为命”。[①] 但在和外国人打交道过程中，他很快就意识到，“必须时常探访夷情，知其虚实，始可以定控制之方”[②]。林则徐招致了一批有才干并留心海防事务的人才，探讨西方情况，“侦探夷情，查访汉奸”，多次指示与西方商人接触的通事、买办和引水等随时报告洋人动态。另外，他搜集外国书籍、报纸，找人翻译，编译《华事夷言》《四洲志》和《各国律例》等，以了解外国的情况。林则徐探求的西方知识，主要有两个方面：其一，西方国家的地理历史、时事及西方社会对中国的看法是林则徐想要了解的主要内容。林则徐了解西方的历史、地理不是出于好奇，也不是出于其认为西方先进的基本判断，而是出于禁烟过程中的知己知彼。为此，他总是尽可能选择反映西方社会新情况的权威资料予以翻译。他主持编译的《四洲志》即译自1836年伦敦出版的慕瑞著的《世界地理大全》，《澳门月报》则译自《澳门新闻稿》，《华事夷言》摘译自1836年伦敦出版的《中国人》。这些是近代中国系统介绍西方各国的地理、历史、时事知识的最初书籍。其二，西方的科学技术特别是军事科学技术是林则徐想要了解的另一个重要内容。他组织编译了有关欧式大炮瞄准发射技术的书籍，训练军队学习使用西洋大炮。此外，他还积极收集西洋各式战船的图样，在研究、探求西方军事科学的基础上，林则徐积极引进西方先进的舶舰和大炮，并加以仿造，他主张建立一支“器良、技熟、胆壮、心齐”的新式水师。

尽管林则徐相信“民心可用”，并依靠广州民众的爱国热情击退了英国军队的进攻，而人民大众在反侵略方面的巨大能量也在三元里抗英斗争中得到了充分展示，从而使人们得出了一个传之久远的政治结论，即强调官、

---

① 林则徐：《拟颁发檄谕英国国王稿》《谕各国商人呈交烟土稿》，见《林则徐集》，第127、58页。

② 林则徐：《密陈驾御澳夷情形片》，见《鸦片战争》第二册，第195页。

民、夷之间的互制关系，即夷怕民，民畏官，官惧夷的封闭循环。但是，林则徐心中的东西方对比，却显示出了东方对西方的巨大落差。林则徐在贬谪戍伊犁途中曾给朋友写过一封信，其中谈到了中国与西方相比在军事方面的巨大差距。“彼之大炮，远及十里内外，若我炮不能及，彼炮先已及我，是器不良也。彼之放炮，若内地之放排枪，连声不断，我放一炮后，须转展移时，再放一炮，是技不熟也。……内地将弁，虽不乏久列戎行之人，而皆觌面接仗，似此相距十里八里，彼此不见面而接仗者，未之前闻，故所谋往往相左。”[①]为此，林则徐主张探求西方的知识，学习西方的长处，但他学习西方的长处也仅限于学习军事方面的科学技术。不过，即使是非常有限的学习西方的知识在当时的中国也难以进行，林则徐即不敢公开自己对中西对比的判断，而他从广州被革职以后也没有再谈及学习西方的必要性，而是又恢复到做传统循吏的老路上去了。即使如此，他在广州时主张学习西方的言论及学习西方的实践仍然遭到广泛非议。林则徐探求西方知识，一开始就遭到顽固派的攻击和反对。林则徐求购“夷书”被认为有失“天朝大吏”的体面，探求洋人情报的人则被污蔑为“汉奸”，铸炮造船的主张被道光斥为“一片胡言”。

中国社会已经被夷夏大防牢牢地捆绑住了，当时的中国人几乎无不主张坚守夷夏大防，即使主张学习西方的先进中国人也不能例外。这就使得任何承认中国社会落后或有不足的言论都不得不面对强大的道德压力。鸦片战争以后，“夷务成为一个重要内容，是经世之学在近代演变的起点，是近代经世之学与传统经世之学的不同之处。这种变化，一方面反映了夷务在实际政治生活中已经与中国的前途连在一起了；另一方面，又反映了中国对

① 转引陈旭麓：《近代中国社会的新陈代谢》，上海人民出版社，1992年，第55页。

西方的认识在不断深化。而两者都是以鸦片战争为起点的”①。林则徐从严密的夷夏大防中探出头来开眼看世界，是中国近代学或近代新学的逻辑和事实起点，中国传统的经世之学正是在林则徐身上发生了其近代化的本质变化，从而产生了中国近代学或近代新学。

林则徐“开眼看世界”的活动被现实的政治活动打断，其“开眼看世界”只形成《四洲志》的半成品。林则徐开眼看世界的事业由魏源予以继续，最终不仅写成了《海国图志》，而且魏源还对林则徐的实践予以总结，提出了“师夷之长技以制夷”的纲领性看法，主张学习西方的坚船利炮。

魏源，字默深，湖南邵阳人，生于清乾隆五十九年，即公元 1794 年，卒于清咸丰七年，即公元 1857 年。魏源幼年沉默寡言，爱好读书。1814 年，他随父亲到北京，1819 年师从刘逢禄，学习今文经学，与龚自珍相识，两人感情很好，世称“龚、魏”。魏源于 1822 年中举后，曾帮助江苏布政使贺长龄编纂过《皇朝经世文编》一百二十卷，做过贺长龄、陶澍、裕谦、林则徐等人的幕僚，积极提倡经世致用的学术，反对逃避现实问题。鸦片战争期间，魏源赞襄两江总督裕嫌，督办浙江军务，参加防守海防的战役。1841 年，林则徐被革职，充军到新疆的途中，在京口（今镇江）遇见了魏源，林则徐将《四洲志》的书籍交给魏源，嘱咐他撰写《海国图志》。魏源没有辜负林则徐的殷切期望，于 1842 年完成了《圣武记》一书，记述清代的武功，以激发人们的爱国心；1844 年完成《海国图志》的编纂工作，原书五十卷，1847 年又扩充为六十卷，1849 年再扩编为一百卷本。该书叙述了世界上各国的沿革、地理，尤其是对西方列强自由竞争、开拓殖民地、炮舰政策、传教，以至这些国家的政治制度、生产状况、风土人情都有介绍和评述。

---

① 陈旭麓：《近代中国社会的新陈代谢》，上海人民出版社，1992 年，第 57 页。

魏源认为，“欲制外夷者，必先悉夷情始”[①]，“同一御敌，而知其形与不知其形，利害相百焉；同一款敌，而知其情与不知其情，利害相百焉”[②]。魏源驳斥了顽固派的“奇技淫巧”说，指出“有用之物，即奇技而非淫巧”[③]。魏源指出新加坡有英华书院，在那里有英国大量翻译中国的书，以探求中国的情况。他们搜集中国的经、史、子、集，探听中国虚实。而我们中国为什么不研究西方情况呢？因此他将外国人著的世界地理介绍到中国来。《海国图志》的编纂方法是将外国地理书籍的记载同中国史书上的记载以及一些私人的专著编排对比，钩稽贯串，做了必要的考证和订正，理出一个头绪来，使人看了一目了然。他又综论世界治理形势，“博参众议以发挥之”，使人获得完整的知识，“扩万古之心胸”，知“旷代所未闻”。[④]《海国图志》一书花费了很大的篇幅介绍西欧资本主义国家，尤其是英国。魏源研究世界政治形势之后，认为英国是当时最发达、最强盛的西方资本主义国家。他考察了西欧资本主义国家强盛的原因，认为这些国家生产技术水平较高是国家强盛的最主要因素。魏源介绍了西方的机器化大生产，“机房织造，不用手足，其机动以火烟，可代人力，以羊毛与棉花纺成洋布、大呢、羽毛，皆自然敏速”，“农器便利，不用耒耜，灌水皆以机器，有如骤雨”，“制造之匠，纯用火机关，所借以动机关者煤炭”。[⑤]

他认为，中国之所以败于英国，主要原因是英国军事“力强技巧”远在中国之上，其次是因为英国军队待遇优厚，选兵、练兵严格，中国的营伍腐败不堪。“师夷长技”，不仅要学习武器船炮的制造和使用，还要学习西方国家选兵和养兵、练兵的方法，两者不可偏废。“但知船炮为西夷之长技，而不知西

---

① 《海国图志·筹海篇三》。
② 《海国图志叙》。
③ 《海国图志·筹海篇三》。
④ 《海国图志后叙》。
⑤ 《海国图志》，卷五十一。

夷之所长不徒船炮也。”“无其节制，即仅有其船械。犹无有也。尤其养赡，而欲效其选练，亦不能也。”[①]魏源提出了“师夷之长技”的具体措施：一、在广东开办造船厂和火器局，并聘请外国技师和工匠，“司造船械，并延西洋柁师，司教行船、演炮之法……而选闽粤巧匠精兵以习之”[②]。二、“沿海商民有自愿仿设厂局以造船械，或自用，或出售者，听之”。三、淘汰老弱闲散无用之兵，尽裁冗滥兵饷，用以提高士兵的待遇，绿营大量吸收内地技勇双全的“猛士”，水师“取诸沿海渔户枭徒者十之八，取诸水师旧营者十之二”[③]，水师将官“必由船厂、火器局出身”。四、增设水师科，培养水师教官，凡是能够制造战舰、火轮船以及其他新式武器的人，都作科甲出身，经考试合格者，立即“分发沿海水师，教习技艺”。[④] 五、严立船炮修造和水师训练章程。魏源还初步介绍了西方的政治制度，区分了君主制、民主制和君民共主制，提到了西方的议会及共和制度中的总统选举，但是魏源既不真正认识这些政治制度，也不真正认同这些政治制度。魏源对中国传统的政治制度仍然充满自信，仍然认为中国是礼仪之邦，中国的政治制度是先进的、完备的。他在介绍这些国家的政治制度时，只是感到新鲜，很有兴趣地记述和描写，但是他并不太重视这些制度的价值，也没有要中国去仿行的意思。因为在他的心目中，这些国家的政治制度还比较落后，有时用部落和部酋称呼美国的联邦和总统。这些旧概念在其著作中的出现，在一定程度上表明了其概念话语体系还基本属于旧时代，即他不仅具有比较完整的旧概念，而且还没有获得较为丰富的新概念。

魏源写作《海国图志》乃是其传统经世之学在近代的延伸，其目的仍然

---

① 《海国图志·筹海篇三》。
② 《海国图志·筹海篇三》。
③ 《海国图志·筹海篇三》。
④ 《海国图志·筹海篇三》。

是维护传统政治体系，而知悉夷情和学习炮舰技术只是工具或手段。魏源的世界史地观没有超过晚明以来的士大夫，仍然存有强烈的夷夏尊卑意识。事实上，魏源关注的焦点问题是如何（在清帝国的现有逻辑里）对西方入侵进行军事抵抗的"海防"，师夷只是一个手段。[①] 他引用了中国历史上的许多军事经验，勾画出一个系统的抵抗外侮方案。魏源主张"海防"要"以守为战"，并且要以守内陆内河为主，在内河河流两岸排列火炮，敌舰进入海口、内河，只能鱼贯而入，不能任意纵横，此时便可下游断其归路，上游选狭窄处力遏于前，四面围住，而后施以火攻、炮击；如果敌人弃舟登陆，"则预掘壕沟以截其前，层伏地雷以夺其魄"，将其打垮。"以守为战，而后外夷服我调度，是谓以夷攻夷；以守为款，而后外夷范我驰驱，是谓以夷款夷。"他还提出了进行地方动员以形成地方性防守防御体制的问题，其理由是"调客兵不如练土兵"，"调水师不如练水勇"，以保甲组织百姓，以兵法部伍乡民，战时坚壁清野，以图长久抗战。[②]

魏源的第三个设想是依据其对"南洋"的史地知识，提出联合面临西方威胁的东南亚各国共同对付敌人，实施春秋战国式的纵横家思路。正是作为这一抵抗战略的组成部分，魏源提出"师夷长技以制夷"，学习其船炮技术，并对西方船炮图式做了介绍。"师夷长技以制夷"既是从林则徐的"师夷长技以制敌"发展而来，又类似于满洲初兴时提出的"师明长技以制明"的提法，它在魏源那里的最初意义或许只是海防军事方面的。与这种海防战略的关注相关，魏源对西方的介绍也是将中国传统海洋史地学，尤其是明代的以"南洋"为重点的海疆概念作为摹本框架的。《海国图志》一书中引用的中国史地著述数倍于西人著述。西方主要被视为中国"海疆"世界的新知道的

---

① 参见彭明、程歗主编：《近代中国的思想历程》，中国人民大学出版社，1999 年，第 100 ~ 102 页。

② 《海国图志》，卷一。

成员，被划分为"小西洋、大西洋、外大西洋"等部分，是比"南洋"更远的"海国"，并对"南洋"各国与中国沿海构成了威胁。我们不能夸大《海国图志》对形势的理解。他所做的主要是恢复明代所有而清代已淡化的对海疆世界的注意，将西方界定为只是中国海疆的遥远"海国"，而西方入侵中国也主要被界定为海防问题。思想的意义与价值首先取决于其所依托的框架与思路，无论是对西方各国的情况介绍，还是他"师夷长技"的提法，都不能超出当时的历史情境而孤立出来得到赞许，这等于是用后人的眼光来代替魏源当时的眼光。①

魏源的确可算是中国近代学的奠基人物，但奠基人物身上总是残存着比较多的传统因素，他的政治思想多半还属于传统时代，其所传播的知识也未见得如何准确，其中甚至还存有以讹传讹的成分，但他的思想由于关注了西方而具有了新的社会性质则是毫无疑义的。魏源以传统经世之学的姿态包容了比较多的改革要求，他的思想整体上虽仍然是传统的，特别是在政治思想方面尤其如此，但他的视野在某些方面却是比最初的洋务派要开阔一些，但这种视野上的开阔又恰恰是其思想在性质上还没有发生近代转变的产物。魏源的思想虽然对后来的洋务派具有启迪作用，但他自身还不足以成为思想上的洋务派。一方面，魏源的思想带有强烈的战争色彩，在战争的刺激消失以后，他和林则徐一样都表现出了恪守传统的色泽，在政治上仍然坚持一味排外，不仅自己不再深层次地认识西方政治，而且对企图深入了解西方政治和与西方人士打交道的行为予以谴责和抵制。另一方面，魏源并没有学习西方长技的实践，即使在与太平军打交道的过程中，他的思想也没有产生洋务运动中普遍出现的学习西方的行为，洋务运动的理念是从其学

① 参见彭明、程歗主编：《近代中国的思想历程》，中国人民大学出版社，1999 年，第 100 ~ 102 页。

习西方的实践中归纳出来的。

鸦片战争后,中国人开眼看世界,超越了战争中的和与战,而企图比较全面真切深入了解西方的人,既不是林则徐,也不是魏源,而是徐继畬。[①] 徐继畬的著作与洋务理念的归纳之间存在直接的思想联系。徐继畬,字健男,号牧田,山西五台人,生于清乾隆六十年,即公元1795年,卒于清同治十二年,即公元1873年。徐继畬在道光六年进士及第后,历任翰林院编修、陕西道监察御史、广东按察史、福建布政使、福建巡抚等,咸丰初因故去职,同治初年复出,任总管同文馆事务大臣。他在政务之余,利用一切机会接近西方人士,耳闻笔录,批阅旧籍,推敲考订,1844年,编成介绍世界地理的《瀛环考略》,后又进一步补充材料,于1848年,编成《瀛环志略》。《瀛环志略》问世之初,官方及知识界的反应甚为冷淡,19世纪60年代以前,它在国内的流传和影响很有限,但在日本却很受重视,引起了重大反响,1861年,日本即出现了《瀛环志略》的日译本,而中国则迟至1866年才重新刊刻《瀛环志略》,并将它作为同文馆的教科书。徐继畬的《瀛环志略》仍然带有传统史地学的痕迹,但与《海国图志》相比,它的新学特征更趋明显和强烈。一方面,《瀛环志略》在体例上表现出对世界的更多了解,全书共十卷,卷一为世界地理的简介,叙述地球概况,五大洲,五大洋,以后各卷则分别叙述各大洲的情况,其叙述体例更接近现代世界地理学,而远离了传统的史地学的叙述方式。另一方面,《瀛环志略》还较多地采用了西方现代地图学的成果,其中许多地图都从西方人的著作中描摹出来,而魏源则完全使用传统绘图方法绘制传统地图,两者的不同在一定程度上显示了他们所接受西学的程度差异。

徐继畬所了解的西方知识要远比魏源丰富、准确,以至魏源在修订《海国图志》的时候,将《瀛环志略》内容的四分之一摘编到了自己书中。特别是

---

① 参见彭明、程歗主编:《近代中国的思想历程》,中国人民大学出版社,1999年,第103页。

在对西方政治的介绍上,《瀛环志略》更是胜出《海国图志》许多。徐继畬比较系统地记述了欧美民主议会政治制度的形式、职能及其议事程序,而且还热情地歌颂了欧美的民主制度,指出了其中值得中国学习和仿效的地方。《瀛环志略》详细地介绍了英国两院制议会的构成及其活动分工。"英国之制……都城有公会所,内分两所,一曰爵房(贵族院),一曰乡绅房(平民院)。爵房者,有爵位贵人及耶苏教师处之;乡绅房者,由庶民推择有才识、学术者处之。国有大事,王谕相,相告爵房,聚众公议,参以条例,决其可否,复转告乡绅房,必乡绅大众允诺而后行,否则寝其事勿论。其民间有利病欲兴除者,先陈说于乡绅房,乡绅酌核,上之爵房,爵房酌议,可行则上之相而闻于王,否则拔罢。……大约刑赏、征伐、条例诸事,有爵者主议,增减课税,筹办帑饷,则全由乡绅主议。"①《瀛环志略》也比较详细地介绍了美国的民主议会制度,包括民主制度的创立,州长、总统的选举投票的方法,任期的规定等。1844年,徐继畬在《瀛环考略》的手稿中,还特别以中国传统史家之标准,提到和颂扬了美国的首任总统华盛顿。"兀兴腾(即华盛顿)既得米利坚之地,与众议曰:得国而传子孙,是私也,牧民之任,宜择有德者为之。分其地为二十六部,每部以正统领一、副统领一,以四年为任满,集部众议之,众皆曰贤,则再留四年(八年之后不准再留),否则推其副者为正,副或不协人望,则别行推择。乡邑之长,各以所推书姓名投匦中,毕则启匦,视所推独多者立之,或官吏,或庶民,不拘资格。退位之统领,依然与齐民齿,无所异也。二十六部正统领之中,又推一总统领,居于京城,专主会盟、战伐之事,各部皆听命。其推之法,与推择各部统领同,亦以四年为任满,再任则八年。"②

《瀛环志略》不仅在介绍世界史地知识方面开阔了人们的眼界,而且在

---

① 《瀛环志略》,卷七。

② 转引熊月之:《中国近代民主思想史》,上海人民出版社,1986年,第77~78页。

介绍资产阶级民主制度方面也对后世产生了一定的影响。徐继畬尽管还不了解西方的民主政治思想，甚至对西方民主制度的了解，也多半背离其原意，他更多的时候是觉得西方的政治，比较好地体现了古代圣人的政治主张，实现了儒家所谓的"公天下"，正是在这个意义上，他觉得中国可以而且应该向西方政治学习一些东西。他承认中国在政治上也可以学习西方，西方政治经验的介绍可以产生有益于中国的效果，而不仅是徒增见闻，而且他所讲述的西方政治故事及其杰出人物确实激发了革命志士的民主精神。华盛顿的政治故事使人厌恶专制、心醉共和，这只是《瀛环志略》在社会上产生的积极效果之一。①

徐继畬在政治上属于主和派，原本就与主战派水火不容，而他对西方人的态度，尤其是他称颂华盛顿的话，更是激起了林则徐等主战派大臣及御史的不满和指责，随着道光朝主和大臣穆章阿的倒台，徐继畬被罢官。令人不解的是，林则徐幕府中主战的梁廷楠却是徐继畬介绍西方政治的同道，虽然梁廷楠在社会影响方面比不上徐继畬，但在深入介绍西方政治方面则并不逊色。梁廷楠，广东顺德人，字章冉，晚号藤花亭主人，生于清嘉庆元年，即公元1796年，卒于清咸丰十一年，即公元1861年。梁廷楠为副贡生，曾任澄海县训导，咸丰元年赏内阁中书，加侍郎衔。他学问广博，注意研究西方国家政治、历史、社会、经济状况。1839年，他任广州越华书院监院时，林则徐慕名咨以战守事宜。他悉心赞助林则徐，亲身参与禁烟运动，并发动爱国士绅以为后援，1849年，他积极支持广州人民反对侵略者入城的斗争，其主要著作有《海国四说》《夷氛闻记》《粤海关志》《藤花亭诗文集》等。《海国四说》中包含《耶稣教难入中国说》《粤道贡国说》和《合省国说》，其中《合省国说》尤其重要。

---

① 参见熊月之：《中国近代民主思想史》，上海人民出版社，1986年，第80页。

合省国，即美利坚合众国。《合省国说》是梁廷楠参考美国人所著《合省志略》一书，结合自己在粤海关等处采集到的有关美国的资料编纂而成的。梁廷楠在《合省国说》中详细介绍了美国的情况，对美国的政治民主着墨尤多，其中的介绍或有夸张，或有附会，但对民主选举的向往及羡慕却十分明显。“（美利坚）自立国以来，凡一国之赏罚禁令，咸于民定其议，而后择人以守之”，“未有统领，先有国法，法也者，民心之公也，统领限年而易，殆如中国之命吏，虽有善者，终未尝以人变法”，统领在法的约束下，“既不能据而不退，又不能举以自代，其举其退，一公之民，持乡举里选之意，择无可争夺、无可拥戴之人，置之不能作威、不能久据之地，而群听命焉。盖取所谓视听自民之茫无可据者，至是乃彰明较著而行之，实事求是而托之”，“为统领者，既知党非我树，私非我济，则亦唯有力守其法，于瞬息四年中弹精竭神，求足以生去后之思，而无使履当前之竦。斯已耳，又安有贪侈凶暴，以必不可固之位，必不可再之时，而徒贻其民以口实哉！”①梁廷楠注意到民主制度与专制制度有三点根本区别：一、民主是一切大政皆由“民定其议”，统领也由民选举；二、民主依法治理，强调法治，上自统领，下至百姓，都要遵守体现“民心之公”的法；三、民主制下的统领有任期，“限年而易”，不可“久据”，更不得世袭。梁廷楠还进一步研究了美国之所以能实行民主制度的原因，开始把许多对西方政治的感性认识提升为理性认识。梁廷楠认为，美国能行民主制度，是由其所处的地、时及其民族特性所决定的。

鸦片战争后，中国人被迫开眼看世界，尽管这个时候开眼看世界的先进中国人还带有浓郁的传统特点，带着中国传统政治意识形态的有色眼镜。但他们毕竟意识到了中国在某些方面的不足，并基于此认识而开始有意识地进行认识西方的活动。鸦片战争所引发的中国人开眼看世界获得了传统

---

① 《海国四说·合省国说》。

中国闻所未闻的新知识，这种新知识不仅改变了中国历史的轨迹，而且也逐渐地改变了人们的思想观念和思维方式。自此以后，中国人的政治理想逐渐发生了前所未有的巨大变化，并最终由此而改变了传统中国的政治轨迹。中国近代在某种意义上成了王权陨落与走向共和的时代，而中国之所以能逐渐走向共和就是因为中国近代获得了新的政治知识，而这种政治新知识的起点正是鸦片战争之后的开眼看世界。中国传统人士在开眼看世界的新政治之时，他们的目的或许仅仅是在政治上广见闻，或者是为了知己知彼，或者把西方民主政治误以为是传统三代政治的实践版本，他们还没有接触到民主政治的思想层面。但他们所介绍的西方政治的新事实本身在中国就具有巨大的思想启蒙意义，其原因就是他们提供的新的政治知识及政治故事提供了人们在需要选择和可以选择的时候的新样本，中国人产生民主思想在某种程度上正是不断接近并了解新样本的结果。

近代之初的中国思想家们，面对汹涌而来的西学，大胆突破既有的思想藩篱，介绍和评价西方先进制度，既提供了前所未有的政治新故事，也激活了思想家关于传统政治理想现代价值的话题，在传统政治理想之普遍价值与现代政治故事之间，不断往返，深入思考，既达成了对现代民主制度的价值承认，也找到了现代民主落脚并扎根中国的价值依据，当然也找到了传统价值在现代的承传载体。中国近现代民主观念正是在这样的条件下开始其历史行程的。

二、太平天国的政治思想

太平天国在本质上仍然属于旧式农民运动，不论是它所追求的政治理想，还是它所依靠的基本社会力量，抑或是它所确立的基本政治制度，都是没有受到近代化运动洗礼的完全传统的社会存在。但由于它所采用的宗教在外观上采用了西方教会的形式，并且对近代中国产生了一定的思想影响和政治影响，从而使它的性质看上去显得颇为复杂。① 不过，只要我们掌握了它所要确立的社会理想的实质及其所确立的政治制度形态，我们就不难看出它的旧式农民运动的本质。太平天国运动与以往依靠宗教力量的农民运动一样，存在实质意义上的宗教领袖，而宗教领袖的政治思想在很大程度上就是太平天国运动的指导性思想意识形态。太平天国的政治思想在其晚期发生了与洋务运动趋势大体相同的变化，但是它的思想影响及政治影响在当时都非常有限。太平天国对中国近代政治思想的积极影响，主要有提倡平均、反满革命、文化反孔、女权解放等，而这些积极影响都主要表现为宗教领袖洪秀全的政治思想。

洪秀全，原名仁坤，后改名秀全，广东华县人，生于清嘉庆十九年，即公元 1814 年，卒于清同治三年，即公元 1864 年，太平天国运动的宗教、思想及政治领袖。洪秀全从小读书，饱受儒家政治文化的影响，特别是《礼记》中《礼运》篇的“大同思想”几乎成了洪秀全基本政治思想的一个主要来源。洪秀全十六岁辍学务农，十七岁做了村私塾教师，曾四次参加科举考试，但是屡屡名落孙山。洪秀全在广州考试期间接触到了传播基督教福音的《劝世良言》②，在最后一次名落孙山以后，洪秀全得了一场大病，在病中，他做了一

---

① 太平天国评介在学术界似是十分困难，尽管各种结论都承认太平天国运动有一定的历史局限性，但各种观点对太平天国运动性质的断定却仍然差异很大。有人认为太平天国已经发展出了具有近代内阁制那样的政治制度，有人则简直把太平天国运动等同于中国共产党领导的革命运动，还有人认为太平天国运动基本上是一种落后或野蛮的政治运动。作者以为，陈旭麓教授及熊月之教授对太平天国运动的定性具有比较高的说服力。陈旭麓教授认为，太平天国运动无法洗去自己身上的封建性，而熊月之则认为洪秀全是个拆天又补天的人。参见《近代中国社会的新陈代谢》第五章及《中国近代民主思想史》第二章。

② 《劝世良言》是中国传教士梁发编写的传教的通俗宣传小册子，共九册，内容包括由马礼逊翻译的几段旧约圣经和一部分对经文的解释。马礼逊是英国改正教伦敦传道会的牧师。1807 年到中国，是把基督教新教传入中国的第一人。梁发是广东高明县人，原是一个雕刻印刷工人，受雇为马礼逊刻圣经，相信了基督教，受洗礼，成了牧师。

系列奇怪的梦,梦中他见到了一位高踞宝座的老人,旁边有一位中年人,老人赐他宝剑等。之后他又重读了《劝世良言》,创立了拜上帝会,用拜上帝会的教义解释梦中的现象,认为梦中的老人即上帝耶和华,中年人是上帝之子耶稣,自己则是上帝的次子,接受宝剑则预示着自己是受上帝之命,来到人间是执行斩邪留正的任务的。1851 年 1 月 11 日,洪秀全率拜上帝会信徒在广西金田村发动起义,建立太平天国,自立为天王,后定都在南京,将南京改为天京。洪秀全的政治思想反映在他的主要著作《原道救世歌》《原道醒世训》《原道觉世训》和太平天国颁布的《天朝田亩制度》中。

洪秀全所创设的拜上帝会不同于一般的基督教会或天主教会,西方的教会关注人的灵魂,企图给人以来世的指示,引导人的灵魂救赎,其存在目的是为了人的灵魂而非肉体,建立天上的"大天堂",洪秀全的拜上帝会则主要是追求为人们的肉身而非灵魂建立地上的"小天堂"。[①] 洪秀全建立的"小天堂"实际上是假借上帝与人的唯一中介将天国的理想实现在实践中,它在形式上虽然采用了外来宗教的形式,但其实质仍然是传统圣人救世理论的重复,在实践上必然导致领袖集权主义,而它的宗教形式又使它容易滋生迷信和神秘主义。不过,相对于清中期的各种地下造反或反对势力而言,太平天国运动是最能够体现传统小生产者的政治理想的,从而也是最富于鼓舞性和吸引力的。拜上帝会成为清中期以后整合社会反对或造反势力的组织中心并不是偶然的。[②] 太平天国政治理想的核心是均平,而均平的方法或途径则是尚公,尚公最直接简便的方法就是要求社会成员普遍无私。太平天国为了做到社会成员的普遍无私,一方面在意识形态领域加强控制,防止人们的私心、私欲,要求人们通过社会集权的操控而实现社会的大公;另一方

① 参见洪秀全:《天命诏旨书》,见中国近代史资料丛刊:《太平天国》(一),上海人民出版社,第 59 ~ 70 页。

② 参见陈旭麓:《近代中国社会的新陈代谢》,上海人民出版社,1992 年,第 68 页。

面，在社会制度上创设圣库制度，消灭私有制，消灭家庭，消灭商品经济，严格控制社会财富的生产、分配和消费。

从理论上说，社会成员的普遍无私似乎确实可以建立一个理想的均平社会，吸引着失去宗族庇护的广大的小生产者投身其中，他们把太平天国看作是一个给他们温暖的大宗族。“凡天下田天下人同耕，此处不足则迁彼处，彼处不足则迁此处、凡天下田丰荒相通，此处荒则移彼丰处以赈此荒处，彼处荒则移此丰处以赈彼荒处，务使天下共享天父上主皇上帝大福，有田同耕，有饭同食，有衣同穿，有钱同使，无处不均匀，无人不饱暖也。”[1]根据均平的理念，生产者留足自身使用的收获物，剩余部分收归国库支使，“凡当收成时、两司马督伍长，除足其二十五家每人所食可接新谷外，余则归国库。凡麦豆竺麻布帛鸡犬各物即银钱亦然。盖天下皆是天父上主皇上帝一大家，天下人人不受私，物物归上主，则主有所运用，天下大家处处平均，人人饱暖矣。此乃天父上主皇上帝特命太平真主救世旨意也”[2]。但在实践上，太平天国的均平思想却极容易导致社会生活的森严等级。《太平礼制》和《天命诏旨书》都显示，太平天国内部等级异常确定，尊卑十分分明，弟兄称呼纯为形式，君臣秩序备极森严，不仅有等级制，而且有世袭制。[3] 中国传统的均平思想与等级思想原本就是一套完整意识形态的两个侧面。从均平的良好愿望出发而到达集权等级的终点，这既是太平天国历史的轨迹，也是中国传统政治发展的缩影。太平天国的均平乃是中国传统农民的政治夙愿，它并不等同于西方的平等，更接近于传统社会地下组织中的有福同享，或梁山好汉那样的大称分鱼肉，小称分珠宝。中国传统的封建王朝大都从追求均平开

---

① 《天朝田亩制度》，见《太平天国》(一)，上海人民出版社，第 321 ~ 322 页。

② 《天朝田亩制度》，见《太平天国》(一)，上海人民出版社，第 321 ~ 322 页。

③ 参见李泽厚：《中国近代思想史论》，人民出版社，1979 年，第 30 页；参见陈旭麓：《近代中国社会的新陈代谢》，上海人民出版社，1992 年，第 82 页。

始，而最终灭亡于等级的过度发展。虽然太平天国追求均平的实践并不成功，但这种实践对中国近代的政治思想仍然产生了积极影响。

洪秀全的政治思想由于采取了宗教形式，故而他在舆论上极力丑化清王朝及其忠实维护者，称他们为妖，而将自己比拟为具有神性的正义力量，从而使自己的政权染上了浓郁的神学甚至是迷信特点。洪秀全渲染自己神性的手法非常粗疏而荒唐，这一点甚至连他的天国同道也有不以为然者，而且还使他建立的政权在后世也因此而蒙受诟骂。洪秀全建立的政权就其具有浓郁的迷信特点及其政治控制方法而言只能算是一个不成熟的封建政权，面对成熟过度的清政权，它的前途似乎是不言而喻的。但不成熟的太平天国政权却也有一些比较强势的思想，其中最强势的思想就是反满革命思想。满清政权建立之后对汉族采取了矛盾的民族政策，一方面，清政权不仅以征服者的姿态出现在政治中，而且始终注意保持满人对汉人的优越地位，始终对汉人加以防范，满人心中的汉人始终是异己的异族政治势力；另一方面，清政权又大量吸收汉族文化，鼓励社会的全面儒家化，既在文化层面上做出了不分满汉的姿态，又极力拉拢汉族士大夫入朝为官，从而使汉族认同满人的君权，消弭汉人心中的满汉隔阂，并在客观上造成了满汉之间的政治结合。清政权的这种政策曾长期占据主导地位，形成了满汉和合的大好政治局面。但是，汉民族心中的创伤并未抹平，他们在政治上受歧视及以往满人对汉人的杀戮始终使汉族保存着完整的民族意识，并且时不时地发生打出反清复明旗帜的政治动乱，但是经过康熙、雍正、乾隆三朝以后，这样的政治动乱已经日益减少，它的政治吸引力已经趋于衰竭，以致太平天国运动发生后，许多汉族士大夫帮助清王朝围剿太平天国。

然而太平天国提倡反满革命又刺激了满汉双方的敏感神经，反满革命的声浪日益高涨，并最终推翻了清王朝，而辛亥革命时期的汉人则普遍把这种推翻称之为“光复”，满清则加强了对汉大臣的警惕。特别是20世纪初，清政权当局利用各种机会从日益掌握地方政权的汉大臣手中夺权,屡屡有功劳的汉大臣在政治上也照样岌岌可危。两百多年满汉政治结合的政治局面由双方政治信任的减弱而终于走到了尽头,而这个过程加速化的主要议题环境是由太平天国的反满革命开始的。太平天国的反满革命思想乃是其基本政治思想,既体现在其表达基本政治追求的重要文献中,也体现在其一系列讨伐檄文中。从其檄文中,我们仍然可以感受到太平天国反满革命的氛围及其对孙中山革命党人产生的强烈吸引力。[①] 不过,我们必须指出,太平天国并无现代的民族思想,也不懂得什么民族主义,他们反满革命的理论依据仍然是这个时候已明显过时的夷夏思想,中国民族意识的觉醒及民族主义的流行乃是甲午战争以后的事,但即使在甲午战争以后,中国的民族意识及民族主义仍然或多或少包含着腐朽的夷夏意识。[②] 鸦片战争以后,中国境内五十六个民族的政治命运已经牢牢地拴在一起了,他们合则群起而奋斗,谋共同之解放与发展,若彼此心存隔阂则正好遂了帝国主义列强瓜分豆剖的愿,帝国主义列强千方百计挑唆中国境内各民族的政治关系,企图从其中渔利,但中国境内的各个民族却坚决地团结起来,共同御敌,争取解放,并在此过程中将以往同在一个政治共同体的状态升华为同属一个民族的状态,产生了中华民族的自觉意识及包含中国境内各个民族的民族主义思想。中华民族的现代民族意识就产生于满清统治下的各个兄弟民族共同反抗西方侵略的斗争中。[③]

太平天国的政治思想由于采取了外来宗教的外表,并且它更多地反映

---

① 参见《奉天讨胡檄布四方谕》,载中国近代史资料丛刊:《太平天国》(一),第161~162页。

② 《奉天讨胡檄布四方谕》指出,“夫中国,首也,胡虏,足也,中国,神州也,胡虏,妖人也”,“中国有中国之形象,今满洲悉令剃发,拖一长尾于后,是使中国之人变为禽兽也”,反映了其意识深处的夷夏意识。

③ 中华的字样出现较早,但它并不是指现代意义上的民族,作为现代民族意义上的只能形成于近代,而中华民族的内涵客观上也得到了扩充,不仅包含传统的汉族,而且还包括原来被视为夷狄的周边少数民族。

了平民阶层的政治本质及政治要求，从而使太平天国在政治思想上反映出对士大夫阶层的反叛意识，它集中表现为文化反孔和一定程度的女权意识。太平天国反孔可从洪秀全撤掉私塾中的孔子牌位算起，而太平天国的诸多主战神话中也叙述了孔子遭上帝鞭挞的事迹，其意在贬损孔子所代表的儒家文化。随着太平天国的蓬勃发展，反孔运动也掀起了高潮。太平军在进军途中，占领孔庙和学宫，烧掉四书五经。1853 年，太平天国明文规定："凡一切孔孟诸子百家妖书邪说者尽行焚除，皆不准买卖藏读也，否则问罪也。"[①]太平天国定都天京之后，专门成立删书局，将经书中的一切鬼话、妖话、怪话、邪话一概删除净尽，科举考试时也不根据四书五经出题。太平天国的农民领袖，用平等思想反对士大夫的三纲五常和等级观念。他们反对男尊女卑，提倡男女平等，鼓励妇女参加军事斗争和政治活动，"男将女将尽持刀，……同心放胆同杀妖"[②]。太平天国分配土地时，男女同样分田，同样参加劳动，妇女还可以参加科举考试，在政权机关任职，并废除买卖婚姻，买卖奴婢，禁止娼妓、纳妾、缠足等。太平天国在思想上反孔的主要精神及理论武器就是洋上帝，鞭挞孔子的当事者即是上帝，其平等思想及女权思想等大都可以从洋上帝的理论中得到必要的理论支持。但太平天国的真正的理论武器仍然是中国传统的理论资源，以洋上帝等同于殷商时期的上帝，并用洋上帝授命来证明自己的独有权威，洪秀全挟洋上帝以树立至高无上权威的做法与传统帝王的"奉天承运"并无本质的不同，但在操作方式上却远比传统帝王的"奉天承运"简单、粗疏和荒唐得多，而在传统天朝的心理维护上，洪秀全也没有发生根本性变化，他的世界观念仍然充满夷夏意识，与道

---

① 《诏书盖玺颁行论》，《太平天国印书》下册，第 464 页。

② 洪秀全：《天命诏旨书》，见中国近代史资料丛刊：《太平天国》(一)，上海人民出版社，第 68 页。

光、咸丰等相去无几。[①]

实际上,太平天国的基本思想及理论武器仍然来自中国传统的儒家。太平天国的政治理想比照传统儒家所谓“三代”,追求目标概括为儒家经典《礼记》标榜的大同境界,“大道之行也,天下为公。选贤与能,讲信修睦,故人不独亲其亲,不独子其子,使老有所终,壮有所用,幼有所长,鳏寡孤独废疾者皆有所养。男有分,女有归。货恶其弃于地也,不必藏于己;力恶其不出于身也,不必为己。是故奸邪谋闭而不兴,盗窃乱贼而不作。故外户不闭,是谓大同”[②]。儒家的经典思想“积两千年之久的浸润,它已经深藏于中国人的心中,其支配性并不是每个被支配的人都能意识到的”,“洪秀全是产生于这个社会的人,而且是一个向四书、五经讨过生活,从科举制度寻过出路的人。还在他接受上帝的洗礼之前,儒学早就为他行过洗礼。所以,当他自觉地反孔的时候,又会不自觉地被孔学牵引。……随着造反者锐气的消退,是统治者惰气的增长。……于是三纲五常都在不知不觉中回到了天朝”[③]。洪秀全还屡屡写作宣扬君权神授及三纲五常的幼学诗、天父诗,严男女接触之禁,太平天国的社会及政治生活等级更加森严,且阴森可怖。“天国的尊卑体制比‘清妖’的尊卑体制更多一点霸道和蛮气。”[④]太平天国最终又回到了传统封建化的老路上,“当封建制度还没有东西能够取代的时候,太平天国不能不回到封建制度”[⑤],成了一个不太成熟且很野蛮霸道的封建政权。太平天国政权在政治上的“不成熟性,使知识分子如王韬、容闳一一来而复去,……从某种意义上说,后期太平天国同清政权的对抗,实际上是太平军与湘(淮)军的对抗,是洪秀全与曾国藩的对抗。两者相比,洪秀全似

① 参见陈旭麓:《近代中国社会的新陈代谢》,上海人民出版社,1992 年,第 72 ~ 76 页。
② 洪秀全:《天命诏旨书》,见中国近代史资料丛刊:《太平天国》(四),上海人民出版社。
③ 陈旭麓:《近代中国社会的新陈代谢》,上海人民出版社,1992 年,第 79 页。
④ 陈旭麓:《近代中国社会的新陈代谢》,上海人民出版社,1992 年,第 80 页。
⑤ 陈旭麓:《近代中国社会的新陈代谢》,上海人民出版社,1992 年,第 81 页。

乎更具有理想主义色彩,但他的理想在现世中只是一种异端。曾国藩则更懂得中国社会,并因此而能够代表传统的中国社会。……19 世纪中期中国的才识之士无疑更多地站在传统一边"[①]。

太平天国的政治思想及政治制度在本质上完全是传统的,虽然它采用了洋化的形式,但不过是传统中比较粗俗低级的部分,它更多地代表了基层小农。神汉巫婆式的把戏之所以能够大行其道,关键原因就是它更多地代表了中国传统中非理性和不开明的成分。但中国社会由传统阶段而渐渐演化到近代阶段,不能依靠传统中的非理性和不开明部分,而只能依靠其中比较理性和开明的部分。中国先进的知识分子大多站在曾国藩一边,这从另一个侧面说明了中国转变为近代社会的基本依靠力量只能是理性和开明的知识分子,即中国社会的近代化并不是社会大生产自然发展的结果,而是理性和开明的知识分子逐步引导的结果。中国传统社会的最基本的阶级就是地主和农民,两者具有许多本质的共同点,但他们同时又分别代表了传统中理性和非理性的两个极端,传统中的理性主张,将政治秩序建立在普遍性范畴和命题的基础上,强调纲常名教的伦理意义,而传统中的非理性则主张将政治秩序建立在宗教迷信的基础上,强调神灵附体及神秘主义手段的重要意义。理性倾向于开明而有理想,能够适时而自觉地调整自己,从而不拒绝有益的变革;非理性则倾向于不开明,其视野及追求与开明地主相比显得鼠目寸光,具有典型的苟安特点。洪仁玕所著《资政新篇》乃是中国传统中理性在近代的继续,其在政治思想史中应是与洋务思想家同类的思想,但其质量应该比早期洋务运动的指导思想更好。由于《资政新篇》企图在传统的非理性者群体中施行"洋务运动",感性仿效的措施因为不能提供相应的理由,并以传统之旧价值为基本依托,这些措施与太平天国的政治逻辑缺乏起码

① 陈旭麓:《近代中国社会的新陈代谢》,上海人民出版社,1992 年,第 83 ~ 84 页。

的相容度，从而没有发生任何有意义的实践结果，最终导致洪仁玕在近代中国的影响要比早期洋务思想家冯桂芬稍逊一筹。[①]

洪仁玕，宁益谦，广东花县人，生于清道光二年，即公元1822年，卒于清同治三年，即公元1864年。洪仁玕是天王洪秀全的族弟，既是最早参加拜上帝会的成员之一，也是太平天国运动后期"仅次于天王的第二领袖"，受封为干王。金田起义时，洪仁玕没有赶上参加，而后，几次组织队伍奔赴广西，因太平军转移，不得不返回广东，后被迫流亡香港，在外国传教士处教书，又接受瑞典传教士韩山文洗礼，加入教会。洪仁玕在香港期间阅读了大量的西学书籍，了解国际形势，探求英、美政治制度和富强的原因。1859年，洪仁玕辗转到达天京（即南京），参加太平天国，先后受封干天福、干天义、加九门主将衔、天国开朝精忠军事顶天扶朝纲干王，总理朝政，不久即写出执政纲领性质的《资政新篇》。《资政新篇》开篇阐述著作此书的用意在于"条陈款列，善辅国政，以新民德"，此书的撰写原则乃是"治国必先立政，而为政必有取资"。所谓"立政"，就是要建立、健全政治制度，制定政纲；所谓"取资"，就是要因时制宜，审势而行。[②]

《资政新篇》的主要内容有四方面："用人察失类"，强调"禁朋党之弊"，加强太平天国的中央集权；[③]"风风类"，反对与拜上帝会不合的生活方式，设立专门"教导官"，按照拜上帝会的要求，移风易俗，"亲身教化之，怜悯之，义怒之，务去其心之惑以拯其迷也"；[④]"法法类"，即提倡"以法法之"的各种改革，主张对"大关世道人心"的事，如"纲常伦纪、教养大典"，要"立法以为准"，立法的主体为"洞悉天人性情，熟谙各国风教，大小上下，源委重轻，无

① 冯桂芬的政治思想观点详见本章"洋务派以新卫旧的维新思想"一节。

② 中国近代史资料丛刊:《太平天国》（二），上海人民出版社，2000年，第523~524页。

③ 中国近代史资料丛刊:《太平天国》（二），上海人民出版社，2000年，第524~525页。

④ 中国近代史资料丛刊:《太平天国》（二），上海人民出版社，2000年，第525~527页。

不了然于胸中”的智者,洪仁玕还提倡教、法并行;[①]一方面要“刑刑类”,即“善待轻犯,宜给以饮食号衣,使修街衢道路,练其一足,使二三相连,以差人执鞭刃掌管,轻者移别县,重者移郡移省,期满释回”,另一方面则又主张“重其廉耻,二以免生他患,庶回时改过自新,此恩威并济之法也”[②]。

《资政新篇》以很大篇幅介绍了欧美以及波斯、埃及、日本、印度等国盛衰荣辱的概况,认为只有学习西方的先进技术及相关制度,中国才能走向富强独立。《资政新篇》提出了二十八条仿效西方的建议,内容包括兴建近代的工业、农业、商业、科技文教等诸方面,其主旨是鼓励用西方资本主义的经营方式和技术来兴办和发展私人企业及相关社会事业。《资政新篇》虽提出了许多学习西方社会的措施,但对政治上是否和如何学习西方却涉及很少,也没有提出明确的主张。《资政新篇》中许多学习西方的措施一直较为引人瞩目,以至人们长期将它看作是一个发展西方式近代社会的纲要,甚至有人认为它已经表达出了近代中国人对民主和科学的双重追求。但实际上,《资政新篇》在政治上与洪秀全保持高度一致,其主要政治改革措施也几乎不具有什么新意,从而在本质上可以归结为封建政权的自我完善,其学习西方的社会改革措施附着在传统政治机器上。《资政新篇》中政治与社会经济的关系与洋务派眼中的政治与社会经济关系并无本质的不同,都体现着中国纲常伦理与西方技术的某种不协调嫁接。[③]

洪仁玕的《资政新篇》的确反映了作者不同凡响的远见卓识,体现了作者对西方世界相对而言的见多识广,但作者毕竟没有到过真正的西方世界,没有亲身感受西方先进社会的氛围。因此作者对西方世界的政治制度的知识,实际上仍然是道听途说得来的,从而使洪仁玕对西方政治的认识不可能

---

① 中国近代史资料丛刊:《太平天国》(二),上海人民出版社,2000年,第527~528页。

② 中国近代史资料丛刊:《太平天国》(二),上海人民出版社,2000年,第537页。

③ 中体西用的思想即很好地体现了洋务派主张的这种政治与社会经济的不协调结合。

高出冯桂芬许多。殖民地世界的政治制度及西方政治思想的普及程度还比较低，所以洪仁玕在香港不可能直接感受西方先进的政治制度，也不可能真正深入了解西方先进的政治文化，故而《资政新篇》中并没有涉及西方先进政治文化。[①] 当时的中国社会对自己的政治制度及政治文化尚相当自信，即使现实的政治存在诸多缺点和不足，人们也大多认为可以通过对传统的修补实现理想的政治。因此，即使在后来清政府的驻外公使中，也不乏坚决的夷夏论者，企图使西方社会全面倒退到中国传统的层次，其最著名者当数郭嵩焘的副手刘锡鸿。[②] 洪仁玕作为一个宗教化了的传统社会的基层知识分子，其理论积淀及个人悟性较之郭嵩焘、薛福成等似有一定的差距，以此种资质而未能真正接触西方的先进政治，又如何能期望他在对西方政治的认识上取得与郭嵩焘、薛福成等比肩的成就？

洪秀全的治国骨干与曾国藩的幕府中人，都倾向于学习西方。曾国藩幕府中的郭嵩焘、薛福成等都曾亲自感受了西方的先进政治，他们意识中的主战改革既体现了西方政治的积极影响，又与他们提倡的社会积极改革和谐相处，而且他们主张学习西方政治正是由学习西方社会经济的要求催生的。洪仁玕作为一个拜上帝会成员，不得已流落到了香港，他的兴趣首先是看起来与拜上帝会相同的西方教会，其在香港对西方社会的观察也与他的宗教信条有一定的联系，正是这种联系使他愿意竭诚投奔并报效洪秀全，也能够保证他得到洪秀全的赏识，从而使他在众多的洪氏亲贵中脱颖而出。大多仅抱着学习西方拯救中国的知识分子则选择了离开太平天国，这样的知识分子都先后加入了洋务运动，其中影响比较大的就是促成中国首批幼童留学美国的容闳。中国传统的纲常伦理比太平天国的拜上帝会更能够容

---

① 参见中国近代史资料丛刊:《太平天国》(二)，上海人民出版社，2000 年，第 523 ~ 541 页。

② 参见钟叔河:《走向世界——近代中国知识分子考察西方的历史》，中华书局，2000 年，第 238 ~ 259 页。

忍西方的先进事物,这并不是说中国传统的纲常伦理有多开明,而只能说明太平天国的拜上帝更加愚昧和保守。

三、洋务派以新卫旧的维新思想

太平天国运动后期,中国传统士人开始了具有划时代意义的社会分化,依据其对西方政治及科学技术的态度,理学家群体中有了洋务派与顽固守旧派的分别。洋务和顽固守旧之间的共同点及顽固守旧势力的盘根错节,决定了中国近代化步伐的无比艰难。一方面,顽固守旧势力拒绝任何形式的"以夷变夏",抵制学习西方的任何运动,即使由朝廷当权者推动或同意的变革也难以付诸实践;另一方面,洋务派本身的指导思想即存在价值和技术的二律背反,新的科学技术必然引发社会的复杂巨变,其中也包含价值理想的巨大变化,而洋务派学习新科学技术的目的却只是以新的技术维护传统价值的权威,他们以不同的语言表示西方的先进科学技术只是维护"中学"之"体"的"西学"之"用"。"中体西用"的发展思维,既突出了"中体"的目的性和支配性,又强调了西学之"用"只能是在"中体"感到有必要时才有存在的必要,从而中国现代化的步伐在根本上取决于"西学"突破"中学"的程度和深度,而"中学"被突破的程度和深度则取决于它本身面临的外来挑衅。

中国的现代化从洋务运动开始,就是在系统的"中学"之"体"的理论指导下进行的,西学在引入中国的过程中必然伴随着中学局限性的逐渐暴露和渐次克服,而中学局限性的逐渐暴露又使西学在中国的传播表现为层层推进。因此,中国在接触西学之初就缺乏日本那样的计划性,从而不能按照西学的本性来接受西学,而只能支离破碎地逐步拿来,而西学在被逐步拿来的过程也就自然存在西学被中国落后社会实践所异化的问题,因此西方的先进东西有许多在中国社会都发生了水土不服的问题。当然,随着中国社会越来越充分地接触西方世界，中国社会的西学成分逐渐丰富起来，以至西学逐渐濡染并孕育着中学内部的根本变化。中学发生根本性质变化的响亮起点是康有为的“新学”，百日维新以后，中国及中学的核心都迅速地发生着剧烈的变化，以至中国及中学的基本核心都长期得不到稳定，但中国及中学却能始终保持着洋务派思想家的体用思维，完整而权威的中学总是制约着中国学习西方的步伐，制约着中国学习西方的程度和深度。中国及中学即使在学习西方的自由和人权的时候，也不是主要基于人本身，而更多的是将它们作为富强的工具，如不能达到富强的效果，则自由和人权也可弃而不学。①

中国的洋务运动与日本明治维新相比，它的失败就埋藏在其二律背反的社会追求上，人在中学中的解放是一个长期过程，而接触到的西方又总是断面或枝节。相对而言，日本人尽可能采择西方之长来系统教育自己的做法更容易取得成功，日本系统学习西方，不用等到自己传统的价值体系完全被冲垮，更不必花费大量的精力来完整地认识西方，日本在国内大办近现代社会事业的过程本身就是一个很有意义的思想启蒙，不仅民众觉醒得快而彻底，而且也及时积累起了必要的社会力量。洋务运动最大的理论敌人就是自己也同样赞同的纲常礼教，洋务派不可能在理论上取得对顽固保守势力的彻底胜利，从而也决定了他们所呼吁的变革从大的战略层面而言，只能是被动式的，变法始终没有要进行社会形态转型的宏大系统追求。但洋务派的实践及其理论主张在中国近代又具有重大理论意义。一方面，洋务派

---

① 中国近现代屡屡提出新专制主义的主张，甚至许多有名的自由主义者，如梁启超、蒋廷黻等，也提倡为了国权而抛开自由和人权。中国近现代社会一直为国权的振兴而忙碌，几乎没有时间从容思考普遍的人权和自由对一切人的普遍意义。我们的民族屡屡为民族危亡而呐喊，但却很少为自由和人权而进行过真诚而理性的呼吁。中国近现代的启蒙总是伴随着振兴国权的呐喊，并最终为振兴国权的呐喊所遮蔽，这就是李泽厚所讲的“救亡压倒启蒙”，而基于振兴国权的救亡的启蒙实际上并没有对人的意义和价值进行过真正深入的思想启蒙，因此中国近现代为革命而屡屡兴起的启蒙思潮就不能不是姜义华所说的“理性缺位的启蒙”。（参见李泽厚：《中国现代思想史论》，东方出版社，1987 年；姜义华：《理性缺位的启蒙》，上海三联书店，2000 年。）

以自己的理论语言典型地概括了中国社会学习任何异己文化的共同思维方式,这就是中国社会传之久远的体用思维;另一方面,洋务派的思想又确实引进了西方的新东西,从而在中国传统坚硬的外壳上着实凿开了一个西学的窟窿。

冯桂芬实际上是第一个洋务运动的理论家,他最早提出了"以中国之伦常名教为原本,辅以诸国富强之术"的主张,这可能是"中学为体,西学为用"的最早提法。冯桂芬,字林一,号景亭,江苏吴县人,生于清嘉庆十四年,即公元1809年,卒于清同治十三年,即公元1874年。冯桂芬为道光朝进士,授翰林院编修,1853年在苏州办团练,升任右中允,1860年太平军攻克苏州时,他逃至上海,1862年参加组织由江浙官绅与英法美等国领事组成的会防局,主张借用外国军队收复宁、苏地区,曾上书曾国藩乞师,促使曾国藩派李鸿章至上海与太平军对垒,后入李鸿章幕府。冯桂芬对清朝统治有所不满,多次建议改革时政,重视经世致用之学,主张学习西方,"采西学""制洋器",对洋务派有很大影响,同时又被资产阶级改良派奉为先导,著有《校邠庐抗议》等。冯桂芬的变法自强思想即主要体现在《校邠庐抗议》中。他看到西方列强对中国的野心,曾预言"我中华且将为天下万国所鱼肉"[①],迫切要求自强,他强调"自强之道,诚不敢须臾缓矣,不自强而有事,危道也。不自强而无事,幸也,而不能久幸也"[②]。他不甘心中国遭受西方列强的欺侮,声称中国受到了"有天地开辟以来未有之奇愤,凡有心知血气莫不冲冠发上指者,则今日之以广运万里地球中第一大国,而受制于小夷也"。同时他又看到了中国在某些方面不如西方列强:"夫所谓不如,实不如也。忌嫉之无益,文饰之不能,勉强之无庸,向时中国积习长技俱无所施。道在实知其不如之所在,

① 《校邠庐抗议·制洋器议》。

② 《校邠庐抗议·善驭夷议》。

彼何以小而强，我何以大而弱，必求所以如之。”[①]中国究竟在哪些方面不如西方列强呢？他认为：“人无弃材不如夷，地无遗利不如夷，君民不隔不如夷，名实必符不如夷”，“船坚炮利不如夷”，前四者“无待于夷”，“惟皇上振刷纲纪，一转移间耳”，“然则有待于夷者，独船坚炮利一事耳”。[②]

冯桂芬建议官方创办船炮局，仿造船炮，“宜于通商各口拨款设船炮局，聘夷人数名，招内地善运思者从受其法，以授众匠”，“工成与夷制无辨者赏给举人，一体会试；出夷制之上者，赏给进士，一体殿试。……始则师而法之，继则比而齐之，终则驾而上之”，最终做到“自造自修自用”。[③] 冯挂芬还积极主张创立外国语文学校，培养翻译西学的专门人才，他主张在上海、广州各设一所，“募近郡年十五岁以下之颖悟诚实文童，聘西人如法教习，仍兼聘品学兼优之举贡生监，兼课经史文艺”，以“三年为期，学习有成，调京考试，量予录用”。如此，则凡“西人之擅长者，历其之学，格物之理，创器尚象之法……必能尽见其未译之书”。那么在“师夷长技”时，就可以“探赜索隐，由粗迹而入精微”。[④] 冯桂芬曾在《收贫民议》中表露出择善而从、见贤思齐的开明态度，表现出了主张学习借鉴西学的勇气。“法苟不善，虽古先吾斥之；法苟善，虽蛮貊吾师之”[⑤]，他主张在社会制度方面借鉴西方。冯桂芬强调，政治上必须做到“君民不隔”。他主张多听人民的意见，沟通上下之情，这方面的思想详见其《复乡职议》《公黜陟议》和《复陈诗议》三篇文章。他在《复乡职议》中主张恢复县以下的乡职之制，乡职虽由选举产生，但又不肯赋予乡职以行政权。[⑥] 冯桂芬的政治改革主张，简单地说，就是乡职归“民”

① 《校邠庐抗议·制洋器议》。
② 《校邠庐抗议·制洋器议》。
③ 《校邠庐抗议·制洋器议》。
④ 《校邠庐抗议·采西学议》。
⑤ 《校邠庐抗议·收贫民议》。
⑥ 《校邠庐抗议·复乡职议》。

选，小官归“绅”选，大官归“官”选，其目的仅仅是求得所谓的“君民不隔”。

曾国藩、李鸿章等虽主要是洋务实践家，但他们在理论上的一些明确表示也具有重要的思想意义，特别是他们在强调必须学习西方的时候，其言论尤其具有重要思想意义。曾国藩，字居武，号涤生，湖南湘乡（今双峰）人，生于清嘉庆十六年，即公元1811年，卒于清同治十一年，即公元1872年，晚清政治军事重臣、湘军的创立者和统帅。曾国藩于道光十八年中进士，入翰林院，为军机大臣穆彰阿门生，1843年，他以检讨典试四川，旋升为侍读，累迁内阁学士，礼部侍郎，署兵、工、刑、吏部侍郎。曾从师太常寺卿唐鉴讲求理学的义理之学，与大学士倭仁、徽宁道何桂珍等为密友，他们以“实学”相砥砺，平时有感于政治废弛，主张以理学经世，以为学好义理是其他学问的前提。[①] 咸丰、同治年间，他奉清廷之命组织地主武装“团练”，镇压太平天国，死后清廷追赠为“太傅”，谥“文正”。曾国藩作为近代著名的政治家和军事家，对“乾嘉盛世”后清王朝的腐败与衰落洞若观火，他说：“国贫不足患，惟民心涣散，则为患甚大。”[②]曾国藩重视整饬吏治、端正人心，曾作文劝诫州县官：明刑法以清讼，重农事以厚生，崇节俭以养廉。他认为，“行政之要，首在得人”，国家危急之时需用德器兼备之人，要提倡廉正之风，行礼治之仁政，反对暴政、扰民，他主张对贪赃枉法、渔民而肥己的官吏，一定要予以严惩。

曾国藩在政治上坚决维护封建纲常伦纪，极力维护名教，鼓吹“礼治”，[③]认为“舍礼无所谓政事”，也“无所谓道德”。受两次鸦片战争的冲击，曾国藩对中西邦交有较为清醒的看法，一方面，他十分痛恨西方列强侵略中国，认为卧榻之侧，岂容他人鼾睡，反对借师助剿，以借助外国列强为深愧，强调中国的自强和自立；另一方面，他不盲目排外，主张向西方学习其先进的科学

① 《曾文正公杂著·劝学篇示直隶学子》。
② 《曾文正公全集·奏稿》，卷一。
③ 《求阙斋日记类钞·治道》，癸亥八月。

技术,外交上以“信”处洋人,“坚守”与外国签订的不平等条约,①以求“中外相安”。曾国藩重视采用外国军火,主张“师夷智以造炮制船”,1861年设立安庆内军械所,制造“洋枪洋炮”,后又试制小火轮船,1863年造成“黄鹄”号轮船,并派容闳赴美国购买机器,后又与李鸿章在上海创办江南制造总局等军事工业,为之积极筹措经费,派遣学童赴美留学,成为清末兴办洋务事业的首创者。在长期的政务实践中,他培养、提拔和任用了大量的洋务人才,极大地推动了洋务运动的发展。曾国藩的思想在清末至辛亥革命以后都有一定的影响,许多著名的政治及思想人物都程度不同地景仰过曾国藩。近代有些人甚至把曾国藩当作其精神偶像来崇拜。曾国藩留下的大量奏稿、书信、日记、诗、文等汇编成《曾文正公全集》,其中《曾国藩家书》《曾国藩日记》,有单行本流行于民间。

李鸿章,本名铜章,字渐甫(一字子黻),号少荃(泉),晚年自号仪叟,别号省心,谥文忠,安徽合肥东乡(今肥东县)磨店人,生于清道光三年,即公元1823年,卒于清光绪二十七年,即公元1901年,因行二,故民间又称“李二先生”,晚清军政重臣,淮军创始人和统帅,洋务运动的主要倡导者和积极实践者,在曾国藩去世以后则成了洋务运动的中枢,著有《李文忠公全集》。李鸿章六岁就进入家馆棣华书屋学习。他少年聪慧,先后拜堂伯仿仙和合肥名士徐子苓为师,攻读经史,打下了扎实的学问功底。道光二十三年,他入选优贡并奉父命入京应翌年(甲辰)顺天乡试,一举即中式。道光二十七年,他又考中丁未科二甲第十三名进士,朝考改翰林院庶吉士。同时他又受业于曾国藩门下,讲求经世之学。李鸿章从19世纪60年代初起,就积极筹建新式军事工业,仿造外国船炮,开始从事标榜“自强”的洋务事业,分别在上海和江宁(今江苏南京)创立江南机器制造总局和金陵机器制造局。李鸿章从19

① 参见章继龙:《曾国藩思想简论》,湖南人民出版社,1988年,第213~216页。

世纪70年代起，进一步扩大洋务事业，因标榜“自强”进而主张“求富”，主要以“官督商办”的形式创办了一系列民用商业企业。同时，又着手筹办北洋海防，于光绪十四年建成北洋海军。为了培养“自强”“求富”所需人才，他还创办各类新式学堂，并派人赴欧美留学。李鸿章的洋务事业对近代中国社会的发展产生了深远的影响，其对近代中国的影响远过于其师曾国藩。

李鸿章的洋务事业及洋务思想在19世纪60年代以后的中国具有典型性和代表性，他的事业立足于存纲纪伦理名教，却又主张积极地学习西方，他也深知中国必须自强，但是在当时的政治形势下又不能不以“和为贵”，既不要轻启战端，也不要盲目排外给人以进行战争的口实。李鸿章确实多次充当主和派，也确曾多次代表清政府签署丧权辱国的不平等条约，但他当时，或是权衡利弊而为之，或是出于国际知识的缺乏而为之，不过更多的时候则是万不得已而为之，主战派轻启战端而带来的屈辱后果在战场上就已经确定，自然不能完全由李鸿章来负责。[①] 就对世界形势及中国大势的认识而言，李鸿章乃是当时中国第一人。他在奏章中曾多次陈述说：“东南海疆万余里，各国通商传教，来往自如，麇集京师及各省腹地，阳托和议之名，阴怀吞噬之计。一国生事，诸国构煽，实为数千年来未有之变局。”[②]传统中国所面临的乃是“数千年未有之强敌”，西方列强的“轮船、电报之速，瞬息万里；国家军器机事之精，工力百倍；炮弹所到，无坚不摧，水陆关碍，不足限制”[③]。他指出：“我朝处数千年未有之奇局，自应建数千年未有之奇业。”[④]李鸿章所谓“数千年未有之奇业”，即是他求自强自立的洋务事业。他指出：“中国日弱，外人日骄，此岂一人一事之咎！过此以往，能自强者尽可自立，若不自强则

① 参见《历史观的决胜——历史学者纵论电视剧〈走向共和〉》，《南方周末》，2003年5月9日。

② 《筹议海防折》，见《李文忠公全集·奏稿》，卷24。

③ 《筹议海防折》，见《李文忠公全集·奏稿》，卷24。

④ 《复鲍华谭中丞》，见《李文忠公全集·朋僚函稿》，卷11。

事不可知”[①]，“外国猖獗至此，不亟亟焉求富强，中国将何以自立耶?”[②]

李鸿章谋求变法自强的着手点是制器练兵。他认为，英、法在两次鸦片战争中所以取胜，主要是因为拥有先进的武器，清朝的失败是由于军事的落后。他感到仿制西式火器是刻不容缓之争，“中国但有开花大炮、轮船两样，西人即可敛手”[③]。李鸿章自强求富的制器，坚持自造为主的方针，因为购买不足以自立。李鸿章还发现，要建立自己的独立的军水工业，必须学会制造工作母机。“中国欲自强，则莫如学习外国利器，欲学习外国利器，则莫如觅制器之器。”[④]随着洋务事业的深入，李鸿章日益感到，强大的军事力量必须建立在雄厚的经济实力的基础上，进而提出“必先富而后能强”的观点，并开始了大肆创办民用工业的洋务新阶段。“船炮机器之用，非铁不成，非煤不济”，积极倡导“用洋法开采煤铁”，并强调“借用洋法而不准洋人代办”，也不准洋商入股。他很早就有“改绎递为电信，土车为铁路”的打算，铁路、电线，两者相为表里，无事时运货便商，有事时调兵通信，功用最大。他提出了建造南北四条铁路干线的计划，不仅强调“铁路为富强要图”，而且还可以堵塞西方人的贪欲之口，使其无下口处，“况洋人常以代中国兴利为词，今我先自兴其利，且将要路占尽，庶足关其口而夺其气，使之废然而返”[⑤]。李鸿章基于“自强”“求富”的需要，十分重视培养掌握科学技术的人才。他认为，西方先进的军事装备和机器生产，是同先进的科学技术连在一起的，要引进西方先进的军事装备和机器生产，就必须造就掌握先进科学技术的人才，因此“造就人才，实为中国自强根本”，乃是洋务运动的“当务之急”。[⑥]

---

① 《复刘仲良中丞》，见《李文忠公全集·朋僚函稿》，卷15。
② 《复朱九香学使》，见《李文忠公全集·朋僚函稿》，卷6。
③ 《李文忠公全集·朋僚函稿》，卷3。
④ 《同治朝筹办夷务始末》，卷25。
⑤ 《妥议铁路事宜折》，见《李文忠公全集·奏稿》，卷45。
⑥ 《肆学西学清奖折》，见《李文忠公全集·奏稿》，卷53。

李鸿章提出要改变传统的取仕标准和方法。他认为“章句弓马施于佯务,隔膜太甚”,主张改变传统科举“所用非所学”的弊端,变通“考试功令”,“另开洋务进取一格,以资造就”。他建议“设立洋务局”,分科培养新式人才,“分为格致、测算、舆图、火轮、机器、兵法、炮法、化学、电气学等效门”,所学如有成效,“与正途出身无异”。他还建议开办培养通晓外国语言和精于算法、天文、地理、测海、造船、机器制造各方面的人才的学馆、学堂,“使西人擅长之技,中国皆能谙悉”①。李鸿章认为中国的富强需要假以时日,在实现富强之前,中国不能不处于守势,不得不尽量维持中外的和局。李鸿章主张对外“和戎”“力保和局”,来源于他对中外力量的对比和西方列强本性的认识,其中也不乏被帝国主义战争过度惊吓所造成的心理恐慌,以为战争总是无益于中国。李鸿章认为:“外国利器强兵百倍中国,内则狎处辇毂之下,外则布满江海之间,实能持我短长,无以扼其气焰”,中国兵将“靖内患或有余,御外侮则不足”②,中国无法在与列强的战争中决胜于疆场,“即暂胜而必终败”③。李鸿章在军事上的过度悲观态度,导致清政府即使在战胜的情况下也不能实现维护自己权利的目的,而只会可怜地委曲求全,其最典型的就是中国军队在中法战争中取胜以后,清政府在李鸿章的主导下仍然签署了丧权辱国的不平等条约。

学术界早有人指出洋务运动的思想要大于洋务运动的实践,④一方面,有些非常先进的洋务思想会由于顽固保守势力的阻挠而无法付诸实践,另一方面,有些洋务思想家确实提出了一些非当时所能行的想法和建议,以致有些洋务思想家本身又成了要求政治上学习西方以进行政治维新的中国早

---

① 《筹议海防折》,见《李文忠公全集·奏稿》,卷24。

② 《李文忠公全集·朋僚函稿》,卷11。

③ 《筹议海防折》,见《李文忠公全集·奏稿》,卷24。

④ 参见彭明、程歗主编:《近代中国的思想历程》,中国人民大学出版社,1999年,第132页。

期政治改良派。熊月之比较合乎情理地分析了洋务派与改良派的不同。“我们习惯称为洋务派和改良派的那些人,其实可以从这样的意义上来区分他们:洋务派是在洋务运动中,地位较高(如曾、左、李)或主要从事具体洋务(如唐廷枢、盛宣怀等)的人们,他们偏重于从船炮工商科技等方面进行改革,早期改良派是洋务运动中地位较低、主要从事精神生产的人们,他们在赞同从船炮等方面进行改革的同时,更强调从政治制度方面进行改革。”[①]我们这里所介绍的洋务派的立宪思想就着眼于洋务派与改良派的上述分别。熊月之在《中国近代民主思想史》中首次阐述了洋务派中的立宪思想,对我们深化对洋务派及洋务运动的认识深有启发。

在洋务派中,李鸿章和郭嵩焘分别代表了两个不同的传统,李鸿章所代表的传统认为中国只需学习西方的坚船利炮等科学技术,而郭嵩焘所代表的传统则认为学习科学技术不过是皮毛,西方还有许多值得中国学习的地方,其中也包括西方的政教。[②] 郭嵩焘对学习西方科技以外东西的必要性进行了充分论述。他认为西方资本主义国家“强兵富国之术与尚学兴艺之方,与其所以通民信而立国本蓄,实多可以取法”[③]。他在《使西纪程》中提出:“西洋立国,自有本末,诚得其道,则相辅以致富强,由此而保国千年可也,不得其道,其祸亦反是。”郭嵩焘出使英国后,仔细研究了西方资本主义国家的议会制度,明确指出:“推原其(按指英国)立国本末,所以持久而国势益张者,则在巴力门议政院有维持国是之义;设买阿尔(mayor,市长)治民,有顺从民愿之情。二者相持,是以君与民交相维系,迭盛迭衰,而立国千余年终以不三,人才学问相承以起,而皆有以自效,此其立国之本也。”[④]郭嵩焘要求

① 熊月之:《中国近代民主思想史》,上海人民出版社,1986 年,第 133 页。

② 参见熊月之:《中国近代民主思想史》,上海人民出版社,1986 年,第 124 ~ 125 页。

③ 转引熊月之:《中国近代民主思想史》,上海人民出版社,1986 年,第 125 页。

④ 郭嵩焘:《郭嵩焘日记》(第三卷),湖南人民出版社,1982 年,第 372 页。

仿照英国的议会制度，并指出“西洋议院之有异党相与驳难，以求一是，用意至美”[①]。洋务派中主张学习西方议会制度的人，经常在做中西对比的时候指出西方议会制度的好处，希望中国能学习西方议会制度，达到通下情的目的，而他们主张学习西方议会制度的初衷也恰恰是开言路和通下情。

洋务派在政治哲学上仍然非常传统，他们只是在认为西方议会与中国圣人的谋及卿士和谋及庶民的精神相吻合时才准备接受它。不过，有些洋务派在主张君主立宪的道路上越发接近改良派，提出了明确的议会设置方案，其中崔国因和张树声的议院论尤为引人瞩目。崔国因，安徽省，太平县人，字惠人，1871 年中进士，改庶吉士，1889 年自翰林院侍读赏二品顶戴，担任出使美国、西班牙和秘鲁大臣，1893 年任满回国，著有《出使美日秘国日记》和《枲实子存稿》等。在 1883 年（光绪九年），崔国因明确地向朝廷提出了开设议院的请求，他认为设议院是沟通上下情的最好方式，强调“设议院者，所以因势利导，而为自强之关键”。“议院之设，分为上下。其上议院由王公大臣议之，所以率作兴事，慎宪省成，知其大者远者也；下议院由各省民间公举之人议之，所以通幽达隐，补弊救偏，兴利除害，知其小者近者也。”“定限三载，使上议院无权重之弊，而下议院之新举自民间者，于民事知之至悉也。”“且今日之事势，为古今之创局，凡所设施，每骇听闻，而练兵、筹饷各举为向未经见者，必使斯民身居局中，悉其原委，知此中实有不得不然者，乃肯设身处地，为朝廷分忧，而后兵可增而不以为抽丁，饷可增而不以为重敛，凡有设施，坦然明白，所当行者，乃可次第行也。”[②]

洋务大僚张树声在 1884 年也向朝廷提出了设议院的要求。张树声，安徽合肥人，淮军的重要将领，李鸿章的亲信之一，历任江苏巡抚、两江总督等

① 郭嵩焘：《郭嵩焘日记》（第三卷），湖南人民出版社，1982 年，第 469 ~ 470 页。
② 转引熊月之：《中国近代民主思想史》，上海人民出版社，1986 年，第 129 页。

职,负责过一些洋务企业,并主持编辑过《敦怀堂洋务丛钞》。张树声在病逝之前的《遗折》中提出设议院的主张。他强调指出,"近岁以来,士大夫渐明外交,言洋务,筹海防,中外同声矣","夫西人立固,自有本末,虽礼乐教化,远逊中华,然驯致富强,具有体用。育才于学校,论政于议院,君民一体,上下一心,务实而戎虚,谋定而后动,此其体也。轮船、大炮、洋枪、水雷、铁路、电线此其用也。中国遗其体而求其用,无论竭蹶步趋,常不相及,就令铁舰成行,铁路四达,果足恃欤?"他请求朝廷"断自宸衷,通筹全局,取琴瑟不调甚者而改弦更张之",并以"圣人万物为师"为理论依据,主张"采西人之体,以行其用"①。从林则徐、魏源、徐继畲等对议会的介绍到提倡设立议会,经历了漫长的四十年,政治新知识积累之慢、接受之缓,常令后人扼腕叹息!

四、早期改良派的议院设计

中国人从开眼看世界开始就已经注意到了西方各国的议院,但在很长的一段时间内都仅仅肯定它合乎三代圣人遗意,没有产生仿效的意识,仅要求清政府能够吸取议院已经体现出的所谓三代圣人遗意,努力做好沟通上下的改革。不过,随着洋务实践的深入及理论家视野的不断拓宽,西方各国的议院越来越得到先进中国人的注意,许多人提出了在中国设立议院的各种政治设想。先进中国人这时尚未认识到议院制度的政治思想基础,也没有确立明确的民权和民主思想,他们大多是从学习西方具体制度以达到沟通上下的主战目的。先进的中国人很早就感到封建专制主义政治制度的主要弊端之一就是上下不通,君民存在很深的隔阂。这种隔阂既不符合三代圣人之遗意,也不利于政治体系的稳定,从而不断有先进的中国人要求改善

① 转引熊月之:《中国近代民主思想史》,上海人民出版社,1986年,第130~131页。

君民关系，沟通上下之情，达到君民一心和上下一体的境界。西方各国的议院既能有效沟通上下，自然就体现出了三代圣人的遗意，因此而值得中国学习。早期改良派大多具有洋务活动的背景或与洋务活动有密切关系，从而他们提出的设立议院的主张在理论上乃是洋务运动的深入和继续，从而仍然体现出了典型的洋务派体用思维和实践性特点。他们提出在中国设立议院，仍然主要满足于具体制度的仿效，而没有领悟议院所依赖的民主精神，而且所设议院的构成及功能也不同于西方各国，议员主要是官僚，或由官僚指派，或由官僚左右，议院的功能主要是沟通上下，下情上达，并无真正的决策权。[①] 但是，他们积极地宣传了建立议院的种种好处，在近代中国仍然具有重大的思想启蒙意义。

薛福成，字叔耘，号庸盦，江苏无锡宾雁里人，生于清道光十八年，即公元1838年，卒于清光绪二十年，即公元1894年。他出身于书香门第、官宦之家，幼年苦读儒家经书，后因太平天国的强烈震动，决意弃八股试帖之学，而致力研究经世之实学，以图报效国家。同治四年夏，曾国藩北上镇压捻军，沿途张榜招贤，薛福成闻讯后写下八大对策、洋洋万言的《上曾侯书》，往行辕拜谒曾国藩。曾国藩读罢，击节称叹，深为薛福成所言改科举、裁绿营、师夷法的主张吸引，即延聘薛福成入幕。薛福成在曾国藩幕中七年，注重于兵事、饷事、吏事、文事等，不时呈上一些改革时弊的策文，颇为曾国藩器重，被保为候补同知、直隶州知州并赏加知府衔。1889年，薛福成被朝廷委派为出使英、法、意、比大臣。薛福成撰述甚丰，著有文集及日记有《庸庵文编》四卷、《续编》二卷、《外编》四卷、《庸庵海外文编》《筹洋刍议》十四卷、《出使四国日记》六卷、《续刻》《庸庵笔记》《出使奏疏》二卷、《出使公牍》十卷等书。

薛福成主张努力改善外交，将国际公法及中外条约刊发各个州县；科举

① 参见耿云志等：《西方民主在近代中国》，中国青年出版社，2003年，第24~25页。

应为通洋务的人特设一专科，以使奇杰之士辈出。他还建议通过聘请洋员，派送人员留学，定制铁甲舰来发展海军。光绪元年，赴部引见，途中薛福成读到新帝即位后向天下求言的诏书，兴奋异常，挥毫写下了《治平六策》和《海防密议十条》万余言对策，前者主要筹划内政的改革，后者主要谈洋务措施。薛福成在出洋以前，其政治思想与李鸿章等并无本质差异。在驻欧使节任内，薛福成走访了西欧的许多国家，考察了西欧各国的工业发展，详细地研究了西欧各国政治、军事、教育、法律、财经制度，开阔了视野，思想也日益改变，学习西方的愿望更加强烈。薛福成认为西方富强已百倍于中国，中国应不懈地师法西方，并具体提出了“造机器以便制造”“选贤能以任庶事”“求新法以致富强”等二十一条“养民最要之新法”。[①] 他非常关注西方的议会制度，屡屡旁听英、法等国议会开会时议员们的辩论和表决，仔细地了解议员、内阁与政党党魁的进退关系。他对西方议院的历史追述或许不甚准确，将西方议院溯源于罗马制度，但对议院中的权力制衡关系把握较准，对两党制中的政党关系及党政关系，也有着准确的认识。“泰西诸大国，自俄罗斯而外，无不有议院，实沿罗马之遗制也。其所由来，数千年矣。议院者，所以通君民之情也。……大约下议院之权，与上议院相维制；上下议院之权，与君权相权相维制。英国有公保两党，公党退，则保党之魁起为宰相；保党退，则公党之魁起为宰相。两党互为进沧而国政张弛之道以成。”[②]

薛福成把西方各国政治制度分为民主、君主和君民共主三种类型，不仅列举了相应制度的主要代表性国家，并且指出了三种不同政治制度权力配置的不同特点。“地球万国内治之法，不外三端：有君主之国，有民主之国，有君民共主之国。凡称皇帝者，皆有君主之全权于其国者也。中国而外，有

---

① 薛福成：《出使英法意比四国日记》，岳麓书社，1985年，第589~590页。

② 薛福成：《出使英法意比四国日记》，岳麓书社，1985年，第515页。

俄、德、奥、土、日本五国;巴西前亦称皇帝,而今改为民主矣。美洲各国及欧洲之瑞士与法国,皆民主之国也。其政权全在议院,而伯理希天德(即 president,今译为总统)无权焉。欧洲之英、荷、意、比、西、葡、丹、瑞典诸国,君民共主之国也。其政权亦在议院,大约民权十之七八,君权十之二三。"[①]薛福成将西方各国的政治制度与中国传统政治制度相对比,大胆指出中国也曾存在过民主和君民共主的政治制度。"中国唐虞以前,皆民主也。观于舜之所居,一年成聚,二年成邑,三年成都,故曰都君。是则匹夫有德者,民皆可戴之为君,则为诸侯矣;诸侯之尤有德者,则诸侯咸尊之为天子:此皆今之民主规模也。迨秦始皇以力征经营而得天下,由是君权益重。秦汉以后,则全乎为君矣。若夫夏商周之世,虽君位皆世及,而孟子'民为贵,社稷次之,君为轻'之说,犹行于其间,其犹今之英、义诸国君民共主之政乎?"在比较分析中,他积极肯定君民共主制度的优点,强调"夫君民共主,无君主、民主偏重之弊,最为斟酌得中,所以三代之隆几及三千年之久,为旷古所未有也"[②]。虽然他对中国古代制度的描述和解释并不准确,但他在制度上试图沟通中西的意图却十分鲜明。薛福成既想将西方制度中的某些长处吸纳到中国,也试图从中国的制度资源中寻找发展君民共主制度的合法基础。他的看法没有越出传统的藩篱,却又希望在制度上为中国开新。

薛福成颇倾向于在中国实行君民共主的政治制度。[③] 薛福成对西方议会制度合理论述的基本理论依据仍然来自中国传统政治哲学,还不能以民主和人权为依据来阐述议会制度的合理性。他首先提出了地球五大洲的主要制度类型无外乎君主制与民主制,"地球五大洲各国,或君主,或民主,大

---

① 薛福成:《出使英法意比四国日记》,岳麓书社,1985 年,第 588 页。

② 参见薛福成:《出使英法意比四国日记》,岳麓书社,1985 年,第 536 ~ 537 页。

③ 参见钟叔河:《从洋务到变法的薛福成》,载《出使英法意比四国日记》,岳麓书社,1985 年,第 42 ~ 43 页。

要不外此两端”,在此基础上,他进一步分析了民主制度的优缺点。就其优点而言,“民主之国,其用人行政,可以集思广益,曲顺舆情”,而“为君者不能以一人肆于民上,而纵其无等之欲”。“即其将相诸大臣,亦皆今日为官,明日即可为民,不敢有恃势陵人之意。”他认为这比较“合于孟子民为贵之说,政之所以公而溥也”。而从其缺点而言,民主制度之“弊在朋党角立,互相争胜,甚且各挟私见而不问国事之损益。其君若相,或存五日京兆之心,不肯担荷重责,则权不壹而志不齐矣”。“君主之国”的特点是,“主权甚重,操纵伸缩,择利而行,其柄在上,莫有能旁挠者”。其优点则是“苟得贤圣之主,其功德岂有涯哉”。而“其弊在上重下轻,或役民如牛马,俾无安乐自得之趣,如俄国之政俗是也”。再加上君主之国的“舆情不通,公论不伸,一人之精神,不能贯注于通国,则诸务有堕坏于冥冥之中者矣”。因此,他认为“民主、君主,皆有利亦皆有弊”,而主张中国应执行君民共主的制度,各取君主制、民主制之所长而去其所短。①

郑观应,本名官应,字正翔,号陶斋,别号杞忧生,广东省香山(今中山)人,生于清道光二十二年,即公元1842年,卒于民国十一年,即公元1922年。他于咸丰八年应童子试未中后,即奉父命远游上海,弃学从商,在任上海新德洋行买办的叔父郑廷江处“供走奔之劳”,次年,由亲友介绍进入上海英商宝顺洋行任职。同年,被派赴天津考察商务。咸丰十年返回上海后掌管洋行的丝楼,并兼管轮船揽载事项。同时他进入英国人傅兰雅所办的英华书馆夜校学习英语,对西方政治、经济等方面的知识产生了浓厚兴趣。光绪六年,郑观应编定刊行了《易言》一书,书中提出许多以国富为中心的内政改革措施,主张向西方学习,组织人员将西方富国强兵的书籍翻译过来,广泛传播于天下,使人人得而学之。郑观应在《易言》中还大力赞扬了西方议会制

---

① 参见薛福成:《出使英法意比四国日记》,岳麓书社,1985年,第536~537页。

度,力主中国应实行政治制度的变革,其主要政治著作是《盛世危言》。[①]

郑观应在《盛世危言》中提出了设议院、达民情、实行君民共治的民主制度的主张。郑观应在1875年所写的《易言》一书中,就希望清政府“上效三代之遗风,下仿泰西之良法,体察民情,博采众议,务使上下无扞格之虞,臣民泯异同之见,则长治久安之道,有可预期者矣”[②]。他在《盛世危言》一书里又再次提出要使中国富强,必须从政治上实行改革、设立议院。“欲行公法,莫要于张国势;欲张国势,莫要于得民心;欲得民心,莫要于通下情;欲通下情,莫要于设议院。中华而自安卑弱,不欲富国强兵,为天下之望国也,则亦已耳。苟欲安内攘外,君国子民,持公法以永保升平之局,其必自设立议院始矣。”[③]他把设立议院、通上下之情、合君民一体看作是中国富强的前提条件,认为“政治关系实业之盛衰。政治不改良,实业万难兴盛”[④]。郑观应具体介绍了西方民主制度,介绍了不同政体的种类,“泰西有君主之国,有民主之国,有君民共主之国,虽风俗各有不同,而义理未能或异”[⑤]。他又介绍了西方的议会制度,“其都城设有上下议政院”,上院以国之宗室勋戚等充任,下院以绅耆士商中有名望有才能的人充任,“凡有国事,先令下院议定,详达之上院,上院议定,奏闻国主”,如果两院意见一致,则由国主决其从违,如果两院彼此参差,则或令停止不议,或复议再定。郑观应认为议院制度是“良法”,能使国家政事,“举国咸知”,上下情通,“即此一事颇与三代法度相符”。[⑥]“议院者,公议政事之院也,集众思,广众益,用人行政,一秉至公,法

① 《易言》的基本态度仍属于典型的洋务派,而《盛世危言》则提出了中国设立议会的具体设想,从而使郑观应由洋务派而渐趋早期改良派。(参见耿云志等:《西方民主在近代中国》,第15~16页。)

② 郑观应:《易言·论议政》。

③ 郑观应:《盛世危言》,华夏出版社,2002年,第24页。

④ 郑观应:《盛世危言后编·自序》,

⑤ 郑观应:《易言·论公法》。

⑥ 郑观应:《易言·论议政》。

诚良意诚美矣"[①],如没有议院,则君民之间"势多阂隔,志必乖违"[②];而设立议院,并使之"揽庶政之纲领,然后君相臣民之气通,上下堂廉之隔去,举国之心志如一,百端皆有条不紊,为其君者,恭已南面而已"。他得出的结论是:"故有议院而昏暴之君无所施其虐,跋扈之臣无所擅其权,大小官司无所卸其责,草野小民无所积其怨,故断不至数代而亡,一朝而灭也。"[③]郑观应还没有或不能从议会政治的西学理论上论述其制度优越性,而只能从历史经验总结的角度来进行资治通鉴式的分析,这种分析在思维方式上还属于中国传统的以史经世。

郑观应基于设立议院和施行政治改革的要求,批判了君主专制主义的政治制度,进一步说明了设立议院的必要性。郑观应认为,君主专制在历史上产生了极为恶劣的作用,中国历史上之所以出现"治一乱一治一乱"这样周期性的兴替变化,其祸根就在于君主专制:历代的君主"创业之始,挟其假仁小惠,笼络天下,以求遂其大欲。守成之主,并此而去之,百计防维,全其权,固其私,为子孙谋,去古人利天下之心愈远而愈失。此所以治乱相寻,无百年而不变"[④]。他竭力主张迅速设立议院,针对清政府在这一问题上的顽固和强硬态度,以及英国与日本实行君主立宪后的成效,郑观应愤愤地说:"犹谓议院不可行哉?而犹谓中国尚不亟行哉?"[⑤]郑观应主张在中国建立君民共主式的均衡政体,并主张赋予议会"揽庶政之纲领"的权力。[⑥]"盖五大洲有君主之国,有民主之国,有君民共主之国:君主者权偏于亡,民主者权偏于下,君民共主者权得其平。凡事虽由上下院议定,仍奏其君裁夺,君谓然,

---

① 郑观应:《盛世危言》,华夏出版社,2002年,第22页。
② 郑观应:《盛世危言》,华夏出版社,2002年,第22页。
③ 郑观应:《盛世危言》,华夏出版社,2002年,第23页。
④ 郑观应:《盛世危言》,华夏出版社,2002年,第42页。
⑤ 郑观应:《盛世危言》,华夏出版社,2002年,第26页。
⑥ 郑观应:《盛世危言》,华夏出版社,2002年,第23页。

即签名推行;君谓否,则发下冉议,其立法之善,思虑之密,要皆出于上下相权,轻重得平,乃克臻此:此制既立,实合亿万人为一心矣。"①郑观应还提出了一系列与之配套的内政改革措施:广办报纸,以使下情可以上达,并对大小官员起舆论监督的作用,以劝善惩恶,兴利除弊;改革官员选拔制度,官吏由民选举产生,淘汰冗员,年老者让贤;大力翻译西方书籍,改革科举考试,增设格致、电子、医学等科目,录用西学人才。

王韬,初名利宾,十八岁时改名为瀚,字懒今,到香港后又改名为韬,字仲弢,江苏长洲人,生于道光八年,即公元1828年,卒于光绪二十三年,即公元1897年。王韬出生于一个乡村私塾之家,十八岁考中过秀才,乡试未中而放弃举业。他随父去上海谋生,结识了麦都思、理雅各、伟烈亚力、艾约瑟等一批西方传教士和学者,参加了《圣经》等西方著作的编译工作,受到西方思想文化和科学知识的熏陶。1862年,王韬因母病返归故里,化名黄畹向革命军献策,事情暴露后被捕,王韬遭到清政府的通缉,不得已辗转潜逃至香港,开始了在香港长达二十二年的办报和著述生涯,其间曾游历欧洲法、俄等国,并长期担任华人集资出版的大型日报《循环日报》的主编,主持笔政整整十年。《循环日报》在王韬的主持下很快成为香港乃至整个中国最有影响的政论型报纸,并且成了维新变法的先驱者的重要讲坛。他以《循环日报》为阵地,发表了大量政论文章,剖析时事,抨击弊政,为以后的变法运动做了广泛的思想准备。

王韬在政治思想上曾经很保守,传统的三纲五常及天朝至尊的意识非常坚定,他曾认为西方的轮船、火车、农用机械等工业,中国"绝不能行";其他奇技淫巧"概为无用之物";西方"男女并嗣""君民共治"之类的制度都是"立法之大谬"。他还力图从哲学高度解释当时中外的差距,"形而上者中国

① 郑观应:《盛世危言》,华夏出版社,2002年,第26页。

也，以道胜，形而下者西人也，以器胜"[1]。寓居香港、游历英法以后，西方文明强烈地震撼了王韬，他逐渐变成了一个热心倡导向西方学习的进步政治思想家。他在《循环日报》上发表的政论文章，突出地反映了这种思想，这些文章的主要部分均收进了他自定的《弢园文录外编》一书中。不过，王韬政治思想的转变，仍然主要发生在形而下的制度层面，他论证中国在政治上必须学习西方的许多理论依据仍然来自传统政治哲学。王韬对封建专制统治下的中国表示了极大的不满。"今观中国之所长者无他，曰因循也，苟且也，蒙蔽也，粉饰也，贪罔也，虚骄也，喜贡谀而恶直言，好货财而彼此交征利。其有深思远虑、矫然出众者，则必摈不见用。苟以一变之说进，其不哗然逐之者几希。"[2]中国的君主专制政治隔阂了君与民的密切关系，导致了政治机器的低效，甚至导致官僚主义的恶政，最终必将导致民穷财尽，国力衰微而落后于西方。他总结中国上古经验："三代以上，君与民近而世治；三代以下，君与民日远而治道遂不古若。至于尊君卑臣，则自秦制始。于是堂廉高深，舆情隔阂，民之视君如仰天然，九阍之远，谁得而叩！虽疾痛惨怛，不得而知也；虽哀号呼吁，不得而闻也。"[3]皇帝既已经"端拱于朝，尊无二上"，百官们便自然上行下效，"出而莅民，亦无不尊"，他们在平民面前"自以为朝廷之命官，尔曹当奉令承教，一或不及即可置之死地，尔其奈我何？难知耗民财，耗民力，敲骨吸髓，无所不至。……其能实心为民者无有也"[4]。"夫欧洲诸邦，土地不如中国，人民不如中国，然而能横于天下者，在乎上下一心，君民共治。我中国人民为四大洲最，乃独欺藐于强邻悍敌，则由上下之交不通，君民之分不亲，一人秉权于上、而百姓不得参议于下也。"[5]总之，中国君

① 王韬：《弢园尺牍》，中华书局，1959年，第30页。
② 王韬：《弢园文录外编》，中华书局，1959年，第14页。
③ 王韬：《弢园文录外编》，中华书局，1959年，第23页。
④ 王韬：《弢园文录外编》，中华书局，1959年，第23页。
⑤ 王韬：《弢园尺牍》，中华书局，1959年，第170页。

主专制主义政治所导致的结果就是中国落后于西方,而其中的症结则是君民不能同心一体,君主专制主义所导致的其他弊端皆可以归因于此。

王韬在向西方学习的时候就尤其注意能改善君民关系,使君民同心一体的议院。王韬用心介绍了西方国家的议院构成及功能。他分析了西方各国政体的不同之处,积极肯定设立议院的君民共主政体具有重要的制度优越价值。"泰西之立国有三:一曰君主之国,一曰民主之国,一曰君民共主之国。"一国之中,"一人主治于上而百执事万姓奔走于下,令出而必行,言出而莫违,此君主也"。当"国家有事,下之议院,众以为可行则行,不可则止,统领但总其大成而已,此民主也"。这样一来,在政治制度上,"朝廷有兵刑礼乐赏罚诸大政,必集众于上下议院,君可而民否,不能行,民可而君否,亦不能行也,必君民高见相同,而后可颁之于远近,此君民共主也"。[①] "试观泰西各国,凡其骎骎日盛,财用充足,兵力雄强者,类皆君民一心,无论政治大小,悉经议院妥酌,然后举行。故内则无苛虐残酷之为,外则有捍卫保持之谊,常则尽懋迁经营之力,变则竭急公赴义之忱,如心志之役股肱服肪,如手足之捍头目……中国则不然,民之所欲,上未必知之而与之,民之所恶,上未必察之而勿之施也。"[②]"中国欲谋富强,固不必别求他术也。""能通上下之情,则能地有余利,人有余力,闾阎自饶,盖藏库帑无虞匮乏矣。"[③]王韬主张在中国实行君民共主的政治制度,"君为主,则必尧舜之君在上,而后可久安长治,民为主,则法制多纷更,心志难专一,究其极,不无流弊。唯君民共治,上下相通,民隐得以上达,君惠亦得以下逮,……犹有中国三代以上之遗意焉"[④]。

何启,字迪之,号沃生,广东省南海人,生于清咸丰九年,即公元1859年,

---

① 王韬:《弢园文录外编》,中华书局,1959年,第22~23页。
② 王韬:《弢园文录外编》,中华书局,1959年,第68页。
③ 王韬:《弢园文录外编》,中华书局,1959年,第68页。
④ 王韬:《弢园文录外编》,中华书局,1959年,第23页。

卒于民国三年,即公元1914年。何启出身于一个传教士兼商人家庭,早年就读于香港皇仁书院,后又留学英国,在鸭巴甸大学取得医科学位,并当了律师。回香港后,他曾连任三届香港议政局的议员,现代代议制民主政治的实践经验,特别是民意代表的经验直接丰富了何启的议会思想。1887年,何启开始宣传改良思想,义和团运动时期,他参与了策动两广总督李鸿章脱离清朝中央政府,据两广"自立"的政治活动。[①] 胡礼垣,字荣懋,号翼南,晚号逍遥游客,广东省三水人,生于道光二十七年,即公元1847年,卒于民国五年,即公元1916年。胡礼垣出身于商人家庭,少年时读儒家经书,在科举道路上屡试不第,放弃举业,专研经史,兼及西学,进入香港皇仁书院学习,毕业后留校充教习二年。1879年,他任《循环日报》翻译员,两年后离职赴沪。1894年,他东渡日本,一度代理中国驻神户领事,1895年回到香港担任文学会译员,三年后退隐居家,"著书考察列国政治得失",研究法律、暂学、宗教,晚年研究佛学,民国初年曾写信给孙中山,劝行大同之制,被婉拒。其著作除与何启台著的《新政真诠》外,还有《梨园娱老集》《伊藤叹》《满洲叹》《民国乐府》等,后合编为《胡翼南先生全集》。何启、胡礼垣的民权思想主要反映在《新政真诠》一书中。《新政真诠》含政论文章七篇:《曾论书后》《新政论议》《新政始基》《康说书后》《新政安行》《〈劝学篇〉书后》《新政变通》。[②]

何启、胡礼垣在《曾论书后》中第一次公开地宣示了追求民权的政治思想,提出了公、平作为治国的基础。《曾论书后》,全名为《书曾袭侯〈中国先睡后醒论〉后》。[③]《曾论书后》认为治理国家就好像造房子一样,必须首先

① 参见熊月之:《中国近代民主思想史》,上海人民出版社,1986年,第158页。

② 参见熊月之:《中国近代民主思想史》,上海人民出版社,1986年,第158~159页。

③ 曾袭侯,即曾纪泽,曾国藩长子,中国近代著名外交家。他在1887年1月伦敦刊行的《亚细亚评论季刊》发表了一篇《中国先睡后醒论》,认为中国在鸦片战争以前,不明外情,昏昏大睡,第一次鸦片战争以后已逐渐醒来,第二次鸦片战争之后,"忽然醒悟',其标志就是李鸿章的整顿军务等。曾纪泽在文中回避了内政问题,认为"邦交一事实系今日急务,不可缓图,至于国内政事,何者或宜整饬,余暂不言"。

“使基址永固,然后大厦可成”,而治国基址则是内政,而不是所谓邦交。“吾所谓国之基址者,不须求之远也……公与平者,即国之基址也。公者无私之谓也,平,无偏之谓也。公则明,明则以庶民之心为心,而君民无二心矣;平则顺,顺则以庶民之事为事,而君民无二事矣。”[①]何、胡认为,公平是国家强盛的根本原则,公平对于国家,就像脊骨、血气对于人身一样,“人无脊骨则耳目手足虽具而起立无能,人无血气则肌肤筋骨虽全而活动不得。国无公平,则虽猛士如云,谋臣如雨,勇夫如海,铁甲如山,亦不能服人心而昭众信”[②]。“夫政者,民之事也。办民之事,莫若以公而以平,何则?民之疾苦,唯民知之为最真;事之顺逆,唯民知之为最切。譬如为远隔千里之人而决其家事,倘不得其人之亲切指陈,未有能洞中机宜者也……今君门万里,民之疾苦无由而诉,尊居九重,事之顺逆无由而知,虽有留心民瘼之名,而不能得留心民瘼之实;有料量民隐之念,而不能得料量民隐之施,皆未得其法之故也。”[③]立政公平的追求,既合乎传统的民本,也合乎现代之民主,民本与民主皆强调民在国家中的重要性。“今夫国之所以自立者,非君之能自立也,民立之也:国之所以能兴者,非君之能自兴也,民兴之也。”[④]既然国之兴、立取决于民,那么民在政治治理中当然要扮演重要角色,政治要以民之信否为基本判断标准。“夫一政一令,在立之者,无不自以为公,自以为平,而公否平否,当以民之信否质之,乃得其至公至平;且一政一令在行之者,多亦自谓无不公、自谓无不平,而公否平否,亦当以民之信否证之,乃得其真公真平。以

---

① 郑大华:《中国启蒙思想文库 新政真诠——何启 胡礼垣集》,辽宁人民出版社,1994 年,第 73 页。

② 郑大华:《中国启蒙思想文库 新政真诠——何启 胡礼垣集》,辽宁人民出版社,1994 年,第 86 页。

③ 郑大华:《中国启蒙思想文库 新政真诠——何启 胡礼垣集》,辽宁人民出版社,1994 年,第 116 页。

④ 郑大华:《中国启蒙思想文库 新政真诠——何启 胡礼垣集》,辽宁人民出版社,1994 年,第 92 页。

立之者君，而循之者民也；行之者官，而受之者民也。……然则公平者，还当求之于民而已，民以为公平者，我则行之；民以为不公平者，我则除之而已”，“公平无常局，吾但以民之信者为归；公平有变法，吾但以民之信者为主”。[1]

政治既要以民之信否为基本判断标准，那么民意的表达就成了顺理成章的自然之举，而民意表达的最佳途径或方式就是“开议院”，议员由公举产生。何启与胡礼垣设计的开议院具体办法如下：

> 县设六十议员，是谓县议员；府设六十议员，是谓府议员；省设六十议员，是谓省议员。县议员于秀才中选择其人，公举者平民主之，而凡不愿为议员之秀才，可以举愿为议员之秀才也，府议员于举人中选择其人，公举者秀才主之。而凡不愿为议员之举人，可以举愿为议员之举人也，省议员于进士中选择其人，公举者举入主之，而凡不愿为议员之进士，可以举愿为议员之进士也。”“天子之命官，以三年为任，公举之议员，以几年为期，随时酌定，遇有缺出、则以公举法择人补之。公举法凡男子二十岁以上，除喑、哑、盲、聋以及残疾者外，其人能读书明理者，则予以公举之权，向县署所标秀才诸名，取其平日最心悦诚服者，书其名以献于有司，有司将多人书名者取之，以为县议员也。秀才之举举人以为府议员，举人之举进士以为省议员，法皆如之。议员者，将出其所学，而施之于政，以济民之困，而养民之和，地方之利弊，民情之好恶，皆借议员以达于官。
>
> 兴革之事，官有所欲为，则谋之于议员，议员有所欲为，亦谋之于官，皆以叙议之法为之，官与议员意合，然后定其从违也。从违既定，乃

---

① 郑大华：《中国启蒙思想文库 新政真诠——何启 胡礼垣集》，辽宁人民出版社，1994 年，第 97 页。

> 由县详府;府议员意合,则由府详省;省议员意合,则详于君;君意合,则书名颁行;意不合,则令其再议。若事有不能衷于一是者,则视议员中可之者否之者之人数多寡,而以人多者为是,所谓从众也。推之凡军国大政,其权虽出于君上,而度支转饱,其议先询诸庶民,是真为政者矣。①

各级议院设立之后,君民共主的局面就已形成,则君主与民主在本质上都只是民主。“自古至今,治国者唯有君主、民主及君民共主而已。质而言之,虽君主仍是民主!”这是因为“政者,民之事而君办之者也,非君之事而民办之者也:事既属乎民,则主亦属乎民、民有性命恐不能保,则赖君以保,民有物业恐不能护,则借君以护之。至其法,如何性命始能保,其令,如何物业方能护,则民自知之,民自明之,而唯恐其法令之不能行也,于是乎奉一人以为之主。故民主即君主也,君主亦民主也”②。

何启、胡礼垣还明确批判了三纲五常,以众多历史事实批驳了三纲五常的永恒性和普遍性,更以三纲五常在政治上产生的诸多消极后果否认其存在的必要性。“商纣无道者也,而必不能令武王为无道,是君不得为臣纲也,瞽瞍顽嚣者也,而必不能令虞舜为顽嚣,是父不得为子纲也,文王以姒氏而兴,周幽以褒女而灭,是夫亦不得为妻纲也。”③他们接着指出了三纲五常理论给中国带来的巨大危害。“大道之颓,世风之坏,即由于此。何则?君臣不言义而言纲,则君可以无罪而杀其臣,而直言敢谏之风矣。父子不言亲而言纲,则父可以无罪而杀其子,而克谐允若之风绝矣;夫妇不言爱而言纲,则

---

① 郑大华:《中国启蒙思想文库 新政真诠——何启 胡礼垣集》,辽宁人民出版社,1994 年,第 115 页。

② 郑大华:《中国启蒙思想文库 新政真诠——何启 胡礼垣集》,辽宁人民出版社,1994 年,第 127~128 页。

③ 郑大华:《中国启蒙思想文库 新政真诠——何启 胡礼垣集》,辽宁人民出版社,1994 年,第 348~349 页。

夫可以无罪而杀其妇，而伉俪相庄之风绝矣。由是官可以无罪而杀民，兄可以无罪而杀弟，长可以无罪而杀幼，勇威怯，众暴寡，贵陵贱，富欺贫，莫不从三纲之说而推。是化中国为蛮貊者，三纲之说也。"[①]在批判三纲五常的同时，何启和胡礼垣还首次宣传了天赋人权的观点，从而将民权作为中国政治的理论基础。"权者乃天之所为，非人之所立也。天既赋人以性命，则必畀以顾此性命之权，天既备人以百物，则必与以保其身家之权，……讨曰天讨，伐曰天伐，秩曰天秩，位曰天位，一切之权皆本于天。然天不自为也，以其权付之于民，……加以民之所欲，天必从之。是天下之权，唯民是主。"[②]"各行其是，是谓自主。自主之权，君相无所加，编氓无所损；庸愚非不足，圣智亦非有余。人若非作恶犯科，则此权必无可夺之理也。夺人自主之权，比之杀戮其人相去一间耳。"[③]

何、胡还宣传了人民主权思想，并阐述了人民主权基础上的君民关系。"天下之权，唯民是主，然民亦不自为也，选立君上，以行其权，是谓长民。乡选于村，邑选于乡，郡选于邑，国选于郡，天下达于国，是为天子。天子之去庶民远矣，然而天子之权得诸庶民，故曰得乎丘民而为天子也，凡以能代民操其权也。选于村者不善，则一乡废之；选于乡者不善，则一邑废之；选于邑者不善，则一郡废之；选于郡者不善，则一国废之；违于国者不善，则天下废之。故曰失其民斯失天下也，凡以不能代民操其权也。"[④]何启和胡礼垣还将民权作为现代国家的基本标志，强调指出"国而无民权者，无异于谓天之无

---

① 郑大华：《中国启蒙思想文库 新政真诠——何启 胡礼垣集》，辽宁人民出版社，1994 年，第 354 页。

② 郑大华：《中国启蒙思想文库 新政真诠——何启 胡礼垣集》，辽宁人民出版社，1994 年，第 397 页。

③ 郑大华：《中国启蒙思想文库 新政真诠——何启 胡礼垣集》，辽宁人民出版社，1994 年，第 419 页。

④ 郑大华：《中国启蒙思想文库 新政真诠——何启 胡礼垣集》，辽宁人民出版社，1994 年，第 397 ~ 388 页。

日月。天无日月，人必不以天视天；国无民权，人必不以国视国矣”[①]。何、胡还强调了发展民权在中国的重要意义。“将欲为正本清源之始，而此治非民权不能为；将欲开平康正直之风，而此风非民权不能开；将欲去篡弑浇漓之习，而此习非民权不能去；将欲立胜残去杀之基，而此基非民权不能立。趋吉避凶，转祸为福，起衰振敝，保泰持盈，胥是道矣，尚何疑哉！”[②]何启和胡礼垣以“众得权”来解释民权，在政治上突出了无尊卑贵贱的平等精神，军民在政治上具有平等性。“民，人也；君，亦人也。人人有好善恶恶之心，即人人有赏善罚恶之权。然就一人之见而定，则易涉私心；就众人之见而观，则每存公道。是故以好善恶恶之心，行赏善罚恶之权者，莫若求之于众”，“民权者，以众得权之谓也”，“如以万人之乡而论，则五千人以上所从之议为有权，五千人以下所从之议为无权；以中国四万万人而论，则三万万人以上所从之议为有权，二万万人以下所从之议为无权。有权者必须行之，无权者不能行也”，“以国内一人而论，则无论其人为民者无权，即为官者亦无权，即为君者亦无权”，“以国内大众而论，则无论君在其列者有权，官在其列者有权，即君与官俱不在其列者亦有权。凡以善善从长，止问可之者否之者人数众寡，不问其身份之贵贱尊卑也。此民权之大意也”。[③]

何启和胡礼垣在早期改良派中是走得最远的卓越思想家，他们思想中的民权及民主意识已经非常浓郁，而留在他们思想中的传统观念则日趋淡漠。但在何启和胡礼垣思想产生的时代，中国大多数主张学习西方政治制度、批判中国传统政治的人，仍然保持着传统政治哲学的完整形态。他们的

---

① 郑大华:《中国启蒙思想文库 新政真诠——何启 胡礼垣集》，辽宁人民出版社，1994 年，第 443 页。

② 郑大华:《中国启蒙思想文库 新政真诠——何启 胡礼垣集》，辽宁人民出版社，1994 年，第 20 页。

③ 郑大华:《中国启蒙思想文库 新政真诠——何启 胡礼垣集》，辽宁人民出版社，1994 年，第 416 页。

思想主要包括政治批判和开设议院两大方面，将开设议院看成是救治传统政治弊端的不二法门。有的思想家侧重于对君主专制政治的批判，写出了各种各样的所谓"危言"，来警示清政府，希望并呼吁清政府尽快实行政治改革，其中著名的"危言"有邵作舟的《邵氏危言》和汤寿潜的《危言》[①]，它们与郑观应的《盛世危言》并称为晚清"三大危言"。有的思想家则侧重于对议院构成及功能的设计，主要是希望清政府通过设立议院，倾听民众的心声，以便君民一心，上下一体，刷新政治，其最典型的思想代表是陈炽和陈虬。[②] 有的思想家则基本立足于对一切政治的批判，表现出了一定的无政府主义倾向，其主要思想代表是宋恕。[③] 许多思想家所提出的议院的开设方案及议院的整体功能，都具有中国化的折中色泽，或者认为中国的条件尚不具备，只能执行折中的方案，采取变通的方法；或者认为中国议院的开设仅在于纠正君主集权政治的不足，故而中国不能仿效西方共和民主国家的议院，而只是希望议院的开设能够使君主在行政的时候，能够谋及公卿大夫，能够谋及庶民。何启和胡礼垣所以能够在议院设计方面比他人走得稍远，一则是因为他们身在香港，并且有充当民意代表的经验，从而能够更深刻地知道议院的功能；二则是因为他们与西方式政治的亲密接触，使他们更多地获得了西方的先进政治文化，从而使民权在政治哲学层面上得到了肯定。至此，早期改良派主张在具体政治制度层面接受西方的历史也走到了尽头，人们对在政治制度上进一步深入学习西方逐渐取得了广泛的共识，但在政治哲学层面上接受民权仍然属于少数哲人的先见之明，他们不得不为自己的先见之明呐喊，也不得不为他们的呐喊付出沉重的代价。

---

① 参见熊月之：《中国近代民主思想史》，上海人民出版社，1986 年，第 174 ~ 182 页。

② 参见熊月之：《中国近代民主思想史》，上海人民出版社，1986 年，第 183 ~ 186，195 ~ 203 页；彭明、程歗主编：《近代中国的思想历程》，中国人民大学出版社，1999 年，第 119 ~ 169 页。

③ 参见熊月之：《中国近代民主思想史》，上海人民出版社，1986 年，第 187 ~ 194 页。

第三章　戊戌时期的政治思想

戊戌变法前后，中国政治思想终于开始了迅速新陈代谢的历史新阶段。一方面，沿袭数千年的中国传统政治思想的基本核心，即以儒家政治思想为主的传统政治哲学体系，开始发生裂变，[①]康有为以进化论来改造传统儒家的公羊学，严复则以中国古典的儒家式语言传播西方的进化理论，宣讲天演论，与传统的儒家圣人开始了正面的政治哲学冲突。另一方面，戊戌变法以后，中国社会在很长的一段时期内都不得不面临缺乏基本政治理论共识的迷惘阶段，人们在最基本政治问题方面的答案将长期得不到统一，纷繁芜杂的西方政治实践及政治学说则使中国人的政治理论选择多样化，从而使基本政治哲学共识的形成变得比较艰难。戊戌变法时期还是中国传统政治哲学与西方政治哲学的第一次激烈的短兵相接，[②]维护儒家纲常伦理的传统政治哲学的代表人物与要求进行政治根本变法的西方政治哲学的宣讲人之间爆发了真正的政治哲学冲突，双方都花费了比较多的精力来辩驳纲常伦理的正当性和普遍性。中西政治哲学层面的冲突就政治社会学方面来说，西方政治哲学尚处于劣势地位，许多积极宣讲西方政治哲学的仁人志士遭到

---

① 参见李泽厚：《中国近代思想史论》，安徽文艺出版社，1994 年，第 93 页。

② 参见熊月之：《中国近代民主思想史》，上海人民出版社，1986 年，第 217 页。

政治通缉,甚至横尸法场;但在政治哲学层面,中国传统政治哲学已经无可挽回地没落了,它已经失去了大多数朝气蓬勃的有志青年,而这些热血青年的政治哲学选择基本代表了中国政治哲学的新的发展方向。

戊戌变法时期,热血有志青年在政治哲学上表现出了鸦片战争以来一直存在的激烈的批判意识,并在救国启蒙的召唤下,将这种批判发展到了它在近代的第一个高峰。龚自珍虽然没有真正地与传统相决裂,但他对社会政治的全面深刻的批判,在戊戌变法时期,得到了追求政治改良的进步人士的承认和尊重。许多要求政治维新的青年才俊对中国社会进行了更加全面的批判。早期改良派主要批判了中国传统政治的不足之处,要求进行政治制度的改良、学习西方政治制度的愿望在戊戌变法时期变得日益强烈,而所提倡的观点及主张则远比早期改良派更接近西方政治制度的实际,兴民权、开议院的政治要求逐渐由窃窃私语变成了高声呐喊。同时,戊戌变法时期要求在政治上学习西方的维新思想还基本保存着中国学术特有的古典形态,新思想受到旧形式的约束,从而还不能比较完整地呈现西方的新思想。一方面,康有为以中学之旧瓶巧装西学之新酒,以公羊学的三世理论包装西方的进化论观点,其学术形态不可谓不古典,但它的思想核心则是以中国人所能理解的学术语言宣讲进化论的政治哲学,从而使中国传统政治哲学真正发生了内在的质的裂变。另一方面,严复以中国传统典雅的文言翻译西方社会科学的经典著作,传播西方先进的社会科学理论,严复不仅在语言上尽量保持中国古典文言的风格,而且也尽量使用中国传统的词汇来表达西方的相应思想,其中不无使西方思想中国化的良苦用心,但其结果则不能不使西方社会科学的思想受到阉割。西方新思想在中国的准确表达尚需要学科名词的大量输入,而这种输入又只能发生在西方新思想已经发酵的戊戌变法以后的留学热当中。

戊戌变法时期的思想是中国近代经世之学的集大成者。近代中国的经世之学开始于清道光年间的龚自珍、林则徐和魏源,其学术构成比较复杂,既包括主张学习西方的洋务自强,也包括反对学习西方的纲常维护,还包括各种热心政治的人的政治批判。[①] 经世之学的主流大多不满现状,坚持了对社会政治的批判,主张进行政治改革,只不过他们在如何及怎样进行政治改革上存在根本性分歧。洋务派及早期改良派都主张学习西方,改变现状,他们在维护中国基本的政治伦理及促进清王朝变法方面并无根本不同,但两者在学习西方方面仍然存在不同主张。典型的洋务派对学习西方政治比较谨慎,早期改良派实际上是洋务派中的开明势力,他们主张学习西方的政治制度,改变中国政治上下不通的弊端。随着历史的发展,典型的洋务派也渐渐在变法图强方面变得比较开明起来,因此当全国兴起要求变法图强的政治运动时,典型的洋务派也往往十分乐意厕身其间,洋务派与维新派在思想上的相似性,要远远大于它与顽固派的相似性。[②] 中国传统意义上的经世之学仍然有真诚的信奉者,他们虽然主张变法图强,但他们的变法主张多半没有新意,或者传统的经世之学能够容忍和支持洋务思想,但对主张变革纲常的变法活动则充满敌意。在倡导全国性变法的政治运动中,那些仍然完全信奉传统经世之学的人,也积极地投身其中。经世之学走向高潮的过程并没有被提纯,而是多种经世之学齐头并进。

甲午战争使中国社会普遍受到强烈震撼,民族的危亡激发了社会各个阶层的救国意识,不同的经世之学逐渐在改良政治的共同意愿下汇集成一股强大的力量,共同掀起了中国近代救亡运动的第一个高潮,即发生在1895年的"公车上书",它的主要参与者仍然是饱读圣贤书的传统士人。救亡的高潮过后,经世之学的不同部分之间就展开了激烈的争论,拥有新知的新知

---

① 参见彭明、程歗主编:《近代中国的思想里程》,中国人民大学出版社,1999年,第119~169页。

② 参见陈旭麓:《近代中国社会的新陈代谢》,第十章《变与不变的哲学》,第166~182页。

识分子群体正在艰难地产生,而新知识分子所依赖的新知识也正在与传统的强势知识展开近身搏斗。搏斗所展示的新的知识固然十分重要,因为新知识能否传播关系到传统中国能否获得新生而屹立于世界民族之林;而搏斗所展示的强势的旧知识也同样值得关注,因为它提醒我们在当时反维新的政治顽固势力仍然非常强大。它足以提醒后来人,在给予戊戌变法时期主张变法维新的人士以积极肯定的时候,千万别对他们奢望太高,因为中国社会政治顽固势力的强大在他们的思想当中仍然有所反映,即那些刚刚在中国产生的新知识仍然带有很浓郁的中国传统特点。[①] 中国近代主张学习西方的先进人物总是具有阶段性,即在一个阶段主张积极学习西方,站在时代的浪尖上登高急呼,而在另一个阶段则又反对改变中国的纲常,甚至积极肯定腐朽旧俗,因而成了反对变法革新的急先锋,其中奥妙恐怕就是先进人物身上的先进性,既不完全,也不彻底,先进人物身上沾染的旧的东西,在时代的迅速变化中,过不了多久,就成了先进人物身上的主要东西。[②]

一、过渡时代之真正开始

就社会转型而言,中国自鸦片战争起就已经处在了过渡时代;但就过渡时代的思想特征及社会变化特征来看,中国社会的过渡时代显然应该从中日甲午战争算起。甲午战争以前,中国社会自觉寻求全方面变革的要求,既不明显,更不强烈。甲午战争以前的很长一段时间内,变革只是少数中国人的追求,多数中国人则既感觉不到变革的必要,又缺乏发起或支持变革的必要视野,而中国社会艰难地发生的变革又缺乏整体性及彻底性。李鸿章虽

① 参见李泽厚:《中国近代思想史论》,安徽文艺出版社,1994 年,第 93 ~ 181 页。
② 参见蔡明伦:《康有为:激进与保守的悖论》,《探索与争鸣》,2003 年第 12 期。

发出了“三千年来一大变局”的感慨,但他所倡导的社会变革的范围仍然非常有限,甚至根本没有从社会转型的角度来认识必须进行的变革。中国社会提倡变革的政治家及思想家往往会遭遇令人难以想象的曲折、委屈和苦难。[①]

中国社会的思想议题,在甲午战争以前,仍然局限于传统纲常理论是否能容纳西方技术,西方政治在中国纲常体系中是否应有容身之地等。中国社会需要而且必须进行彻底变革的要求尚未提出,为彻底变革而呼吁的新学还缺乏必要的形而上的特点。中国在甲午战争中的惨败刺激了大多数中国人。有经世倾向的读书人纷纷提出了中国必须进行大变革的激进要求,此要求在甲午战争刚结束就汇集成了影响深远的“公车上书”[②]。“公车上书”虽然没有取得预期效果,但是全国士人的变革之心已经被大大地激发出来了。自此,中国社会进入了一个变化迅速的过渡时代,在此时代中,社会各方面都几乎处在一种“前不着村后不着店”的过渡状态,特别是在政治思想上,各种思潮和主义蜂拥而入中国,令人目不暇接。一种政治思想或主张几乎还未发育成熟就已经变得过时;一个令人耳目一新的呼吁在没有得到应有的社会回应前就已被更多新颖的呼吁掩盖得严严实实;有的时候,古今中西的政治思想竟奇迹般地结合在某个先进思想家身上,择时而重点表现其中的某个方面。

中国近现代政治思想之所以表现出典型的过渡性,其基本原因有三:其一,中国近现代社会确实处在过渡阶段,其反映在政治思想上自然就形成了它的过渡性特征,就是因为中国政治思想在近现代面临着前所未有的时代

---

① 参见雷颐:《郭嵩焘:开眼看世界的“名教罪人”》,《寻根》,2001 年第 1 期。

② 清光绪二十一年,即 1895 年,清政府在中日甲午战争中失败后,4 月派李鸿章赴日,与日本首相伊藤博文签订《马关条约》,国内各阶层人士反对割地讲和。5 月 2 日(四月初八),康有为联合各省在北京会试的举人 1300 多人,于宣武门外达智桥松筠庵举行会议,由康有为起草万言书,联名上书光绪皇帝,力主拒签中日和约、迁都抗战和变法图强 3 项主张,此举史称为“公车上书”。

课题;其二,当中国传统社会在外来暴力的刺激下突然醒悟时,它在理论上的缺乏思考又导致了思想家的慌乱,从而在政治思想的选择上表现出了一种慌乱中的匆忙;其三,国家及民族的危亡激发出社会各阶层强烈的爱国情怀,而各个阶层乃至凡有民族良知者都自觉寻找救国的真理,并因此而使得各种选择之间很少进行沟通,从而使每一种被选择的思想或主义,都缺乏足够的影响力。一种富于鼓惑性的思想或主义才刚刚提出,还没有来得及吸引住听众,就被许多更富于鼓惑性的思想或主义淹没了。一个观点或主张,还没有提出足够的证据,就已从急切选择的人群视野中消失得无影无踪。中国近现代的政治思想或主义,几乎不能使自己的思想逻辑完全展开,其中或者存在逻辑上的悖论,或者存在逻辑关系上的不连续,或者根本不能或不屑进行事实方面的举证,从而形成了政治思想或主义的不完整、不严密、不典型和不彻底,以致众多的政治思想或主义中只有少数几个能吸引到足够多的群众,大多数思想或主义则没有在社会层面发生改造中国的积极意义,而少数吸引足够群众的思想或主义也经常发生主义地震,缺乏必要的稳定性。这既造成了中国近现代社会在思想或主义选择上的多样性,也造成了多种思想或主义之间缺乏必要的基本共识,并最终造成了社会的低度整合,难以形成有效的政治权威,甚至还会使政治权威的流失日益加剧,而陷中国于无政府的失序状态。这是政治思想或主义多元化而又缺乏基本共识的必然结果。

中国社会在政治思想方面的过渡时代突然开始于中日甲午战争之后,一方面,人们的爱国激情普遍高涨,各个阶层的人们都虔诚地投入到了爱国救国的运动中,另一方面,此前的理论准备严重不足,以致过渡时代中的新旧冲突异常尖锐和激烈。甲午战争前,中国社会在政治思想方面几乎一如故貌,仍然比较完整地保持着传统政治思想的基本结构及基本结论,而甲午战争后,中国社会在政治思想的变化上又表现出了急不可耐的一面,人们已经不能进行主义或思想的从容选择。中国政治思想在甲午战争前后迥然不同的表现,恰好说明了甲午战争对中国社会的强烈政治震撼,乃是中国在政治及政治思想上迅速发生变化的外在动力。“甲午战争以前,昧于外情而又惯于自傲的人们,一向以为,以偌大的中国,虽说敌不过英、法诸强,但对付地狭人少、维新不久的岛国日本,还是绰有余力的,何况中国已学得西洋的坚船利炮,拥有一支为数可观的北洋海军,然而战争的结局,如此出人意料,战败签订的条约,又是如此苛刻。不少梦醉之人清醒了:所谓天朝大国,比原来想象的还要落后、腐败。……甲午战争的失败,为郭嵩焘、郑观应、王韬、张树声等人先前的预见提供了事实的证据。”[①]洋务派群体“苦心经营了三十年的洋务事业,却在甲午一战中毁于一旦,而且失败得是那样的惨,条约定得是如此的苛刻。这无疑是一种巨大的冲击波,强烈地震撼了国人的心灵,使蔓延已久的‘变局’观念扩大为普遍的全民族的危机意识”[②]。

全民族的政治危机意识当然来源于中国社会客观上遇到的前所未有的重大危机。《马关条约》所造成的危机,使人们普遍意识到了中华民族已经到了生死存亡的重大关头,中国社会各阶层正是在这样的情况下意识到了进行政治变革的极端重要性。“公车上书”所提出的政治改革要求即很典型地概括了当时社会各阶层普遍要求进行政治变革的心态和主张。[③] 新的政治思潮以前所未有的空前规模迅速地传播开来,社会各阶层产生了真正意义上的划时代分化,新的政治思潮随着新的社会阶层的出现而巩固了自己的存在,并因此而使中国社会受到了最初的民主主义政治启蒙。社会真正的阶层分化必然也必须是政治上的,即社会阶层之间真正的不同必须包含政治上的不同,特别是转型期的变革社会,政治上出现前所未有的分化,乃

---

① 熊月之:《中国近代民主思想史》,上海人民出版社,1986 年,第 216 ~ 217 页。

② 彭明、程歗主编:《近代中国的思想历程》,中国人民大学出版社,1999 年,第 172 页。

③ 参见康有为:《上清帝第二书》,载《戊戌变法》第二册,第 152 页。

是社会真正发生质的变化的起点。中国的近现代已经无可避免地处在了新旧过渡的历史转型期，其社会分化中最有意义的部分就是新阶层、新阶级的产生，而新阶层、新阶级的产生在中国则主要不是经济发展的结果，而是政治自觉的产物，且政治自觉又是民族危亡不断刺激的结果，从而真正普遍而具有重大社会意义的政治觉醒往往与民族的巨大灾难密切联系在一起。中国近现代所发生的有意义的社会分化没有一次不是以民族性的灾难为前提，而且社会产生新旧分化的程度恰恰与民族所受灾难的大小密切相关，即与灾难所形成的普遍性刺激的强度密切相关。

新旧分化在现代中国的第一个有意义的社会结果，就是洋务派的产生。“洋务派出现，标示着中国地主阶级开始了真正意义上的分化。在两千年的历史上，中国曾不止一次地出现过地主阶级改革派。他们务实济世的努力因多少有利于当时的社会而受到后代历史学家的称道。但归根到底，地主阶级改革派是传统之内的改革派，他们的改革体现了传统社会的自我复兴和振兴，然而复兴并不能打破旧有的循环。与之相比，洋务派却具有不同的意义。由于时代的逼迫和造就，他们的改革主张，常常已经别具面目了。就其主观动机而言，他们未必有心打破旧轨，但他们的主张却历史地包含着逸出旧轨的趋向。因此，洋务派的产生，意味着凝固的硬壳绽开了前所未有的裂痕，以此为起点，几千年来的封建地主阶级开始分化了。”①甲午战争则造成了中国社会在新旧替代过程中第二个有意义的社会分化，出现了近现代新式知识分子。“1840 年以来，中国因外患而遭受的每一次失败都产生过体现警悟的先觉者。但他们的周围和身后没有社会意义的群体，他们走得越远就越是孤独。甲午大败，‘成中国之巨祸’，中国的民族具有群体意义的觉

---

① 陈旭麓：《近代中国社会的新陈代谢》，上海人民出版社，1992 年，第 97 ~98 页。

醒也因此而开始。”[①]“唤起吾国四千年之大梦,实自甲午一役始也。”[②]“公车上书”所涉及的各省一千三百名举人,实际上展示出了当时中国社会产生新旧分化的群体化成果,即这个传统社会的士人群体已经开始逸出传统规范或模式,而开始了某种有意义的近代转换。“公车上书”并不是完全或主要基于传统忠义而产生的一般大学生运动,而主要是“民族危机刺激下的机群,他们的共识更多地来自对民族前途的思考,并且把抵御外侮与改革内政合为一体,就其所产生的时代意义来说是前代人们所不可比拟的”[③]。社会产生新旧分化的有意义的成果还表现在一些杰出的历史人物身上,甲午战争改变了许多人的生活方式和思维方式,催生了许多杰出的近现代知识分子,有的杰出人物从纲常名教中走出来,成为传统纲常名教的政治天敌,如谭嗣同;有的杰出人物则是从考证治经的书斋中走出来,投入到了如火如荼的救国运动中,成为救国先锋,如章太炎;有的杰出人物则是经历了由寄希望于开明的当权人物进行改良到对清朝失去信心而主张坚决革命的巨大变化,如孙中山。

甲午战争以前,中国也产生过主张政治革新的先进思想或政治人物,但他们要么认为中国传统的纲常仍然合理有效,要么认为中国在短时间内难以实现西方那样的政治制度,要么认为西方的政治制度根本不适合中国,从而在某种程度上仍然坚持着传统的纲常伦理。中国先进的思想人物或政治人物开始怀疑并大胆否定传统纲常伦理乃是从甲午战争开始的,此前,人们激烈争论的焦点是中国纲常是否恒久有效而西方政治是否适合中国,而此后,人们激烈争论的焦点问题就转换成西方政治传统中的哪些方面适合中国,从而能够挽救民族的危亡。西方政治文化大规模进入中国乃是从甲午

① 陈旭麓:《近代中国社会的新陈代谢》,上海人民出版社,1992年,第154页。
② 梁启超:《戊戌政变记》,附录一《改革起原》,中华书局,1954年,第133页。
③ 陈旭麓:《近代中国社会的新陈代谢》,上海人民出版社,1992年,第156页。

战争开始的,影响中国政治进程的重要政治理论或社会理论,如民约论和进化论等,都是在甲午战争之后进入中国的,这些政治或社会理论在中国具有重大的思想启蒙意义。"'五四'以前的几十年中,对中国思想界影响最大的有两论。一是进化论,一是民约论。前者以生存竞争的理论适应了救亡图存、反对帝国主义的需要;后者以天赋人权的观念适应了要求平等、反对封建专制主义的需要。两论的传播,在观念形态上是区分先前与近代中国人的重要标志,而阐发民主思想的民约论更富时代性和战斗性,因为从世界范围来说,所谓近代史,就是资本主义取代封建主义的历史,就是民主政治取代君主专制的历史。"[①]西方政治文化的大批量输入和流行,既是中国社会不断被刺激而要求学习的结果,也极大地促进了中国社会新阶层的产生,更由于新阶层的存在主要是思想文化层面的,从而他们的出现就使西方政治文化输入中国的步伐进一步加快,从而在中国社会形成有社会意义的普遍性思想启蒙运动。中国的政治思想启蒙从甲午战争开始就一直是以急风暴雨的方式进行的,而政治思想启蒙的结果也反过来促成了中国社会急风暴雨式的发展进程。甲午战争像是在长时间强力梗阻了大河的堤坝上打开了一个缺口,思想潮流以迅猛之势迅速地荡涤了纲常伦理,迎来了一个崭新却又缺乏主心骨的新时代。

甲午战争使中国紧封的思想之门进一步张开,而西方政治思想的输入则更直接催生了中国近代社会最初的新生力量。新生力量既是在检讨洋务运动得失的过程中形成的,也逐渐地站在了纲常名教理论的对立面,要求将中国的政治改革进行到底,从而在政治改革方面表现出激进性和不妥协性。同时,新生力量要求将改革进行到底的主张使保守的力量更加保守,原先不能容忍变革的顽固派自然仍坚决地站在反改革的立场,而原先企图以部分

---

① 陈旭麓:《浮想偶存》(陈旭麓文集第四卷),华东师范大学出版社,1997 年,第 206 页。

改革以辅翼名教的保守势力也逐渐坚决地反对起政治改革来,特别是反对西方社会输入的民主或民权思想。甲午战争不仅使改革和反改革的力量都得到了快速发展,而且使改革和反改革的态度都变得非常激进,从而在中国社会形成了最新思想与最旧思想共存的局面。不仅社会的宏观层面,而且具体的思想家也大多具有新旧杂陈的特点。李泽厚曾对中国近现代社会政治思想的新旧杂陈进行了研究,并不无经典地说:"中国近现代是一个动荡的大变革时代","随着这种政治、经济、军事、文化各方面剧烈的震荡、变革,中国近代思想在短短几十年内,从封建主义到社会主义,像雷奔电驰似的,越过了欧洲思想发生成熟的数百年行程","这样,一方面就使整个思想带有浮光掠影的特征,对好些问题经常一掠而过,未能得到广泛深入的展开,未能产生比较成熟、完整、系统、深刻的思想体系,在理论领域显得肤浅、贫乏和杂乱;但是,另一方面这又使思想紧紧随着时代急迫课题迅速前进,密切联系了人民生活中的重大实际问题"。[①]"中国近代处在古今中外大聚汇大变革的交错点上,各种新旧事物极为错综复杂地折射在人们的思想中,新旧思想和事物的差距和变化是如此的大,当一些人已开始接受马克思主义把共产主义当作理想的时候,另一些人还死死抱住'诗云子曰''圣经贤传',要'修身齐家治国平天下'",当"一些人今天还沉浸在封建故纸堆中,明天却已跃进到最激进的革命行列。新旧因素、势力和意识形态是这样交错杂陈,急剧震荡,表现为种种庞杂掘乱五光十色"。[②]中国近代新旧杂陈在政体的繁复变化上表现最充分,一方面,旧的政体仍然有一定的社会心理基础,以致屡屡去而复还;另一方面,新的政体也具有顽强的生命力,不断地起死回生。政体上的反复表现在政治思想上就是政治思想体系上的斑驳陆离。不仅如

① 李泽厚:《中国近代思想史论》,人民出版社,1979年,第475页。
② 李泽厚:《中国近代思想史论》,人民出版社,1979年,第476页。

此,而且思想界和政治界一样,都发生了两种特别的现象,即鲁迅在《中国小说的历史变迁》中提到的“回流”和“羼杂”。所谓回流,就是指“新的来了好久之后而旧的又回复过来”;所谓羼杂,就是指“新的来了好久之后而旧的又不废去”。①

中国自甲午战争以后就进入了典型的过渡时代,同时还意味着两方面的基本事实,一方面的事实是西方思想开始大规模涌入,堂而皇之的影响中国;另一方面则是中国传统政治思想体系发生裂变,分别与西方相近的思想传统结合,产生出各种不同的救世理论和救国纲领或主张。中国传统的经验主义与西方近现代的经验主义,特别是英美的经验主义、实用主义、实证主义相结合,而形成了中国近现代的实证经验主义,它注重社会事实,主张社会渐进改革,反对进行激进的政治革命。中国传统的先验主义则与欧洲大陆的唯理主义,特别是法国和德国的政治乌托邦理想相结合,产生各种各样基于某种最高原理或最一般规律的激进的政治思想,注重社会理想的实现,追求理想实现以后的完美社会,主张对旧社会和旧传统进行彻底的革命。值得注意的是,中国传统将经验主义与先验主义相结合的传统,在近现代仍然得到了延续,出现了唯科学主义的思想,即将注重事实的、科学的实证主义与强调普遍必然的唯理主义结合起来,以求在人的世界中确立一种必然的联系或关系,并将这种人的世界中的必然联系或关系的实现与理想社会的追求结合起来,从而使乌托邦的追求有了稳固的理论基础,并为乌托邦的实现寻找据说是科学的路径,而人的伦理定位也因之而得以确立。

在传统时代,人们在政治思想的核心思想上的一致一去不复返,各种政治思想之间在核心思想上存在很大差异,尽管当权的统治者仍然企图确立

① 鲁迅:《中国小说的历史变迁》,载《中国小说史略》附录,人民文学出版社,1979 年,第 414 页。

传统君师一体的体制,但他已经不能有效地控制非政府人士所持的政治思想。政治思想的大一统已经裂变为几个主要的部分,各个部分大都从传统大一统的政治思想中继承了某些东西,但各自继承的东西已经无法逻辑地联系起来。另外,中国自甲午战争以后就以日本为师,从日本接受了许多新的学理,而新的名词也因之而大量涌入中国。虽然如严复等人仍企图用中国古典语言来转述西方政治思想,但西方思想的传播却倾向于使用其固有术语,这些固有术语大多由日本人以汉字转译为新的术语,这些新的汉字术语很快传入中国而成为新的汉语词汇。[1] 新的汉字词汇的输入,不仅丰富了中国传统的词汇,而且还带来了新的思想和思维方式,从而更大地冲击了中国固有的思想体系,加速了中国传统思想的裂变。中国传统思想的裂变主要发生在人文社会思想领域,这一方面决定于中国传统思想主要是人文社会思想,另一方面也决定于人文社会问题在中国近现代社会的重要性。

中国近现代在西方思想的传入上主要立足于救国救民的需要,从而多为人文社会思潮,自然科学的体系化传入则比较微弱,而人文社会思潮受自然科学的影响也相当微弱。不过,人文社会思潮的迅猛传入主要是非政府人士自发努力的结果,而政府只要有可能,总是强调学习西方先进的工科。[2] 一方面,政府不重视人文社会思潮的输入,从而也不重视在各种各样的人文社会思潮之间进行必要的协调,以致输入的人文社会思潮之间缺乏必要的理论共识。另一方面,人文社会思潮的输入总是出乎政府的意料,或违背了政府的意愿,而民间非政府人士在进行人文社会思潮输入时,往往具有政府匪夷所思的激进心态。这种心态下输入的人文社会思潮,往往令政府很担心,从而它也就会一再重申:中国社会具有很好的先进的人文社会思想,西

① 参见姚淦铭、王燕编:《王国维文集》(第三卷),中国文史出版社,1997 年,第 40 ~ 44 页。
② 参见霍益萍:《近代中国的高等教育》,华东师范大学出版社,1999 年,第 207 页。

洋的人文社会思潮既不适合中国，也没有中国传统的东西先进。[①] 中国社会之所以在政治思想上会出现典型的过渡性，其根源就是政府与非政府人士在输入西方政治理念方面的隔阂。政府主导学习西方的活动总是把一切学习都集中在技术领域，人文社会思潮则完全被排斥在外；当政府不能完全主宰学习西方的活动时，民间人士就会急不可耐地学习西方社会的激进理论。

激进的理论在缺乏必要权威协调的情况下，整个社会就会产生缺乏核心共识或核心共识不足的毛病，而核心共识的缺乏或完全没有则直接引发了社会的全面失序，并使整个社会失掉最起码的政治团结或政治整合。中国社会持续半个世纪之久的根本性政治问题的争论及由此而来的激烈的国内战争，两者之间存在着必然的逻辑联系。自然科学和技术发明延伸了人类的手和足，支持了人类的物的生产；人文社会科学延伸了人的大脑，提高了人类控制和驾驭自身的能力，支持了人类社会的人的生产。人类社会的先进性，既表现为自然科学的先进，又表现为人文社会思想的先进，而且后者的作用更具根本性，从而也更具决定性。人类社会中一切方面的前进，都依赖于人控制和驾驭自身的能力的提高，如果人类不能很好地解决自己内部的问题，也就不可能解决好外部自然的问题。社会发展及文明进步的阶段性转型，在根本上决定于人文社会思想的转型。一个不重视人文社会思想的社会，或认为已经没有什么人文社会问题要思考的社会，或认为基本的人文社会问题已经被彻底解决的社会，一个不重视人文社会思想学习和创新的社会，一个让自己的人文社会思想脱离基本社会事实的社会，从根本上说，很难真正地解决社会发展在本阶段的重要问题，也很难真正地进行社会

① 自晚清以来，统治者就一直强调中国特殊论，一方面，他们以中国特殊国情，委婉拒绝在政治上学习西方；另一方面，统治者总是直接或间接地肯定中国传统政治文化，有的称赞已失去基本的理性，或直接肯定纲常伦理，或直接肯定纲常伦理的核心思想。中国近现代在面对西方政治文化的时候，往往表现出一定的盲目性，常常毫无根据地是己而非人，形成了一种普遍的保守心理，甚至使顽固成为一种社会痼疾。

发展阶段的转型。

不过,统治者的意愿或努力从来都不是社会变革的决定性力量,即使他们不愿变革,甚至竭力阻止变革,政治社会在具备充分条件的时候,也势不可免地会发生变革,其起点往往就是非政府人士在政治思想上发生了突变,从而诱发了主流政治思想的大规模裂变。中国近代社会发生急剧政治变革的起点,就是诱发中国近现代大规模政治思想裂变的康有为变法维新的政治思想,而影响中国近现代政治思想裂变的最主要的思想因子则是严复最先传播的进化论。康有为、严复等人的思想直指传统纲常伦理的要害,特别是谭嗣同等必欲去之而后快,①从而激发了保守人士的激烈反动,表面上的意见分歧在此深化为根本性看法的不同,中西政治传统的较量完全由中国思想家进行,这确实是中国政治思想新纪元的开始。“两极相逢”的时代际遇,②终于导致了在政治根本认识上的激烈冲突,中国社会也因此而进入了新陈代谢的突变时代。

二、康有为的政治思想

康有为,又名祖诒,字广厦,号长素,广东省南海人,生于清咸丰八年,即公元1858年,卒于民国十六年,即公元1927年,晚清著名政治家、思想家、教育家和书法家,广东南海人,人称康南海或康圣人。康有为出生于封建官僚家庭,祖父康赞修是道光年间的举人,父亲康达初做过江西补用知县。康有为自幼学习并信奉儒家思想,曾以理学家朱次琦为师,受到系统的儒学教育,同时博览过释道两家的经典。1879年,他途经香港时开始接触西方资产

① 参见李泽厚:《中国近代思想史论》,人民出版社,1979年,第229~244页。
② 陈旭麓:《近代中国社会的新陈代谢》,上海人民出版社,1992年,第385页。

阶级文化,1882年,康有为到北京参加顺天乡试落第南归时途经上海,购买了大量西方书籍,吸取了西方传来的进化论和政治观点,初步形成了维新变法的思想体系。[①] 1888年,康有为再一次到北京参加顺天乡试,第一次上书光绪帝,请求变法,受阻未上达。1891年后,康有为在广州设立万木草堂,讲授其思想体系,弟子有梁启超、陈千秋等人。1895年,康有为到北京参加会试,在《马关条约》签订后,联合各省在京举人一千三百多人,上万言书,此即著名的"公车上书",因大臣阻挠而未上达天听。当年5月,他第三次上书光绪,讲述变法维新的必要性和紧迫性,得到了光绪皇帝的赞许。同年7月,康有为和梁启超创办《中外纪闻》,不久又在北京组织强学会,宣传维新变法思想。德国强占胶州湾后,康有为再次上书皇帝请求变法。

1896年1月,光绪皇帝令康有为条陈变法意见,他呈上《应诏统筹全局折》《日本明治变政考》《俄罗斯大彼得变政记》等著作。4月,他和梁启超等组织保国会,号召变法图强。6月,光绪帝在颐和园勤政殿召见康有为,命其为总理衙门章京,准其专折奏事,筹备变法事宜。百日维新失败后,康有为逃往日本,自称有光绪皇帝的衣带诏,组织保皇会,鼓吹开明专制,反对革命。辛亥革命后,康有为于民国二年(1913年)回国,继续反对并攻击民主共和制,在上海主编《不忍》杂志,宣扬尊孔,主张复辟。康有为晚年始终宣称忠于清朝,倡言虚君共和,溥仪被冯玉祥逐出紫禁城后,他曾亲往天津,到溥仪居住的张园觐见探望。康有为自幼信奉孔子的儒家学说,一直致力于将儒家学说改造为可以适应现代社会的国教,曾担任孔教会会长。[②]

康有为是中国历史上颇富戏剧性的人物,他以激进的政治姿态进入人们的视野,被保守派及顽固派视为洪水猛兽,晚年又以前清遗老而力主复

---

① 参见李泽厚:《中国近代思想史论》,人民出版社,1979年,第94~96页。

② 参见沈云龙:《康有为评传》,台湾传记文学出版社,1969年。

辟,成为历史大变革中旧势力回流的代表性人物。之所以如此,其原因恐怕更多地要归因于历史车轮前进过快,而他自己的根本思想并没有发生翻天覆地的巨大变化。"康有为的思想是一个较完整的体系。……这一思想体现的全面构成和完全成熟,是在1885—1893年期间,即在他三十岁左右的时候。它的成熟经历了一个复杂的发展过程。这个发展过程是当时先进人物在封建主义正统体系中挣扎苦斗而还不能完全蜕脱出来的过程,它满身带上了新旧交替、半生不熟的痕迹,却又具有很大的时代、阶级的代表性。"①从思想体系的完整性来说,康有为可能是戊戌变法时期最有代表性、成就最高的思想人物。不过,也正因为其思想具有完整的体系,所以他的思想在接纳更新的思想方面往往不如严复、梁启超等,并由此而埋下了以后反对共和、主张尊孔读经和恢复帝制的思想种子。康有为思想中顽固保守的特征恰恰说明了中国传统思想在体系上的顽强性,同时也说明了体系性的顽固思想因素在中国社会的普遍性。

康有为思想的积极影响根源于它的时代,而它的局限则来自中国传统政治文化的顽强残存。他的政治思想曾经很具有革命性,可以被看作革命之熊熊烈火擦出第一颗火星的思想巨人;他的政治思想也曾极力挽救已经失势而过时的帝制,成为中国传统帝制顽强生命力在思想上的主要代表。康有为可以说是从正反两个方面,都很典型地体现了中国近代社会基本特点的唯一思想家。我们无须夸张其积极的一面,仿佛戊戌变法时期的康有为已经在政治思想上非常先进,尤其是不要过度夸张其思想中的民主成分,即使是其不敢示人的激进的一面,实际也是传统因素多于现代因素。我们也无须夸张其消极的一面,尤其是在他参与复辟活动的时候所表现出的思想,万勿以为其思想在此时已经失去基本的近代性。康有为的政治思想或

① 李泽厚:《中国近代思想史论》,人民出版社,1979年,第93~94页。

者被认为很激进，但是由于时代条件不成熟，故而只能低调讲述当时社会可接受的东西，只能以当时能接受的方式讲述新学，"旧瓶装新酒"，主张通过渐进的变化实现中国政治的根本改造，其根据主要是《大同书》中的乌托邦及隐藏在其春秋学中的进化论，此种观点在大陆的学界占据主导地位。[①] 或者被认为很保守，其思想仍然主张维护君主制度，只是时代条件变了，君主制也不能不进行变革，其基本用意可能不在发展民权，而在于维护君主政治，他在戊戌时期不过是将立宪作为维护君主制的手段。萧公权先生所著《中国政治思想史》指出，"康氏以立宪为保皇的手段"，并断定"其所号召者为假民权"，"其所号召者为假维新"；但他在进一步接触康有为的著作之后又认为，"康氏以保皇为立宪之手段，其所号召者为渐进之真民主，……其所企求者实为制度与思想之一体维新"。[②] 实际上，康有为还是那个康有为，只不过时事的迅速变化，分别使其政治思想中的两方面特征，都典型而极端地体现出来了。

康有为的政治思想具有很强的系统性和哲理性，在近代早期的政治思想家中，其思想体系的严密及稳定比较罕见，他在思想上的稳定与其亲密弟子梁启超的善变恰成对比。康有为政治思想的稳定主要来自传统思想，西方思想的渗透并没有打破传统思想的整体结构，不过渗透进来的西方新观念毕竟造成了传统思想的某种根本性变化。因此，康有为的思想虽包含了西方的先进思想，虽然在历史上曾经发挥了革命性的启蒙作用，但西方思想在康有为的思想中仍然不是主要的东西，当然也更不是决定性的基本的东西。西方思想在中国的传播还没有达到体系化的阶段，这从主要依靠传播西学名垂青史的人尚且没有达到系统传播西学的阶段即可得到说明。西方

① "旧瓶装新酒"乃是大陆学者评价康有为思想的最主要的提法，见诸各种教材、专著及论文中。

② 萧公权：《问学谏往录》，台湾传记文学出版社，1973年，第217页。

思想在中国的系统化达到世界观的高度恐怕要到五四新文化运动以后才会出现。概括地说,康有为政治思想的主要内容大致可以分为包装在春秋学中的进化论、中西结合的大同思想、托古改制的维新论和保国保种保教的保守论四个方面,其中古代语言包装的进化论具有基础性和决定性,而其他各方面大都可由进化论推出。下面,我们就按照康有为政治思想的内在逻辑,简要介绍其主要内容。

康有为政治哲学的基础就是进化论,他的进化论还包裹在儒学的血衣中,将近代的进化论与传统的公羊学和合,以公羊学的“三世说”附会进化论,以进化论的现代内容充实、改造传统公羊学,形成独特的公羊学进化论。公羊学属于今文经学,其在清代的主要代表人物皆主张经世济用,他们大多以公羊学为依据提倡革新。康有为继承了清代公羊学的学术传统,不满正统的古文经学,发表了《新学伪经考》《孔子改制考》《春秋董氏学》和《春秋笔削大义微言考》等一系列著作,攻击正统古文经学,提倡公羊今文经学,以釜底抽薪的方式进行旧经学的批判,宣传自己“土洋”结合的政治进化论。康有为在《新学伪经考》序中指出:“始作伪乱圣制者,自刘歆;布行伪经篡孔统者,成于郑玄”,自此后“阅二千年岁月日时之绵暖,聚百千万亿衿缨之间学,统二十朝王者礼乐制度之崇严,咸奉伪经为圣法,诵读尊信,奉持施行,违者以非圣无法论,亦无一人敢违者,亦无一个敢疑者”。“凡后世所指目为‘汉学’者,皆贾、马、许、郑之学,乃新学,非汉学也。即宋人所尊述之经,乃多伪经,非孔子之经也。”[①]康有为认为,孔学的真经唯在《公羊春秋》。他说:“孔子虽有六经,而大造萃于《春秋》,……《春秋》微言大义多在《公羊》,……《春秋公羊》之学,董子及胡毋生传之。董子之学见于《繁露》,胡毋生之说传于何休。故欲通《公羊》者,读何休之注、董子之《春秋繁露》。……《春秋》

① 康有为:《孔子改制考》。

所以宜独尊者，为孔子改制之迹在也，《公羊》《繁露》所以宜专信者，为孔子改制之说在也。”[①]康有为之所以尊《公羊》今文经学，乃是因为它讲了一套“张三世”“通三统”的“改制”之义。不过，康有为又对《公羊》的改制理论又做了一番改造，使《公羊》由政治的循环论而变为政治的进化论。[②]

康有为公羊进化论仍然坚持传统公羊学的“三世”学说，基本观点为：人类历史从据乱世进而为升平世，即达到小康，再进而为太平世，即达到大同，这是人类政治进化的普遍法则。他认为公羊“三世为孔子非常大义，托之《春秋》以明之”。“所传闻世为据乱，所闻世托升平，所见世托太平。乱世者，文教未明也。升平者，渐有文教，小康也。太平者，大同之世，远近大小如一，文教全备也。”[③]“大道者何？人理至公，太平世大同之道也。三代之英，升平世小康之道也。孔子生据乱世，而志刚常在太平世，必进化至大同乃孚素志。至不得已亦为小康，而皆不逮。”[④]“中国二千年来，凡汉、唐、宋、明，不别其治乱兴衰，总总皆小康之世也。凡中国两千年儒先所言，自荀卿、刘歆、朱子之说，所言不别其真伪精粗美恶，总总皆小康之道也。”[⑤]中国传统社会长期不明孔子“三世”之说，泥守小康而不求进化至大同，只能造成极大祸害。“中国之民遂二千年被暴王、夷狄之酷政”[⑥]幸而两千五百年之后，康有为重新发现了孔子的“三世”之说，“辟新地以殖人民，揭明月以照修夜，以仁济天下，将纳大地生人于大同之域，令孔子之道大放光明，岂不异哉！”[⑦]

康有为以“公羊三世”理论阐述近代的进化论政治思想，他一方面将新的进化论思想进行了中国化的表达，使中国传统的“公羊三世”学说发生了

① 康有为：《桂学问答》。
② 梁启超：《清代学术概论》。
③ 康有为：《春秋董氏学》。
④ 康有为：《礼运注》。
⑤ 康有为：《礼运注叙》。
⑥ 康有为：《孔子改制考》。
⑦ 康有为：《礼运注叙》。

部分质变，另一方面将进化论中国化的过程又不可避免地造成进化论思想的性质变异，使进化论沾染上了中国传统的封建特点。因此，一方面，进化论通过康有为与儒家传统理论结合而逐渐儒家化，中国近代传播的进化论与西方社会流行的有机体进化论相比，具有政治性质或时代上的落后性；另一方面，进化论的思想又确实造成了对中国传统思想体系的部分突破，中国传统社会的理想序列逐渐具备了进化论的理论基础，从而使进化论在中国的传播具有重大的思想启蒙意义。

康有为将中国传统的大同思想与西方的政治思想进行了嫁接，形成了以西方政治思想为外在点缀的大同政治理想，并将其作为人类社会进化的最终结果。历史上的著名政治思想家总是以无等级的平等同时作为人类历史的起点和终点，而肯定起点和终点之间的过渡时代为存在尊卑、贵贱、贫富等不平等的等级差别社会。不同民族的历史似乎都起源于平等，在中间经历了必要的不平等之后，又无不归结为平等的理想社会。西方近代所确立的民主政体，乃是人类由不平等社会到达平等社会的一个重要的关节点，而资产阶级在政治方面所确立的原则也确实具有一定的普遍性。康有为将西方资产阶级的政治平等理念结合进其大同思想，也可看作是对西方资产阶级政治文化普遍性的认同。中国传统的大同思想也表达了类似的政治理想，它积极肯定并向往人人皆自觉止于至善的理想社会。在这样的社会，一切强制都因为人的完善而显得多余，一切不平等都在人皆止于至善时完全消失，由于没有了不平等和强制，人人都能够自由而合乎必然律的存在着。[①]

康有为的大同思想虽然使用了许多西方政治术语，但他所表达的政治理想不过是人类众多思想家所表述过的至善社会，而至善社会的到来至少

---

① 中国传统的人性论大多强调人的行为的合目的性和合规律性，强调人的自由和客观必然的同一性。

在康有为时代还遥不可及,它的意义只是为在历史前进中摸索的中国树起了一盏明灯。康有为大同思想中无疑具有普遍性的因素,而且普遍性的因素集中表现为人人止于至善的政治理想本身,而政治理想本身的社会局限及其具体内容还在其次。康有为政治理想中普遍性的一面在具体内容上似乎也表现出了一定的超国家特征,但其基本社会内容很可能仍然是很传统的,其意义和影响绝不能与康德等的世界政府论相比。不论是其理论依据,还是实际的社会内容,大同思想都不过是一个未真正进入近代的思想家的梦呓,它缺乏科学意义上的实证理性的支撑。另外,在康有为所处的时代,西方社会已经超越了乌托邦的梦想,而进入实证时代,他不能与西方在实证的层次上进行共同或普遍性的思想沟通,本身就意味着已经落后于时代,乌托邦在中国的盛行乃至火热同样是实证理性不发达的产物,这虽说明了中国已经开始超越其传统的羁绊,但也深刻说明了中国社会进化的节奏整体上仍然落后于西方。

如果从康有为大同思想所体现的具体社会内容及其大同理想的实现途径等来看,大同思想的社会性质仍然是新旧并存,而且来自传统的旧的成分要远多于来自西学的新的成分。任何一种普遍意义的社会政治理想都建立在对人性的一定假定的基础上,康有为的大同思想也不能例外。康有为赞同孔子的"性相近,习相远",指出"夫相近则平等之谓,故有性无学,人人平等"。[①] 康有为所谓人人平等,只是指人在没有自觉地"学"或受社会之"习"之前仅有的自然好恶。人人皆有的自然好恶基于其本有的质而无不同。此处所谓质,实际上就是人性。"人禀阴阳之气而生也,能食味、别声、被色,质为之也。于其质宜者则爱之,其质不宜者则恶之,儿之于乳已然也。见火则

① 康有为:《长兴学记》。

乐,暗则不乐,儿之目已然也。故人之生也,惟有爱恶而已。"[①]世界中的人皆避苦趋乐,社会若不至于大同,则人人皆处苦境,康有为遍述世界中家庭、国家等组织和制度等给人造成的苦难,并因此而主张去除家庭、国家等组织,建立大同世界,使人人皆能够有乐而无苦,成就真正意义上的极乐世界。[②]

康有为虽主张人人皆至于极乐世界,但是他并不认为人可以依靠自身自然的好恶而建立起极乐的大同世界,而主张依靠人所固有的"不忍人之心"。康有为认为,凡有血气心知之物,莫不基于其自然之质而有爱同类之心,而爱同类之心即是所谓的"不忍人之心","不忍人之心"恰恰正是成就大同社会的基本理论依据。"一切仁政皆从不忍人之心生。……一核而成参天大树,一滴而成大海之水,人道之仁爱,人道之文明,人道之进化,至于天下大同,皆从此出。"[③]只要扩充人的"不忍人之心",扩充人类社会成员"爱同类"的本性,就能够建成大同极乐世界,人类的三世进化正是人类不断扩充其"爱同类"的"不忍人之心"的渐进过程,"不忍人之心"逐渐扩充的结果就是世间九界逐渐被超越,当九界完全被超越后,大同之世就不可避免地来到了。康有为认为,"据乱世"时,人们只能亲其亲,而在"升平世"则能实现"仁民",至于"太平世"则能爱一切人。大同之世,一切众生皆平等而独立,这其实只是当时资产阶级政治理想的某种折射和中国传统无政府论相伴和的过渡性产物。这种过渡性产物在当时的中国具有两方面的重要意义:其一,它给西方资产阶级政治文化在中国的传播提供了最初的媒介,具有政治启蒙意义;其二,它挖掘了中国传统的变易思想和大同理想,为进化论及社

---

① 康有为:《内外篇·爱恶篇》。

② 康有为以为,人道之苦"皆因九界"。所谓九界乃是指国界(分疆土或部落)、级界(分贵贱清浊)、种界(分黄白棕黑)、形界(分男女)、家界(父子夫妇兄弟之亲)、业界(农工商)、乱界(不平不通不同不公之法)、类界(人鸟兽虫鱼)和苦界(以苦生苦)。康有为认为,只有彻底破除九界,达到天下大同,众生如一,人人皆无苦,才能建成大同极乐世界。

③ 康有为:《孟子微·总论第一》。

会主义思想在中国的迅速传播奠定了思想基础,乌托邦的政治空想或理想主义的狂飙,正是从恢复和强化传统的大同思想记忆开始的。

康有为的政治思想有两个基本层次,其一是表现在《大同书》中的普遍性层次,追求按照人的本性实现的政治的最终状态;其二是表现在历次《上清帝书》中的特殊性层次,追求中国政治体制的阶段性改良。《大同书》代表的普遍性层次的内容自形成以后就很少发生根本性变化,而《上清帝书》所代表的特殊性层次则具有较大弹性,及时根据时世及自身经历进行重点的调整。① 戊戌时期强调改革旧制,义和团运动以后则注重中国传统的延续。康有为思想中真正深沉而有意义的部分是《大同书》所代表的普遍性层次,而其在历史上发生重大影响的则是《上清帝书》所代表的托古改制思想。康有为对西方政治世界的了解基本上仍然是感性的,从而他只能外在地认识西方,即使对西方的肯定也基本如此。他的大同思想虽表面上很激进,但骨子里却很传统,基本上是以现代词汇表达传统的无政府主义思想;他虽然肯定科技对人的进化的积极作用,但那个人人极乐的大同世界却仍然摆脱不了小农境界;他的思想固然有哲理方面的普遍性,但他的普遍性却没有经过经验科学的过滤,从而只能以传统的感性思维,大而化之地进行理论构建,并以粗疏的理论作为变法改革的依据。康有为的政治思想为中国的改制变法,制定了由“据乱”而至于“太平”的长期规划,该规划的基本理论依据既非常稳定,又很粗疏,其追求目的虽很激进,甚至有点异端,但其手段和方法却十分保守,坚持中国的政治改革必须经历帝政阶段,而后才能最终完成。

康有为的变法改制思想一直脱离不了中国古代圣人的阴影,先是请出孔圣人,让他为变法承担提供理论依据的角色,最后是依托孔圣人创立孔教会,以之作为“虚君共和”政治体制的精神依托。不过康有为的政治改制思

---

① 参见萧公权:《康有为思想研究》,新星出版社,2005 年。

想在中国的确具有极大的政治启蒙意义，因为他主张中国对西方的学习应该深入政治体制层面，提倡民权，要求仿效西方政治，设立议院，实行君民共治，以挽救民族的危机。康有为以中国传统政治哲学中的人性平等为基础，结合西方的政治理论，提倡民权思想，并以民权为基础提倡政治革新。康有为认为中国落后的原因在于"塞"，政治上的"塞"表现为君主专制制度导致的上下不通，只有实行民主，才能使上下通而不塞。他批评洋务派的所谓新政，认为新政并不是变法，而只是变事，是枝枝节节的改革，而枝枝节节的改革是没有效果的。"诚以积习既深，时势大异，非尽弃旧习，再立堂构，无以涤除旧弊，维新气象。若仅补苴罅漏，弥缝缺失，则千疮百孔，顾此失彼，连类并败，必至无功。"①他认为，"须自制度法律先为改定，乃谓变法"②。康有为通过近百年来世界各主要国家的盛衰变化具体说明变法的必要性和紧迫性。西欧列强的强盛并不是自古而然。西欧各国在中世纪时，国家由封建贵族掌握，相当落后愚昧。近百年来，各国争相变法才趋于强盛。日本和俄国由于积极变法，从而由一个落后的君主专制国家变为强盛的君主立宪国家。法国因君主不肯变法，导致社会发生流血大革命，君主在革命过程中被革除，法国在变成民主共和国家后也趋于强盛。康有为由此得出结论：积极变法是君主制国家由弱变强的必由之路。

康有为把"得乎丘民而为天子"的传统民本论和西方社会契约论相结合，高倡民权。民聚而成国，无民则无国，社会契约无非聚民之约，民聚之后方有政治设施的兴建。"国之为国，聚民而成之，天生民而利乐之，民聚则谋公共安全之事，故一切礼乐政治皆以为民也。但民事众多，不能人人自为公共之事，必公举人任之，所谓君者，代众民任此公共保全安乐之事，为众民之

---

① 康有为：《上清帝第四书》。

② 康有为：《康有为自定年谱》，载《戊戌变法》（第 4 册），第 145 页。

所公举，即为众民之所公用。”①“君者，代民司理，视民所举废也。一肆之司理，失职则当去，一国之司理，失职亦当去。”②康有为对君主必要性的阐释中融入了西方代议制的某些要素，因含有民择君和君在政治上对民负责的思想，又说“君者，国民之代理人也，代理人以仁养民，以义护民，众人归心，乃谓之君。……如有侵吞，已当斥逐，况于残虐为民贼乎？亿兆怒之，无助之者，是谓一夫。孟子正其名曰：贼去其所有曰一夫。英杀其君查理第十一而议院开，法杀路易，逐鳟礼拿破仑而民权定，奥逐飞蝶南而立宪成”③。康有为的君主制思想既包含了孟子的“放君”和“独夫民贼”思想，也包含了黄宗羲的“天下为主，君为客”的思想，同时还在一定程度上反映了西方社会契约论的思想内涵。不过，康有为并没有在强调“人皆可为尧舜”的平等之后随即掉入专制主义的思想老套，而是继续高举人人平等的旗帜，要求实现人的平等价值，要求统治者兑现人所具有的平等民权。“天之生物人为最贵，有物有则，天赋定理人人得之，人人皆可平等自立。”④“人人独立，人人平等，人人自主，人人不相侵犯，人人交相亲爱，此为人类之公理，而进化之至平者乎？”⑤

康有为的民权说隐藏在理论的深层，主要是一种政治哲学观点，并且是将西方民权理论融合进中国传统的“人皆可为尧舜”中形成的，其主调可能是“人皆为尧舜”的古典平等，而不是西式民权。这也许可以解释康有为因何在实践中比较重视君权的保护，而对民权的发展则一直心存警惕。梁启超曾不无感慨地指出，“中国倡民权者，以先生为首，然其言实施政策，则注

① 康有为：《孟子微》卷一。
② 康有为：《春秋笔削微言大义考》卷五。
③ 康有为：《孟子微》卷四。
④ 康有为：《孟子微》卷一。
⑤ 康有为：《孟子微》卷一。

重君权”[①]。康有为认为中国的政治改制不能废除君主,而只能调适君权。君主何以必须保留呢?康有为认为人类社会尚普遍处在升平阶段,君主还有一定的社会必要性。“今欧国立宪之法,盖用内诸侯世禄不世官之义,以待其君。亦以生当升平,一时不能去帝,而委曲以致之,别举贤为相,以执国政,所谓通贤共治,示不独尊重民之至,此真升平之法也。升平者,不能极平,而少得其平,故其政体委曲如此也。”[②]“民权虽开,民主已立,而世爵尚不能废,至委曲特立一上议院以待之。”[③]既然西方列强尚没有普遍达到废除君主的阶段,甚至连普遍废除世袭贵族的阶段也还没有达到,而不能不委曲处理君主及贵族,使他们在政治体系中占有一定地位,发挥一定作用,那么中国当然也还没有达到废除君主及贵族的阶段,从而只能仿照西方施行君主立宪制,而不宜实行无君共和制。康有为认为以当时中国的客观情况来看,理想的政体实际上只能是仿照西欧,实行三权分立的君主立宪。“臣窥闻东西各国之强,皆以立宪法开国会之故,国会者,君与国民共议一国之政法也。盖自三权鼎立之说出,以国会立法,以法官司法,以政府行政,而人主总之,立定宪法,同受治焉。”他强调“行此政体,故人君与千百万之国民,合成一体,国安得不强?”[④]辛亥革命后,康有为仍然坚持中国政治体系不能没有君主,缺乏君主的中国政治必然陷入混乱,并必然带来社会灾难,大力宣扬他的“虚君共和”主张,甚至不惜谋划和参与清帝复辟。

如果说康有为主张的“虚君共和”尚有一定政治意义的话,那么照理他应该对帝系一视同仁,即只要满足中国社会亟须的君主政治需求,谁做皇帝都无可厚非。但是康有为显然对袁世凯的复辟兴趣不大,而只是企图恢复

---

① 梁启超:《康南海先生传》,载《饮冰室合集》文集第三册,文集之六,第85页。

② 康有为:《春秋笔削微言大义考》卷三。

③ 康有为:《春秋笔削微言大义考》卷三。

④ 康有为:《请定立宪开国会折》,载《康有为政论集》上册,第338页。

清帝的君位，可见，康有为终其一生都是清王朝忠实的保皇派。他认为升平世的中国不仅需要保皇，而且还需要保国、保种和保教。中国的政治不能不是君主立宪政治，只有君主立宪政治才能达到挽救危亡的保国目的，即只有保皇才能保国，同样只有保国才能保种，否则必致国乱民危生灵涂炭，甚至亡国灭种。康有为面对中国前所未有的民族危机，首先觉得必须保种，而要保种就必须保国，保国则必须保皇，而保皇又必须保教。反过来说，保教即可以保皇，保皇即可以保国，保国即可以保种。中国在没有融入大同世界之前必须保持完整、真实和独立的民族自我，而民族自我的保持则必须而且也只能依赖孔教。康有为在提倡变法之初就确立了保皇和保教的理念，只不过这种主张在当时尚未有其针锋相对的反对者，没有引起人们的足够关注。辛亥革命后，当康有为的保教思想促使他缔造孔教及孔教会并荣任孔教会会长时，人们才对它给予了足够关注。

不过，当人们对康有为的保教思想给予足够关注时，它已经成为十足的保守和落后的象征。一方面，辛亥革命后的多数中国人，已经受到了共和国精神的洗礼，他们的共和精神以理性而不是宗教为核心，而中国人所理解的理性大多与宗教传统不兼容，提倡理性就必然贬低宗教，更何况康有为提倡的还是曾为共和思想的敌对者——纲常名教做过无数次合理论证的孔教。另一方面，中国选择了共和国的必然后果之一就是使人们更加迫切地学习西方，而更加坚决的反对中国传统文化，特别是与造成中国封闭落后状态不可分割的孔教更是成了公众心中中国贫穷落后的万恶之源，人们对这样的思想存在避之惟恐不及，先进的中国人都纷纷主张打倒孔家店。[1] 在一片喊

① 儒学与纲常名教之间曾存在不可分割的血肉联系，名教创自儒家，并经儒学着意修饰，此不容置疑。“五四”时代的人批判儒家，或者立足于儒家与纲常伦理的关系，或者立足于儒家与帝制的关系，而且尊孔读经的提倡者往往即行帝制的复辟，李大钊、陈独秀、吴虞等是“五四”时代反对儒学的主要代表人物。

打声中,康有为的孔教只能成为愚昧、落后和顽固的象征,似乎康有为的孔教与袁世凯、张宗昌等的祭孔不相伯仲。康有为想将儒学变为宗教的努力,在中国知识界主流的无神传统中难以立足,其努力当然也不可能获得预期的效果,康有为和洪秀全是因为创立宗教而遭知识界遗弃或否定的两位近代大佬,他们的用心未尝不良苦,但他们的努力都因为违背了中国的主流思想传统而不能不归于破产。[①] 在中国的政治推理体系中,不论是在传统时代,还是在近现代,宗教都不能挑战世俗的伦理教化,世俗伦理教化本身就具有宗教的特质。

三、严复的政治思想

中国近代固然有许多接受西方政治文化的渠道,其中特别有意义而且也特别有效的渠道主要有两个:其一是租界,它是近代西方在中国强行切入的近代化小社会,许多先进的中国人都从租界获得了西方政治文化的深切体验;其二是留学生群体,他们具有在西方政治社会生活的经验,对西方政治文化有真切的体认,中国近代卓有成就且影响深远的思想家多具有留学英美的背景。如果说康有为政治思想的形成主要受到了来自租界的政治信息的影响,那么严复政治思想的形成则主要受到了来自英国本土的政治信息的影响,两者相比较,严复对西方及中国政治思想的了解要远胜康有为。值得注意的是,康有为和严复虽都是近代进化论的积极传播者,但两者所传播的进化论内容却存在巨大差异,如果要做比较,那么严复对进化论的理解要更富有近代意义。晚年的严复同康有为一样,都对共和政体能否行之于

---

① 中国传统的政治信仰依赖儒家的经义,而不是依赖于某种宗教,凡以宗教为聚集政治信仰者初衷不改者鲜有不失败的。中国习惯于信仰圣人,而不习惯于信仰政治宗教,宗教在中国只能在人伦以外起作用。

中国产生了深深的怀疑,甚至还都参加了不同政治集团的复辟活动,为复辟帝制进行理论证明。两位进化论的初始传播者最后都走向了共和政体的反面,积极参加君主复辟,而许多被进化论武装起来的热血青年却发展成了共和政体的坚决拥护者,其原因颇引人深思。难道热血青年没有理解进化论的复杂性?或者是康有为、严复过于相信进化的过程?或者是急不可耐的中国及中国青年已经没有进行认真思考的耐性?几者必居其一?或者几者兼而有之?

严复,初名体乾、传初,改名宗光,字又陵,后又易名复,字几道,晚号愈野老人,别号尊疑,又署天演哲学家,福建省福州人,生于清咸丰四年,即公元1854年,卒于民国十年,即公元1921年。他于1866年考入马尾船政学堂,1877年作为首批海军留学生入英国皇家海军学院学习,与郭嵩焘十分相得,在英国期间除学习海军专业外,还精心研读西方的哲学、社会学、政治学著作,并到英国法庭考察审判过程,作中西异同的比较。1879年,他学成归国后历任福建船政学堂教习,天津北洋水师学堂总教习、会办、总办,民国时期曾任北大校长。严复于思想文化方面最有影响,然这种影响并非清政府期待的,清政府只期待严复产生海军技术方面的影响,这反映了清政府在对外学习过程中存在严重的技术或工具理性倾向,却严重忽视了人文社会科学方面。中国与日本几乎同时开始学习西方,但是日本明治政府一开始就做出了与清王朝完全不同的选择,他们非常重视对西方的学习,而且尤其注重对西方人文社会科学的学习。日本人对西方先进东西的学习几乎包罗万象,而且有相当多的人专门学习人文社会科学,他们一开始接触西方,就十分注意提高自身组织社会的能力,注意使自己的社会生活本身符合社会科学所发现的普遍法则,将人文及社会科学理性充分融入社会中,提升社会系统的理性程度。清政府则仅仅强调军事方面技术的学习,只承认自己的手、足存在能力的不足,而绝不承认自己在如何做人做事方面也同样存在能力不足,当政府仅提倡技艺的获得而不是自身素质的提高之时,官派留学生大多只学习技艺,而不关心人文科学上的学习。①

中国及日本的社会转型经历表明,人文社会科学所培育的能力在社会发展方面具有比技艺类学习更重要的战略意义,或者说更具有决定性影响。② 一个社会只有提高了自身活动的理性程度的时候,它才能理性地发展和使用先进的手段达到预期目的。政府不重视、不提倡人文社会科学的学习,人文社会科学仍然会发展,但是其发展的方式将表现为更多的自发性,其社会功能则首先表现为批判性和解构性。严复、康有为等的人文社会科学,由于缺乏政府的主动性积极提倡和有效参与,从而在整体质量上低于日本同时的人文社会科学水平,同时又由于其自发的特点而天然地表现出挑衅和瓦解政府权威的社会功能。③ 人文社会科学的社会功能越是如此,清政府就越加自觉地抵制压抑人文社会科学,而政府越是抵制,人文社会科学就表现出更加强烈的政治权威瓦解功能,直至将清政府顺势推出历史舞台。

严复归国后即应邀从事军事教育工作,在甲午战败后他感到时事弥艰,于是开始致力于译著西方经典著作,连续发表《论世变之亟》《原强》《辟韩》

---

① 参见范继忠:《孤独前驱:郭嵩焘别传》,人民文学出版社,2002 年。

② 历史一再表明,社会发生的各种重大变化无一不是从人自身的重大变化开始的,而人自身的变化则首先表现人认识自己的能力和工具的根本变化上。一个无力进行人文社会科学根本变革的社会肯定会失去基本的调适能力而陷入混乱或停滞。

③ 中国近代传入新学科的步伐明显加快是在甲午战争以后,而甲午战争以前日本已经在人文社会科学的近代化方面取得了重大成绩。当中国在人文社会科学方面开始近代化的时候,日本已经发展到足以充当中国的老师的水平,而日本也恰恰是中国在人文社会科学方面近代化第一阶段的主要学习对象。而且,中国人文社会科学对近代化明显缺少政府的积极参与,满清政府不仅不重视,而且还想方设法阻止士人对人文社会科学的积极学习,而人文社会科学的近代化则由冲击纲常伦理而进一步冲击清王朝的政治合法权威,并由于救国的急迫心情和清政府对近代化的阻止而发展成反清舆论,直至清政府垮台,人文社会科学一直在解构和反抗中度过。可以说,反抗和解构是中国人文社会科学近代化早期的最基本的社会功能,其建设性功能的发挥则一直不很发达。政府如果不把社会理性的希望寄托于人文社会科学,它就不能实现理性执政,而社会理性也会因此而受到压抑,既不会很发达,也不会很顺从,当然也没有解决问题的实际能力;当人文社会科学也没有实际的理性能力解决社会问题的时候,政府也很难真正理性地起积极作用,失去人文社会科学的理性支持将导致政府的野蛮化,而野蛮化的政府也根本不能指望理性不足的人文社会科学成功护法。

《救亡决论》等政论文章，斥责历代帝王"大盗窃国者"，力主变法图强，以西方科学取代八股文章。他翻译的第一部西方资产阶级学术名著《天演论》正式出版于清光绪二十四年，其后又陆续翻译出了亚当斯密的《原富》、斯宾塞的《群学肄言》、约翰·穆勒的《群己权界论》《穆勒名学》、甄克斯的《社会通诠》、孟德斯鸠的《法意》和耶方斯的《名学浅说》等西方名著，皆为中国近代开风气之重要著作。此外，他还倾心于教育事业，受聘为京师大学堂编译局总办，参与创办复旦公学并曾任校长，任安徽省师范学堂监督，任京师大学堂总监督兼文科学长。他还是第一个在中国讲述西方政治学原理的人，出版《政治讲义》，是中国新式政治学的第一人。[①] 戊戌维新运动兴起时，严复并未积极参与政治改革，而仅以舆论予以帮助，并对维新表示了一定的同情。此后，严复即专事著述，很少参加政治运动。辛亥革命后，其思想进一步保守，参与发起孔教会，极力主张尊孔读经，列名于拥护袁世凯复辟帝制的筹安会，成为该会的理事，五四时期反对白话文，反对学生的爱国运动。严复晚年主要靠译书为生，其著述主要有《严几道文集》《愈懋堂诗集》及《严译名著丛刊》等。严复政治思想的主要内容有如下方面：其一，"适者生存"的进化论，这是其政治思想的社会哲学基础；其二，深入比较中西政治文化，通过对比揭露中国传统政治文化之短；其三，极力反对"中学为体，西学为用"，要求中国实现政治方面的全面转化；其四，积极宣传自由平等，主张先"鼓民力""开民智"和"新民德"。

严复的名字与进化论的传播紧紧联系在一起，"物竞天择"和"适者生存"是严复进化论的基本思想。严复将进化作为世界万物的普遍法则，他因此把进化论翻译为"天演论"，而其用意也恰恰是传播这样一种"天演"的普遍理念。进化的思想可能历史悠久，凡认为世界万物总的来说日趋进步的

① 参见萧公权：《中国政治思想史》，新星出版社，2005 年，第 536 页。

思想皆可归结为进化思想，但进化论作为系统的科学学说却始于达尔文的《物种起源》。自《物种起源》发表以来，进化论就逐渐发展成了一种系统的世界观，将物种的进化看作是万事万物必然遵循的客观法则，甚至人类的世界也遵循着必然的进化法则。进化论的基本思想有两点：其一，世界万事万物的种的进化都必然是生存竞争的结果，在种的生存竞争中，优良或优秀的物种战胜劣等的物种，表现出进化论中的"适者生存"；其二，优胜劣汰是以种为单位的，而竞争中获得胜利因而得到生存权的物种，在结构、功能及能量和能力等方面，均优于被淘汰的物种，这就是物种的进化。进化论的发展进一步延伸出了社会进化论，社会进化论的形态较多，影响迥异，其中值得注意的社会进化论的代表人物有斯宾塞、斯宾格勒、尼采及希特勒等。[①] 严复传译的进化论包含着自己的著述意图，将英国社会流行的进化论与中华民族救亡图存的事业联系起来，在"风云入世多，日月掷人急"的过渡时代，以"物竞天择""适者生存"激励过人的意志，以谋求"自强保种"突出了中华民族遇到的危机，强调了民族觉醒并积极快速进行进化的愿望。严复翻译的《天演论》并没有转述原著的原始真实含义，也没有乘机系统传播英、美非常流行的斯宾塞的社会进化的有机体理论，更没有传播以进化论为基础的所谓丛林法则和种族歧视与灭绝，而仅仅强调了在人类进化的激烈竞争中，中华民族要积极适应以"保种自强"的强烈愿望。

---

① 进化论上升为一种普遍的世界观后，曾经产生过广泛的影响，20 世纪许多重要的社会思潮和政治运动与进化论世界观有密切联系。日本与中国同样受到进化论的决定性影响，但两者对进化论内容的选择显然存在质的差异。日本在进化论的理解上接近西方社会的主流，从而更多地受到斯宾塞的影响，强调进化链条的连续及彼此竞争的激烈，从而在迅速摆脱西方奴役的同时成为最野蛮的奴役者。中国对进化论的理解始终是不全面的，也是非主流的，而且长期缺乏实证科学的证据，以致进化论在产生一百多年后，它在中国的影响仍然与最初产生的时候差不多，始终停留在大而化之的哲学化理解阶段。中国对西方思想的理解一直是非常哲学化的，而这种哲学化的理解总是很容易掺进自己固有的思想，从而使理解到的西方思想与其真实状态存在质的差异。中国对西方思想的理解必须辅之以实证科学的理解，从某种意义上说，只有理解了西方的实证科学，才能真正了解西方的社会思潮。

严复于1879年从英国归来，但自甲午战争以后才开始传播其在西方所学的人文社会科学，而且其学科形态并不是科学式的，而是哲学式的。严复对西方的了解在同时代的中国人中当然是少数卓越者，但他对西学的理解恐怕也不及同时代之日本学生，否则他何以不在归国之初就积极传播西方的人文社会科学？严复与同时代的大多数中国志士一样，都是基于民族危亡的刺激，处于救亡图存而主张学习西方的人文社会科学，其对西方人文社会科学的了解与其对西方人文社会科学的期望紧密相关。[①] 严复既然不是从提高人的普遍素质和普及普遍的权利为学习西方人文社会科学的根本目的，那么他只有在民族危亡达到极限的时候才会想起西方先进的人文社会科学的政治救亡功能，而且只有在对中国危亡有了一定的体认之后，才会由危机的揭示而上升为学理的追寻。《天演论》在理论上乃是《原强》《论世变之亟》等文章的继续的理论升华，而《原强》《论世变之亟》等文章则直接描摹了世界进化的形势及中国面临的危亡，其所依据的基本原理则是进化论。危亡的刺激和进化论的启示使严复不再沉默而是发出了鞭挞中国传统政治体制及文化的时代最强音。严复将中国传统政治文化与西方政治文化进行了对比，并通过对比而对中国政治文化进行了前所未有的深刻大批判，将批判的矛头直指君主专制主义体制和它的文化根基。

严复在《论世变之亟》中深入剖析了中国弱于西方各国的深层次原因，国运之不同，根源于中西人之诸多根本不同，因此改变国运的关键也就在于改变国人之性。针对甲午战争的失败，他强调："今日中倭之构难，究所由来，夫岂一朝一夕之故也哉！尝谓中西事理，其最不同而断乎不可合者，莫大于中之人好古而忽今，西之人力今以胜古。中之人以一治一乱、一盛一衰

---

① 中国近现代的救亡与启蒙既相辅相成，而其发展又不平衡，启蒙虽由救亡而开始，但救亡又常常压倒启蒙，直至为救亡而牺牲启蒙，最终将启蒙完全置换或替换为救亡。（参见李泽厚著：《救亡与启蒙的双重变奏》载《中国现代思想史论》，东方出版社，1987年，第7～49页。）

为天行人事之自然；西之人以日进无疆，既盛不可复衰，既治不可复乱，为学术政化之极则。”中国的国家命运乃决定于国家的主流文化及国民的普遍知识，恰恰就是因为中国之主流文化及国民之普遍知识不同于现代西方而决定了甲午战败的结果。中西文化的偏好不同，决定了中西国民所推崇和奉行的价值目标也存在根本不同，中国的国民在价值追求上乃是静止的安，禁欲不争是其追求的文化境界，而非适应于现代进化的斗争。“圣人之意，以为吾非不知宇宙之无尽藏，而人心之灵，苟日开瀹焉，其机巧智能，可以驯致于不测也。而吾独置之而不以为务者，盖生民之道，期于相安相养而已。夫天地之物有限，而生民之奢欲无穷，……此终不足之势也。物不足饿必争，而争者人道之大患也。”以相争为大患，中国传统圣人之教“故宁以止足为教，使各安于朴鄙颛蒙，耕凿焉以事其上”。是故《春秋》大一统，“一统者，平争之大局也”，“降而至于宋以来之制科，其防争尤为深且远”，“于是举天下之圣智豪杰，至凡有思虑之伦吾顿八纮之网以收之，即或漏吞舟之鱼，而已曝腮断鳍，颓然老矣，尚何能为推波助澜之事也哉”，“此真圣人牢笼天下，平争泯乱之至术，而民智因之以日窳，民力因之已日衰，其究也，至不能与外国争一旦之命，则圣人计虑之所不及者也”。[①] 圣人所求无非是牢笼天下，安分止争，以事其上。传统文化的着眼点是便于统治，其要点乃是使民禁欲而不纵欲，从而既不与人争，也不与自然争，安常处素，安分守己，而近代以来至进化的文化则与此相反，强调和突出个性的张扬及人力的发挥，既要人人奋力以与自然争，也要彼此角力而互相竞争。从这个意义上说，中国甲午之败恰恰就是因为中国传统思想缺乏争的文化，而日本之胜则恰恰是因为他们学习西方文化的争，并以进化论来理解政治世界。

严复认为，自由不自由乃是中西不同的根本原因，中国与西方的各种主

① 周振甫选注：《严复选集》，人民文学出版社，2004 年，第 3 ~ 4 页。

要差异皆与此紧密相关。他进一步将是否提倡争的文化与人之普遍自由联系起来，自由之有无是争的文化是否存在并发挥作用的一个人性前提。“今之夷狄，非犹古之夷狄也。今之称西人者，曰，彼善会计而已，又曰，彼擅机巧而已。不知吾今兹之所见所闻，如汽机兵械之伦，皆其形下之迹也，即所谓天算格致之最精，亦其能事之见端，而非命脉之所在。其命脉云何？苟扼要而谈，不外于学术则黜伪而崇真，于刑政则屈私以为公而已。斯二者与中国理道初无异也。顾彼行之而常通吾行之而常病者，则自由不自由异耳。”①“自由不自由”的差异，在根本上决定了中国的命运。中西方文化在自由上的看法迥然不同，一方面，在中国，“自由一言，真中国历古圣贤之所深畏，而从未尝立以为教者也”；另一方面，在西方，自由则被高度重视，被作为人所以为人的依据，普遍地赋予了每个人，并约定彼此互不侵犯个人自由。“彼西人之言曰：惟天生民，各具赋畀，得自由者乃为全受。故人人各得自由，第务令毋相侵损而已。侵人自由者，斯为逆天理，贼人道。”自由神圣，“故侵人自由，虽国君不能”。严复认为，“中国理道与西方自由最相似者，曰恕，曰絜矩。然谓相似则可，谓之真同，则大不可也。何则？中国恕与絜矩，专以待人接物而言，而西人自由，则于及物之中，而实寓所以存我者也。自由既异，于是群异丛然以生”。

以是否有自由为前提，比较中西双方文化不同在人际关系上的表现，就不难发现双方存在的悬殊距离。比如“中国最重三纲，而西人首倡平等；中国亲亲，而西人尚贤；中国以孝治天下，而西人以公治天下；中国尊主，而西人隆民；中国贵一道而同风，西人喜党居而州处；中国多忌讳，而西人众讥评”。中西之间在人际关系准则及人的行为准则上迥然不同，这种不同直接决定着国家之命运。此外，中西双方基于有无个人自由之根本不同，彼此对财货

---

① 周振甫选注：《严复选集》，人民文学出版社，2004年，第5页。

的看法及个人在生活上的做法也有很大的差异。中西双方,"其于财用也,中国重节流,而西人重开源;中国追淳朴,而西人求驩虞"。中西方民众"其接物也,中国美谦屈,而西人务发舒;中国尚节文,而西人乐简易。其于为学也,中国夸多识,而西人尊新知。其于灾祸也,中国委天数,而西人恃人力"①。

严复以为,西方人东来彻底终结了中国传统的酣梦,传统的历史逻辑已经无法继续。"自胜代末造,西旅已通,迨及国朝,梯航日广,马嘉尼之请不行,东印度之师继至。道咸以降,持驱夷之论者,亦自知其必不可行,群喙稍息,于是不得已而连有廿三口之开。"严复引郭嵩焘为知己,认同郭嵩焘对"士大夫自怙其私"的指责,指责他们试图"遏天地已发之机",并认同任何人都不能"遏天地已发之机"的结论。"郭侍郎《罪言》所谓'天地气机一发不可复遏。士大夫自怙其私,求抑遏天地已发之机,未有能胜者也。'"严复更认为不仅不能"遏天地已发之机",而且"夫岂独不能胜之而已,盖未有不反其祸者也。惟其遏之愈深,故其祸之发也愈深"。"遏天地已发之机"的举动只能激发进一步的变革。"不见夫激水乎?其抑之不下,则其激也不高。不见火药乎?其塞之不严,则其震也不迅。"严复还强调,国家祸患频发的原因之一就是士大夫以其私"遏天地已发之机"的举动。所谓"三十年来,祸患频仍,何莫非此欲遏其机者阶之厉乎?且其祸不止此。……盖谋国之方,莫善于转祸而为福;而人臣之罪,莫大于苟利而自私"。他强调中国人不仅必须要正视西方富强的事实,而且也要效法西方谋求富强。"夫士生今日,不睹西洋富强之效者,无目者也","谓不讲富强,而中国自可以安,谓不用西洋之术,而富强自可致,谓用西洋之术,无俟于通达时务之真人才,皆非狂易丧心之人不为此"。"士大夫之怙私",后果相当严重,"其祸可至于亡国灭种,四

① 周振甫选注:《严复选集》,人民文学出版社,2004年,第5~6页。

分五裂,而不可收拾”。[①]

严复特别驳斥了韩愈的君道思想,并为此而写作了《辟韩》,有针对性地批评了韩愈的政治思想,并借批判韩愈而批判了中国传统政治思想的主流观念。严复以进化论为武器,采取自然主义的立场,他首先批评了韩愈的圣人观,批判矛头直指传统政治思想的核心——圣人崇拜。韩愈认为,“如古无圣人,则人之类灭久矣。何也?无羽毛、鳞介以居寒热也,无爪牙以争食也”。严复认为韩愈所说在逻辑上存在矛盾,特别是模糊了圣人的定位。他指出:“如韩子之言,则彼圣人者,其身与其先祖父,必皆非人焉而后可,必皆有羽毛、鳞介而后可。使圣人与其先祖父而皆人也,则未及其生,未及其长,其被虫蛇、禽兽、寒饥、木土之害而夭死者,固已久矣,又乌能为之礼乐刑政,以为他人防备患害也哉?”[②]韩愈对君、臣、民在政治体系中的地位与作用有详细安排,三者合力而成政治。“君者,出令者也。臣者,行君之令而致之民者也。民者,出粟米麻丝、作器皿、通货财以事其上者也。君不出令,则失其所以为君;臣不行君之令,则失其所以为臣;民不出粟米麻丝、作器皿、通货财以事其上,则诛。”严复批评指出:“君民相资之事,固如是焉也哉!夫苟如是而已,则桀、纣、秦政之治,初何以异于尧、舜、三王?且使民与禽兽杂居,寒至而不知衣,饥至而不知食,凡所谓宫室、器用、医药、葬埋之事,举皆待教而后知之,则人之类,其灭久矣,彼圣人又乌得此民者出令而君之?”严复指出君以满足民之治理需求为存在价值,即君为民生产生活之所须,因此“民者出粟米麻丝、作器皿、通货财以相为生养者也,其有相欺相夺而不能自治也,故出什一之赋,而置之君,使之作为刑政、甲兵,以锄强梗,备其患害;然而君不能独治也,于是为之臣使之行其令,事其事;是故民不出什一之赋,则

① 周振甫选注:《严复选集》,人民文学出版社,2004 年,第 6 ~ 7 页。

② 周振甫选注:《严复选集》,人民文学出版社,2004 年,第 89 ~ 90 页。

莫能为之君,君不能为民锄其强梗,防其患害则废,臣不能行其锄强梗,防患害之令,则诛乎?”[1]韩愈不能如是说,其所维护的乃是中国数千年来“最能欺夺者”和“尤为强梗者”的帝王,而于无权无势的小民则稍不如意即主张诛杀,因而其君道思想最大的缺憾与不足,就是“知有一人,而不知有亿兆也”[2]。严复认为,“君也,臣也,刑也,兵也,皆缘卫民之事而后有也,……君臣之伦,盖出于不得已也”[3]。严复反对洋务派思想家提倡的“中体西用”,主张学习西洋各国所以富强的根本。

> 夫中国之议学堂久矣,虽所论人殊,而总其大经,则不外“中学为体,西学为用”也,“西政为本而西艺为末”也,主于中学以西学辅所不足也,……之数说者,其持之皆有故,而其言之也不必皆成理。际此新机方倪,人心昧昧。彼闻一二巨子之论,以为当然,循而用之,其害于吾国长进之机,少者十年,多者数纪。天下方如火屋漏舟,一再误之,殆无幸已。……中西学之为异也,如其种人之面目然,不可强谓似也。故中学有中学之体用,西学有西学之体用,分之则两立,合之则两亡。
>
> 议者必欲合之而为一物,斯其文义违舛,固已名之不可言也,乌望言之而可行乎!其曰政本而艺末也,滋所谓颠倒错乱者矣!且其所谓艺者,非指科学乎?名数质力四者,皆科学也。其公例通理,经纬万端,而西政之善者本斯而起。……中国之政所以日形其拙,不足争存者,亦坐不本科学而与公例通理违行故耳。是故以科学为艺,则西艺实西政之本。设谓艺非科学,则政艺二者乃并出于科学,若左右手,然未闻左右之相为本末也。……迩者中国亦尝仪袭而取之矣,而其所以无效者,

---

① 周振甫选注:《严复选集》,人民文学出版社,2004 年,第 90 页。
② 周振甫选注:《严复选集》,人民文学出版社,2004 年,第 90 页。
③ 周振甫选注:《严复选集》,人民文学出版社,2004 年,第 91 页。

正坐为之政者，于其艺学一无所通；不通而欲执其本，此国财之所以糜而民生之所以病也。若夫言主中学而西学辅不足者，骤而聆之，亦若大中至战争之说矣。措之于事，又不然也。

他认为，“往者中国有武备而无火器，尝取火器辅所不足者矣；有城市而无警察，亦将取警察以辅所不足者矣。顾使由今之道，无变今之俗，是辅所不足者，果得之而遂足乎？有火器者遂能战乎？有警察者遂能理乎？……尝谓吾国今日之大患，其存于人意之所谓非者浅，而存于人意之所谓是者深，图其所谓不足者易，而救其所自以为足者难。一国之政教学术，其如具官之物体欤？有其元首脊腹而后有其六府四支，有其质干根荄而后有其枝叶华实。使所取以辅者与所主者绝不同物，将无异取骥之四蹄以附牛之项领，从而责千里焉，固不可得，而田陇之功又以废也”[①]。

严复以西方先进的进化论为分析工具，综合了达尔文、斯宾塞等关于人类进化的理论，提出了全面学习西方的“新民”之学，并以“新民”作为中国至于富强的根本保证。严复非常看重新式社会学的重要社会功能，将其译为群学，并称之为“真大人之学”[②]，并以此为根据来谈论“新民”之学，“一种之所以强，一群之所以立，本斯而谈，断可识矣”[③]。严复推崇的社会学实际上是基于进化论的斯宾塞的社会学。“斯宾塞尔者，亦英产也，与达氏同时。其书于达氏之《物种探源》为早出，则宗天演之术，以大阐人伦治化之事，号其学曰群学，……其论一事，持一说，必根据理极，引其端于至真之原，究其极于不遁之效。……于一国盛衰强弱之故，民德醇漓合三之由，则尤三致意焉。……斯宾塞尔全书而外，……《明民论》《劝学篇》二者为最著。《明民

① 周振甫选注:《严复选集》，人民文学出版社，2004 年，第 148 ~ 149 页。
② 周振甫选注:《严复选集》，人民文学出版社，2004 年，第 17 页。
③ 周振甫选注:《严复选集》，人民文学出版社，2004 年，第 18 页。

论》者，言教人之术也。《劝学篇》者，勉人治群学之书也。其教人也以濬智慧，练体力，厉德行三者为纲。……欲为群学，必先有事于诸学焉。……学问之事，以群学为要归。唯群学明，而后知治乱盛之故，而能有修齐治平之功。”①

严复强调智慧、体力、德行是“生民之大要三，而强弱存亡，莫不视此：一曰血气体力之强，二曰聪明知虑之强，三曰德行仁义之强。是以西洋观化学治之家，莫不以民力、民智、民德三者，断民种之高下。未有三者备而民生不优，亦未有三者备而国威不奋者也”②。社会学的法则规律在严复看来是无法之法，无法之法贯彻自由之宗旨，自由的社会无羁绊约束之苦，具体的社会、经济、文化、政治等的制度则是有法之法，规范法度提供必要的引导。他认为，“彼西洋者，无法与法并用，而皆有以胜我者也”。“自其自由平等以观之，则捐忌讳，去烦苛，决壅蔽，人人得其意，申其言，上下之势不相悬隔，君不甚尊，民不甚贱，而联若一体者，是无法之胜也。自其官工兵商法制之明备而观之，则人知其职，不督而办，事至纤悉，莫不备举，进退作息，皆有常节，无间遐迩，朝令夕改，而人不以为烦，则是以有法胜也”③。观西方富强之有法、无法，可推知“今日中国之所宜为”，“所谓富强云者，质而言之，不外利民云尔。然政欲利民，必自民各自利始。民各能自利，又必自皆得自由始。欲听其各得自由，尤必自其各能自治始。反是且乱。顾彼民之能自治而自由者，皆其力其智其德诚优者也。是以今之要政，统于三端：一曰，鼓民力，二曰，开民智，三曰，新民德”。④

严复对于西洋政体也颇为注意，并且认为君主制还远未走到历史的尽

① 周振甫选注：《严复选集》，人民文学出版社，2004 年，第 15 ~ 17 页。
② 周振甫选注：《严复选集》，人民文学出版社，2004 年，第 18 页。
③ 周振甫选注：《严复选集》，人民文学出版社，2004 年，第 23 页。
④ 周振甫选注：《严复选集》，人民文学出版社，2004 年，第 29 页。

头,而仍然有维护的必要,不仅中国如此,西洋各国亦然。君主制之所以不宜废弃,其最基本的根据仍然是进化论。“然则及今而弃吾君臣可乎?曰:是大不可。何则?其时未至,其俗未成,其民不足以自治也。彼西洋之善国且不能,而况中国乎?今夫西洋者,一国之大公事,民之相与自为者居其七,由朝廷而为者居其三,而其中之荦荦尤大者,周围明刑治兵两大事而已。何则?是二者,民之所仰于其国之最急者也。……知民所求于上者,保其性命财产,不过如是而已。更篓其馀,所谓代大匠斫,未有不伤指者也。”①“使今日而中国有圣人兴,彼将曰,吾之以藐藐之身,托于亿兆人之上者,不得已也,民弗能自治故也。民之弗能自治者,才未逮,力未长,德未和也。乃今将早夜以孳孳,求所以进吾民之才德力者,去其所以困吾民之才德力者,使之毋相欺相夺相患害也,吾将悉听其自由。”“民之自由,天之所畀也,吾又乌得而靳之。如是,幸而民至于能自治也,吾将悉复而与之矣。”②不过,严复仍然肯定民主体制优越于君主体制,只是人们目前还没有达到民主体制所要求的条件,而不得不保留君主体制,以为民主的到来创造必要条件,特别是政治平等的条件。

严复不仅将民主看作政治之极盛,而且也认识到发展政治民主的艰难。“民主者,治制之极盛也。使五洲万国有郅治之一日,其民主乎?虽然,其制有至难用者。何则?斯民之智德力,常不逮此制也。”他认为政治民主的关键是政治平等。“民主之所以为民主者,以平等。……顾平等必有所以为平者,非可强而平之也。必其力平,必其智平,必其德平。使三者平,则郅治之民主至矣。”但是,平等又是有条件的,其中的关键又是人之力、智、德的真正平等,如果缺乏力、智、德的真正平等,就是平等的条件不具备,就不能强行

① 周振甫选注:《严复选集》,人民文学出版社,2004年,第92页。
② 周振甫选注:《严复选集》,人民文学出版社,2004年,第92页。

使人们平等。“不然，使未至而强平之，是不肖者不服乎贤，愚者之不令于智，而弱者不役于强。夫有道之君主，其富者非徒富也，以勤业而富，以知趋时而富，以节欲而富。其贵者亦非徒贵也，以有德而贵，以有功劳而贵，以多才能而贵。乃强为平者曰：是皆不道，吾必划之，以与吾平。如是则无富贵矣，而并亡其所以为富贵者矣。”“夫国无富贵者可也，无所以为富贵者不可也。”“无所以为富贵者之民而立于五洲异种之中，则安能不为其至贫，又安得不为其至贱者乎？”①

中华民国的建立固然使民主共和国的观念深入人心，但其共和国体制的不成熟也有目共睹，而严复基于其进化论，并结合民国初年的政治混乱，使他对民主体制条件异常警惕，从而认为专制之秩序要好于民主之混乱，产生对袁世凯的奢望，参与了洪宪复辟。晚年的严复不仅支持并参与了倒行逆施的袁世凯洪宪复辟，而且从民族凝聚力的角度主张尊孔读经。② 实际上，正如前清政府一去而不必再复辟一样，帝制在中国也完全可以一去不返，而不必刻意追求。孙中山、胡汉民和章太炎等人对革命的乐观态度值得严复学习，因为中华民族完全可以在民主共和的道路上逐渐由幼稚而趋于成熟，而且民主共和的体制一旦确立，任何帝制的恢复都不可能达到设计者预期的目的，形成所谓成熟的帝制，更不可能是所谓的君主立宪制，而只能是比幼稚民主共和国更为糟糕的混乱的帝制。③ 当然，严复也同其他主张渐进改良的先进中国人一样，反对不顾民主政治的条件而盲目追求民主体制的激进观点，而且反对各种形式的排满言论，主张实现中华民族的多民族共

---

① 严复翻译：《孟德斯鸠〈法意〉》，商务印书馆，1981 年，第 158 页。

② 参见严复：《读经当积极提倡》，欧阳哲生编校：《中国现代学术经典：严复卷》，河北教育出版社，1996 年，第 602 ~ 606 页。

③ 民国初年，洪宪复辟和丁丑复辟的闹剧即很好地证明了上述判断。民主共和国的观念一旦深入人心，帝制的复辟就很难赢得足够的甚至是起码的政治合法性，而民主传统缺乏的中国统治者则只有传统帝制的印象，其决定复辟的核心的东西仍然是传统的，通过恢复传统核心制度而追求秩序的结果只能是导致进一步的混乱。

同发展。他摆脱狭隘大汉族思想的政治观点在改良派当中也非常典型。

四、谭嗣同的政治思想

中国近代最早倡导民主的开明人士大多脱胎于传统士大夫,他们或者通过洋务活动而见识了西洋的长处,或者出使外国而开阔了自己的眼界,或者闻先进士人之风而起,不一而足。但是不论怎样走向倡导民主的道路,有一个因素乃是决定性的共同因素,这就是国家民族的危亡日甚一日。在中日甲午战争以后,不少传统士大夫的世界观就此发生了翻天覆地的变化,由顽固保守而趋于改良革命,由恭顺服从转变为旧世界的激烈批判者。激烈批判者的世界观受到古今中西多种思想资源的影响,斑驳陆离而不谨严。不过,他们的长处主要并不在于世界观,虽然他们在这方面确实比典型的保守士大夫优越得多,但仅止于激烈的政治评论,或者他们仅仅是由于见识和视野还不够而暂时屈居于激进的左翼改良。戊戌时期,激进左翼改良派的主要代表乃是谭嗣同。他虽然也想确立系统的思想,以为变法的依据,或者他自觉已经创造了思想体系,但就实而论,其思想体系的庞杂和逻辑混乱乃是很显然的。谭嗣同思想体系的构筑,虽然使用了不少西方科学的材料和知识,也提倡了不少西方的政治理念,但其思想的社会性质仍类似于康有为、章太炎,而不同于严复、孙中山,即其思想内容主要为中学,其思想风格则接近于批判性政治评论。

谭嗣同,字复生,号壮飞,又号华相众生、东海褰冥氏、廖天一阁主等,湖南浏阳人,生于清同治四年,即公元1865年,卒于清光绪二十四年,即公元1898年。谭嗣同幼年丧母,曾经受父妾虐待,备受封建纲常的抑压之苦。他在少年时期先后师事欧阳中鹄、涂启先、刘人熙等浏阳学者,并结交义侠大刀王五,深受他们思想与行为的影响,好任侠,喜词章,富于思想,博览群书,研读过张载、黄宗羲、王夫之等人的著述，具有强烈的民族意识和重民思想，并具有浓郁的纲常意识，反对学习变法。[①] 中日甲午战争后，民族危亡与维新思潮的激荡使谭嗣同在思想上发生了剧变，决心抛弃旧学，致力于维新变法，与唐才常等在浏阳筹建算学馆，创办新学，首开湖南维新之风。谭嗣同于光绪二十二年北游天津、北京，访问英美传教士，购阅西方书籍，看到机器、轮船、火车、电线，参观煤矿、金矿，还看到西方传入的计算器、光照相等科学仪器，遍交维新之士，坚定了谭嗣同变法维新的信念。谭嗣同大力宣传民权和平等学说，痛斥两千年来的封建专制统治“皆大盗也”，指责维护君主专制的三纲五常“惨祸烈毒”，提出“废君统，倡民主”和“冲决一切网罗”的激进主张。

光绪二十四年，谭嗣同回到湖南后，在巡抚陈宝箴、按察使黄遵宪、学政江标等的支持下，倡办时务学堂、南学会、《湘报》，以及延年会、群萌学会，又倡导开矿山、修铁路，积极宣传变法维新，以推行新政，使湖南成为当时全国最富朝气的一省。光绪帝下诏宣布变法之后，谭嗣同奉召进京，被擢为四品卿衔军机章京，与林旭、杨锐、刘光第，时号“军机四卿”。戊戌维新运动失败后，谭嗣同拒绝出走外国避难，矢志为变法事业献身，并毅然表示：“各国变法，无不从流血而成，今中国未闻有因变法而流血者，此国之所以不昌也。有之，请自嗣同始。”[②]谭嗣同于慈禧太后发动政变后被捕下狱，与杨深秀、杨锐、刘光第、康广仁、林旭五人同时被害，世称“戊戌六君子”，一年后归葬于浏阳，其著作被编为《谭嗣同全集》。

谭嗣同的政治思想具有如康有为政治思想那样的过渡性，他将传统的反君主专制思想与近代的民权思想进行了组合，并形成了相对激进的政治

---

① 参见徐义君：《谭嗣同思想研究》，湖南人民出版社，1981 年，第 49 ~ 58 页。

② 梁启超：《谭嗣同传》，王遽常选注：《梁启超选集》，人民文学出版社，2004 年，第 152 页。

思想。虽然有学者将谭嗣同视为近现代中国激进主义的开端，甚至有人预言如果谭嗣同能够活到戊戌变法以后，他很可能就是一个积极的民主革命论者。但实际上，谭嗣同由于受到有限的西学的影响，其政治思想也更多地受到了中国传统政治思想的影响，其中孟子仁义、墨子兼爱、佛学及王夫之实学思想等的影响则尤其重要。[①] 另外，谭嗣同还受到了西方自然科学及政治观念的相当影响。不过，谭嗣同思想强烈的道德色泽、普世主义及其对"治心"的强调，显示出其政治思想仍然严重缺乏现代性。

谭嗣同政治思想具有新学和旧学两方面的内容，而且双方都比较典型：一方面，谭嗣同的《仁学》以体系化的方式追求着每个人平等而高尚的所谓"仁"，企图追求高的道德化的境界，以孟子的"仁"抨击荀子的"礼"；另一方面，他又以西方的自然科学概念及知识论证其"仁"境界的合理性，表示出对"以太"情有独钟。谭嗣同政治思想最核心的部分是传统儒家所谓仁，其对传统的抨击主要集中于礼，特别是礼的重要表现——三纲五常，他的思想由内及外，逐渐沾染上了西方学术观念的余绪，并逐渐表现出越来越强烈的批判传统的倾向。谭嗣同政治思想虽然没有康有为、严复等那样完整而系统的哲学思想为基础，也没有在基本理论概念方面留下足够的影响，但他在批判传统政治体制及纲常伦理方面却影响深远，特别是对纲常的批判，更可以说是五四时期"打倒孔家店"思潮的理论前驱。谭嗣同政治思想值得注意的有三个方面：其一，谭嗣同政治思想的哲学基础，这涉及其基本的政治哲学观点及其根本政治追求；其二，谭嗣同对传统纲常及君权的激烈批判及其对于自由、平等和民权的认识，这是谭嗣同政治思想最有影响的方面，许多评价性结论多以此为依据；其三，谭嗣同政治思想中一以贯之的特征及其思想发生重大转变的诸多影响因素，这可以为我们认识谭嗣同政治思想中真正

① 参见张灏：《烈士精神与批判意识》，广西师范大学出版社，2004 年，第 5 ~ 23 页。

本质的东西提供一些基本的参量。

谭嗣同基本的政治哲学观点集中表现于其专著《仁学》中,《仁学》写于1896年,谭嗣同遇难后次年才通过《清议报》和《亚东时报》陆续发表,该书是戊戌变法时期维新派激进左翼的代表作。不过,谭嗣同的哲学总的来看仍然是传统儒学笼罩下的仁学,其宇宙观具有强烈的道德追求。[①]"谭嗣同生长在19世纪末叶,正是中国近代思想巨变开始的年代。由于西学的流入以及先秦诸子和佛学思想的复苏,传统儒家的宇宙观受到前所未有的冲击和震撼,面对着种种新的经验、新的观念、新的视野,当时的知识分子开始对这世界、宇宙感到一种茫然和困惑,他们急需一套思想,去重建他们对外界宇宙的一个完整而融贯的秩序感,一种可以使他们心安理得的存在感。……所做关于宇宙论的种种讨论,……必须视为他对当时知识分子的历史处境和生命处境的一种回应。"[②]谭嗣同"对宇宙观所做的讨论常常是与他的道德意识掺杂在一起的,就这一点而言,他的思想仍然反映了传统的心态"。谭嗣同"并没有以科学中的自然论式的宇宙观去替代传统儒家的目的论式的宇宙观,而是把前者合并在后者里面。……传统儒家的'气'并不是一个纯物质性的概念,它往往是指一个有精神生命的东西。……他的宇宙论仍然保存传统气化论的基本形态。……不但保存传统的气化宇宙观,而且肯定气化宇宙观的中心思想——天人合一的观念。由于这一肯定,整个宇宙秩序在他眼中也是一个道德秩序"[③]。"谭嗣同早年受的是儒家教育的熏陶,因此他有强烈的道德意识并不足异。重要的是,他的道德意识是与一种致用精神相伴出现的,……大致而言,儒家的致用精神可以有两个含义:一是强调学问以道德实践为主要目的,……另一个含义是儒家的精神不但是讲求

---

① 参见张灏:《烈士精神与批判意识》,广西师范大学出版社,2004年,第27页。

② 张灏:《烈士精神与批判意识》,广西师范大学出版社,2004年,第26~27页。

③ 张灏:《烈士精神与批判意识》,广西师范大学出版社,2004年,第27~29页。

道德实践,而且在实践过程中要讲求实功实利。……谭嗣同服膺的就是这种广义的致用之学、广义的道德实践精神。谭嗣同的变法思想,并不是他的道德实践精神的歧出,而是这种精神的扩大。"①

谭嗣同哲学思想的政体框架仍然是儒家传统的天人合一的心性理气论,只不过他将理定位为宇宙间的普遍法律,而将性置换为所谓的"仁",人的普遍的道德及救世等都由"仁"延伸而来,并由此而形成了一个普遍道德化的人文世界。他首先继承了中国传统儒家的气化论宇宙观,强调世界存在的物质性就在于气,即世界的一切实体存在都由气聚集而成,并且最终还都要散而为气,世界上到处都充斥着气。谭嗣同以西方自然科学的概念来说明和证明其气化论的合理,将"气"与"以太"等概念融合起来,有时候说"气",但更多时候则说"以太",但两者的含义并无本质不同,都是指世界上普遍存在的物质的基本形态,而且两者都具有某种精神性的品质——"仁","仁"则是世界万物普遍具有的精神品质。② 谭嗣同的宇宙乃是以"气"或"以太"为体,以"仁"为用的体系,③而"仁"的全面实现就会带来"通"和"平"的实现,从而实现一个充分道德化的世界。"遍法界,虚空界,众生界,有至大至精微,无所不胶粘,不贯洽,不筦络,而充满之一物焉。目不得而色,耳不得而声,口鼻不得而臭味,无以名之,名之曰'以太'。"以太是一个自然科学的假设概念,谭嗣同以其解释传统的气,并使气有灵性而表现为不同功能。以太在人身上"显于用也:孔谓之'仁',谓之'元',谓之'性';墨谓之'兼爱';佛谓之'性海',谓之'慈悲';耶谓之'灵魂',谓之'爱人如己','视敌如友',格致家谓之'爱力'、'吸力';咸是物也。法界由是生,虚空由是

---

① 张灏:《烈士精神与批判意识》,广西师范大学出版社,2004 年,第 21 ~ 23 页。

② 参见杨荣国:《谭嗣同哲学思想》,人民出版社,1957 年,第 9 ~ 10 页。

③ 参见杨荣国:《谭嗣同哲学思想》,人民出版社,1957 年,第 9 页。

立，众生由是出”[1]。以太“显于用也……无形焉，而为万物之所丽；无心焉，而为万物之所感。精而言之，亦曰‘仁’而已矣”[2]。

“仁”作为依托普遍存在的“以太”而发生的某种功能或事物的属性，使世间万物的存在都普遍获得了某种拟人化的特点，具有了主体能动性，甚至整个世界的运作都被看作是能动的“仁”积极活动的结果，他强调了积极发挥普遍的“仁”的能动性的重要性。谭嗣同将“仁”的这种普遍的能动性称为“心力”，心力内在于每个人，驱动并主宰支配着人的诸多行为。他指出：“人为至灵，岂有人所做不到之事？……因念人所以灵者，以心也，人力或做不到，心当无有做不到者。……心之力量，虽天地不能比拟，虽天地之大，可以由心成之，毁之，改造之，无不如意。”“所谓格致之学真不知若何神奇矣，然不论神奇到何地步，总是心为之，若能了得心之本源，当下即可做出万年后之神奇，较彼格致家惟知依理以求节节为之，……利钝何止霄壤。”[3]由此进一步，谭嗣同几乎将“心力”扩充为万物之源头，得出与传统唯识宗“万法唯识”的主观唯心论大致相同的理论结论，他强调指出：“仁为天地万物之源，故唯心，故唯识”[4]，“以太者，固唯识之相分，谓无以太可也”[5]。

谭嗣同在政治思想方面主要继承了传统时代政治批判者或异端学派的批判精神，对影响传统中国甚大的“礼”及其三纲五常等的社会表现形式进行了激烈的批判。从传统思想的继承来说，其政治思想表现出崇“仁”黜“礼”的倾向，比较倾向于否定等级而崇尚平等，激烈地批判了由“礼”而形成的上下不通、人我不通、中外不通和男女不通等。谭嗣同首先阐述了基于以太理论的人性论，以为：“生之谓性，性也。……性一以太之用，以太有相成

---

① 《仁学》，见《谭嗣同全集》，三联书店，1954 年，第 9 页。
② 《以太说》，见《谭嗣同全集》，三联书店，1954 年，第 121 页。
③ 《致汪康年书二十二》，见《谭嗣同全集》，三联书店，1954 年，第 319 页。
④ 《仁学》，见《谭嗣同全集》，三联书店，1954 年，第 7 页。
⑤ 《仁学》，见《谭嗣同全集》，三联书店，1954 年，第 48 页。

相爱之能力,故曰性善也。……天地间仁而已矣,……恶者,即其不循善之条理而名之。……世俗小儒,以天理为善,以人欲为恶,不知无人欲,尚安得有天理?……天理善也,人欲亦善也。……恶既为名,名又生于习,可知断断乎无有恶矣。假使诚有恶也,有恶之时,善即当灭,善灭之时,恶又当声;不生不灭至一台,乃如此哉?”[①]既然天地间只有“仁”而已,那么“仁”之乱则是由于名。[②] 谭嗣同借此将批判的矛头对准了传统的纲常名教。“仁之乱也,则于其名。……名本无实体,故易乱。名乱焉而仁从之,是非名罪也,主张名者之罪也。”[③]谭嗣同认为世俗“俗学陋儒,动言名教,敬若天命而不干渝,畏若国宪而不敢议。嗟乎,以名为教,则其教已为实之宾,而决非实也。又况名者,由人创造,上以制其下,而不能不奉之;则数千年来,三纲五伦之惨祸烈毒,由是酷焉矣”。“君以名桎臣,官以名轭民,父以名压子,父以名困妻。”[④]他又指出:“君臣之祸亟,而父子夫妇之伦遂各以名势相制为当然。此皆三纲之名之为害也。名之所在,不惟关其口,使不敢昌言,乃锢其心,使不敢涉想。愚黔首之术媚骨莫以繁其名为尚焉。”[⑤]“故曰:礼者,忠信之薄,而乱之首也。夫礼,依仁而著,仁则自然有礼,不特别为标识而刻绳之,亦犹伦常亲疏,自乱而有,不必严立等威而苛持之也。礼与伦常皆原于仁。”[⑥]谭嗣同进而指出:“五伦中于人生最无弊而有益,无纤毫之苦,有淡水之乐,其惟朋友乎!……所以者何?一曰‘平等’,二曰‘自由’,三曰‘节宣惟意’。总括其意,曰不失自主之权而已矣。兄弟于朋友之道差近,可为其次。余皆为三纲所蒙蔽,如地狱矣。上观天文,下察地理,远观诸物,近取之身,能自主

---

① 《仁学》,见《谭嗣同全集》,三联书店,1954 年,第 16 ~ 17 页。

② 此处所未名乃是名教之名,其对名的批判实际上就是对名教的批判,批判矛头直指名分之礼。

③ 《仁学》,见《谭嗣同全集》,三联书店,1954 年,第 14 页。

④ 《仁学》,见《谭嗣同全集》,三联书店,1954 年,第 14 页。

⑤ 《仁学》,见《谭嗣同全集》,三联书店,1954 年,第 65 页。

⑥ 《仁学》,见《谭嗣同全集》,三联书店,1954 年,第 28 页。

者兴，不能者败。公理昭然，罔不率此。……故民主者，天国之义也，君臣朋友也。"①

谭嗣同还继承了中国传统政治批判主义思潮的遗产，在中国已经受到西方政治文明影响的情况下，将中国传统的政治批判思潮推向高潮，尖锐地指出了传统中国家天下的制度弊端。他指出："二千年来之政，秦政也，皆大盗也。……由是二千年来，君臣一伦，尤为黑暗否塞，无复人理，沿及今兹，方愈剧矣。夫彼君主犹是耳目手足，非有两鼻四目，而智力出于人也，亦果何所恃以虐四万万之众哉？则赖乎早有三纲五伦字样，能制人之身者，兼能制人之心。"②"独夫民贼，固甚乐三纲之名，一切刑律制度皆依此为率，取便己故也。"③"天下为君主囊橐中之私产，不始今日，固数千年以来矣。"④谭嗣同由此而渐生出了反满的政治言论，与革命派有了较为接近的话语。"彼君之不义，人人得而戮之。"⑤"有知辽金元之罪浮于前此之君主者乎？其土则秽壤也，其人则膻种也，其心则禽心也，其伦则毳俗也，一旦逞其凶残淫杀之威，以攫取中原之子女玉帛，……锢其耳目，桎其手足，压制其心思，绝其利源，窘其生计，塞蔽其智术，……而为藏身之固。……虽然，成吉思之乱也，西国犹能言之，忽必烈之虐也，郑所南'心史'纪之；有茹痛数百年不敢言不敢记者不愈益悲乎？'明季稗史'中之'扬州十日记'、'嘉定屠城记略'，不过略举一二事，当时既纵焚掠之军，又严剃发之令，所至屠杀虏掠，莫不如是。……亦有号为令主者焉（按指乾隆），观《南巡录》所裁淫掳无赖，与隋炀明武不少异，不徒乌兽行者之显著《大义觉迷录》也。……故俄报有云：'华人苦到尽头处者，不下数兆，我当灭其朝而救其民。'凡欧美诸国，无不为是

---

① 《仁学》，见《谭嗣同全集》，三联书店，1954 年，第 66 ~ 67 页。
② 《仁学》，见《谭嗣同全集》，三联书店，1954 年，第 54 ~ 55 页。
③ 《仁学》，见《谭嗣同全集》，三联书店，1954 年，第 66 页。
④ 《仁学》，见《谭嗣同全集》，三联书店，1954 年，第 58 页。
⑤ 《仁学》，见《谭嗣同全集》，三联书店，1954 年，第 51 页。

言,皆将偿仗义之美名,阴以渔猎其资产。华人不自为之,其祸可胜百粉。"[1]"中国则惟恐民之知兵,民间售藏枪械者谓之犯法,……盖防民熟其器而为乱,如汉时挟弓弯之禁也。……日存猜忌之心,百端以制其民。"[2]异族统治者不惜"设陷阱以诱民,从而扼之杀之,以遇禽兽,或尚不忍矣,奈何虐吾华民,果决乃尔乎?杀游勇之不足,又济之以杀'会匪'。原'会匪'之兴,亦兵勇互相联结,互相扶助,以同患难耳,此上所当嘉予赞叹者。且会也者,在生人之公理不可无也。今则不许其公。不许其公,则必出于私,亦公理也。遂乃横被以匪之名,株连搜杀,死者岁以万计。……中国长江一带,则血流殆遍。徒自虐民,不平孰甚!"[3]

谭嗣同还从统治者自私自利的角度,揭露了统治者不愿变法维新的心理。"外患深矣,……要害扼矣,堂奥入矣,利权夺矣,财源竭矣,分割兆矣,民倒悬矣,国与教与种将偕亡矣。唯变法可以救之,而卒坚持不变!岂不以方将愚民,变法则民智;方将贫民,变法则民富;方将弱民,变法则民强;方将死民,变法则民生;方将私其智其宫其强其生于一己,而以愚贫溺死归诸民,变法则与己争智争富争强争生,故坚持不变也。"[4]谭嗣同主张变法,学习西方,其理论依据与康有为有明显不同,后者所依据的精神出自《公羊春秋》,而前者所依据的精神则出自《周礼》,并且谭嗣同以为西方之所以值得学习就是因为西方的伦常也反映了中国古老的圣人之道。[5] 谭嗣同以为:"圣人之道,无可疑也,……特所谓道,非空言而已,必有所丽而后见。易曰:'形而上者谓之道,形而下者谓之器。'曰上曰下,明道器之相为一体也。衡阳王子申其义曰:'道者器之道,器者不可谓之道之器也。无其道则无其器,人类能

---

① 《仁学》,见《谭嗣同全集》,三联书店,1954 年,第 58 ~ 60 页。
② 《思纬壹壶台短书——报贝元征书》,见《谭嗣同全集》,三联书店,1954 年,第 417 ~ 418 页。
③ 《仁学》,见《谭嗣同全集》,三联书店,1954 年,第 64 页。
④ 《仁学》,见《谭嗣同全集》,三联书店,1954 年,第 60 页。
⑤ 参见张灏:《烈士精神与批判意识》,广西师范大学出版社,2004 年,第 50 ~ 53 页。

言。虽然苟有其器矣，岂患无其道在？君子之所不知而圣人知之，圣人之所不能而匹夫能之，人或昧于其道者，其器不成，不成非无器也。无其器则无其道，人鲜能言之，而固其诚然者也。洪荒无揖让之道，唐虞无吊伐之道，汉唐无今日之道，则今日无他年之道矣，未有弓矢而无射道，未有车马而无御道，未有牢醴璧币钟磬管弦而无礼乐之道；则未有子而无父道，未有弟而无兄道，道之可有而无者到矣，故无其器则无其道，诚然之言也，而人特未之察耳。……'又曰：'君子之道，尽夫器而已矣。'……圣人之道，果非空言而已，必有所丽而见。丽于耳目，有视听之道；丽于心思，有仁义智信之道；丽于伦纪，有忠孝友恭之道；丽于礼乐征伐，有治国平天下之道。故道，用也；器，体也，体立而用行，器存而道不亡。"①"道无所寓之器，而道非道矣。"②"三代儒者，言道必兼言治法。"③"古法可考者六经尚矣，而其至实之法，要莫详于《周礼》。《周礼》，周公以之致太平，而宾服回夷者也。……尝叹周公之法而在也，谁敢正目视中国，而蒙此天下之羞辱，至率九州含生之类以殉之也哉"，"周公之法，在秦时已荡然无存，况秦以来二千余年，日朘月削，以迄今日，虽汉唐之法，尚不远逮，岂复有周公之法一毫哉？……幡然改图，势不得不酌取西法，以补吾中国古法之亡"。谭嗣同以为西法之宗旨合于周礼，"况西法之博大精深，周密微至，按之《周礼》，往往而合，盖不徒工艺一端，组补《考工》而已。……斯非圣人之道，中国亡之，独赖西人以存者耶？……故嗣同以为变法图治，正所以不忍尽弃圣人之道，思以术而存之也"④。

谭嗣同虽然对传统君主制采取了激烈的批判态度，但他所设想的政治制度仍然是君主制，不过他所能预期的君主制由于与中国历来正统的君主

① 《思纬壹壶台短书——报贝元征书》，见《谭嗣同全集》，三联书店，1954年，第390～391页。
② 《思纬壹壶台短书——报贝元征书》，见《谭嗣同全集》，三联书店，1954年，第394页。
③ 《思纬壹壶台短书——报贝元征书》，见《谭嗣同全集》，三联书店，1954年，第394页。
④ 《思纬壹壶台短书——报贝元征书》，见《谭嗣同全集》，三联书店，1954年，第394～396页。

制有所不同,而明显带有传统政治批判和西方民权学说的色彩,其政治体制方案明显受到西方民权思想的影响,但其主导思想则仍然隶属于民本一类,较多地受到孟子“民贵君轻”和黄宗羲“天下为主,君为客”思想的影响。谭嗣同指出:“生民之初,本无所谓君臣,则皆民也。民不能相治,亦不暇治,于是共举一民为君。夫曰共举之,则非君择民,而民择君也。夫曰共举之,则其分际又非甚远于民,而不下侪于民也。夫曰共举之,则因有民而后有君,君末也,民本也,天下无有因末而累及本者,亦岂可因君而累及民哉?夫曰共举之,则且必可共废之。君也者,为民办事者也;臣也者,助办事者也。赋税之取于民,所以为办民事之资也。如此而事犹不办,事不办而易其人,亦天下之通义也。”[①]“原夫生民之初,必无所谓君臣,各各不能相治,于是共举一人为君。夫曰共举之,亦必可共废之,故君也者,为天下人办事者,非竭天下之生命膏血,供其骄奢淫纵者也。”[②]“君亦一民也,且较之寻常之民而更为末也。民之为民,无相为死之理;本之与末,更无相为生死之理。然则古之死节者,乃皆不然乎?请为一大言断之曰:止有死事的道理,决无死君的道理,……一姓之兴亡渺渺乎小哉,民何为焉?乃为死节者,或数万而未已。本末倒置,宁有加于此者?”[③]他认为“中国之官之尊也,仰之如鬼神焉”,这客观上导致了“平等亡,公理晦,而一切残酷蒙蔽之祸,斯萌芽而浩瀚矣”。谭嗣同认为君主不能单独行使其权力,而必假手于人,因为其精力有限,不足以满足天下万民对治理的需求,“夫权也者,固非一人之智力所得而司也。仪藐藐之躬,肩亿万人之权,不啻入亿万人之室家,而代谋其生殖。童子而代大匠斫,侏儒而举乌获任,其不断指而绝膑,宁有幸也!”[④]

---

① 《仁学》,见《谭嗣同全集》,三联书店,1954 年,第 56 页。

② 《上欧阳瓣薑师书》,见《谭嗣同全集》,三联书店,1954 年,第 322 页。

③ 《仁学》,见《谭嗣同全集》,三联书店,1954 年,第 57 页。

④ 《平权》,见《谭嗣同全集》,三联书店,1954 年,第 95 页。

五、顽固士绅的反维新思想

中国近代以来一直存在一股固守旧文化的顽固势力，执着地进行着阻挠改革的努力。顽固不同于保守，前者的核心是守护已严重过时的旧价值和旧制度，拒绝在价值观和制度方面的一切有利于人的新陈代谢；后者则仅仅是在方法和途径的选择上主张温和而渐进，其在价值上并不固守过时的东西。顽固派与时代之间存在着划时代的根本性差异，而保守派则没有这方面的根本性差异。自鸦片战争以来，中国阻挠和反对深入系统学习西方的势力只能称为顽固势力，而不能称为保守势力。一方面，中国近代处在划时代变革的过渡时代，新旧价值和制度的冲突乃是意料中的事，从而使得守护旧价值和旧制度的人成为阻挠历史前进的顽固派。另一方面，中国是在旧文化已经烂熟的情况下步入过渡社会的，其价值的普遍性仍然深入人心，守护旧价值的顽固保守派自然就十分义正词严。在洋务运动时期，学习西方的新政举步维艰，进退维谷，“新政之举，几乎步步都会受到来自四面八方的阻力。……在那个时候的中国，顽固是一种社会痼疾，仅仅把它归于守旧官僚的可恶是不够的。……复杂的问题在于，守卫祖宗之法是常常同民族主义，同爱国之情联系在一起的。不合理的东西被合理的东西掩盖着，于是而能成为‘公论’。顽固的人们借助于神圣的东西而居优势，迫使改革者回到老路上去”①。中国近代的顽固属性并不仅限于倭仁、那桐等所谓的顽固派，而是一切社会阶层的共有属性，可以说，近代中国的一切阶级和社会阶层都程度不同地沾染了不同方面的顽固属性。中国近代社会的进步总是与顽固属性的被克服紧密相关，只有顽固性被克服一些，中国近代社会才能真

① 陈旭麓：《近代中国社会的新陈代谢》，上海人民出版社，1992 年，第 123 ~ 124 页。

正获得一点进步,向着现代化的目标接近一步,而近代中国的每一次进步也都必然是战胜顽固属性的结果。顽固与开化乃是中国近代社会最常见的根本分歧,近代中国每一次大的社会性争论,从根本上说,都只不过是顽固与开化激烈冲突的表现。开化战胜顽固的社会代价非常昂贵,不仅力主开化的人往往声名狼藉,而且开化的事业也往往名不副实或名存实亡。①

顽固派之难于被战胜,不仅在于其思想有广泛而深厚的社会基础,从而使顽固思想具有了一呼百应的社会舆论,而且在于主张改革和提倡开化的人也是某个方面的顽固派,顽固思想的系统性和根本性在主张开化的人身上也有典型的体现,而开化思想的破碎性和权宜性在提倡开化的人心里也非常强势。开化的每一步前进都必须首先战胜提倡开化者自身的顽固性,然后才可能战胜自身之外的顽固性,而艰难地取得进展。当顽固思想还没有受到有力冲击的时候,它具有系统的完整性和思想的垄断性,当顽固思想受到有力冲击的时候,它又表现出无可置疑的权威性和强势性。顽固思想开始被战胜就发生在洋务运动的主持者身上,顽固派与洋务派的分野,并不在于有没有顽固思想,而在于有没有开化思想,顽固派只有系统的顽固思想,洋务派则除了系统的顽固思想之外还有零星的"师夷"思想,而中国近代的开化思想则正是从零星的"师夷"思想开始的。如果说中国系统化的传统思想在整体上必然是顽固的话,那么中国近代的开化思想则是从传统思想中比较灵活的经世实学中滋生出来的零星的部分。这样,中国近代就出现了一个特殊的思想格局——零星的开化思想与整体的顽固思想的共存。不论是就整个社会思想的格局来看,还是就典型人物的思想来说,这种共存都是相当普遍的现象。

---

① 参见李细珠:《晚清保守思想的原型——倭仁研究》,社会科学文献出版社,2000年,第173页。

中国近代杰出思想人物的思想大都新旧并陈,并且其系统的思想往往是中学部分,西学的系统性整体上一般都比较微弱,更有甚者,中国近代许多有重要社会影响的命题和判断等也大都与中学有密切联系,或干脆就是西学其外而中学其里,而与真正的西学却貌合神离。但是,西学也在逐渐改造着中国传统的中学,其系统性也在逐渐增强,但在有限的时间内西学仍然不能真正深入中国社会,这与中国社会化大生产的欠发达和民主传统的缺乏有必然的内在联系。在中国社会,顽固思想只能随着社会化大生产和民主传统的逐步培育而逐渐弱化并消失,这是不以人的意志为转移的客观形势。顽固思想不仅存在于道地的顽固派身上,而且也存在于主张开化的人身上,顽固思想在近代中国的最主要的社会作用就是维护传统风俗、礼仪、纲常,坚决反对以资本主义为主创造的新文化、新经济和新政治,从而一切对资本主义事物过分敌视,对中国传统过分推崇的人或思想都具有一定程度的顽固思想。顽固或不顽固的区别并不在于能否容忍或提倡学习西方,而在于是否维护旧思想、旧礼仪、旧风俗、旧学术等。顽固思想的社会土壤就是根深蒂固的自然经济和半自然经济,它在中国的彻底消失,只能发生在社会化大生产充分发达以后,因此所谓戊戌变法时中国已经不存在真正顽固派的看法乃是经不起推敲的,[①]事实上直到义和团运动之后还存在着思想上极其顽固守旧的政治势力。

顽固思想在中国近代逐渐受到欧风美雨的侵蚀而发生深刻变化,顽固思想的体系性逐渐松弛,其影响逐渐褪色,而且顽固思想也随着时代的发展而逐渐接受一些西学,它也肯定西学中有某些积极的内容值得中国学习并能适用于中国。但是顽固思想对西学的部分肯定乃属于技或术,其在价值

---

① 参见罗志田:《思想观念与社会角色的错位:戊戌前后湖南新旧之争再思——侧重王先谦与叶德辉》,《历史研究》,1998 年第 5 期。

上仍然鞭挞西学,从而使得顽固思想与开化思想的对立白炽化。三纲五常与民权的冲突发生在戊戌变法时期,而顽固思想的主要代表已经不是倭仁那样的愚顽不化者,而是一度主张学习西方的具有洋务思想的王先谦等。"顽固派是顽而不固。在洋务派出现时,顽固派代表是倭仁、那桐,对洋务的东西统统反对。戊戌变法时期,顽固派代表是王先谦,他办过洋务,与倭仁不同,他是顽而不固。……从洋务运动时期到民国时期,均有顽固派,但每一个时期顽固派守持的东西不同,顽固派的表现不一样。一般来说,凡是对那个时代冲击得最厉害的东西,顽固派保得最厉害。"[①]顽固派与维新派的冲突实际上已经超越了要不要学习西方的问题,而达到了纲常伦理的层面,顽固派要求坚决维护儒家传统的三纲五常,而维新派则要求确立普遍的民权。顽固派已经逐渐能够接受西方的技术、制度和诸多生活上的方便等,但却一直坚决地反对民权的先进价值观。维新派要求确立的普遍民权乃是传统三纲五常决不接受的东西。民权与三纲五常的冲突,实际上就是传统中国与现代西方冲突的基本核心。戊戌变法时期的顽固派仍然有一味反对学习西方的人物,比如刚毅,但他们显然已经不是顽固派主要势力的代表。这个时候的顽固主要表现为固守三纲五常而坚决反对民权,其主要思想代表乃是有过洋务经验,而主张学习西方技术和制度等的张之洞和王先谦。顽固思想的代表人物大多通过与康有为和梁启超等的论辩,尖锐地提出对民权的反对性意见,为了与蓬勃发展的维新势力对抗,王先谦的得意门生苏舆,将反映顽固思想的主要言论辑为《翼教丛编》,[②]以翼圣经、复名教、正人心,刊行于光绪二十四年。

苏舆把康有为视为新学邪说的始作俑者,他说:"甲午以来,外患日逼,

---

① 陈旭麓:《思辨留踪》(下)(陈旭麓文集第三卷),华东师范大学出版社,1997 年,第 535 页。

② 《翼教丛编》一书集中了湖南反对维新的各种代表性言论,是了解戊戌时期顽固思想的主要参考读物。

皇上虑下情之壅阏，愍时艰之弗拯，博求通达时务之士，言禁稍弛，英奇奋兴，而倾险淫詖之徒杂附其间。邪说横溢，人心浮动，其祸实肇于南海康有为。"[①]苏舆明确指出新学邪说对旧体制的诸多破坏性影响。"康为人不足道，其学则足以惑世，招纳门徒，潜相煽诱。自黄公度为湖南盐法道，言于大吏，聘康之弟子梁启超主讲时务学堂。张其师说，一时衣冠之伦，罔顾名义，奉为教宗。其言以康之《新学伪经考》《孔子改制考》为主，而平等民权、孔子纪年诸谬说辅之，伪六籍，灭圣经也；托改制，乱成宪也；倡平等，堕纲常也；伸民权，无君上也；孔子纪年，欲人不知有本朝也。"[②]苏舆还提到了康氏新学已找到了新政的强势护身符，使反对新学者默不敢言。苏舆等同样倾心时务，但他认为主张变法的新学并不是真的倾心时务，而是"徒以主张变法牵附时务，浅识被其蛊惑，奸邪利其阴谋，……许尚书、文侍御既以参劾获罪，而其党且执新旧相争为词，欲以阻挠新政之名罗织异己，自朝逮野，默不敢言"[③]。如此就突出了苏舆等反维新思想的所谓神圣使命。顽固派反维新思想在人皆默不敢言的情况下，仍然执着地坚持反维新、反变法的做法，极力地维护孔子圣学和儒家圣教。

> 吾湘如王葵园祭酒师、叶奂彬吏部数先生洞悉其奸，摘发备至，当路不省亟予弥补，于是湘人士受惑尤深。余悲焉，忧之，以为匪法其覆，众醉不可醒也，爰倡辑诸公论说及朝臣奏牍，有关教学者都为丛编，命之"翼教"，……国势未振，民气嚣陵，士生其间，亦既涵濡诗书，驰骋皇路，即竭其涓埃为吾君牖导愚蒙，固结根本，……虽曰天地之仁，下犹有憾，而群辈昏愍，舍正趋歧，自速歼亡，良可怪叹。二三君子当淫辞沸羹

① 苏舆：《翼教丛编·序》，上海书店出版社，2002年，第1页。
② 苏舆：《翼教丛编·序》，上海书店出版社，2002年，第1页。
③ 苏舆：《翼教丛编·序》，上海书店出版社，2002年，第1页。

之日，能倡明大义，攘臂而争，固其志趣卓立，笃信好学致焉，抑非国家二百年来，培植教养之恩，无以臻此。……是编断自七月，专以明教正学为义，……世岂有学术不正，而足与言经世者乎？①

顽固派集中攻击康有为的《新学伪经考》和《孔子改制考》，不仅指出康有为学术上存在的问题，而且严厉斥责其用意及谴责其社会效果。

广东南海县举人康祖诒，以诡辩之才肆狂瞽之谈，以六经皆新莽时刘歆所伪造，著有《新学伪经考》一书，刊行海内，腾其簧鼓，扇惑后进，号召生徒以致浮薄之士靡然风从，从游甚众。……伏思孔子之圣为生民所未有，六经如日月经天，江河行地。……况六经训词深厚，道理完醇，刘歆之文章具在《汉书》，非但不能窃取，而实无一语近似。康祖诒乃逞其狂吠，僭号长素，且力翻成案以痛诋前人，似此荒谬绝伦，诚圣贤之蟊贼，古今之巨蠹也。……今康祖诒非圣无法、惑世诬民，……如此人者，岂可容于圣明之世？若不及早遏炽焰而障狂澜，恐其说一行，为害伊于胡底，于士习、文教大有关系。相应请旨饬下广东督抚及各属士子，返歧途而归正路，毋再为康祖诒所惑。②

顽固派断言西学“至谬，其国必不能久存”③。虽然他们也“留心西学”，但却绝不苟同于“专主西学”而“欲将中国数千年相承大经、大法一扫刮绝，事事时时以师法日本为长策”的康有为。御史文悌在《严劾康有为折》中以洋务之维新反对康有为等的变法维新。他指出：“奴才于咸丰庚申年始十二

① 苏舆：《翼教丛编·序》，上海书店出版社，2002年，第1～2页。
② 苏舆：《翼教丛编》，上海书店出版社，2002年，第25页。
③ 苏舆：《翼教丛编》，上海书店出版社，2002年，第2页。

三岁，激流一洗雪，故三十多年所见泰西书籍颇多，亦粗通其二十六母拼字执法，及其七十课学言之决，颇有志习学其天算、格致之术，前者在户部会计光绪七年出入计帐，全用西洋岁计算法，非绝口不谈洋务者比，即近日数上奏议弹章，亦曾以推广新学为言，已在圣明洞鉴之中。"文悌强调："中国此日讲求西法，所贵使中国之人明西法，为中国用以强中国，非欲将中国一切典章文物废弃摧毁，全变西法，使中国之人默化潜移，尽为西洋之人，然后为强也。"他认为学习西方之先，国人"必须修明孔、孟、程、朱四书、五经、《小学》、《性理》诸书，植为根柢，使人熟知孝弟忠信、礼义廉耻、纲常伦纪、名教风节以明体，然后再习学外国文字、言语、艺术以致用，则中国有一通西学之人，得一人之益矣"。"若全不讲为学、为政之本末，如迩来《时务》《知新》等报所论尊侠力、伸民权，兴党会，改制度，甚则欲去跪拜之礼仪，废满汉之文字，平君臣之尊卑，改男女之外内，直似止须中国一变而为外洋政教风俗，即可立致富强，而不知其势，小则群起斗争，召乱无已，大则各便私利，卖国何难？"①

王先谦具有典型的洋务经历和洋务思想，具有顽固和开化的双重特点。一方面，他主张洋务新政，积极创办新式企业，以开风气。他认为"中国风气未开，才能未显，故外人声光化电之学，皆宜加意讲求"，"自群经、国文外，历史、舆地、算学、图画，中西共者也；各国语言文字，函宜通者也"，并积极参与湖南的新政变法，乃是湖南时务学堂的发起人之一。另一方面，他又坚决地维护三纲五常而反对民权理论，从而最终站在了自己倡导的湖南新政的对立面，成为顽固派的重要代表人物。他草拟的《湘绅公呈》指出："为政先定民志，立学首正人心，损益百世可知，纲常实千古不易。湘省风气淳朴，人怀忠义，惟见闻稍陋，学愧兼通。上年开设时务学堂，本为当务之急，凡属士民，无不闻风兴起。乃中学教习广东举人梁启超，承其康有为之学，倡为平等、

---

① 苏舆：《翼教丛编·序》，上海书店出版社，2002 年，第 30 ~ 31 页。

平权之说，转相授受。原设立学堂本意，以中学为根柢，兼采西学之长，……一切规模俱属妥善。……梁启超及分教习广东韩、叶诸人，自命西学通人，实皆康门谬种。学子胸无主宰，不知其阴行邪说，反以为时务实然，丧其本真，争相趋附，语言悖乱，有如中狂。……是聚无数聪颖子弟，迫使斫其天性，效彼狂谈，他日年长学成，不复知中孝节义为何事，此巷人之不幸，抑非特湘省之不幸矣。""伏乞大公祖严加整顿，屏退主张异学之人，俾生徒不为邪说诱惑，庶教宗既明，人才日起，而兼习时务者，不至以误康为西，学校幸甚，大局幸甚。"①王先谦认为："时务学堂之设，所以培植年幼英才，俾兼通中西实学，储备国家之用，煌煌谕旨，未闻令民有权业，教人平等也。……夫合中西为学堂，原欲以中学为根柢，兼采西学之长。"②

《邵阳士民驱逐乱民樊锥告白》既反映了顽固思想所具有的深厚社会基础，又准确反映了顽固思想对维新思想的严重敌视，其中对民权、平等说的敌视则尤为突出。它视民权、平等为邪说，必欲除之而后快。"今因丁酉科拔贡樊锥首倡邪恶说，背叛圣教，毁灭伦常，惑世诬民，直欲邑中人士尽变禽兽而后快。我邑公同会议，于四月十五日齐集学宫大成殿，祷告至圣孔子先师，立将乱民樊锥驱逐出境，永不容其在籍再行倡乱，并刊刻逐条，四处张贴，播告通省。"③"盖平等邪说，自樊锥倡之也。人人平等、权权平等，是无尊卑、亲疏也。无尊卑，是无君也；无亲疏，是无父也。无君无父，尚何兄弟、夫妇、朋友之有？是故等不平则已，平则一切倒行逆施，更何罪名之可加，岂但所谓乖舛云乎？圣人，人伦之至，似此灭绝伦常，岂格外更有违背者乎？"④它强调："治天下者，大权不可旁落，况移于下民乎？所宜通者，惟上下之情耳。樊锥

① 苏舆：《翼教丛编·序》，上海书店出版社，2002年，第149~150页。
② 苏舆：《翼教丛编·序》，上海书店出版社，2002年，第144~145页。
③ 苏舆：《翼教丛编·序》，上海书店出版社，2002年，第141页。
④ 苏舆：《翼教丛编·序》，上海书店出版社，2002年，第142页。

谓人人有自主之权，将人人各以其心为心，是使我亿万人民散无统纪也。樊锥谓可以一其心，吾谓实亿万其心也。此则亡且益速，又乌能起尔就职？泰西国固多民主，然法国议院朋党蜂起，卒为国祸，在泰西且不可行矣。锥曰'穷极生变，郁极生智'，推其意，直欲以我列圣以来乾纲独揽之天下，变为泰西民主之果，其四以为智与？真汉奸之尤哉！"[①]顽固派攻击民权、平等学说的最基本理论依据就是儒家的名教伦理和三纲五常。他们以为"吾人舍名教纲常，别无立足之地，除忠孝节义，亦岂有教民之方？今康、梁所用以惑世着，民权耳，平等耳，试问权既下移，国谁与治？民可自主，君亦何为？是率天下而乱也。平等之说蔑弃人伦，不能自行，而顾以立交，真悖谬之尤者"[②]。

中国近代的顽固思想经过时代风雨的洗礼，在戊戌变法时期，已经发生了一些重大的变化，但是其拒绝将中国融入世界的心态则始终如一。此时顽固派的主流已经不是闭目塞听的倭仁之流，他们已经在某种程度上体会到了西学的妙处，懂得了中国在某些方面不得不学习西方，从而提倡某种实业或实务。许多所谓顽固派在开始其实是维新自强运动的发起人和同情者，但康有为、梁启超、谭嗣同、唐才常等的变法主张却早已超越了洋务派，主张维新变法要以平等和民权替代传统的纲常名教。纲常名教固然已经严重地落后于时代，而且也已经成了中国自强维新的根本性障碍，如不以平等、民权替代纲常名教，则中国即不能有光明的前途，而欲在中国实现平等和民权，则不能不极力提倡和宣传平等、民权理论。各国变法都有顽固保守势力阻挠变法，或出于旧道德，或出于一己利益，中国有这样的顽固保守势力自然也在情理当中，因此变法成败的关键并不在于是否有强大的顽固保守势力，而在于是否有真正开化的变法者。真正开化的变法者的出现绝不

---

① 苏舆：《翼教丛编·序》，上海书店出版社，2002 年，第 143 页。

② 苏舆：《翼教丛编·序》，上海书店出版社，2002 年，第 144 页。

是孤立的个案，而必然是一个有相当社会影响的集团。中国近代缺乏近代日本那样的真正开化的集团，从而在某种程度上也可以说中国近代没有真正的开化者，因为最开化的社会精英也具有太多的传统特征，不仅固守着几千年来的纲常名教，而且还极力诋毁浩浩荡荡的世界民主潮流。戊戌变法时期的顽固派，实际上展现了洋务派顽固的一面。虽然洋务派在戊戌时期已经大大拓展了它的学习范围，虽然许多近代化的社会事业好像取得了极大的成就，虽然主张学习西方的人比以前大大增加了，虽然学习西方的长处已经成了中国士大夫阶层的时髦话语，但我们还是不能不无遗憾地指出，中国对西方的学习还没有触及建设现代社会的根本，甚至连西方各国富强之后表现出的皮毛也学得很不成样子。西方社会曾大力赞扬的张之洞，①也同样具有太多的顽固思想。

"中学为体，西学为用"，这仍然是19世纪末中国主张学习西方的主流观点。中学的"体"为西学的"用"所留的发挥空间非常有限，西学的"用"在中学之"体"约束下，根本不可能如实地展示自己。朝廷执政者缺乏系统的新学理论的指导，中国学习西方的自强维新仍然步履蹒跚。朝廷执政者的维新观在实践中不断遭受重创，而遭受重创虽然可以改良其维新观，拓展学习的范围和幅度，但遭受重创的最明显结果则是使社会各界都对朝廷的维新表示失望，朝廷不断地使人失望，以至人们完全不再寄希望于朝廷，朝廷的人望失去得差不多了，距离其最后崩溃的时间也就大大缩短了。晚清时期的前三十年，朝廷执政者没有意识到理论创新的极端重要性，没有为系统地学习西方创造必要的理论条件，长期抱着三纲五常和礼义人心，②守护着

---

① 参见李细珠：《张之洞与清末新政》，上海书店出版社，2003年，第4页。

② "礼义""人心"是最动听、最有号召力的反对学习西方的词汇，顽固派常用它反对学习西方，而它也确实起到了阻碍新法的作用，许多重要变革被"礼义""人心"扼杀在摇篮中，倭仁对科举正途学习西方天文格致的阻挠就非常成功，而其最具有蛊惑性的言辞正是"礼义""人心"。

天朝大国的虚骄,没有人把系统学习西方当成一件极重要的事。中间的三十年,朝廷的新政有所开始,但仍然没有系统的理论,学习西方的步伐或快或慢,但学习的东西始终有限,东邻日本正是崛起于这三十年。最后二十年,国难日甚一日,学习西方的实践逐渐深入,使得理论冲突在核心层面发生,逼迫国人及统治者回答怎样处理中西学术的关系,形成学习西方的系统的指导理论或思想。

甲午戊戌时期实际上是清王朝及中国形成现代人文社会理论的最佳时期。这个时候,革命派正在形成,但是还没有对清朝完全丧失希望,他们仍然希望通过清政府的自强新政挽救国家的危亡。不幸的是,清王朝并没有抓住这个战略机会,而是继续以往的政策方针,继续“中体西用”的指导思想,拒绝在政治上做根本的改变,并不断制造出自己的各种新旧反对力量。革命派、改良派的理论日益得势,清王朝的理论就越发失势。理论的严重分歧导致了政治上的尖锐对立,而政治上的尖锐对立反过来又加重了理论上的分歧,双方势如水火,互不信任,缺乏共识。革命派、立宪派理论的魅力越是增强,固守名教纲常和既得利益的顽固势力就越是合法性不足。理论上的故步自封和实践中的一意孤行,最终使不愿彻底变法的清王朝走上了不归路,而中国社会也因此而付出了沉重的代价。中国近代史上一切由中外交往发生的社会灾难,大都是“顽固”惹的祸。① 近代的中国需要清醒的理性,而顽固派对固有东西的维护则体现出了一种典型的非理性,甚至由一般的非理性心态而走向极端迷信,他们往往是极端的愤懑,极端的顽固,极端的迷信。陈旭麓教授说:“士大夫阶层是垄断知识的劳心者。他们的非理性化,既反映了传统社会在民族矛盾面前的倔强和不屈,又反映了传统社会无可救治的没落。庚子年间与许桐齐名的刚毅、毓贤、李秉衡辈,在当日的官

① 参见蒋廷黼:《中国近代史大纲》,东方出版社,1996 年。

场中多非污吏。他们有救国之心，但他们的救国之心又寄托于用封建主义战胜资本主义的群起一决之中。……由救国而误国是一种悲剧。这是一代顽固士大夫的共同悲剧。”①

六、义和团的政治意识

20世纪初的义和团运动是中国近代史上的一件大事，不仅极大地影响了中国历史的进程，深刻地改变了中国的政治格局，而且还改变了顽固与开化势力的对比。此后，主张变革的开化势力占据了主导地位。所以如此，就是因为义和团运动在将旧式农民反洋教运动推上顶峰的同时，也意味着旧式反洋教运动的彻底破产。义和团继承了教门或秘密会社的组织或活动方式，但是它又不是一般的教门或秘密会社组织，而是激烈地反洋人、反洋教、反洋货的下层组织。“义和团以大刀会(金钟罩)、红拳、梅花拳、神拳为前身，其成员多系贫苦农民、佣工、赤贫无产者、黄河一带拉船为生者、渡口撑船者、排水为生者、赶脚驴者、木匠、修伞者、厨役、卖烧饼者、卖馍馍营生者、贩卖笔墨者、卖竹筷者、卖红烟者、卖水烟者、习染坊生意者、开铁铺者、开客店者、已革粮书、营勇、文生教读者，还有众多饥民。”②团民们以道听途说的证据或理由，主观设想着洋教会及传教士的可恶，将他们所身受的种种痛苦皆归因为洋教、洋货和洋人，逐渐由自发的反洋教而走向自觉地武装灭洋。这是一场群众自发的反洋爱国运动，“京畿东南各属，一倡百和，从者如归”③，而“灭洋”则成为这场自发运动里的自觉意识，各处都宣讲着以神道灭洋的通俗话语：“洋人进京四十年，气运已尽，天意该决，故天遣诸神下界，借

① 陈旭麓：《近代中国社会的新陈代谢》，上海人民出版社，1992年，第199～200页。

② 陈旭麓：《近代中国社会的新陈代谢》，上海人民出版社，1992年，第187页。

③ 中国近代史资料丛刊《义和团》(二)，上海人民出版社，1957年，第485页。

附团民之体,烧尽洋楼使馆,灭尽洋人教民,以兴清朝。”[①]

在当时民族危机的情况下,“民族危机成为一种凝聚力,它引导了没有人引导的散漫的小生产者,使旧的社会力量中深层埋藏着的民族斗争精神蓬勃而出。在这个过程中,落后的生产方式和落后的社会意识通过正义的行动而奇迹地展示了自己的活力”[②]。“义和团运动与戊戌变法一样,同是民族矛盾激化促成的事实。但就中国社会的新旧嬗递而言,义和团运动落后的一面又正是戊戌以后的一种历史回流。……义和团因反洋人、反洋教而旁及洋务派、改良派和革命排满者,视为异类。……义和团运动无疑比洋务派、改良派表现了更多的反侵略勇气,但破产小农和手工业者复归自然经济的强烈愿望又使他们的眼界无法越出中世纪。因此,他们在英勇反抗侵略的同时又会本能地守护着二千年来已经陈腐的固有之物。……从爱国主义出发回到中世纪,表现了旧式小生产者在民族自强和近代化变革的重合交织面前所产生的迷惘,这种迷惘又决定了他们会同地主阶级中的最顽固者发生感应。”[③]义和团运动的政治意识与士大夫中的最顽固者颇为接近,其最基本的共同点,就是激烈地反洋人、反洋教和反近代化,两者共同构成中国近代社会最顽固的政治意识。

义和团以神道为武器,邀集传说中的各方神灵,借助诸多道门法术,以神去邪,“如欲赴某村讹抢,则分送传单,先期征召。迨齐集后,逐一吞符诵咒,焚香降神,杂沓跳舞,为首者指挥部署,附会神语,以诳其众,临阵对敌,各插一小黄旗,又以红黄巾布,裹头束腰,胸际佩黄纸符;其头目手执黄旗,或身着黄袍,背负神像,其徒众分持枪刀及鸟枪抬炮;群向东南叩头,喃喃作

---

① 中国社会科学院近代史研究所编:《庚子纪实》,中华书局,1978 年,第 12 页。

② 陈旭麓:《近代中国社会的新陈代谢》,上海人民出版社,1992 年,第 186 页。

③ 陈旭麓:《近代中国社会的新陈代谢》,上海人民出版社,1992 年,第 195 ~ 197 页。

法，起而赴斗，自谓无前”[1]。义和团以神道迷信为最得力的手段，典型地体现了其蒙昧主义的非理性特点，同时又表现了对神的实用主义态度，多元信仰，务求为我所用，用神之法则是邀神附体，施展无敌法术。“习拳者持咒面东南方，三诵而三揖，即昏绝于地。顷之手足伸屈，口作长歔，一跃而起，舞蹈不已。”其咒文有：“天灵灵，地灵灵，奉请祖师来显灵，一请唐僧猪八戒，二请沙僧孙悟空，三请二郎来显圣，四请马超黄汉升，五请济颠我佛祖，六请江湖柳树精，七请飞镖黄三太，八请前朝冷如冰，九请华佗来治病，十请托塔天王金吒、木吒、哪吒三太子，率领天上十万神兵。”[2]红灯照的活动如迎神，成员“皆处女为之，亦安炉奉香。每出行，十十为群，左手执帕右执扇，皆红色，拦街舞蹈，若跑秧歌状。前后黄衣力士护卫，遇行人必使面壁长跪，俟其过尽乃行。其附体之神，则有樊梨花、穆桂英、张桂兰、刘金定等类，亦摭自说部”[3]。义和团“以神道为武器，显示了群体的愚昧，但却是当时的事实。进化论虽东来，然而中国人口的多数所熟悉和信仰的还是孙悟空、黄天霸之类。……万千来自下层社会的人们汇聚在神道观念之下，手执引魂幡、混天大旗、雷火扇、阴阳瓶、九连环、如意钩、火牌、飞剑，勇敢地对抗帝国主义的火炮快枪，在各个过程里，愚昧升华为悲壮”[4]。义和团运动既表达了被侵略民族的愤怒，也展示了反抗侵略的坚强决心，其行动无疑是正义的，但由于其方式及目标的蒙昧性，造成了其活动的野蛮性和落后性。义和团所要实现的是落后而蒙昧的正义。

日本人佐原笃介辑录的《拳事杂记》一书，收录有义和团运动期间衡州

---

① 故宫博物院明清档案部编：《义和团档案史料》（上），中华书局，1959 年，第 93 页。

② 中国社会科学院近代史研究所编：《义和团史料》（上），中国社会科学出版社，1982 年，第 33 页。

③ 中国社会科学院近代史研究所编：《义和团史料》（上），中国社会科学出版社，1982 年，第 34 页。

④ 陈旭麓：《近代中国社会的新陈代谢》，上海人民出版社，1992 年，第 195 页。

"拳匪"代拟的"和约"一件,保留了义和团预期的中外关系蓝图,其中可以清晰地看到其极顽固政治思想的完整表现。"一、各国前所索赔款,一概作废。二、各国应偿中国兵费四百兆两。三、各国兵船已在中国口者,不准驶出。四、各国租价照今加倍。五、将总署交还中国。六、康有为回国治罪。七、所有各国教堂一律充公。八、日本将台湾交还中国。九、德国将胶州交还中国。十、俄罗斯将大连湾交还中国。十一、所有教士各归其国,不准再来。十二、中国仍有管理高丽安南之权。十三、中国海关仍归华人办理。十四、各国使臣来中国者,照乾隆时所定之例入贡。十五、另赔义和拳兵费四百兆。十六、日本也须照乾隆时例,不许进京。十七、华人交通西人,及不遵官场约束者,归朝廷治罪。十八、所有东西洋人与中国官场相见,须行叩头之礼。十九、外人不准在中国游历。二十、俄罗斯西伯利亚及各处铁路,均须拆毁。二十一、英国须将新安九龙交还中国。二十二、各国运来中国货物合应加倍收税。二十三、洋人商船到口者,须先禀明该处守口中国兵官,方准入口。二十四、大米不准出口。二十五、凡货物运往外国者,亦须加倍收税。"①上述议和主张无疑含有收回国权和废除不平等条约的强烈要求,但其欲将中国恢复到乾隆时代的复原意识也同样非常强烈。义和团企图将中国带回到闭关锁国的乾隆时代,并梦想着恢复传统的夷夏关系模式,魂牵梦萦于"贵中华而贱四夷"的康乾盛世。义和团虽然没有顽固士绅那样自觉的纲常意识,但它同样企图以落后于时代的野蛮的东西抵御乃至是梦想着战胜风行世界的资本主义的文明的新东西,在这方面,义和团与极顽固的士绅没有质的区别,而且顽固的士绅本身还积极地参加了义和团运动,并对义和团政治意识的构建起了一定的作用。② 义和团最令人鼓舞的信条就是天灭洋

① 中国近代史资料丛刊:《义和团》(一),上海人民出版社,2000年,第259~260页。
② 参见陈振江:《义和团文献辑注与研究》,天津人民出版社,1985年,第197~207页。

人，而极顽固的官僚如刚毅之流也有同样的认识，并由此而称义和团民为义民。[①] 在这方面，义和团不仅与极顽固的官僚相通，而且也与极顽固的官僚相同。就其政治追求而言，义和团当然也属于当时中国最顽固的逆时代潮流而动的势力之一。[②]

义和团受自身局限，不能理性而客观地分析中国所处的时代环境，也不能理解自身所受苦难的真正原因，从而一股脑地将身受的一切苦难及种种不幸都归因于洋人、洋教和洋货，甚至还以为洋人、洋教和洋货危害中国，已经达到了天怒人怨的地步，于是天神不得不附体拳民助其灭洋，而义和团也因此成为神道的载体。“只因天主教、耶稣教不遵佛法，欺灭贤圣，欺压中国君民。玉皇大怒，收去雷雨，降下八千九百万神兵，义和举传流世界，神力借人力，扶保中国，度化人心，剿杀洋人洋教。”[③]甚至扬言，不传义和团的传单，就会使个体及其家属必受灾祸，不习练义和团之拳者必受刀兵之苦，反之则能受神灵庇护。“传一张免一家之灾，传十张免一方之灾难。倘若见而不传，必有大祸及身。”[④]义和团还将天不雨招致旱灾等自然灾害也归结为洋人和洋教。“天主教由咸丰年间串结外国洋人，祸乱中华，耗费国帑，折庙宇，毁佛象，……万恶痛恨，以及民之树木禾苗，无一岁不遭虫旱之灾。国不泰而民不安，怒恼天庭。”[⑤]义和团还宣称其拳术及法术源自天降之神兵，团民皆能神仙附体，刀枪不入，灭尽洋人，甚为容易。

今上帝大怒，免去雨雪，降下八万神兵，教传义和团神会，特借人

---

① 参见中国近代史资料丛刊：《义和团》（一），上海人民出版社，2000年，第13~15页。

② 此处所谓反动，并不是指反人民，而仅仅是相对于历史前进的方向而言，即逆时代潮流而动者即为反动。

③ 陈振江：《义和团文献辑注与研究》，天津人民出版社，1985年，第20页。

④ 陈振江：《义和团文献辑注与研究》，天津人民出版社，1985年，第18页。

⑤ 陈振江：《义和团文献辑注与研究》，天津人民出版社，1985年，第26页。

力，扶保中华，逐去外洋，扫除别邦鬼象之流。[1] 今以上天大帝垂恩。诸神下降，赴垣设立坛场，神传教习子条，扶清灭洋，替天行道，出力于国家而安于社稷，佑民于农夫而护村坊，否极泰来之兆也。……因以外教邪术迷人，上天恼怒，差众圣下界，赴坛传教子弟。义和团，义者，仁也，和者，礼也。仁礼和睦乡党，道德为本。务农为业，而遵依佛教。[2] 神助拳，义和团，只因鬼子闹中原。劝奉教，真欺天，不精神佛忘祖先。女无节义男不贤，鬼子不是人所添。如不信，请细观，鬼子眼珠都发蓝。不下雨，麦苗干，教堂恨民阻老天。……神出洞，仙下山，扶助大清来练拳。不用兵，只用团，要杀鬼子不费难。[3]

义和团团民及其政治意识主要来自基层，特别是它与秘密会社及教门的关系极为密切，这就造成义和团与极顽固官僚的不同，义和团不像极顽固官僚那样忠于清朝皇帝，而隐隐约约表现出一定的反清意识。每当国家民族危亡的时候，汉族群众及部分士大夫总会涌现出一定的反清意识，维新派在戊戌变法时期有过这样的思想暗潮，革命派则形成了明确而强烈的排满观念，秘密会社及教门更是反清意识的重要储藏所。反清意识的火星在太平天国和革命派排满论者以外虽然没有形成燎原之势，但反清和排满却始终潜在而强势地存在着。正如革命者也曾寄希望于清朝的自强一样，义和团在中华民族与帝国主义列强的矛盾不断尖锐的时候，也选择了同清朝合作，从开始的“反清灭洋”逐渐转化为“扶清灭洋”。当然义和团即使在提出“扶清灭洋”之后，也仍然透露出某种对清政府不满的批评性言论。

---

① 陈振江:《义和团文献辑注与研究》，天津人民出版社，1985 年，第 18 页。
② 陈振江:《义和团文献辑注与研究》，天津人民出版社，1985 年，第 26 ~ 27 页。
③ 陈振江:《义和团文献辑注与研究》，天津人民出版社，1985 年，第 35 页。

我今华帝国以圣教著称于天下,诠释天理,教化人伦,文教所及,光照河山。孰料神州巨变,世风日衰。五世以来,赃官委以重任,官府为买官篱爵者开,惟富者任职于朝中。科举形同虚设,举人秀才埋没于乡里,官位按银价而定。达宫显宦,家缠万贯,皇帝垂涎。大小官吏,辗转盘剥,鱼肉百姓,劫掠民食,陷黎民于水火。衙门败坏、不堪言状。商场行会之中,无钱寸步难行。贿买官吏在所必行。苛捐杂税,名目繁多,一应俱全。贪官污吏,诡计多端,背离三纲,天良丧尽,无法无天。彼等系一丘之貉,目光所及惟不义之财。公理荡然无存,敲诈勒索之外,无所事事。讼案不胜枚举,衙门绝无公断。不行贿买,势必败诉。草芥子民,无处伸冤。百姓横遭杀戮,哭声直达天听,纵有神明贤哲降世,晓以大义,颁发善书,教化百姓,嗟呼!从者寥寥,悟道者谁?邪恶畅行无阻,神道深知世道不古,圣教罔然。今天庭震怒,命诸神降世,不分尊卑,普查人间。罪魁乃当今皇帝,业已后断无人,断子绝孙。满朝文武,花天酒地,纸醉金迷,难以言状,置寡妇孤孀哭声于不顾,毫无悔过从善之心。灾劫临头,尤为甚者。①

当然,义和团最为痛恨的对象仍然是洋人、洋货与洋教,即使是许多现代化的新事物,如铁路、机器、机车、电报、洋枪洋炮、电线杆、电灯等,也由于其是洋人创造或引进的而遭到义和团的心理忌恨。义和团不满西方的"洋鬼挟来邪说,以基督、天主、耶稣诸教相诱,从者芸芸",更反对"该教等灭绝伦常,诡诈多端","嗜利之徒,咸居门下","彼等横施强暴,无所不用其极,致使清官廉吏,腐化堕落,饕餮之徒,尽为奴仆"。尽管洋人善于"修铁路、架电报,制造洋枪洋炮;机器工艺,尤为其乖戾之天性所好,奉机车、气球、电灯为

① 陈振江:《义和团文献辑注与研究》,天津人民出版社,1985 年,第 50 ~ 51 页。

上品。洋人虽出入乘轿，与其身份大相径庭，我中华百姓视之为天谴蛮夷，天帝方遣神佛下界灭洋。首批下界战魔谴顽者乃红灯照、义和拳。焚烧洋楼，修复庙宇，尽毁洋货，斩尽妖魔，端正教化，尊圣崇贤，使圣哲之教光大发扬”①。“先将教堂烧去、次将电竿毁尽；邮政报房学堂，自当一律扫净。”②如此，义和团就与极顽固的官僚在驱逐洋人、洋货、洋教等方面形成一致性认识，并由此而与极顽固的官僚进行政治合作，从而自称忠臣，而被极端顽固官僚赞誉“义民”。“我皇即日复大柄，义和团民是忠臣。只因四十余年内，中国洋人到处行。三月之中都杀尽，中原不准有洋人；余者逐回外国去，免被割据逞奇能。”③

义和团以天地之正气自诩，其行动则以无上天意为依据，自称神拳、神兵，并自以为执行的是天刑，企图以天假之神器驱逐洋人、洋教和洋货，并由此而谴责将洋货引入中国的洋务派和提倡学习西方的《国闻报》等报纸、杂志，他们以为驱除了洋人、洋教和洋货以及主张学习洋人的人或杂志等，就可以立致太平。“义和团为天地正气，受术于神，传之于人，刀剑不入，枪子不中”，义和团自以为能够“芟除洋人”，标榜“歼灭洋教，由北迄南，所向无敌”。④ “本帅所统神兵，不日由京到宁。”⑤“天意既定，扫除立行，三年之内，大功名成。作恶者难逃此劫，天帝慈悲之心，人人可见。天机玄妙，不轻易示人，惟太平之世，指日可待，即在癸卯之年。”⑥“《国闻报》上多谬妄，乱语胡言任意登，该报因有日人保，故敢造谤诋我们。兹特示尔《国闻报》，此后下笔要留神，倘敢再有诽谤语，定须毁屋不留情。”“众家弟兄休害怕，北京今

---

① 陈振江：《义和团文献辑注与研究》，天津人民出版社，1985 年，第 51 页。
② 陈振江：《义和团文献辑注与研究》，天津人民出版社，1985 年，第 55 页。
③ 陈振江：《义和团文献辑注与研究》，天津人民出版社，1985 年，第 35 页。
④ 陈振江：《义和团文献辑注与研究》，天津人民出版社，1985 年，第 58 页。
⑤ 陈振江：《义和团文献辑注与研究》，天津人民出版社，1985 年，第 55 页。
⑥ 陈振江：《义和团文献辑注与研究》，天津人民出版社，1985 年，第 51 页。

有十万兵;特等逐尽洋人后,即当回转旧山林。”①“神兵逐尽洋人,从此天下安宁。”②

义和团的政治意识乃是典型的中国小生产者的政治意识:一方面,它具有下层社会所特有的诸多蒙昧特征,表现为以迷信愚昧的神道为其理论武器;另一方面,它又表现了小生产者视野的狭隘性,不能正确区别洋人、洋货、洋教与近代化新生事物,对一切非传统中国所有的新生事物皆采取了坚决排斥的做法。义和团运动乃是中国作为一个小生产者的天朝大国对西方侵略中国的情绪性反应的高潮,具有强烈的非理性特点;而且义和团运动的理念和方式更多地受到巫术迷信、秘密会社和教门组织的影响,搅动了社会各阶层的非理性潜意识,席卷着众多的下层民众身不由己地参与其中,形成了反洋人、反洋教的狂飙。义和团与清政府中的极顽固官僚虽然有共同的反洋意识,但两者之间又有明显的不同。义和团“反洋”的主要动机是爱国主义,而极顽固官僚“反洋”则是为了维护清廷的尊严。两相比较,极顽固官僚的反洋意识及活动要远比义和团自觉地多,义和团运动之所以能够有燎原之势,极顽固官僚的默许、鼓励和操纵在其中具有决定性影响。义和团的活动在许多地方都有大量的清兵参与,甚至义和团某些出格行为的行为主体就是禀受上级命令的清兵。清兵作为下层群众当然与义和团团民有太多的本质共同点,因此他们很容易受到义和团狂飙的裹挟而义和团化,而清兵的义和团化则加强了义和团的武装攻击能力和攻击欲望。但蒙昧绝不可能从根本上战胜理性,迷信也绝不可能真正地打败科学。义和团运动后的和约,使中国失去了更多的利权,激进主义逐渐流行,政治共识日趋匮乏,大的动乱一触即发。

① 陈振江:《义和团文献辑注与研究》,天津人民出版社,1985 年,第 35 页。

② 陈振江:《义和团文献辑注与研究》,天津人民出版社,1985 年,第 55 页。

第四章 辛亥前后二十年政治思潮

义和团运动后签署的《辛丑条约》，不仅使中国丧失了更多的利权，而且大大加重了人民的负担，使社会衰败的颓势更加严重，社会各阶层的不满迅速膨胀，民变、动乱、风潮此起彼伏。清政府也日益认识到变法维新的重要性，快速地推出了各项重大的改革举措，但迅猛的改革举措立刻遭到强势既得利益者的顽强反抗，从而一切本应迅速改革的地方因无法推进而陷于停顿，而一切涉及弱势群体需要花费巨额财力的改革则因反抗不及时而急速推进。[①] 新政的推行迅速地制造出了自己的坚决反对者。反对者反对新政的理由既有不愿变革的因素，也有急速变革造成的难以为生的原因，而且更有政治参与需要得不到满足的原因。

新政为了获得必要的知识及人才支持，不得不提倡留学外国，而朝廷以为留学地应首选实行君主立宪体制的东邻日本，而且留学生所学的专业多为法政、军事。但是当时的日本却是中国政治革新势力的栖息地，许多杰出的政治活动家在日本从事政治宣传。中国不可避免地出现了许多政治上强烈要求革新的新知识分子，其中许多人后来都成了政治、军事方面的骨干。[②]

---

① 官制改革中许多当革除的机构都以“无庸议”而得以保留，如内务府、军机处等；许多需要花费大量财力的改革因财政不能支持，而不得不大量摊派，以致民怨沸腾，地方自治中的许多措施都如此。

② 王晓秋、尚小明主编：《戊戌维新与清末新政——晚清改革史研究》，北京大学出版社，1998年，第143～168页。

这些军事方面的专家与清王朝的统治者在政治追求上存在明显差距，这就为新军的革命化提供了有利条件。值得注意的是，许多留学日本的学生根本无意好好学习专业知识，而多热衷于参加各式各样的政治集会，参与改良与革命的争论，从而在思想上与清朝越来越远。[1] 另一方面，新政鼓励实业的政策也制造了自己的激烈的反对者，新的民族资本家即使不是清朝的坚决反对者，也起码是一个持不同政见者，他们屡屡向朝廷提出政治改革建议及政治参与诉求，但是朝廷却并不乐见他们，而是不断地拒绝、持续地镇压，企图使新的资本家阶层就范。而资本家并不畏惧，且似乎绝不妥协，久而久之，民族资本家就成了清王朝的异己政治势力。

随着清王朝新政的逐渐推进，它的同路人愈发减少，而它的异己者则一日多过一日，其合乎逻辑的结果只有一条，那就是垮台。这并不是什么必然的历史宿命使然，而是清统治者昧于大势、不善于驾驭全局且过于自私的必然结果。[2] 清统治者的不良作为，最终令所有对它曾寄予希望的人都深感失望，使多数急于救国的仁人志士别无选择地站在革命势力一边。

辛亥前后二十年的政治思考及政治争论大多以政体选择为背景或主题，这说明中国采取什么政体已经被视作国家能否强盛的决定性因素，许多人以为政体问题一旦解决，中国社会的许多棘手问题就可以迎刃而解。但是当时中国各个阶层在采取什么政体上却存在严重分歧，甚至难以形成基本共识。所以如此，其原因不外以下四点：

其一，人们普遍对清政府表示失望，许多政体选择方案之所以被作为选项，就是因为人们对清政府的深深失望，孙中山就是在主张改良不成之后才

---

① 参见[日]实藤惠秀：《中国人留学日本史》，潭汝谦、林启彦译，生活·读书·新知三联书店，1983 年，第 339 ~ 427 页。

② 参见高旺：《晚清中国的政治转型：以清末宪政改革为中心》，中国社会科学出版社，2003 年，第 136 ~ 160 页。

迈上革命道路的,主张中国的问题非推翻满清不能解决。其二,清政府在改革政治方面缺乏诚意,敷衍推诿,瞒天过海,企图行"换汤不换药"之术,导致人们普遍怀疑其政治诚意。其三,清政府昧于大势,不识大体,不能顺应时代的潮流,破坏满、汉、蒙古等多民族的政治平衡,导致汉人大汉族主义复起,失去汉人的政治信任。其四,世界上已经出现现代政治的不同形态及相应的理论,这些理论影响了不同政治需求的中国新阶层,使他们做出了完全不同的政体选择。

各阶层对各自的政体选择方案几乎都极为自信,而且对异己的选择多不能抱同情的理解,企图完全以自己的选择为中国唯一的选择,是己非人的政治争论此起彼伏,非常热闹。争论的各方既不能相互宽容、相互理解,也不能相互沟通、相互妥协,于是,争论的目的并不是形成妥协共识,而是相互批驳以达到一家理论的独尊,其结果只能是随着争论的深入而致使政治共识进一步缺乏。[①] 一个政治共识日益匮乏的社会,必将是一个行将陷入大动乱的不安全社会。[②] 也许当时的权贵和参与争论的俊杰之士并没有意识到此,但随后的结果则刚好证明了这一点。辛亥前十年逐渐弱化而瓦解的政治共识在中华民国建立以后长期空缺,以致中国社会一直因政治共识的匮乏而纷争不已,最终还是由战争替人民在政体上做出了选择,以强力形成政治共识了结。

社会共同体,特别是一个转型中的社会共同体天然地需要一个稳定而开明的政治体系,如果政治体系不够开明,它就不能引导社会转型,如果政治体系不够稳定,社会共同体就不可能在决定性领域产生有意义的进步,从

---

① 参见高旺:《晚清中国的政治转型:以清末宪政改革为中心》,中国社会科学出版社,2003年,第228~230页。

② 参见[美]塞缪尔·亨廷顿:《变革社会中的政治秩序》,李盛平等译,华夏出版社,1988年,第337页。

而无法自觉实现其现代化。[①] 政治体系是社会共同体的重心，它的稳定乃是社会共同体稳定的前提，政治体系轻微的颤动都会导致社会共同体的剧烈震动，而政治体系的瓦解则直接导致社会共同体的瓦解，并使社会共同体失去起码的公共强制和安全保护，陷社会于混乱状态。[②] 因此，政治体系的维系在任何社会都是一件极为重要的事情。政治体系的维系虽然不能没有强权，但它最有效的维系者却是政治共识。

从政治契约论的角度来看，政治体系的最直接来源就是人民的授权，而人民授权的必要条件则是社会的政治共识，如果缺乏政治共识或政治共识不足，那么人民授权的工作就不可能实现。政治强权产生的逻辑基础是公意，而体现公意的最重要的媒介就是共识，即政治强权开始于公意，经过共识，最后形成制约性强权。如没有政治共识，就不可能有令人信服的合法政治强权，而没有合法的政治强权，政治体系就将陷入瘫痪状态，疲惫乏力，混乱不堪，不能或无从有效地调节、调整、控制社会，从而失去作为社会共同体重心的作用，陷社会共同体于大动乱状态。政治体系一旦失去社会重心的地位，其对社会的起码良性能动性也就几乎荡然无存。政治体系在社会生活中的作用相当于人的理性在社会实践中的作用，具有一定的能动性。人们从历史上的经验中不止一次看到政治体系能动性的质量对社会发展产生的巨大影响，凡是政治体系的能动性质量优良并且能够尽情展示自己能动性的社会，其发展的速度和质量一般都比较高，能够在短时间内取得巨大进步；反之，凡是政治体系的能动性质量低劣且发挥过程受到重重阻力的社

---

① 明治维新与戊戌变法的比较，恰好说明了开明而稳定的政治系统的极端重要性。日本的自强维新之所以成功，其稳定开明的政治系统起了决定性作用；中国的自强维新之所以失败，政治系统的不开明或不稳定是关键。晚清政权顽固不化，愚昧而固执，不具有领导一场现代化变革所必需的起码的开明；民国政权则不仅极端不稳定，而且缺乏应有的权威和号召力，同样不能胜任现代化变革的领导重任。

② 参见张师伟：《政治学基本理论》，陕西人民教育出版社，2006 年，第 108 ~ 109 页。

会，其发展的速度和质量一般都比较平庸，而那些政治体系能动性的质量严重脱离社会发展趋向的社会，其发展很可能长期迟滞不前，严重的还会人为地错失发展良机而造成社会灾难。政治体系的能动性不能表现为良的一面，即必然表现为恶的一面，表现良的方面少，即必然表现恶的方面多。

辛亥革命后很长时间内，政治体系没有社会共识的支持，也没有社会共识的约束，其能动性显然缺乏良性，而表现为明显的恶性。一方面政治体系过分吸食民脂民膏，而不回以起码的报答；另一方面，社会根本无法影响政治体系，而政治体系又一味忙于相互倾轧，根本不顾及民生幸福。辛亥革命推翻了帝制，但是却并没有真正地还政于民，甚至还使帝制时代的民本传统也不得其用，却将政治强权交到了军阀、政客之手，致使政治强权失去了起码的公共性。它虽然实现了选举政治，却根本无须以民意为基础，更不必政治共识的支持，而只需看军阀、政客的脸色。即使军阀不在了，只要社会的政治共识还不能有效达成，就还会有无耻无聊的政客，故意撕裂社会的共识，以实现其不可告人的卑鄙目的。①

社会共同体只要没有足够的政治共识，只要其政治体系可以不顾及政治共识，只要政治共识还不能有效约束政治体系，不管采用什么样的政体，都不可能实现真正的民主，而且也绝不可能有真正服务于社会的政治体系。这就是辛亥革命以来民国政治的基本经验。② 辛亥革命酝酿的十年实在是有非常意义的十年，革命成功固然为这十年重要的成果，但其教训似乎更为

---

① 台湾当前各派虽仍宣誓忠于所谓“宪法”，但却都有不少违宪之言论，竟无人追究，其故安在？实际上，这正说明了社会各界政治共识的极端重要性，如宪法不反映社会的政治共识，那么它不过是一纸虚文；无视社会各界的政治共识既不会有真正有效的宪法，也不会有真正的宪政。自袁世凯以来，中国政坛即不断有政治流氓出现，他们故意撕裂社会的政治共识，破坏宪政的基础，颠覆宪政的规范，以实现个人的权力欲望。辛亥革命以来，中国盛产政治流氓，前有袁世凯、蒋介石，后有李登辉、陈水扁等，以致中国宪政长期不能成熟起来，甚至以民主自诩的台湾在“宪政”方面依然很幼稚。

② 辛亥革命以来，中国尝试了世界上不同类型的宪政体制，仿照各国制定了许多宪法，但却没有真正成功的民主宪政。有宪法而无宪政，这在西方各国是不能想象的，但在中国确是不能置疑的确凿事实，即使今日之台湾，也仍然有所谓“宪法”而不守，而彼尚以民主自诩。

揪心。十年中教训多多，而其中荦荦之大者则有以下四点：

其一，社会共同体必须高度重视政治共识，千万不能故意炒作关键性议题，不能故意制造和加深重大分歧，必须搁置有争议的重大问题，一切讨论均以求同存异、以形成和增加政治共识为目的；反之就会产生瓦解共识、肢解社会的严重后果。

其二，当权者务必要正视客观存在的政治问题，并有雅量接受有根本分歧的不同意见，允许并鼓励研究者解决存在问题者，既不必巧言掩饰，自以为是，更不能不许讨论，拒谏饰非；在野者要善意理解当权者，充分考虑事情的复杂性，万毋视复杂事过易，以为诸事皆可一蹴而就。

其三，政治共识的形成必然是不同意见交流沟通的自然产物，不必也绝不能强人所难，更不能抱非接受不可的强制态度，且忌居高临下以教师爷自居，切记政治共识只能是多数人共同形成、共同接受的政治认识，政治共识的形成必须经历一个公共过程，逃避或虚化公共过程，就不可能形成真正意义上的政治共识。

其四，不要轻易瓦解已经存在的政治共识，即使改革也应该充分考虑现有政治共识的社会价值，尤其是政治共识中的价值性认识，更是只能在求同存异的基础上逐渐谋求共识的转型，否则就会抽调政治的价值基础而陷政治于不义，政治也会由此而成为脱缰的野马横行于世，为非作歹。

总之，重大的选择要舍得花时间、花精力，务必慎重其事，集思广益，以收众志成城之长效。唯有众志成城，才能凝结政治共识；唯有强势的政治共识，才能有效整合社会，并遏制个人野心，以实现真正的法治。

一、晚清新政及其立宪政治思想

美国学者吉尔伯特·罗兹曼主编的《中国的现代化》指出：

> 义和团造反就可标志着以坚决排除现代思想和现代技术的途径来解决中国问题的最后一次努力。当国际救援部队一路达到北京时，这场排外救国的努力即被证明是失败了，结果各国公使馆被救，朝廷出逃。一年后中国和十二个国家签订的《庚子协定》构成中国与外部世界关系史上的一个分水岭。它表明列强对中国主权和财政收入的控制达到了最高点，但它也结束了在各条约国之间瓜分中国领土的议论。《庚子协定》也使顽固保守派中最排外的人士深信，中国迫切需要推行彻底的制度性变革计划，因此他也标志着一系列政府改革的开端。①

> 清末新政是以自下而上的推动和自上而下的改革双向互动的方式出现的。清政府原想借此实现王朝的自我挽救，但新政非但没有延长它的寿命，从某种意义上说还加速了它的灭亡。……何以会如此？……清末立新制而不易旧人，由曾与改革为敌的人物来推行新政……不仅冲淡了新政的革新色彩，而且限制了新政的历史展开。……一切改革的推进都必然会碰到来自既得利益和传统文化这两方面的阻力。……在近代中国，这双重阻力表现得尤其明显！②

新政失败固然有许多复杂的原因，但是其政治指导思想的偏颇毕竟不能辞其咎。新政在内容上虽然既继承了洋务运动的“衣钵”，又继承了戊戌变法的成果，而且在许多方面都有超越戊戌变法的不凡表现，但在政治指导思想上却更多地继承了洋务运动，而不是戊戌变法。新政在政治指导思想上的偏颇在办理新政伊始即已确定，并一直延续至其终了。

1901 年 1 月 29 日，清廷在西安发布新政上谕，正式拉开晚清十年新政

---

① ［美］吉尔伯特·罗兹曼主编：《中国的现代化》，“比较现代化”课题组译，江苏人民出版社，2005 年，第 197 页。

② 陈旭麓：《近代中国社会的新陈代谢》，上海人民出版社，1992 年，第 253 ~ 256 页。

改革的序幕。新政上谕指出：

世有万古不易之常经，无一成不变之治法。穷变通久，见于大易，损益可知，著于论语；盖不易者三纲五常，昭然如日星之照世，而可变者令甲令乙，不妨如琴瑟之改弦。伊古以来，代有兴革……大抵法积则弊，法弊则更，要归于强国利民而已。自播迁以来，皇太后宵旰焦劳，朕尤痛自刻责。深念近数十年积习相仍，因循粉饰，以致酿成大衅。现正议和，一切政事，尤须切实整顿，以期渐图富强。懿训以为取外国之长，乃可补中国之短；惩前事之失，乃可作后事之师。自丁戌以还，伪辩纵横，妄分新旧，康逆之祸，殆更甚于红拳，迄今海外逋逃，尚以富有贵为等票，诱人谋逆，更藉保皇保种之妖言，实为离间宫廷之计。殊不知康逆之谈新法，乃乱法也，非变法也。……今者恭承慈命，壹意振兴，严禁新旧之名，浑融中外之迹。我中国之弱，在于习气太深，文法太密，庸俗之吏多，豪杰之士少。文法者庸人藉为藏身之固，而胥吏倚为牟利之符，公事以文牍相往来，页毫无实际，人才以资格相限制，而日渐消磨，误国家者在一“私”字，困天下者，在一“例”字。至近之学西法者，语言文字、制造器械而已，此西艺之皮毛，而非西政之本原也。居上宽，临下简，言必信，行必果，我往圣之遗训，即西人富强之始基。中国不此之务，徒学其一言一语、一技一能，而佐以瞻徇情面、自利身家之积习，舍其本原而不学，学其皮毛而又不精，天下安得富强耶？总之法令不更，锢习不破，欲求振作，当议更张。

诏书要求朝廷中的“军机大臣、大学士、六部九卿、出使各国大臣、各省督抚，各就现在情形，参酌中西政要，举凡朝章国故、吏治民生、学校科举、军政财政，当因当革，当省当并，或取诸人，或求诸己，如何而国势始兴，如何而人才始出,如何而度支始裕,如何而武备始修,各举所知,各抒所见"①。

此上谕比较清晰地论述了新政的政治指导思想,其中虽然浸润着经历苦难之后所特有的反省,并且也确实扩大了学习西艺、西政的范围,但其核心思想则仍不出张之洞在戊戌变法时期提出的"中体西用",表示要坚决维系三纲五常。清末新政的政治指导思想明显不同于康有为、严复等的变法维新思想,而新政主持者以康有为等的变法为乱法,其根本原因恐怕就在于两者之间存在着反对或提倡儒家三纲五常的重大区别。

清末新政在前期的主要内容为社会管理体制方面的改革,政治体制改革进展缓慢,且极为保守。社会管理体制的改革主要是革除了妨碍社会进步的旧的社会事业,废除了若干旧的社会事业管理办法,仿照西方各国办理了许多新型的社会事业,制定了新型社会事业的基本法律规范。新政前期社会事业及其管理体制改革,主要依据湖广总督张之洞和两江总督刘坤一联衔发出的《江楚会奏变法三折》②。《江楚会奏变法三折》的政治指导思想出自张之洞。1901 年 3 月,张之洞致电西安行营,昌言变法,主张在政治上学习西方。

> 大抵今日环球各国大势,孤则亡,通则存。故欲救中国残局,惟有变西法一策,……益必变西法,然后可令中国无仇视洋人之心;必变西法,然后可令各国无仇视朝廷之心;且必政事改用西法,教案乃能消灭,商约乃不受亏,使命条约乃能平怨,内地洋人乃不敢逞强生事;必改用西法,中国吏治、财政积弊乃能扫除,学校乃有人才,练兵乃有实际,孔孟之道乃能久存,三皇五帝神明之胄乃能久延,且康党、国会之逆党乱

① 中国近代史资料丛书:《义和团》(四),上海人民出版社,2000 年,第 81 ~ 82 页。

② 《江楚会奏变法三折》包括三折一片:《变通政治人才为先尊之筹议折》《尊之筹一变法谨拟整顿中法十二条折》《尊之筹一变法谨拟采用西法十一条折》及《请专筹巨款举行要政片》。

民始能绝其煽惑之说，化其思乱之心……若不趁早大变西法，恐回銮后，事变离奇，或有不及料者。[1]

《江楚会奏变法三折》的第一折主要论述了"兴学育才"，不仅指出了"兴学育才"的重要意义，而且还提出如何"兴学育才"的具体措施。"窃为中国不贫于财而贫于人才，不弱于兵而弱于志气。人才之贫，由于见闻不广，学业不实；志气之弱，由于苟安者无履为救亡之远谋，自足者无发愤好学之果力。保邦制止，非人无由。"[2]兴学育才的主要措施有四个方面：一是普遍设文武学堂，州县设小学及高等小学，府设中学，省城设高等学校，京师设京师大学；二是酌改文科，变通科举考试，头场考试以中国政治、史事为限，名曰博学，第二场考各国政治、地理、农工、武备和算学，名曰通才，第三场考四书五经，名曰纯正；三是停罢武科；四是奖励游学，尤提倡赴日留学。第二折和第三折分别阐述"除旧弊"和"行新法"。所谓"除旧弊"就是"整顿中法"，其主要内容有：崇节俭、破常格、停捐纳、课官重禄、去胥吏、去差役、恤刑狱、改选法、筹八旗生计、裁屯卫、裁绿营、简文法等，目的是改善用人政策，变通吏部的选官制度，清除吏治腐败，建立廉洁政府，改良司法，革除弊政等，调整满汉关系。所谓"行新法"就是采用西法，学习西方，主要内容有：广派游历、练外国操、广军实、修农政、劝工艺、定矿律及路律与商律、用银元、行印花税、推行邮政、官收洋药、多译东西各国书等。[3]

新政前期政治体制改革的内容非常有限，而且主要以革除弊政的整顿旧法为主，并在洋务运动的基础上设置了一些新的机构，但总规成效很有

① 张之洞：《致西安鹿尚书书》，《张文向公全集（电牍50）（卷171）》，第23页。

② 转引自李细珠：《张之洞与清末新政研究》，上海书店出版社，2003年，第98页。

③ 参见李细珠：《张之洞与清末新政研究》，上海书店出版社，2003年，第100~104页。

限,距离现代宪政还有很大差距。[①] 清朝中枢或许整体上没有行宪的意识,但开明官僚如张之洞等则早有仿行西方议院的立宪想法,只是认为中国目前的条件很不成熟而不主张马上施行。1901 年 2 月,张之洞指出:

> 变法有一紧要事,实为诸法之根,言之骇人耳。西法最善者,上下议院互相维持之法也。中国民智未开,外国大局茫然,中国全局本省大事亦茫然,下议院此时断不可设。若上议院则可仿行,督抚由司道府县公举,司道由府县公举,但不能指定。京官除枢府不敢轻议外,部院堂官由小九卿翰林科道部属公举,科道由翰林部属公举,司员掌印由本部候补者公举。每一缺举二三员,候钦定。岂不胜于政府数人之心思耳乎?推之各局总办,亦可由司员工匠公举,惟武将不在内。总之,利多害少,贿赂情面庸劣尸位之弊必可绝矣。姑妄言之,请诸公略本此意而悬一可行之法。[②]

但是立宪乃是清末新政回避的核心方面,诸多社会事业及其管理体制的改革不过是立宪的前奏和铺垫。人们积数十年遭遇而获得的重要经验就是,如果不能实行政治体制方面的改革、实行宪政,那么中国就不能扭转继续下滑的颓势,更不可能真正自强,甚至也不可能挽救王朝的危亡。特别是日俄战争以后,君主立宪的日本战胜了君主专制的俄国,更是鼓舞了国人行宪的意识,使实行宪政成为社会多数开明阶层的政治共识。[③] 因此,新政的后半期的主要焦点就是实现宪政。清朝中枢人物也逐渐认识到只有社会事

① 1901 年至 1905 年,清政府持续发布上谕,提出推行的“新政”不下三十余项,主要内容有“废科举,办学校,派游学”和变官制等,其中较为突出的改革措施有编练新军、改革教育和修订刑律等。

② 张之洞:《张文向公全集(电牍 50)(卷 171)》,第 23 页。

③ 参见陈旭麓主编:《近代中国八十年》,上海人民出版社,1983 年,第 455 ~456 页。

业及其管理体制的改革，不仅不能实现梦寐以求的国家自强，而且也不能挽救王朝的危亡。中国必须立宪逐渐成为当时社会的主要舆情，而统治者也不得不准备立宪。

晚清新政中的宪政改革既是焦点问题，也是难点问题，还是新政改革的核心问题，主持改革者始终抱有洋务运动的指导思想，企图维系传统三纲五常的伦理及相应的孔孟之道，尤其是维系其中的君上大权，而对于兴民权等则始终不肯松口。另外，满人执政的朝廷开始有意识地剥夺汉族辅臣、督抚的实权，有意识地排除汉人，并企图以军事暴力吓阻民众的民权需求，一而再再而三地拒绝、愚弄、欺骗，终于将民众对清朝的希望扑灭，致使王朝贵胄由于缺乏立宪的诚意而屡屡失信，以致最后陷于孤立无援境地，呼天天不应，叫地地不灵。清廷的立宪始终抱皇权神圣的理念，以期维护摇摇欲坠的王权，而对于民权则很冷漠。这说明清廷的立宪并不是已认清国内外形势后的自觉举动，而是出于王朝自卫的敷衍举措，既无诚意，也极不认真。这点用意从其有行宪意识之初就已经暴露无遗。1905 年 7 月 16 日，清廷颁布上谕指出："方今时局艰难，百端待理。朝廷屡下明诏，力图变法，锐意振兴。数年以来，规模虽具，而实效未彰。总由承办人员，向无讲求，未能洞达原委，似此因循敷衍，何由起衰弱而振颠危。兹特简载泽、戴鸿慈、徐世昌、端方等，随带人员，分赴东西各洋，考察一切政治，以期择善而从。"①同月 27 日，清廷再下上谕增派"商部右丞绍英，随同出洋，考察各国政治"②。后来由于发生了革命党人吴樾在北京火车站刺杀考察宪政大臣之事，清廷对考察宪政的大臣进行了调整，尚其亨、李盛铎代替绍英和徐世昌，会同原先的载泽、戴鸿慈、端方，重新组成考察政治五大臣，由载泽和端方分别领队，于

① 《大清德宗景皇帝实录》，卷 546。

② 《大清德宗景皇帝实录》，卷 546。

1905年12月，分两路出洋考察政治。考察政治五大臣都是对清王朝忠心耿耿的保皇派，他们或者是慈禧亲信的汉大臣，或者是满人亲贵。载泽和端方分别就考察政治所作的呈报，体现出清王朝考察各国宪政的用意及政治指导思想，乃是消弭革命风险以保持至上君权。

载泽、尚其亨、李盛铎先后考察了日本、英国、法国和比利时四国，中间游历了美国。载泽十分推崇法国集大权于政府、集大权于中枢的体制。载泽重点考察并着力推荐的政治体制乃是日本式的君主制。载泽等认为："大抵日本立国之方，公议共之臣民，政柄操之君上，民无不通之隐，君有独尊之权。"①端方、戴鸿慈先后考察了美国、德国、奥匈帝国、俄国和意大利五国，其中在德国停留时间最久，中间游历了英国、法国、丹麦、瑞典、挪威、荷兰、比利时等，其结论与载泽大致相同。端方等认为，美国的民主政体与清朝的君主政体不同，不存在借鉴问题。"大抵美以工商立国，纯任民权，与中国政体不同，本属不能强同。"②"德国以威定霸不及百年，而陆军强名集振欧海。揆其立国之意，专注重于练兵，故国民皆忧尚武精神，即无不以服从为主义。至于用人行政，则多以兵法部勒。其间气象森严，规矩整肃。……盖其长处：朝无防民之政，而国体自尊；人有独立之心，而令不甚猛。""日本维新以来，事事取资于德，行之三十年遂致勃兴。中国近日歆羡日本之强，而不知溯始穷源，正当以德为借镜。"③

端方实际上主张学习德国，以练兵为先，掌握强大的武装镇压力量，维护朝廷的地位和权威，以确保在行宪时处于有利地位。总之，考察政治大臣所做的呈报体现出王朝维系者的自利性，将维系君上大权作为改革政治的主要目的，尽可能找到舶来的根据以保持绝对的皇权。五大臣考察政治最

---

① 韦庆远、高放、刘文源：《清末宪政史》，中国人民大学出版社，1993年，第121页。
② 《在美考察情形折》，见《端忠敏公奏稿》（卷6）。
③ 《到德考察情形折》，见《端忠敏公奏稿》（卷6）。

大的收获就是确信政治制度必须学习外国，宣传了宪政优越于专制，主张实行宪政，以挽救王朝的危亡。

载泽在给朝廷的单衔密奏中指出：以今日之时势言之，立宪之利有最重要者三端：一曰皇位永固，立宪国君主神圣不可侵犯，不负行政责任，行政有失，议会反对或弹劾，皆由大臣负责，政府可更迭，大臣可罢免，于皇上大权丝毫无损；二曰外患减轻，现时迭受外人欺侮，主要因国体专制，外人认为不开化，故轻视，改立宪政体，必转而尊敬，变侵略为和平；三曰内乱可弭，革命排满之说盛行，会党纵横，其所以能号召人者，在政府专制，官皆民贼，吏尽贪人，民为鱼肉，无以聊生，故相从革命，改立宪政体，清除上述弊端，革命之说再不能见信于人，革命之乱自然就消解。[①] 载泽、端方等一致认为，仿行立宪可以有效地拯危扶倾，舍此别无更好选择，但又认为清朝不能立即进行立宪。端方明确指出：

> 中国数千年来，一切制度文物虽有深固之基础，然求其与各立宪国相合之制度可以取而用之者，是不甚多。苟不与以若干之预备，而即贸然从事仿各国宪法制定而颁布之，则上无此制度，下无此习惯，仍不知宪法为何物，而举国上下无奉行此宪法之能力，一旦得此，则举国上下扰乱无章，如群儿之戏舞，国事紊乱不治，且有甚于今日，是立宪不足以得安，而或反以得危也。[②]

1906年9月，清廷正式颁布上谕宣布预备立宪。其文曰：

---

① 参见耿云志等：《西方民主在近代中国》，中国青年出版社，2003年，第99页。

② 韦庆远、高放、刘文源：《清末宪政史》，中国人民大学出版社，1993年，第137页。

> 各国之所以富强者,实由于实行宪法,取决公论,君民一体,呼吸相通,博采众长,明定权限,以及筹备财用,经画政务,无不公之于黎庶,……时处今日,惟有及时详晰甄核,仿行宪政,大权统诸朝廷,庶政公诸舆论,以立国家万年有道之基。但目前规制未备,民智未开,若操切从事,涂饰空文,何以对国民而昭大信。故廓清积弊,明定责成,必从官制入手,亟应先将官制分别议定,次第更张,并将各项法律详慎厘定,而又广兴教育,清理财务,整饬武备,普设巡警,使绅民明悉国政,以预备立宪基础。[①]

预备立宪期间,端方、戴鸿慈上奏提出了受到立宪派思想较大影响的官制改革方案,其主要内容涉及责任内阁制、改革中央各部、中央与地方适度分权、地方行政系统改革、司法独立等,但该上奏如泥牛入海,[②]可见,清廷对此官制改革建议缺乏起码的兴趣。不过,清廷设立的新官制编制馆仍然不顾反对派的坚决反对,编制了主张分权的官制改革方案。但这一方案不幸被慈禧太后搁置而代之以基本完整保留旧体制的官制改革方案,拒绝了立宪国家官制的基本通例,其改革的主要部分基本保持原状,而其他更重要的部分则推诿、拖延和拒绝改革。

"内外官制的改革,成效未著,而矛盾却因而加剧。其重要的后果是暴露出清廷的预备立宪缺乏诚意。"[③]清廷甚至预备在立宪以后也照旧不给予民众以基本人权,而仅仅是惦记着君主的至上大权。《钦定宪法大纲》清楚地表明了这一点。《钦定宪法大纲》分两部分,第一部分是君上大权十四条,第二部分是附臣民权利义务九条,其宗旨则不外是维护清朝皇帝永远享有

---

① 《大清德宗景皇帝实录》(卷562)。

② 参见耿云志等:《西方民主在近代中国》,中国青年出版社,2003年,第100页。

③ 耿云志等:《西方民主在近代中国》,中国青年出版社,2003年,第104页。

至高无上的不受制约的统治权。在清廷的宪政方案中，即使是议会性质的机构，充其量只能是传统议郎或谏议大夫之类的言官，而根本不是立宪政体中的代议制立法机关。

> 清王朝许诺将来要设立的议院，不是立法机关，不具备立法权，而仅是有限范围的议政机关，可以空发议论的清谈馆。它对皇室、对内阁、人事、财政诸方面均无任何实际的立法或监督权力。……经过精心谋划，设立这样的议院只能是为“君主立宪”装点门面，起麻痹人民的摆设作用。①

清廷在立宪预备的九年间设立了详细的预备立宪清单，逐年列举了需要办理的九十二件变革大事，主要内容可以归为十四个大项，按先后次序编排，显示了变革的着手处：

> 一曰设立咨议局、资政院，二曰调查户口，三曰编纂法典，四曰司法独立，五曰办理巡警，六曰办理地方自治，七曰编订官制、官规，八曰清理财政，九曰编国民课本，十曰变通旗制，十一曰设立行政审判院，十二曰设弼德院，十三曰颁布宪法，十四曰颁布议院法及选举法。②

清单中列举的许多事并无诚意而仅为充数，且故意拖延给民众带来直接利益的改革事项，并且企图绕开难点问题，避重就轻，在开国会和设立责任内阁等重大事项上，清廷却一直“顾左右而言他”，不仅屡屡拒绝开国会的呼

---

① 韦庆远、高放、刘文源：《清末宪政史》，中国人民大学出版社，1993 年，第 259 页。

② 沧江（梁启超）：《论政府阻挠国会之非》，见《辛亥革命前十年史论选集》（第三卷），第 638 页。

吁，而且还武力镇压请开国会的请愿运动，最后在万般无奈的情况下又搞出了一个皇族内阁，混淆视听，愚弄民众，企图蒙混过关。预备立宪清单所列举的立宪预备，不仅内容残缺不全，缺乏必要的系统性和协调性，而且本末倒置，法理不通。光绪、慈禧相继过世后，摄政王既没有慈禧的韬略，也没有载泽的识见，不仅不能驾驭政局渐趋渐进，反而以不智之举激化矛盾，颟顸、狭隘、固执，不顾时世，不听规劝，继续自欺欺人，屡屡失信于中外，直至将官民矛盾和满汉矛盾激化到不能妥善处理的程度，朝廷的权威随着信誉而日渐扫地以尽，不同政治势力的互信和共识日益瓦解，晚清残局日益难以为继，民国乱局已经呼之欲出。

二、立宪派改良主义政治思想

陈旭麓教授指出：

> 在历史前进的道路上，新的力量往往不是以单一的形式出现。而在欧风美雨飘打下的近代中国，各种思潮一齐涌来，形成为政治实力，更是如此。……在甲午战争的民族灾难中成立的兴中会和强学会，一个以革命为宗旨，一个以改良为依归；一个要把皇帝拉下马，一个向皇帝上书请愿。它们揭出了革命与改良两面大旗，都想为衰落的中国寻找出路。①
>
> 同时登场的这两股新的力量，不是相等地开展活动的，而是随着形势的发展各有变化，新旧递嬗的逻辑决定了他们各有自己的时代。……改良派在甲午战争之后跃登历史舞台，其思想渊源和斗争趋向，是由战

① 陈旭麓：《近代中国社会的新陈代谢》，上海人民出版社，1993 年，第 277 ~ 278 页。

前三十余年的改革思潮发展而来，也是对洋务运动的批判和发展而来。……维新运动之代洋务运动二期，成为时代中心，正是历史运动的自身逻辑使然。……戊戌政变把改良运动从顶风上推落下来，意味着一个历史时期的结束。……在宗旨矛盾的自立军起义失败之后，特别是经过接踵而至的义和团运动和八国联军的入侵，清朝的腐败兜底暴露，国内的反清情绪日增，革命的声势日涨，逐步取代改良而成为时代的中心，从历史发展的链条看，前者为戊戌变法，后者为辛亥革命。……此时的革命虽已成为时代主流，历史却并没有一边倒。……在戊戌维新中曾经提出而被视为过激的立宪，此时却成了有极大魅力的字眼，皆以立宪为挽救清朝、振兴中国的唯一途径。……戊戌年间失败了的改良派又重新崛起，形成朝野呼应、内外联络的立宪势力。①

实际上，立宪势力的迅速膨胀发生在清廷宣布预备立宪之后，极力提倡和积极赞成立宪的人构成了颇具实力的立宪势力，其中不仅包含了原先的部分顽固势力及清王朝的部分皇室贵胄，而且还包含一部分革命势力。不过，我们应该清楚，立宪势力并不等于立宪派，后者只是前者的核心或骨干部分，即只有积极提倡并大力促进宪政的部分自觉分子才能称之为立宪派，其重要的标志是先进的民权和自由主义的政治价值观。立宪派在国外以梁启超等为重要代表，而在国内则以张謇等为重要代表，②前者的代表性在于其明确的立宪思想，后者的代表性则主要在于积极促进宪政运动，将前者的思想转化为积极的行动。国外立宪派在介绍西方政治思想上进行了大量的工作，传播了新思想，启迪了民智，催生并促进了国人的立宪意识，它与清廷

① 陈旭麓：《近代中国社会的新陈代谢》，上海人民出版社，1993 年，第 278 ~ 281 页。

② 参见韦庆远、高放、刘文源：《清末宪政史》，中国人民大学出版社，1993 年，第 96 ~ 97 页。

预备立宪的努力相互呼应,将中国的立宪运动推向前所未有的高潮,极大地促进了中国的国民运动和民权运动。①

中国主张立宪的思想家开始出现于洋务运动后期,许多后期的洋务思想家已经具有了明确的议会思想,提出了明显的立宪主张,部分洋务思想家还参与了清末预备立宪运动,提出了实行宪政的迫切要求。晚期洋务思想家与早期维新思想家具有交叉性,许多人一身而二任,兼有洋务思想家与维新思想家两种政治身份,从而比较早地提出了开议院的政治设想,他们提出的议院设想与西方的议院在功能上较为接近,从而比康有为所谓议郎之选更为现代化。但是晚期洋务派思想家兼早期维新思想家仍然具有明显的纲常君臣等思想意识,而缺乏足够的民权思想,从而使议院只是一种救国的媒介,而不是实现先进政治价值的必要工具。②

立宪派基于民权和自由,反对传统的三纲五常,强调立宪对中国实现现代化的重要意义,特别是在与革命派进行救中国之亡的途径争论以前,立宪派特别注重西方先进政治思想的学习和传播,为中国立宪运动的高涨即高潮的到来做了必要的思想准备。中国人开始认真对待始于戊戌变法时期维新派的近代民权理论,康有为、严复、谭嗣同等皆持此说,主张改革中国政治,实现平等民权。戊戌政变之后,康有为、梁启超等流亡海外,继续坚持和宣传立宪思想,其中梁启超在宣传西方立宪思想和推动立宪运动方面做出了远胜其师康有为的功绩。立宪派思想家梁启超、杨度等,为清朝派出的考察政治五大臣起草汇报文件,从而使清政府的预备立宪受到梁启超等立宪

---

① 参见韦庆远、高放、刘文源:《清末宪政史》,中国人民大学出版社,1993 年,第 185 ~201 页。

② 窃以为,在赞成宪政的势力中,立宪派与非立宪派的本质区别正在于其是否具有民权主义政治价值观,如张之洞等虽赞成立宪,但却反对民权和平等理念,而如端方、载泽等主张立宪则纯出于维护满人的政治特权。袁世凯等新官僚积极主张立宪、积极推动开国会、要求设立责任内阁等,则又属别有用心,企图通过立宪而获得新的晋升,许多新官僚对立宪出尔反尔则主要出于一己利益的驱动。

派的影响。[①] 清政府下诏预备立宪之后，梁启超等又积极奔走呼吁，组织政闻社，积极参加和推动国内的立宪运动。

戊戌变法的倡议者原本就受到近代各国立宪以致富强的影响，他们流亡日本之后即如饥似渴地学习西方各国立宪理论，从而活动的重点由游说日本帮助中国变法维新转向学习和宣传西方的新思想、新学术和新观念，并顺势完成了由改良派到立宪派的转变。立宪派驻要立足于促进中国的变法维新，并为此而积极进行理论方面的储备，有意识地译介了西方的新学术名著，作了当时革命派所忽视的广泛思想启蒙工作。[②] 梁启超乃是国外活跃的立宪派的杰出代表和重要领头人，通过梁启超的思想，我们可以窥见国外立宪派的主要政治观点。

梁启超，字卓如，又字任甫，号任公，别号饮冰子、哀时客、饮冰室主人、自由斋主人等，广东新会人，生于清同治十二年，即公元 1873 年，卒于 1929 年。梁启超是中国近代著名的政治活动家、民主主义启蒙思想家、宣传家、教育家、史学家和文学家。他十七岁中举，后随其师康有为参与维新变法，事败后流亡日本，在当地创办《清议报》《新民丛报》《新小说》等杂志，宣传西方新思想，其间曾与孙中山等革命人士来往密切，并一度倾向革命；辛亥革命后回国，拥护共和，组织进步党争取宪政，策划反袁护国运动。第一次世界大战以后，梁启超脱离政界，携张君劢等游历欧洲各国，曾著《欧游心影录》，参加了著名的“科玄论战”。梁启超一生完成一千二百万字以上的著述，几乎涉及社会科学所有领域，林志钧于 1932 年编辑的《饮冰室合集》搜集了较为完备的梁启超著作。梁启超的一生既是传播新文化、新理念、新学术的一生，更是积极宣传和推进民权与宪政的一生，同时也是近代中国国家

① 参见韦庆远、高放、刘文源：《清末宪政史》，中国人民大学出版社，1993 年，第 133 ~ 141 页。
② 参见李泽厚：《中国近代思想史论》，人民出版社，1979 年，第 427 页。

观念、国民观念和爱国主义思想的积极提倡者和实践者。康有为提出的立宪具有很强的保皇色彩，或者说保皇乃是康有为立宪的一个重要动机，而梁启超的立宪则富有更多的民族国家及民权意识，因此，梁启超能够从一个立宪派顺利而坚决地成为一个共和政体的坚决拥护者，而康有为则拒绝接受共和政体，参与辛丑复辟的丑剧，拒绝新文化、新思想和新学术，沦为亡清逊帝的文化遗老。[①] 中华民国建立后，梁启超乃是一个坚定的共和政体的拥护者，其最重要的政治活动就是护国反袁，这在他的一生中固然也是一个重要的闪光点，但是梁启超一生在政治上最有影响的时期，仍然是他作为立宪派活动的流亡日本的十四年。[②]

梁启超作为活动在日本的立宪派的一面旗帜，不仅影响了立宪派的众多人，而且也是国内立宪运动的间接发动者，甚至也极大地影响了革命派阵营，许多革命派人士都经历了由立宪派到革命派的转变，而他们之所以称为立宪派则几乎都受到了梁启超所传播的新思想的影响。

> 如果说，严复的《天演论》以进化论的世界观激励起人们救国自强的热情；那么，梁启超当年的大量论著则把这一观念更为具体地、生动活泼地贯彻和强注到各个方面。……梁向广大的青年知识分子鼓吹新鲜的资产阶级社会道德观念。如在脍炙人口的《新民说》中，宣传要“新国”必先“新民”，人们必须具有资产阶级爱国思想和独立自由的奋斗精神，要人们去“爱国”“利群”“尚武”“自尊”“冒险”等，并人人“自护其权利”“勿为古人之奴隶”……号召“勿为世俗之奴隶”……这种宣传，结合对西方文化学术思想的大量介绍，完全符合了人们的需要，受到了

① 参见刘梦溪主编：《中国现代学术经典·萧公权卷》，河北教育出版社，1999 年，第 619 ~ 622 页。

② 参见李泽厚：《康有为谭嗣同思想研究》，上海人民出版社，1958 年，第 57 页。

热烈的欢迎，梁启超以其数量极大的作品成为当时这些青年中最有影响的人物。……一切夜郎自大、坐井观天、抱残守缺、因循守旧，都在这种知识和观念的宣传介绍中不攻自破，褪去神圣的颜色，失去其不可侵犯的尊严，而受到理性的怀疑和检验。这就正是启蒙的力量和启蒙的意义。[①] ……梁在这方面的确作了有益工作。这种启蒙工作的意义不应低估，它构成当时人们（主要是青年一代）思想发展前进中的一个不可缺少的过渡环节。[②]

中国近代思想的一个重要特征，是因为社会变动的迅速，它必须在极短的时间内走完西方资产阶级思想几百年来发展的全程。从温和的自由主义到激进的革命民主主义，从启蒙思想到社会主义，都是一个十分急促短暂的行程。它是那样的神速变迁和错综复杂，以致一方面根本不能有足够的时间和条件来酝酿成熟一些较完整深刻的哲学政治的思想体系；另一方面人们也常常是早晨刚从封建古书堆里惊醒过来，接受了梁启超式的资产阶级思想的洗礼，而晚上却已不得不完全倾倒在反对梁启超的激进的革命思想中去了。然而，梁启超却反而因此构成了一个不可缺少的思想环节。[③]

梁启超的政治思想继承了传统的政治批判主义传统，并顺势宣传了西方先进的民族、民治、民权和宪政思想。20 世纪初中国青年才俊不论属于革命派，还是改良派，他们关于宪法和共和的观念大多受到梁启超著作的积极影响。辛亥革命以前，梁启超政治思想的逻辑大致也就是立宪派政治思想的基本逻辑。该思想逻辑既体现了内容上的先进性，也体现了方式和方法

① 李泽厚：《中国近代思想史论》，人民出版社，1979 年，第 427 ~ 429 页。

② 李泽厚：《中国近代思想史论》，人民出版社，1979 年，第 429 页。

③ 李泽厚：《中国近代思想史论》，人民出版社，1979 年，第 429 ~ 430 页。

的渐进性。从梁启超的政治思想逻辑来看,其主要内容大致有以下部分:

梁启超政治思想不同于康有为的最重要的特色,乃是他的民族意识和民族思想,并由此而形成了民族国家及国民的思想,其客观上刺激了人们的民族意识和国民责任感,再次激发出一代仁人志士“天下兴亡匹夫有责”的积极心态。

> 今日之欧美,则民族主义与民族帝国主义相嬗之时代也;今日之亚洲,则帝国主义与民族主义相嬗之时代也。专就欧洲而论之,则民族主义全盛于十九世纪,而其萌达也在十八世纪之下半;民族帝国主义全盛于二十世纪,而其萌达也在十九世纪之下半。今日之世界,实不外此两大主义话剧之舞台也。①

从政治主张上,梁启超分析指出“现今学界,有割据称雄之二大学派,凡百理论皆由兹出焉,而国家思想其一端也。一曰平权派,卢梭之徒为民约论者代表之;二曰强权派,斯宾塞之徒为进化论者代表之”。“平权派之言曰:人权者出于天授者也,故人人皆有自主之权,人人皆平等”,“国家者,由人民之合意结契约而成立者也,故人民当有无限之权,而政府不可不顺从民意”。“是即民族主义之原动力也”,民主主义可以“增个人强立之气,以助人群之进步;及其弊也,陷于无政府党,以坏国家之秩序。强权派之言曰:天下无天授之权利,惟有强者之权利而已,故众生有天然之不平等,自主之权当以血汗而获得之;国家者,由竞争淘汰不得已而合群以对外敌者也,故政府当有无限之权,而人民不可不服从其义务。是即新帝国主义之原动力也。其为效也,能确立法治(以法治国谓之法治)之主格,以保团体之利益;及其弊也,

① 梁启超:《国家思想变迁异同论》。

陷于侵略主义，蹂躏世界之和平。十八、十九两世纪之交，民族主义飞跃之时代也”。

> 此一大主义，以万丈之气焰，磅礴冲激于全世界人人之脑中，顺之者兴，逆之者亡。……凡百年来种种之壮举，岂有他哉，亦由民族主义磅礴冲激于人人之胸中，宁粉骨碎身，以血染地，而必不肯生息于异种人压制之下。英雄哉，当如是也！国民哉，当如是也！今日欧洲之世界，一草一石，何莫非食民族主义之赐。读十九世纪史，而知发明此思想者，功不在禹下也。
>
> 民族主义者，世界最光明、正大、公平之主义也，不使他族侵我之自由，我亦毋侵他族之自由。其在于本国也，人之独立；其在于世界也，国之独立。使能率由此主义，各明其界限以及于未来永劫，岂非天地间一大快事！虽然，正理与时势，亦常有不并容者。
>
> 自有天演以来，即有竞争，有竞争则有优劣，有优劣则有胜败，于是强权之义，虽非公理而不得不成为公理。民族主义发达之既极，其所以求增进本族之幸福者，无有厌足，内力既充，而不得不思伸之于外。
>
> 两平等者相遇，无所谓权力，道理即权力也；两不平等者相遇，无所谓道理，权力即道理也。……彼之言曰：世界之大部分，被掌握下无智无能之民族，此等民族，不能发达其天然力（如矿地、山林等）以供人类之用，徒令其废弃；而他处文明民族，人口日稠，供用缺乏，无从挹注，故势不可不使此劣等民族，受优等民族之指挥监督，务令适宜之政治，普遍于全世界，然后可以随地投资本，以图事业之发达，以增天下之公益。此其口实之大端也。不宁惟是，彼等敢明目张胆，谓世界者有力人种世袭之财产也，有力之民族，攘斥微力之民族，而据有其地，实天授之权利也。不宁惟是，彼等谓优等国民以强力而开化劣等国民，为当尽之义

务，苟不尔，则为放弃责任也。此等主义既盛行，于是种种无道之外交手段，随之而起。

新帝国主义之既行，不惟对外之方略一变而已，即对内之思想，亦随之而大变。盖民族主义者，谓国家恃人民而存立者也，故宁牺牲凡百之利益以为人民；帝国主义者，言人民恃国家而存立者也。故宁牺牲凡百之利益以为国家，强干而弱枝，重团体而轻个人。于是前者以政府为调人、为赘疣者，一反响间，而政府万能之语，遂遍于大地。……虽然，十九世纪之帝国主义与十八世纪前之帝国主义，其外形虽混似，其实质则大殊。何也？昔之政府，以一君主为主体，故其帝国者，独夫帝国也；今之政府，以全国民为主体，故其帝国者，民族帝国也。凡国而未经过民族主义之阶级者，不得谓之为国。譬诸人然，民族主义者，自胚胎以至成童所必不可缺之材料也；由民族主义而变为民族帝国主义，则成人以后谋生建业所当有事也。今欧美列强皆挟其方刚之膂力，以与我竞争，而吾国于所谓民族主义者，犹未胚胎焉。顽锢者流，墨守十八世纪以前之思想，欲以与公理相抗衡，卵石之势，不足道矣。吾尤恐乎他日之所谓政治学者，耳食新说，不审地位，贸然以十九世纪末之思想为措治之极则，谓欧洲各国既行之而效矣，而遂欲以政府万能之说，移殖于中国，则吾国将永无成国之日矣。知他人以帝国主义来侵之可畏，而速养成我所固有之民族主义以抵制之，斯今日我国民所当汲汲者也！①

梁启超不仅把民族主义当作国家成熟的一个必不可少的阶段，而且坦言中国民族主义的急迫性，从而大大激发了人们的民族意识，而民族意识超越君主意识成为政治忠诚的对象则意味着社会普遍在发生着划时代的重大

① 梁启超：《国家思想变迁异同论》。

变化，民族主义将取代纲常而成为政治系统的原动力和平衡器。

中国既然必须经历民族主义的阶段，那么中国社会当然要有与民族主义国家相应的国民观念和国民，从而使人们从三纲五常约束下的臣民转化为民族主义驱动下的国民，中国只有形成民族主义的国民并合全体国民之力才能适应新民族帝国主义横行的世界，才能真正屹立于世界民族之林。梁启超主张“新民”，其目的就是要形成有民族主义国家意识的国民。

> 中国人不知有国民也，数千年来通行之语，只以国家二字并称者，未闻有以国民二字并称者。国家者何？国民者何？国家者，以国为一家私产之称也。古者国之起原，必自家族。一族之长者，若其勇者，统率其族以与他族相角，久之而化家为国，其权无限，奴畜群族，鞭笞叱咤，一家失势，他家代之，以暴易暴，无有已时，是之谓国家。国民者，以国为人民公产之称也。国者积民而成，舍民之外，则无有国。以一国之民，治一国之事，定一国之法，谋一国之利，捍一国之患，其民不可得而侮，其国不可得而亡，是之谓国民。
>
> 今日欧美诸国之竞争，非如秦始皇、亚历山大、成吉思汗、拿破仑之徒之逞其野心，黩兵以为快也，非如封建割据之世，列国民贼缘一时之私忿，谋一时之私利，而兴兵构怨也，其原动力乃起于国民之争自存。以天演家物竞天择、优胜劣败之公例推之，盖有欲已而不能已者焉。故其争也，非属于国家之事，而属于人群之事；非属于君相之事，而属于民间之事；非属于政治之事，而属于经济（用日本名，今译之为资生）之事。故夫昔之争属于国家君相政治者，未必人民之所同欲也；今则人人为其性命财产而争，万众如一心焉。昔之争属于国家君相政治者，过其时而可以息也；今则时时为其性命财产而争，终古无已时焉。
>
> 吾中国之不知有国民也。不知有国民，于是误认国民之竞争为国

家之竞争,故不得所以待之之道,而终为其所制也。待之之道若何?曰:以国家来侵者,则可以国家之力抵之;以国民来侵者,则必以国民之力抵之。国民力者,诸力中最强大而坚忍者也!欧洲国民力之发达,亦不过百余年间事耳,然挟之以挥斥八极,亭毒全球,游刃有余,贯革七札。虽然,彼其力所能及之国,必其国无国民力者也。苟遇有国民力之国,则欧人之锋固不得不顿,而其舵固不得不转。……以国民之力,抵他人国民竞争之来侵,其所施者当而其收效易也。今我中国国土云者,一家之私产也;国际(即交涉事件)云者,一家之私事也;国难云者,一家之私祸也;国耻云者,一家之私辱也。民不知有国,国不知有民,以之与前此国家竞争之世界相遇,或犹可以图存,今也在国民竞争最烈之时,其将何以堪之!

行之维何?曰仍在国民力而已。国民何以能有力?力也者,非他人所能与我,我自有之而自伸之,自求之而自得之者也。[①]

梁启超既是中国近代社会中真正沟通传统民本与近代民主的精神勇士,也是促使传统民本升级为近代民主的杰出宣传家。

梁启超非常重视国民在国家当中的地位,将“新民”作为一项重要的社会工作,其目的自然是要造成民族主义的国民,而民族主义国家要发挥国民的积极性还必须确立国家与国民之间的正确关系,赋予人民参政的自由,以使他们能够尽国民之责。

天下未有无人民而可称之为国家者,亦未有无政府而可称之为国家者,政府与人民,皆构造国家之要具也。故谓政府为人民所有也不

① 梁启超:《论近世国民竞争之大势及中国前途》。

可,谓人民为政府所有也尤不可,盖政府、人民之上,别有所谓人格(人格之义屡见别篇)。之国家者,以团之统之。国家握独一最高之主权,而政府、人民皆生息于其下者也。重视人民者,谓国家不过人民之结集体,国家之主权即在个人(谓一个人也)。其说之极端,使人民之权无限,其弊也,陷于无政府党,率国民而复归于野蛮。重视政府者,谓政府者国家之代表也,活用国家之意志而使现诸实者也,故国家之主权,即在政府。其说之极端,使政府之权无限,其弊也,陷于专制主义,困国民永不得进于文明。故构成一完全至善之国家。必以明政府与人民之权限为第一义。

政府之所以成立,其原理何在乎?曰:在民约。人非群则不能使内界发达,人非群则不能与外界竞争,故一面为独立自营之个人,一面为通力合作之群体。此天演之公例,不得不然者也。既为群矣,则一群之务不可不共任其责固也。虽然,人人皆费其时与力于群务,则其自营之道,必有所不及。民乃相语曰:吾方为农,吾方为工,吾方为商,吾方为学,无暇日无余力以治群事也,吾无宁于吾群中选若干人而一以托之焉,斯则政府之义也。政府者,代民以任群治者也,故欲求政府所当尽之义务,与其所应得之权利,皆不可不以此原理为断。然则政府之正鹄何在乎?曰:在公益。公益之道不一,要以能发达于内界而竞争于外界为归。故事有一人之力所不能为者,则政府任之;有一人之举动妨及他人者,则政府弹压之。政府之义务虽千端万绪,要可括以两言:一曰助人民自营力所不逮,二曰防人民自由权之被侵而已。率由是而纲维是,此政府之所以可贵也。

政府之正鹄不变者也,至其权限则随民族文野之差而变,变而务适合于其时之正鹄。

然则其政府之权限当如何?曰:凡人民之行事,有侵他人之自由权者,则政府干涉之,苟非尔者,则一任民之自由,政府宜勿过问也。所谓侵人自由者有两种:一曰侵一人之自由者,二曰侵公众之自由者。侵一人自由者,以私法制裁之;侵公众自由者,以公法制裁之。……而率行之者,则政府也。

人民所以保其自由者,不出二法:一曰限定宰治之权,与君主约,而得其承诺,此后君主若背弃之,则为违约失职,人民出其力以相抵抗,不得目为叛逆是也;二曰人民得各出己意,表之于言论,著之于律令,以保障全体之利益是也。①

梁启超积极宣传立宪的重要性,主张制定宪法,积极推动传统专制政体通过立宪而转化为现代立宪政体,而且比较推崇君主立宪政体。

有土地、人民立于大地者谓之国。世界之国有二种:一曰君主之国,二曰民主之国。设制度、施号令以治其土地、人民谓之政。世界之政有二种:一曰有宪法之政(亦名立宪之政),二曰无宪法之政(亦名专制之政)。采一定之政治以治国民谓之政体。世界之政体有三种:一曰君主专制政体,二曰君主立宪政体,三曰民主立宪政体。今日全地球号称强国者十数,除俄罗斯为君主专制政体,美利坚、法兰西为民主立宪政体外,自馀各国则皆君主立宪政体也。君主立宪者,政体之最良者也。民主立宪政体,其施政之方略,变易太数,选举总统时,竞争太烈,于国家幸福,未尝不间有阻力。君主专制政体,朝廷之视民如草芥,而其防之如盗贼;民之畏朝廷如狱吏,而其嫉之如仇雠。故其民极苦,而其君与大臣亦极危,如彼俄罗斯者,虽有虎狼之威于一时,而其国中实

---

① 梁启超:《论政府与人民之权限》。

机陧而不可终日也。是故君主立宪者,政体之最良者也。地球各国既行之而有效,而按之中国历古之风俗与今日之时势,又采之而无弊者也。

宪法者何物也?立万世不易之宪典,而一国之人,无论为君主、为官吏、为人民,皆共守之者也,为国家一切法度之根源。此后无论出何令,更何法,百变而不许离其宗者也。……立宪政体,亦名为有限权之政体;专制政体,亦名为无限权之政体。有限权云者,君有君之权,权有限;官有官之权,权有限;民有民之权,权有限。……宪法与民权,二者不可相离,此实不易之理,而万国所经验而得之也。

立宪之国,……君位之承袭,主权之所属,皆有一定,而岂有全壬得乘隙以为奸者乎?大臣之进退,一由议院赞助之多寡,君主察民心之所向,然后授之,岂有操、莽、安、史之徒,能坐大于其间者乎?且君主之发一政、施一令,必谋及庶人,因国民之所欲,经议院之协赞,其有民所未喻者,则由大臣反覆宣布于议院,必求多数之共赞而后行。民间有疾苦之事,皆得提诉于议院,更张而利便之,而岂有民之怨其上者乎?故立宪政体者,永绝乱萌之政体也。①

梁启超主张实行现代社会流行的三权分立的宪政制度,并针对中国四万万同胞中了解三权分立粗浅之义的人不及十之一二的情况,积极宣传世界资本主义国家流行的三权分立思想,使之普及于中国的新民。梁启超说:

泰西政治之优于中国者不一端,而求其本原,则立法部早发达,实为最著要矣。

---

① 梁启超:《立宪法议》。

立法、行法、司法，诸权分立，在欧美日本，既成陈言，妇孺尽解矣。然吾中国国数千年，于此等政学原理，尚未有发明之者。故今以粗浅平易之文，略诠演之，以期政治思想普及国民。

吾中国建国数千年，而立法之业，曾无一人留意者也。……呜呼！荀卿“有治人无治法”一言，误尽天下，遂使吾中华数千年，国为无法之国，民为无法之民，并立法部而无之，而其权之何属更靡论也；并法而无之，而法之善不善更靡论也。

法、行政分权之事，泰西早已行之，及法儒孟德斯鸠，益阐明其理，确定其范围，各国政治，乃益进化焉。二者之宜分不宜合，其事本甚易明。人之有心魂以司意志，有官肢以司行为，两各有职而不能混者也。彼人格之国家，何独不然。……孟德斯鸠曰：“苟欲得善良政治者，必政府中之各部，不越其职然后可。然居其职者往往越职，此亦人之常情，而古今之通弊也。故设官分职，各司其事，必当使互相牵制，不使互相侵越。”又曰：“立法、行法二权，若同归于一人，或同归于一部，则国人必不能保其自由权。何则？两权相合，则或借立法之权以设苛法，又借其行法之权以施此苛法，其弊何可胜言！如政府中一部有行法之权者，而欲夺国人财产，乃先赖立法之权，豫定法律，命各人财产，皆可归之政府，再借其行法之权以夺之，则国人虽欲起而与争，亦力不能敌，无可奈何而已”……凡行政之事，每一职必专任一人，授以全权，使尽其才以治其事，功罪悉以属之，夫是谓有责任之政府。若其所以防之者，则以立法、司法两权相为犄角。……立法部议定之法律，经元首裁可，然后下诸所司之行政官，使率循之。行政官若欲有所兴作，必陈其意见于立法部，得其决议，乃能施行。其有于未定之法而任意恣行者，是谓侵职，侵职罪也；其有于已定之法而奉行不力者，是谓溺职，溺职亦罪也。但使立法之权确定，所立之法善良，则行政官断无可以病国厉民之理，所谓其源洁者其流必澄,何此一一而防之。故两者分权,实为制治最要之原也。

夫立法则政治之本原也,故国民之能得幸福与否,得之者为多数人与否,皆不可不于立法决定之。夫利己者人之性也,故操有立法权者,必务立其有利于己之法,此理势所不能免者也。然则使一人操其权,则所立之法必利一人;使众人操其权,则所立之法必利众人。……循所谓最多数最大幸福之正鹄,则众人之利重于一人,民之利重于吏,多数之利重于少数,昭昭明甚也。……故今日各文明国,皆以立法权属于多数之国民。……且立法权属于民,非徒为国民个人之利益而已,而实为国家本体之利益。何则?国也者,积民而成,国民之幸福,即国家之幸福也。国多贫民,必为贫国,国多富民,必为富国,推之百事,莫不皆然。美儒斯达因曰:“国家发达之程度,依于一个人之发达而定者也。”故多数人共谋其私。而大公出焉矣,合多数人私利之法,而公益之法存焉矣。……故今日之君主,不特为公益计,当畀国民以立法权,即为私利计,亦当尔尔也。苟不畀之,而民终必有知此权为彼所应有之一日。及其自知之而自求之,则法王路易第十六之覆辙,可为寒心矣。[①]

国内立宪派在政治思想上主要受到国外立宪派的影响,他们通过国内的新官僚表达自己的政治理想,使清末新政在一定程度上受到立宪派的影响。[②] 当清朝下诏预备立宪以后,国内外的立宪派人士群情激奋,成立促进宪政的组织,加大了立宪宣传的力度,加快了将立宪付诸实践的步伐,企图通过清政府中同样主张立宪的开明的新官僚快速实现中国的宪政。国内立

① 梁启超:《论立法权》。

② 参见李细珠:《张之洞与清末新政研究》,上海书店出版社,2003 年,第 91 ~98 页。

宪派在政治思想上与国外立宪派没有本质差异，而且大多数立宪派都受到了西方先进政治文化的洗礼，具有民族主义和民权主义的思想，从而主张建立分权制衡的现代政治体制。他们一方面通过积极参与清末新政而大大推进了新式社会事业，其中地方自治和司法独立已经获得初步成效；另一方面，他们又积极进行政治请愿，呼吁清政府尽早兑现立宪承诺，进行政治体制改革，召开民选国会或议院，成立责任内阁。署名熊范舆的《国会与地方自治》一文指出：

> 今日中国救亡之道，首在改革政体。斯说也，固已成为今日舆论之势力，而为吾一般国民所引为己责者矣。顾欲谋政体之改革也，不可不从根本上着手。根本解决，则枝节问题，即迎刃而解。……夫所谓根本上之着手，何也？亦曰使政府之负责任焉耳。而责任政府之所以能产生者，实由有民选议院之故。故吾人所宜奔走号呼，与吾国民相将致力者，惟在开国会而已。……今日之中国，非有责任政府即无以图生存，国会开而责任政府起矣。①

《政闻社宣言书》指出："所谓有责任之政府者，非以其对君主负责任言之，乃以其对国民负责任言之。……故立宪政治，必以君主无责任为原则，君主纯超然于政府之外，然后政府乃无复可逃责任之余地。"②"政闻社所持之主义，欲以求同情于天下者，则有四纲：一曰实行国会制度建设责任政府。……二曰厘定法律巩固司法权之独立。……三曰确立地方自治正中央

---

① 张枬、王忍之编：《辛亥革命前十年间时论选集》（第二卷下），生活·读书·新知三联书店，第1963年，第877～879页。

② 张枬、王忍之编：《辛亥革命前十年间时论选集》（第二卷下），生活·读书·新知三联书店，1963年，第1055～1056页。

地方权限。……四曰慎重外交保持对等权利。”①

基于“拯危救焚，刻不容缓”，《国会代表请愿书》紧急呼吁“速开国会”，并认为“非速开国会不足救急”，质疑清廷九年预备立宪的方案。

> 夫宪政之当行，国会之当立，朝野上下本无异词，……所欲言者，在于速开国会而已。……国会者，宪政机关之要部。有国会然后政府有催促之机，庶政始有更张之本。资政院之设，其制亦略似国会。然国会之为用，在于政府对之负责任。今资政院章程绝不见有责任之政府。政府无责任，则资政院何能为！……国会者，人民与闻政治之所也，必人民得有公举代表与闻政治之权，国家乃年加以增重负担，以纾国难之责。……此国会之关于内政一日不可缓者也。……有国会则对于全国为政府交通之邮，对于列强为政府文明之帜。……此国会之关于外交一日而不可缓者也。②

立宪派对清廷拖延立宪进行了苦口婆心的劝解，但清廷却固执己见，不为所动。为此，立宪派进行了多次请开国会的请愿活动，进一步劝解清廷，呼吁尽快颁布议院法、选举法，召开国会，建立责任政府，乃至以为速开国会可以作为清廷摆脱危机的“灵丹妙药”。

> 夫速开国会可以救亡，稍明政治学者类能言之。……倘国人果能一旦挽回天厄，感动君心，国会即开，人心大定，前途荣幸，何以加

---

① 张枬、王忍之编：《辛亥革命前十年间时论选集》（第二卷下），生活·读书·新知三联书店，1963年，第1060～1062页。

② 张枬、王忍之编：《辛亥革命前十年间时论选集》（第三卷），生活·读书·新知三联书店，1977年，第592～594页。

> 兹？……吾国若能速开国会，可革一切贫弱之根源。夫吾国贫弱之原因虽多，然其大要可约为三。一在君民情感不通，一在官僚不负责任，一在财政困窘。……吾国若能速开国会，即无君民隔阂之弊也。……君主发布命令，则交议院公认，议院编纂法律，则呈君主裁可，是君民常相接洽。且议院对于君主有上奏建议之权，对于人民有受理请愿之责，尤为上下交泰之符。夫议员者，人民之代表也。……吾国速开国会，士民既有议政之权，忠爱油然发生，自当受国法之检束，断不至东奔西突，逸出范围，以倡横议；而全国人民亦觉既有代表参与政治，彼亦各安职守，不至出位代谋。……但国会早开一日，则民气更早平定一日，君权更早确定一日。寥寥数十条宪法即可纳民于轨物中，又何必迁延不决，必欲民情破裂之后，而始图挽救乎？……吾国若速开国会，即无官僚不负责任之弊也。夫立宪国之所谓责任内阁者，指内阁对国会负责任而言。……吾国若速开国会，既有节制议院权力之法，复可督促官僚之负责任。①

不过，清廷仍然不为所动，坚持数年的立宪预备期，并且屡屡与民意代表相忤，即使在全国舆论都要求速开国会的紧急时刻，清廷仍然一意孤行，以致民心尽失，民怨沸腾而终至于一发而不可收拾。梁启超在《读十月初三日上谕感言》中说：

> 时局危急，极于今日。举国稍有识、稍有血气之士，佥谓舍国会与责任内阁无以救亡，尔乃奔走呼号，哀哀请愿，至于再，至于三。于是资政院全体应援之，而有九月念六日之决议上奏；各省督抚过半数应援

① 张枬、王忍之编：《辛亥革命前十年间时论选集》（第三卷），生活·读书·新知三联书店，1977年，第606～609页。

之，而有九月念三日之电奏。旬日以来，举国士辍诵，农释耜，工商走于市，妇孺语于閭，咸喁喁焉翘领企踵，庶几一朝涣汗大号，活邦国于九死，乃不期而仅得奉十月三日之诏。……呜呼！以全国人万斛之血泪，可以动天地，泣鬼神，而不能使绝无心肝之人稍动于其中。……虽然，我过其匆中馁也，其毋徒恸也，今后我国民所当黾勉以从、蹈厉以进者，正大有在耳。①

清末的立宪与新政乃是一对孪生兄弟，两者必须也必然要共命运。一方面，朝野志士追求立宪的本意就是革新朝廷之政治，使之完成划时代的转型，从而挽救国家的危亡；另一方面，执政者以新政改革刷新政治，必然也必须包含立宪的内容，否则就不能顺应时代以图存。清末新政从社会事业的改革开始到最后不得不将立宪也纳入其中并非偶然。但两者又有明显的不同，特别是新政的主持人一直强调自己与康有为、梁启超等立宪派的不同，后来又借新政之手企图剥夺汉族大臣的政治、军事大权，进一步缩小了新政的社会意义，使之主要变成了剥夺汉族大吏、地方督抚权力的工具，从而使立宪派的势力由于包含了地方督抚等而迅速扩充。面对迅速扩充势力的立宪派，清廷的执政者仍然颟顸、固执如故，甚至不惜动用武力，镇压立宪派的请开国会运动，终于使立宪派怨气冲天而忍无可忍，许多立宪派人士开始更多地同情革命，而实现立宪的途径事实上已经走到了尽头。立宪派的失败必然导致清末新政的完全失败，而新政失败的结果则只能是清王朝无可挽回的覆灭。

清王朝的覆灭使得中国社会失去了进行宪政改革所必需的起码政治共

---

① 张枬、王忍之编：《辛亥革命前十年间时论选集》（第三卷），生活·读书·新知三联书店，1977年，第667～668页。

识。此后几十年,政治理论界和政治家群体,围绕着采用什么样的宪政制度,再也没有达到过能够顺利进行宪政改革的起码共识。不仅中国宪政的完成意味着民主体制的确立,而且中国宪政的实现本身也需要一定的民主精神,而民主的实现则既需要一定的观念分化,又需要一定的政治共识。一方面,缺乏多元理念的分化,没有一定的宽容,就不能形成民主;另一方面,政治共识的缺乏则使政治共同体陷入进退维谷的尴尬境地。正如美国著名政治学家西摩·马丁·李普塞特所言:“如果没有共识,……就不可能有民主。”[①]国内外的紧张政治形势及各种思想对中国社会各界的碎片化影响,使得中国社会出现了多种类型的关于宪政的观点。一方面,每种宪政观点都有数量众多的反对者,每种宪政观点都缺乏足够的社会吸引力,社会各界围绕宪政基本缺乏必要的政治共识;另一方面,各种观点间互不妥协的争论造成了中国宪政选择的特殊困难。[②]

三、革命派民族共和政治思想

革命派与改良派或立宪派在爱国救亡方面具有高度的同一性,但两者在使用的手段和企图达到的目的方面却又存在着严重对立。孙中山在《敬告同乡书》公开宣布:“革命、保皇二事决分两途,如黑白之不能混淆;如东西之不能移位。”[③]改良或立宪乃是近代中国政治自新的首要选择,但改良或立宪的挫折重重又极容易造成人们的急躁和激进心理,并由此而产生对拒绝改革政权的失望或痛恨,最终选择革命的道路排满救国。革命派事实上是

---

① [美]西摩·马丁·李普塞特:《政治人——政治的社会基础》,张绍宗译,上海人民出版社,1997 年,第 1 页。

② 参见邓丽兰:《域外观念与本土政制变迁——20 世纪二三十年代中国知识界的政制设计与参政》,中国人民大学出版社,2003 年。

③ 广东省社会科学院历史研究室:《孙中山全集》(第 1 卷),中华书局,1981 年,第 232 页。

由改良派中的失望者形成的，因此，改良或立宪运动的屡屡受挫则必然导致更多的人加入革命阵营，至少是增加了革命的同情者、羡慕者和支持者。当立宪开国会的运动最终遭到政治军事镇压，当立宪派的开国会要求屡屡被拒之后，清廷在开国会方面令人失望之表现，终于使立宪派政治势力也走上了暴力抗争的道路，大批立宪派由此而成为革命的通路人。随着民族意识取代王朝意识的日益普遍化，立宪派逐渐放弃了传统臣民心态下的王朝认同，转而接受了民国的政治认同。①

立宪派在与革命派进行救亡道路的辩论过程中，逐渐受到革命派思想的影响。立宪派认为，革命道路之所以不能选择不在于其价值目标，而在于中国的条件使得立宪改良更适合，但是当立宪派逐渐意识到立宪改良的条件其实只是一种多情幻象的时候，他们选择倒向革命也就显得颇为自然。革命派的扩充当然也受益于立宪改良派的思想启蒙，许多人从立宪派那里接受了民族国家和民权思想的洗礼之后转变成了激进的革命派。②

不过，革命派的思想也颇为复杂，其中有单纯的排满革命论，也有共和革命论，甚至还有带民粹色泽的革命论，而且革命派之间也存在诸多根本性政治分歧。这种根本性分歧为满清政府垮台后革命派势力的大分裂奠定了思想基础。尽管如此，革命派政治思想的主要内容仍为民族和民权两个主要的方面，前者的主要议题是排满光复，后者的主要议题是反对纲常名教与确立共和政体。

革命派的民族思想不仅明显受到了传统夷夏论的影响，而且革命者所持的民族思想多为大汉族主义的民族思想，其基本的观点就是把满族排除在中华民族之外，将中华民族的范围局限在所谓十八行省的范围内，大讲特

① 参见陈旭麓:《近代中国社会的新陈代谢》，上海人民出版社，1993年，第294~295页。

② 参见李泽厚:《中国近代思想史论》，人民出版社，1979年，第429~430页。

讲排满革命论。以民族思想而论,革命派的民族思想显然没有立宪派的民族思想豁达而先进。立宪派反对排满革命的一个重要理由就是满人已经成为中华民族的重要组成部分,因而不是革命派所说的异族;同时,立宪派要求建立的民族国家乃是现代意义上的民族国家,而不是恢复汉人江山的所谓光复。

革命派的排满革命论具有强烈的大汉族主义的色泽。革命派的民族思想固然经过了变化,但其排满或反满的成分始终非常强势,辛亥革命期间许多省份的起义名义上仅为光复,即证明排满思想乃是革命派民族思想中最动人的部分,而许多革命志士的民族思想也多以排满为中心议题。革命派排满革命的民族思想大体上有三个主要来源:其一是太平天国“奉天讨胡”的排满意识,其二是会党中潜藏着的“反清复明”意识,其三是中国传统的“夷夏”意识。

孙中山作为革命派的政治领袖和思想代表,其少年时代即很崇拜太平天国的洪秀全,[①]受到其反满意识的影响,孙中山很重视会党对革命的意义,实际上也是看重会党潜藏的反清复明意识。[②] 基于上述两方面,孙中山实不能一视同仁地对待满人,将满人排除在掌握或参与统治权的可能之外,说明孙中山心中仍然潜藏着传统的夷夏政治意识,以满为夷,以汉为夏。孙中山尚且如此,其他革命派的思想家和宣传家就更是以排满为民族革命的大义之所在。在孙中山等的影响和启发下,留日学生创办的革命刊物也逐渐以宣传排满为民族革命的主题,[③]留学生中的排满意识也逐渐风行起来。[④]

---

① 参见冯少白:《兴中会革命史要》,载中国史学会编:《中国近代史资料丛刊——辛亥革命》,上海人民出版社,1957 年,第 26 页。

② 参见房德邻:《清王朝的覆灭》,河南人民出版社,1996 年,第 195 页。

③ 参见房德邻:《清王朝的覆灭》,河南人民出版社,1996 年,第 200 ~ 201 页。

④ 参见严昌洪、许小青:《癸卯年万岁:1903 年的革命思潮与革命运动》,华中师范大学出版社,2001 年,第 27 页。

邹容的《革命军》，署名为“革命军马前卒”，全书两万余字，文字浅近通达，以年轻人特有的激情，急切呼唤排满革命。

扫除数千年种种之专制政体，脱去数千年种种之奴隶性质，诛绝五百万有奇之满洲种，洗尽二百六十年残惨虐酷之大耻辱，使中国大陆成干净土，黄帝子孙皆华盛顿，则有起死回生，还魂返魄，出十八层地狱，升三十三天堂，郁郁勃勃，莽莽苍苍，至尊极高，独一无二，伟大绝伦之一目的。曰革命。巍巍哉！革命也。皇皇哉！革命也。……我中国今日欲脱满洲人之羁缚，不可不革命。[①]

陈天华在《猛回头》中也呼吁指出：

洋兵不来便罢，洋兵若来，奉劝各人把胆子放大，全不要怕他。读书的放了笔，耕田的放了犁耙，做生意的放了职事，做手艺的放了器具，齐把刀子磨快，子药上足，同饮一杯血酒，呼的呼，喊的喊，万众直前，杀那洋鬼子，杀那投降洋鬼子的二毛子。满人若是帮助洋人杀我们，便先把满人杀尽。那些贼官若是帮助洋人杀我们，便先把贼官杀尽。[②]

章太炎的反满则偏激至于糊涂，误以为满疏而日亲。

夫族民言之，则满、日皆为黄种，而日为同族满非同族，载在历史粲然可知。自国民言之，则日本隔海相对，自然一土，而满洲之在鸡林靺

---

① 张枬、王忍之编：《辛亥革命前十年间时论选集》（第一卷下），生活·读书·新知三联书店，1960年，第651页。

② 房德邻：《清王朝的覆灭》，河南人民出版社，1996年，第205页。

羁，亦本不与支那共治。且文字风俗之同异，则日本先有汉字，而后制作和文，今虽杂用，汉字犹居大半，至满洲则自有清书，形体绝异。……其去中国，孰远孰近，然则日亲满疏断可知矣。[①]

《论各省宜速响应湘赣革命军》指出：

满清觉罗之入关也，屠洗我人民，淫掠我妇女，食践我毛土，变易我服色，驻防我行动，监督我文字，括削我财产，惨杀我志士，谬定我宪法，二百六十年如一日。……我四万万之民族日益削，彼五百万之氈种日益横。年复一年，人生几何？再过数载，吾鬼馁而。……国民革命军之兴，宁得已哉。……夫中国者，中国人之中国，非满洲之中国。光复中国者，中国全体之责任，……欲救中国于今列强竞争之世，非先扑灭满洲不可。……嗟乎！神州陆沉，敷天之痛。凡我汉裔，孰非同仇？……况乎今日共和民国之世，尤宜争先恐后，尽民族之职，完流血之义务者乎！[②]

铁生《敬告我汉族大军人书》也指出：

自明季不纲，满虏崛起，乘流寇之乱，入盗神州，以五百万骚狐贱种，征服四百兆炎黄贵胄，至今二百六十余年，而终莫克光复者，不外用汉兵以杀汉人一策。……中国者，汉族之中国。……满洲之待汉族，罄

---

① 张枬、王忍之编：《辛亥革命前十年间时论选集》（第一卷上），生活·读书·新知三联书店，1960年，第98～99页。

② 张枬、王忍之编：《辛亥革命前十年间时论选集》（第二卷下），生活·读书·新知三联书店，1963年，第848～856页。

南山之竹,不足书其罪;决东海之波,难以涤其污。我一身不能有千百手,一手不能有十万指,安能如数家珍?无已,请区分为三时代:第一,屠戮时代:……请君试读"扬州十日""嘉定三屠"诸记,可想见尔祖宗宛转于刀俎之下,姑妹呻吟于毳幕之中。……哀哀亡国之民,分当受人鱼肉。……第二,压制时代:……为问今之各省驻防者,防谁?不耕不织历縻金钱五百余万,"司马昭之心,路人皆知"。第三,断送时代:……拨海军费以修颐和园,移大赔款以供庆寿,而于我民之水旱饥谨,毫无为之轸念。统计历年新旧所负外债,……固已不知不觉,断送我中国于埃及一途。又况对于他人之予取予求,辄复慷当以慨。……中国之光复,非异人任,但使人人不杀同胞,区区五百万满虏,何足挡我一排。"壮志饥餐胡虏肉,笑谈渴饮匈奴血。"我同胞大军人,真采斯言而学岳爷爷杀鞑子者乎,则汉族万岁,我中华大帝国万万岁。①

革命排满光复汉家山河,乃是当时最为流行的斗争口号,也是非常有吸引力的战斗号角,许多不是革命党而最后自觉参与到反清起义,或各省独立运动的人大多感于民族大义。同时,清王朝的满汉有别的政治意识在政权面对危机时日益强化,满人亲贵借推行新政的机会,剥夺汉族地方大吏的权力,将中央的实权集中于满人,架空汉人大吏,其结果是强化了汉族官僚及新军中满汉不同的政治意识。革命派的反满宣传和清朝亲贵的排汉行为,使清王朝犹如一张被拉满了的弓,随时都可能因张力的稍微扩张而全面崩盘。

不过,辛亥革命毕竟还是不同于朱元璋建立明朝时发动的战争,前者发

① 张枬、王忍之编:《辛亥革命前十年间时论选集》(第二卷下),生活·读书·新知三联书店,1963年,第864~868页。

生在中国已经接受一定程度西方政治文化的环境中，确立了民主主义的政治原则，形成了中国社会坚不可摧的共和国传统，而后者则仅仅恢复了所谓的唐宋威仪，恢复了汉人的政治统治地位，其政治原则却仍然是专制主义的，"奉天承运"的皇帝传统仍然一如既往。孙中山不同于朱元璋的根本原因在于社会条件已经发生了翻天覆地的巨大变化。社会政治发展的主要引领阶层已经接受了民主主义的洗礼，已经默默地接受了共和政体高于君主政体的共识，即使立宪派也只是认为中国的条件暂还不适合共和政体才主张实行君主立宪，当条件具备的时候，中国还是要实行更好的共和政体。当君主立宪政体由于执政当局的阻挠和敷衍而无法实行，而民主革命已经成为共和政体的充分条件时，立宪派人士纷纷转而拥护共和政体，有的甚至成为共和政体的忠诚卫士。立宪派虽然也认为共和政体是优越于君主立宪政体的更好的政体，但当共和政体形成的条件尚不充分时，他们多半以为共和政体的宣传还属不急之务，因而在比较充分宣传了民主主义启蒙思想的同时，却没有积极地宣传作为民主主义的典型政体的共和国。共和国理想的宣传是革命派的重要思想贡献之一，其标语化的语言表达就是同盟会纲领中的"建立民国"①。

熊月之在所著《中国近代民主思想史》中指出："以彻底推翻封建清朝、建立民主共和国为主要标志的资产阶级革命思想，早在中日甲午战争刚刚打响之际，就已在中国出现了。一八九四年十一月，孙中山领导的兴中会的创立及其'驱除鞑虏，恢复中华，创立合众政府'纲领的提出，就是这一思想产生的佐证。……'合众政府'就是以美国为模式的民主共和政府。"②《江苏》杂志所载《政体进化论》一文写道："幸哉吾国！吾国实有由专制而变为

① "建立民国"的战斗口号集中深刻地概括了民主共和国思想，浅显通俗，大大推进了共和国理想的传播。

② 熊月之：《中国近代民主思想史》，上海人民出版社，1986年，第354～355页。

民主之大希望者也。如吾前所举民主政体成立之四因，吾国实有其三焉：（一）十八省得天然之地势，远胜美之十三州，以地理论可独立而为民主也；（二）专制之毒受之独久，反动力当独强，以物理论可独立而为民主也；（三）同胞四万万，同文同风同利害，群策群力何事不成，以民族论尤可独立而为民主也。要之，具此三因，旧染之污必去之净尽，而新国既立，人皆平等，更无人敢出而独揽大权。二十世纪中，必现出一完全无缺之民族的共和国耳。”①邹容的《革命军》第一次系统地论述了通过革命建立民主共和国的思想。“革命者，天演之公例也。革命者，世界之公理也。革命者，争存争亡过渡时代之要义也。革命者，顺乎天而应乎人者，去腐败而存良善者也。革命者，由野蛮而进文明者也。革命者，除奴隶而为主人者也。”②

基于民主政治一般原则，《革命军》认为民主共和是中国救亡的“灵丹妙药”，积极系统地宣传了民主共和国的政治理想。

一国之政治机关，一国之人共司之，苟不能司政治机关，参与行政权者，不得谓之国，不得谓之国民，此世界之公理，万国所同然也。今试游于华盛顿、巴黎、伦敦之市，执途人而问之曰：汝国中执政者，为同胞欤？为异种欤？必答曰：同胞同胞，岂有异种执吾国政权之理。又问之曰：汝国人有参与行政权否？必答曰：国者积人而成者也，吾亦国人之分子，故国事为己事，应得参与焉。③

人人当知平等自由之大义，有生之初，无人不自由，即无人不平等，

① 张枬、王忍之编：《辛亥革命前十年间时论选集》（第一卷上），生活·读书·新知三联书店，1960年，第545页。

② 张枬、王忍之编：《辛亥革命前十年间时论选集》（第一卷下），生活·读书·新知三联书店，1960年，第651页。

③ 张枬、王忍之编：《辛亥革命前十年间时论选集》（第一卷下），生活·读书·新知三联书店，1960年，第654页。

初无所谓君也，所谓臣也。若尧、舜，若禹、稷，其能尽义务于同胞，开莫大之利益，以孝敬于同胞，故吾同胞视之为代表，尊之为君，实不过一团体之头领耳，而平等自由也自若。后世之人，不知此义，一任无数之民贼独夫，大盗巨寇，举众人所有而独有之，以为一家一姓之私产，而自尊曰君，曰皇帝，使天下之人，无一平等，无一自由，甚至使成吉思汗、党罗福临等，以游牧之族入主我中国，以羞我始祖黄帝于九原。故我同胞今日之革命，当共逐君临我之异种，杀尽专制我之君主，以复我天赋之人权，以立于性天智日之下，以与我同胞熙熙攘攘，游幸于平等自由城郭之中。①

无论何时，政府所为，有干犯人民权利之事，人民即可革命，推倒旧日之政府，而求遂其安全康乐之心，迨其得安全康乐之后，经承公议，整领权利，建立新政府，亦为人民应有之权利。若建立政府之后，少有不洽众望，则欲群起革命，朝更夕改，如奕棋之不定，固非新建国家之道。天下事不能无弊，要能以和平为贵，使其弊不致大害人民，则与其颠复昔日之政府，而求伸其权利，毋宁平和之为愈。然政府之中，日持其弊端暴政，相继施行，举一国人民，悉措诸专制政体之下，则人民起而颠复之，更立新政府，以求遂其保权之心，岂非人民至大之权利，且为人民自重之义务哉？我中国人之忍苦受难，已至是而极矣，今既革命独立，而犹为专制政体所苦，则万万不得甘心者也矣。此所以不得不变昔日之政体也。一、定名为“中华共和国”。二、“中华共和国”为独立自由之国。三、自由独立国中，所有宣战、媾和、订盟、通商及独立国一切应为之事，俱有十分权利与各大国平等。四、立宪法悉照美国宪法，参照中

① 张枬、王忍之编：《辛亥革命前十年间时论选集》（第一卷下），生活·读书·新知三联书店，1960年，第667页。

国性质立定。五、自治之法律悉照美国自治法律。六、凡关全体个人之事,及交涉之事,及设官分职国家上之事,悉准美国办理。[①]

邹容的《革命军》在最后响亮地呼喊:"中华共和国万岁!""中华共和国四万万同胞的自由万岁!""自古以来,'万岁'都是与皇帝联系在一起的,由臣民向皇帝'山呼万岁',而邹容则将君主专制的对立面——中华共和国和人民的自由称'万岁',这在中国历史上,是开天辟地第一回。……《革命军》洋洋二万言,尖锐、泼辣地批判了封建君主专制,热情洋溢地宣传了民主思想,鲜明、系统地描绘了资产阶级共和国的宏伟蓝图,这在专制黑暗的中国,不啻是一声惊雷,在资产阶级知识分子和清朝统治者两方面都引起了强烈的震动。"[②]《革命军》出版以后,风行海内,一版再版,不到十年时间,竟先后摹印了二十多版,行销一百一十多万册,成为辛亥革命准备时期影响最大的一本革命书籍。[③]

革命派不仅宣传了民主共和国的理想,坚决主张建设美国形式的民主共和国,许多革命派宣传民主共和国理想,都提到了美国的华盛顿及美国的共和国制度,其中如邹容就明确提出中国建立民主共和国要以美国为样板,《临时约法》的政体设计同样体现出了美国共和国形式对辛亥革命的积极影响。不过,民主共和国的建立不仅需要有积极的建设愿望和足够的民主共和国的知识,而且更需要拥有国民观念的公民,而要有此公民就必须战胜中

---

① 张枬、王忍之编:《辛亥革命前十年间时论选集》(第一卷下),生活·读书·新知三联书店,1960年,第676页。

② 熊月之:《中国近代民主思想史》,上海人民出版社,1986年,第387页。

③ 鲁迅先生回忆说,在辛亥革命以前,"便是悲壮淋漓的诗文,也不过是纸片上的东西,于后来的武昌起义没有什么大关系。倘说影响,则别的千言万语,大概都抵不过浅近直截的'革命军马前卒'邹容所做的《革命军》"。(见《杂忆》,《鲁迅全集》第一卷,第318页。)吴玉章回忆说:"至一九〇三年夏,邹容的《革命军》出版,革命的旗帜就更为鲜明了。邹容以无比的热情歌颂了革命,他那犀利沉痛的文章,一时脍炙人口,起了很大的鼓动作用……他这本书的出版对人们从资产阶级改良主义思想跃进到资产阶级革命思想,起了很大的推动作用。"(吴玉章:《辛亥革命》,第55页。)

国传统的旧政治文化，[1]而代之新的民主主义的政治文化。为此，革命派积极开展了讨伐旧文化的思想启蒙，集中批判了传统儒家的纲常伦理及由此而来的国民的普遍奴性。革命派集中讨伐的主要对象是三纲五常，其核心观点则可以概括为罪圣和罪君。[2]

吴魂《中国尊君之谬想》指出，“中国君权所以发达之原因，有数端焉”，其中圣人教忠之学说处在极其重要的地位，其根本原因就是“圣人与君主，互相为因，互相为果”。

> 圣人倡君尊臣卑之说。一人为刚，万人为柔，以孔子为圣，而曰民可使由之，不可使知之；曰事君尽礼，人以为谄。孔子以后，孟子较独开生面，曰民贵君轻，则孟子明白公理多矣。但孟子固能大破此重难关乎？未也。曰保民而王莫之能御，曰若保赤子，则孟子意中，但得仁君爱民如子而已足，暴民固不欲睹，民权也无暇生长也。至唐之韩愈，言君者出令者也，臣者行君之令而致之民者也，民者出粟米麻丝贡货财以事其上者也。……韩愈之言，亦所谓道其所道，非我所谓道也。呜呼！所谓圣人为君主教猱升木，而君主因而利用之，祭庙、拜圣像、用圣人言，彼非真信圣人也，信圣人之学说之足以驾驭国民也。庄生言圣人不死，大盗不止，其说真切中病根哉。[3]

---

① 维新运动时期，张之洞在《劝学篇》中全面阐述了“中学为体，西学为用”的方针，后来，清政府又反复申述这一方针的指导性。清政府在一道“整顿学堂”的上谕中说：“以圣教为宗，以艺能为辅，以礼法为范围，以明伦爱国为实效。”云贵总督岑春煊说：“民之智能技艺，可师仿他国，独至民德，则数千年文化之渐染，风俗之遗传，必自有我所有者修而明之，不能以彼易此。”（参阅故宫博物馆明清档案部：《清末预备立宪档案史料》（下册），中华书局，1979 年，第 975 页。）

② 传统所谓罪君主要针对君主个人的缺点、不足、错误而言，而辛亥革命时期革命派之罪君则是彻底否定传统的君主制，前者的理论依据是三纲五常，后者的理论依据则是民权论或民约论。

③ 张枬、王忍之编：《辛亥革命前十年间时论选集》（第二卷上），生活·读书·新知三联书店，1963 年，第 544～545 页。

有的革命派宣传家则干脆将传统所谓“圣人”称为“蠹”“魔”“大盗”，镕范的《圣毒篇》指出：“孔墨佛耶，世谓之圣，非圣也。天性之蠹，人类之魔，盗贼之神圣，奸佞之傀儡，愚民之毒药也……圣人之所谓仁心仁泽利善万世者，不过为大盗固子孙万世之基。圣人之所谓嘉言懿行，流芳千古者不过博大盗一时间之虚荣伪褒。而圣人人格之卑鄙龌龊，几等于妃嫔侍妾，而大盗则无伤焉。噫！孰谓圣人果贤于盗乎？是圣人实盗之傀儡耳。圣人又奚足尊哉？”①凡人《非圣篇》不仅公开反对定孔子于一尊，而且主张“无圣”，提出“破专制之恶魔，必自无圣始”“谋人类之独立，必自无圣始”“立学界前途之大本，必自无圣始”。② 陈君衍的《法古》也把孔子与历代的独夫民贼视为一体，孔子不仅不值得尊敬，而且还成了被讨伐的对象。

> 孔子在周朝的时候虽是很好，但是在如今看起来，也是很坏。“至圣”两个字，不过是历代的独夫民贼加给他的徽号。那些民贼为什么这样尊敬孔子呢？因为孔子专门叫人忠君服从，这些话都很有益于君的。所以那些独夫民贼。喜欢他的了不得，叫百姓都尊敬他，称他做“至圣”，使百姓不敢一点儿不尊敬他，又立了诽谤圣人的刑法，使百姓不敢说他不好。……列位想想，孔子若是与他们无益，他们岂肯这样尊敬他呀？③

绝圣的《排孔征言》号召人们革孔子的命：“孔丘砌专制政府之基，以荼毒吾同胞者，二千余年矣。”“欲世界人进于幸福，必先破迷信，欲支那人之进于幸福，必先以孔丘革命。”④

---

① 吴雁南、冯祖贻等主编：《清末社会思潮》，福建人民出版社，1990 年，第 205 页。
② 吴雁南、冯祖贻等主编：《清末社会思潮》，福建人民出版社，1990 年，第 300 页。
③ 吴雁南、冯祖贻等主编：《清末社会思潮》，福建人民出版社，1990 年，第 299 页。
④ 吴雁南、冯祖贻等主编：《清末社会思潮》，福建人民出版社，1990 年，第 300 页。

圣人既然已受到了激烈的讨伐，失去了“至圣”的至尊地位，那么圣人学说也自然失去了以往的神圣光环，成了革命人士口诛笔伐的罪恶存在，其中作为圣人学说核心的“三纲五常”，则几乎成了人人急欲弃之的罪恶之尤大者。革命派以“民约论”为武器，攻击讨伐传统“君为臣纲”理论。他们认为：君主的出现不仅违反“民约”，而且也不合乎正义。柳亚子《民权主义！民族主义》说：

> 上古时候，没有什么皇帝，没有什么官长，人人都是百姓。后来因为事体很多，或者内部的争执，或者外部的劫掠，没有一个总机关，一定和乱丝一般，无从下手，所以从百姓中间，公举出几个有德行有才干的人来，教他代全体办事。一面又由百姓公意，立了几条法律，凡是照法律办事的人，大家保护他；不照法律办事的人，大家惩罚他。有了办事的人，有了法律，就渐渐成功一个国家了。国家既经如此成功，所以叫作“民约”，就是大家立了契约，互相遵守的意思。谁知到了后来，那几个办事人弄起权来，百姓却又糊涂，大家不管，尽他胡做，一边只顾让后，一边只顾抢钱，让到无可让的地步，办事人也不要你们公举了，靠着拳头大，臂膊粗，强占了第一把交椅，就世世代代传下去。碰到子孙昏庸，又有人来抢劫，抢到手的就是帝王，抢不到手的就是盗贼。你想这帝王既不是公举的，他还肯来顾恋百姓么？自然作威作福，无所不为，摆出这豪奴欺主的样儿来。那时候的百姓，……没有一点自主权。……任他把你浑身剁做肉酱，不敢喊一声冤，叫一声痛；任他把你妻女来抢夺，还要三跪九叩首的谢恩。咳！弄到这样世界，还能讲人道么？[①]

① 张枬、王忍之编：《辛亥革命前十年间时论选集》（第二卷下），生活·读书·新知三联书店，1963年，第813~814页。

如此说,君不但不应该成为什么"臣纲",他简直就是民贼。马君武的《帝民篇》从天赋人权的观念出发,指出皇帝和人民本是平等的:"帝权(即主权)非一私人,而以通国中之个人组成之","故人民即帝王,帝王即人民,不可离也。吾国旧政学家,谓帝王为天之子,为至尊;人民为庶民,为小民,为下民;呜呼!亵渎至尊,犯上作乱,其罪盖不可胜诛也!"①

圣人和君主互为因果,共同建构了一个疏而不漏的天网,塑造了国民的奴性,并将奴性作为维系专制体系的利器。因此,革命派罪圣和罪君的目的就是提倡权利以去除罩在人们头上的天网,并去除人们身上普遍的奴性,以建设正义的民主共和国。《箴奴隶》指出:

> 奴隶者,国民之对点也。民族之实验,只有两途,不为国民,即为奴隶,断不容于两者之间,产出若国民非国民,若奴隶非奴隶,一种东倾西倒不可思议之怪物。今以反观之于吾同胞,其为国民乎,其为奴隶乎,是必有一定之真象也。而近时之知言者,涉及吾族,殆无不曰奴隶奴隶,仿佛奴隶之徽号,为吾族之所忍受焉者。……哀哀吾同胞!哀哀我奴隶!奴隶非生而为奴隶也,而吾族人乃生而为奴隶者也。盖四感受三千年奴隶之历史,熏染数千载奴隶之风俗,只领无数辈奴隶之教育,揣摩若干种奴隶之学派,子复生子,孙复生孙,谬种流传,演成根性。有此根性,而凡一举一动,遂无不露其奴颜隶面之丑态,且以此丑态为美观,为荣誉,加意修饰之,富贵福泽,一生享着不尽。于是奴隶遂为一最普通、最高尚之科学,人人趋之,人人难几之。趋向既日盛一日,而根性乃日固一日。至于近顷,奴隶成为万古不磨之铁案,无从推翻,遂乃组

① 吴雁南、冯祖贻等主编:《清末社会思潮》,福建人民出版社,1990年,第301页。

织一庞大无外之奴隶国。[①]

邹容《革命军》指出：

奴隶者，与国民相对待，而不耻于人类之贱称也。国民者，有自治之才力，有独立之性质，有参政之公权，有自由之幸福，无论所执何业，而皆得为完全无缺之人。曰奴隶也，则既无自治之力，亦无独立之心，举凡饮食男女，衣服居处，莫不待命于主人，而天赋之人权，应享之幸服，亦莫不奉之主人之手，衣言主人之衣，食主人之食，言主人之言，事主人之事，依赖之外无思想，服从之外无性质，谄媚之外无笑语，奔走之外无事业，伺候之外无精种，呼之不敢不来，麾之不敢不去，命之生不欺不生，命之死不敢不死，……乃几不复自知为人。[②]

奴隶根性的养成则主要由于历史、风俗和礼仪教化，而奴隶根性的拔除则必须以法代礼作为前提。《权利篇》指出：

吾痛吾中国之礼仪三百威仪三千也，胥一国之人以沦陷于卑屈，而卒无一人少知其非，且自夸谓有礼之邦，真可谓大惑不解者矣。礼者非人固有之物也，此野蛮时代圣人作之以权一时，后而大奸巨恶，欲夺天下之公权而私为己有，而又恐人之不我从也，于是借圣人制礼之名而推波助澜，妄立种种网罗，以范天下之人。……礼立于中国三千年矣，而

① 张枬、王忍之编：《辛亥革命前十年间时论选集》（第一卷下），生活·读书·新知三联书店，1960年，第702页。

② 张枬、王忍之编：《辛亥革命前十年间时论选集》（第一卷下），生活·读书·新知三联书店，1960年，第671页。

中国之交弱也几千岁。汉患匈奴，唐患契丹，外夷之患何世无之，甚至若金、若辽、若元若北魏、若后唐，皆得逞其凶焊，以奴隶中国。何不闻中国之英雄豪杰出而为夷酋长耶？曰礼使之然也。甚矣！礼之耗人血消人气，不至于死亡不止也。……知礼之有害于人，而益悲我四万万人消没于礼之一字也。……可以救吾民之质格、打破礼法之教者，无他，吾只恃权利思想。……我愿我四万万人，去礼法，复权利，踊跃鼓舞以登真世界。不见泰西文明诸国之宪法法律乎？一条一字，莫不为保护利权而立，犹慈母之养护其爱子，惟恐其疾病死亡。白色人之横行于大地也在此。……权利之表为法律，法律之里即权利，可分而言之者也。……礼为圣人之所制，法为立法者之所定，均弗出于自然而由人力为之者也。然此二者之本质，则有天壤之差。定上下贵兼之分，言杀言等，委曲繁重，虽父子夫妇之亲，亦被其间离，非礼之本质乎？以平等为精髓，无压抑之理，无犯人自由之律，非法之本质乎？重礼则养成卑屈之风，服从之性，仆仆而惟上命是听，任如何非礼，如何非法，而下不得不屈从之。……卑屈服从之奴性，呜呼极矣！……悲为黄帝神农之子孙，皆肃静之奴隶也，以谦让为教，以忍耐为宝典。……呜呼，中国之大勇、君子，竟若是之卑屈耶！①

中国之出路在于有国民，而国民之产生取决于奴隶根性能否彻除，因此革命的闯将纷纷以革除民众的奴隶性相号召。邹容《革命军》急切呼吁拔除奴隶之根性，指出：

① 张枬、王忍之编：《辛亥革命前十年间时论选集》（第一卷下），生活·读书·新知三联书店，1960年，第479～482页。

> 吾先以一言叫起我同胞曰：国民，吾愿我同胞万众一心，支体努力，以砥以，拔去奴隶之根性，以进为中国之国民。……革命必先去奴隶之根性。弗然者，天演如是，物竞如是，有国民之国，群起染指于我中土，我同胞其将由今日之奴隶，以进为数重奴隶，由数重奴隶而猿猴，而野豕，而蚌介，而荒荒大陆，绝无人烟之沙漠也。①

虽然革除民众奴隶根性的呼吁自20世纪初就非常响亮，但辛亥革命时期的革命工作并没有把奴隶根性的拔除作为培养国民的前提条件，仿佛国民所需要的一切都会在革命成功并建立共和政体以后自然到来。不过，民国初年的政治现实无情地击碎了这个美梦，呼吁根除民众奴隶根性的声音逐渐又日益高涨起来，伦理觉悟紧接着政治觉悟接踵而来，后来居上。伦理觉悟是政治解放的基础，没有伦理觉悟的基础，就不能实现真正的政治解放，这就要求政治解放的追求和促进者必须始终注意把伦理觉悟作为一项基本工作，但在现代中国，忘记伦理觉悟必要性的事却屡有发生。

四、临时政府时期的政治思想

中国政治大变局中各方势力的平衡在1911年已经达到了即将破裂的最低程度，尽管其中绝没有获得相对优势的政治势力群体，但是其中的优势政治主张却日益突显出来。② 清政府的人气越发地衰竭，平民势力的政治不满

---

① 张枬、王忍之编：《辛亥革命前十年间时论选集》（第一卷下），生活·读书·新知三联书店，1960年，第673页。

② 排满革命成为具有社会共识性的选择，其实并非革命党自觉努力的结果，而是多数主张改革的政治势力自觉努力无果的自然结果。换言之，排满革命成为最强势的流行政治选择乃是一种历史合力的、自然而然的结果，陈旭麓教授将这种选择称为“历史的选择”。自然而然结果的出现乃是人们自觉努力失败之后的社会无意识选择，无意识选择相对于自觉选择来说，乃是一种等而下之的无奈选择。

演化为各地此起彼伏的民变，新军中弥漫着排满革命的风潮，满、汉隔阂日益明朗化，立宪势力对朝廷已经近于绝望，排满革命几乎成了社会自救唯一可能的选择。尽管1911年的广州起义仍然以失败告终，但中秋时节发生的武昌首义还是导致了颟顸清王朝的土崩瓦解。当清王朝土崩瓦解之势已成之时，清政府当局为自救起见，颁布了《宪法重大信条十九条》（以下简称《十九条》），以君主誓言的方式肯定了真正意义上的君主立宪制政体，它虽然没有多少虔诚的成分，统治者也未必认真对待，但作为一种政治体制设计也自有它的意义与价值。同时，辛亥革命中建立的地方或中央性临时政府也颁布了相应的政治体制设计法令，其中南京临时政府制定的《中华民国临时约法》最具有典型代表性，而其基础则是武昌首义后颁布的《中华民国鄂州临时约法草案》，该草案的主要起草人则为宋教仁，此外，各地成立的地方临时政府也颁布了不少类似的法律。[①] 此处所谓临时政府时期，并非单纯指南京临时政府，而是指开始于武昌首义结束于袁世凯制定《中华民国约法》的一段历史时期。本节主要通过分析当时出现的政治体制设计法令或法律，分析临时政府时期流行的先进政治思想。

1909年农历九月十三日，内阁奉上谕颁布《十九条》，决定实行英国“虚君共和”的责任内阁制，限制了皇帝的权力，扩充了国会的权力，不仅明确规定“皇帝之权，以宪法所规定者为限”，而且皇位继承顺序也由宪法规定，宪法修正提案权归属于国会，总理大臣由国会公选，皇帝任命，皇帝为海、陆军统帅，但对内用兵时须依国会议决之特别条件，官制官规以法律规定之，国际条约非经国会议决，不得缔结。[②] 这原本是清末以来立宪派望眼欲穿的宪

---

① 参见夏新华等整理：《近代中国宪政历程：史料荟萃》，中国政法大学出版社，2004年，第605～634页。

② 参见夏新华等整理：《近代中国宪政历程：史料荟萃》，中国政法大学出版社，2004年，第149页。

政方案，清王朝通过这个方案或许真的可以万世一系，但这又是一个姗姗来迟的方案。它的到来是在立宪派的主要势力已经对清王朝绝望之后，而且清王朝同意出台这个方案本身就是一个万般无奈之下的苟且选择。一方面，清廷为苟延残喘而不惜做出自己理性所不同意的选择；另一方面，一旦时来运转、事过境迁之后，清廷完全可以反悔，利用其中分权制衡的内容，或者来个死不认账，或者来个瞒天过海或偷梁换柱，最终在实质上恢复《钦定宪法大纲》中的所谓“君上大权”。

《十九条》虽然对于整个中国社会来说乃是当时最理性的宪政选择，但它的真正出台却是在机会尽失之后，而且它的出台还仍然是一个非理性的产物，而且其民主主义的民权内容也严重不足，其明显的表现就是其中没有对民权的庄严承诺，《十九条》缺乏当时大多数宪法都包含的权利法案。“权利法案”作为宪法的构成要件在美国制宪时就已经被提了出来，而权利的普遍化更是20世纪初新制定宪法的普遍特点，清廷的《十九条》没有“权利法案”之类的规定，或者出自仓促间的遗漏，或者是邯郸学步式的照抄照搬，或者只是想解决人们关心的君权过重问题，但其中最主要的原因恐怕还在于清廷民权意识的匮乏，其证据之一就是有意识地删除了建议稿草案中体现民权的规定。[①] 许多人以此为依据提出了对《十九条》的批评，可以说是击中了要害。因此，它之最佳机会乃是武昌首义之前，它如果能在革命军兴起以前出台，那么人们就不会过于计较民权内容的缺失；只要革命军已经兴起，那么它的方案就不会比革命派的共和国方案更进步，何况它的出台还是在革命军大兴之后。清廷在条件尚可的时候不甚珍惜，故意敷衍，大行其瞒天过海和偷梁换柱之术，以至在宪政承诺的兑现方面，还屡屡失信于天下贤士，因此《十九条》虽以“信条”的形式出台，着意强调了“信”的特征，但人们

① 参见韦庆远、高放、刘文源：《清末宪政史》，中国人民大学出版社，1993年，第537～540页。

对它还是缺乏基本的信任，也许它注定是一个必须被放弃的选择！

革命军大兴必然造成两大政治结果：其一是以满人为主的满、蒙和汉联合旧政权的彻底颠覆，汉人将不再认同满人的政统；其二是革命军造成的政治影响不仅使得满人为君主的政治体制不能继续，而且还造成了一切君主政治体制的不能继续，民众的尊贵地位及民权的呼声将成为新政治体制必须首先考虑的基本要素。革命军大兴乃是革命军政治意识实践后的自然结果，即革命军大兴的基本思想前提包含了排满和民主共和两大方面，而革命军大兴自然而然的结果就是民主共和国的确立和民主共和思想的大流行，而民主共和思想大流行的基本体现和载体就是这个时候频繁出现于后革命地区的各种约法。

一般来说，中国社会体现的政治思潮总比同时的西方慢一拍，因此尽管西方社会已经由传统自由主义为主的阶段进化为新自由主义的阶段，尽管西方社会已经兴起提倡强化行政权并主张发挥政府积极职能的新思想，但在中国有决定性影响的思潮仍然是传统自由主义思潮，各种约法大多倾向于三权分立，反对行政积极有为，主张进行有效的制度制衡。[①] 美国行政学家古德诺曾以提倡强行政而误为袁世凯所用，致使人们一直以为古德诺与袁世凯之间似乎有什么不可告人的勾当，实际上，大名鼎鼎的行政学家古德诺在中国历史上之所以声名不佳，多半是受袁世凯之累，但中国社会思想之落后于西方一拍也是不可忽视的重要因素。世界比较发达的国家已经兴起行政相对集权的新趋势，[②]而中国当时所急仍然在于实行必要的分权制衡体制。三权分立思想毕竟是从传统政治思想转化为现代政治思想不可逾越的思想环节，对于专制传统深厚而缺乏民主传统的中国来说，洛克、斯密、孟德

① 参见萧公权：《宪政与民主》，清华大学出版社，2006 年，第 35 页。

② 参见唐兴霖：《公共行政学：历史与思想》，中山大学出版社，2000 年，第 2 ~ 3 页。

斯鸠、卢梭等的主权和分权思想仍然具有重大的思想启蒙价值。中华民国建立过程中及建国初期所出现的各种约法文件，仍然传播了中国以往闻所未闻的民权和民治思想，确立了中国政治现代化所必须遵守的一些基本原则，其理论意义和实践价值仍然非同小可。

武昌起义后，革命派联合立宪派及开明官僚组织了中华民国军政府鄂军都督府，颁布了《中华民国军政府暂行条例》《中华民国军政府改定暂行条例》和《中华民国鄂州临时约法草案》等宪法性文件，[①]肯定了民主革命的政体成果，将共和政体明确确定下来，从而绝了君主专制主义的退路，其中《中华民国鄂州临时约法草案》具有重大的政治思想意义。《中华民国鄂州临时约法草案》，简称《鄂州约法》，包含总纲、人民、都督、政务委员、议会、法司、补则七章，凡六十条，于 1911 年 11 月 9 日颁布，主要由宋教仁起草，体现了当时革命派及立宪派都追求的三权分立和天赋人权的民主思想，它是我国历史上第一部具有近代民权意义的宪法草案，规定了人民的基本权利和义务，如人民一律平等、人民自由言论著作刊行并集会结社、人民自由信教、人民自由保有财产、人民有应任官考试之权等，并规定人民之权利，只有"于有认为增进公益、维护公安之必要，或非常紧急必要时，得以法律限制之"[②]。

《中华民国临时约法》以《鄂州约法》为蓝本，共同构成了中国追求分权制衡政体的文本象征，而且其基本政体模型均来自美国。《鄂州约法》已形成了行政、立法和司法三权分立的基本架构，明确指出"中华鄂州人民，以已取得之鄂州土地为境域，组织鄂州政府统治之"[③]，肯定了政府由人民组织的人民主权思想，明确表达了国家须由人民、土地、政府和主权共同构成的近代国家观。《鄂州约法》主张实行三权分立的政治制度，提出"鄂州政府以都

---

① 参见朱勇主编：《中国法制通史 第九卷 清末·中华民国》，法律出版社，1999 年，第 341 页。
② 夏新华等整理：《近代中国宪政历程：史料荟萃》，中国政法大学出版社，2004 年，第 610 页。
③ 夏新华等整理：《近代中国宪政历程：史料荟萃》，中国政法大学出版社，2004 年，第 609 页。

督及其任命之政务委员与议会、法司构成之”，其中“都督由人民选举，任期三年，续举时得连任；但连任一次为限制”，“督代表鄂州政府，总揽政务”，“公布法律；但对于议会议决之法律有不以为然时，得以政务委员全体之署名，说明理由，付议会再议，以一次为限”，“于紧急必要时，得以政务委员全体之署名，发布可代法律之命令；但事后仍需提出议会，归其承诺”，“除典试官、官吏惩戒院、审计院、行政审判院之官职及考试惩戒事项外，得制定文武官职官规”，“依法律任命文武职员”，“依法律给予勋章及其他荣典”，“统率水陆军队”，“依法律宣告戒严”。“议会由人民于人民中选举议员组织之”，“议决法律案，并议定条约及会计、预算、募集公债与国库有负担之契约；但基于法律之支出，议会不得减除”，“审理决算”，“得提出条陈于政务委员”，“得质问政务委员求其答辩”，“得受理人民之陈请，送于政务委员”，“以总数员四分三以上之出席，以出席员三分二以上之可决，得弹劾政务委员之失职及法律上之犯罪”，“于每年法定时期自行集会开会闭会”。“法司由都督任命之法官组织之”，“法司非依法律受刑罚宣告，或应免职之惩戒宣告，不得免职”，“法司以鄂州政府之名，依法律审判民事诉讼及刑事诉讼，但行政诉讼及其他特别诉讼不在此例”。[①]《鄂州约法》未及实施，故其政治意义仅仅停留在文本阶段。

《中华民国临时约法》简称《临时约法》，包含总纲、人民、参议院、临时大总统和副总统、国务员、法院、附则组成，共七章五十六条，由南京临时政府参议院起草并三读通过，于 1912 年 3 月 11 日由临时大总统孙中山正式公布。《临时约法》以《鄂州约法》为蓝本，比《鄂州约法》更加突出了三权分立的分权制衡思想和主权在民的民主思想。《临时约法》的总纲庄严指出，“中

---

① 夏新华等整理：《近代中国宪政历程：史料荟萃》，中国政法大学出版社，2004 年，第 610 ~ 612 页。

华民国由中华人民组织之”,“中华民国之主权,属于国民全体”,“中华民国以参议院、临时大总统、国务员、法院,行使统治权”。[①] 关于人民的权利,《临时约法》基本上坚持了《鄂州约法》的规定,宣布了人民的十二项基本权利和两条基本义务,并同《鄂州约法》一样规定了人民权利受限制的公益或法律条件。“中华民国人民,一律平等,无种族、阶级、宗教之区别”[②],人民享有身体、家宅、财产、言论、著作、集会、结社和秘密书信、迁徙、信教等多方面的自由,[③]人民还享有“请愿于议会之权”“陈诉于行政官署之权”和就官吏违法损害权利之行为“陈诉于平政院之权”“应任官考试之权”“选举及被选举之权”等诸多参政权。[④] “本章所载人民之权利,有认为增进公益、维持治安,或非常紧急必要时,得以法律限制之。”[⑤]《临时约法》设立参议院行使中华民国的立法权,参议院由各行省、内蒙古、外蒙古、西藏、青海选派参议员组织之,其选派办法由各地方自定,选派名额除青海为一人外,其余均为五人,每位参议院有一票表决权。参议院的职权主要有:议决一切法律案;议决临时政府之预算、决算;议决全国之税法、币制及度量衡之准则;议决公债之募集,及国库有负担之契约;答复临时政府咨询事件;受理人民请愿;得以关于法律及其他事件之意见建议于政府;得提出质问书于国务员,并要求其出席答复;得咨请临时政府查办官吏纳贿、违法事件;参议院对于临时大总统,认为有谋叛行为时,得以总员五分四以上之出席,出席员四分三以上之可决,弹劾之;参议院得自行集会、开会和闭会。[⑥]

---

① 夏新华等整理:《近代中国宪政历程:史料荟萃》,中国政法大学出版社,2004 年,第 156 页。

② 夏新华等整理:《近代中国宪政历程:史料荟萃》,中国政法大学出版社,2004 年,第 156 页。

③ 参见夏新华等整理:《近代中国宪政历程:史料荟萃》,中国政法大学出版社,2004 年,第 156 ~ 157 页。

④ 夏新华等整理:《近代中国宪政历程:史料荟萃》,中国政法大学出版社,2004 年,第 157 页。

⑤ 夏新华等整理:《近代中国宪政历程:史料荟萃》,中国政法大学出版社,2004 年,第 157 页。

⑥ 参见夏新华等整理:《近代中国宪政历程:史料荟萃》,中国政法大学出版社,2004 年,第 157 ~ 158 页。

临时大总统和副总统由参议院选举之,以总员四分三以上之出席,得票满总数三分二以上者当选,临时大总统代表临时政府,总揽政务,公布法律,临时副总统于临时大总统因故去职,或不能视事时,得代行其职权。临时大总统的主要职权有:统帅全国海陆军队;依法律宣告戒严;经参议院同意得宣战、媾和及缔结条约;制定官制、官规交参议院议决;任免文武职员,但任命国务员、外交大使公使须得参议院同意;提出法律案于参议院。①

国务员包含国务总理及各部部长,国务员于临时大总统提出法律案、公布法律及发布命令时,须副署之,辅佐临时大总统负其责任。②

法院以临时大总统及司法总长分别任命之法官组织之,依照法律审判民事诉讼及刑事诉讼,法官独立审判,不受上级官厅之干涉,法官在任中不得减俸或转职,非依法律受刑罚宣告,或应免职之惩戒处分,不得解职。③ 1912 年 4 月 1 日公布的《中华民国参议院法》继续坚持分权制衡思想,使行政权不得兼行立法权,明确规定现役军人及行政职员、司法职员不得同时担任参议员。④

袁世凯担任临时大总统以后,仍然不能完全背弃《鄂州约法》和《临时约法》所体现的民主和民治的基本精神,仍然不得不坚持分权制衡的基本政治原则,但袁世凯通过种种手段降低了政治体制中的民主和民治含量,推出了相对集权的政治体制,并通过《中华民国约法》将总统集权的政治体制固定下来,从而使分权制衡的成分降至民国建立以来的最低点,袁世凯作为民国

---

① 参见夏新华等整理:《近代中国宪政历程:史料荟萃》,中国政法大学出版社,2004 年,第 158 ~ 159 页。

② 参见夏新华等整理:《近代中国宪政历程:史料荟萃》,中国政法大学出版社,2004 年,第 159 页。

③ 参见夏新华等整理:《近代中国宪政历程:史料荟萃》,中国政法大学出版社,2004 年,第 159 页。

④ 参见夏新华等整理:《近代中国宪政历程:史料荟萃》,中国政法大学出版社,2004 年,第 163 页。

总统基本上恢复了帝国时代专制君主的体制权力,《中华民国约法》最终在政治体制上为袁世凯的洪宪称帝铺平了道路。[①]

五、北京政府的议会政治思想

中华民国从 1912 年建立,依政治体制的特点,经历了三个大的发展阶段,即南京临时政府、北京政府、南京国民政府。其中南京临时政府为中华民国的奠基阶段,其最重要的政治影响就是确立共和政体;北京政府乃是北洋军阀集团控制的政府,其重要的影响则是尝试了不同版本的宪法;而南京国民政府则主要按照孙中山的宪政思想进行训政和宪政建设,实行权能分离的政治体制,分权制衡的成分明显低于北京政府的政治体制,其最明显的特点就是国民党的一党集权。从民国政治体制的发展来看,议会在民国政治体制中的地位每况愈下,[②]而北京政府时期恰好是议会地位将确定而尚未确定的过渡时代。

北京政府时期,中国社会存在不同的议会政治方案,这些方案在政治思想上具有重要的标本意义。北京政府时期,围绕议会制的政制争论并没有在议会制方面有任何的发明、发现或发展,而仅仅是权衡当时已经存在的不同议会制,以决定中国当时应该采纳何种形式的议会制。议会制的核心是议会行使立法权,不同的议会制都必须首先承认议会的立法权,不过议会制的两种基本类型却取决于议会与行政首脑的权力关系,责任内阁制、总统制和半总统制中的议会具有不同的权力定位。北京政府时期,中国议会制的

---

① 参见朱勇主编:《中国法制通史 第九卷 清末·中华民国》,法律出版社,1999 年,第 439 ~ 444 页。

② 参见邓丽兰:《域外观念与本土政制变迁——20 世纪二三十年代中国知识界的政制设计与参政》,中国人民大学出版社,2003 年,第 37 ~ 44 页。

争论主要涉及总统议会制和责任内阁制两种。不论是总统议会制，还是责任内阁制，都必须以民选议会的正常存在为基本前提，而中国当时恰恰就没有这个基本前提，而争论的议题集中在总统是否应该或能够集权，而争论的实质则在于不同派系的人的政权分享，当然其中也包含着革命党人对袁世凯的政治不信任和袁世凯企图愚弄革命势力的不良动机。

议会政治思想除讨论议会在整个政治体制中的作用外，还必须讨论议会自身的形式问题，即议会究竟是一院制好，还是两院制好，中国当时到底采用何种形式的议会最为适宜？议会中政党的作用当如何发挥？反对党应如何处理与执政当局的关系，执政当局又该如何看待在野的反对党？当时的中国虽然有人已经做好了当在野的反对党的准备，但执政当局却根本没有容忍反对党存在的雅量。执政的北洋军阀不能容忍在野的反对党，千方百计拉拢、收买反对党，使之成为政府之羽翼；拉拢和收买无效后，或者采取卑劣的暗杀手段对待反对党的领袖，或者以既有权力强行收缴反对党的议员证书，将议员之当选作为政府对议员个人的赏赐，企图使议员感恩戴德而为自己所用。[1]

袁世凯是北洋军人集团在政治上的主要代表，他虽在晚清一向赞同变法，积极推动新政，呼吁君主立宪，但他对西方的了解仍然近似于隔雾看花，特别是对议会政治的了解就更为缺乏。[2] 袁世凯的政治观念中并没有政党的概念，他既不了解西方的政党政治，也不希望中国出现所谓政党政治，他对于内阁的组织原则就只能是“但问其才与不才，不问其党与不党”。[3]

袁世凯崇拜欧美，向往西方政治，但对其精髓知之甚少，理解浮浅。

---

① 参见张宪文主编：《中华民国史纲》，河南人民出版社，1985 年，第 65 ~ 70 页。

② 参见廖大伟：《1912：初试共和》，学林出版社，2004 年，第 157 ~ 161 页。

③ ［加］陈志让：《乱世奸雄袁世凯》，傅志明、鲜于浩译，湖南人民出版社，1988 年，第 138 页。

> 他的经历更容易使他羡慕和相信西方政治中的效率和秩序，但他无法忍受议会和宪法的制约。这种制约应该是一种艰苦的紧张，一种有益的敌对，但是袁世凯不能理解，他看不到其中的活力，找不到其中的希望。他对西方的理解过于简单，过于理想，有点想当然。他理解的共和为："采大众意思，制定完全法律，而大众严守之"，这完全是秩序和效率的反映，但他本人则不愿受法制的约束。[①]

革命派势力虽然很欢迎袁世凯转变到民主共和国的立场上来，希望袁世凯做中国的华盛顿，但是又仍然对袁世凯不完全信任，将《临时政府组织大纲》中的总统共和制改变为《临时约法》中的责任内阁制。因此，北京政府在开始掌握政权之初就开始在总统共和制和责任内阁制之间进行排他性选择。《中华民国临时约法》实际上是南方革命势力为袁世凯制作的"法衣"，尽管责任内阁制的首任总理唐绍仪为袁的亲信，但是袁世凯还是感到这件"法衣"极不合身，行动坐卧都很不自在，一开始就与内阁总理纠纷不断。因此，当政党政治的序幕就要拉开之时，袁世凯实际上已经意识到了责任内阁制如配之以非亲信的政党党魁为总理，那么他的政治实权就会所剩无几。

因此，袁世凯非常急迫地想要甩掉这件极不合身的"法衣"，一步一步地走向自己久已盼望的政治体制，而这个体制又十分近似于君主集权，那么也就自然成了通向帝制复辟的跳板或中介。值得注意的是，袁世凯加强自己权力的"窃国"之举大都有所谓法理基础，当国会已然失去其法理意义后，袁世凯就顺势使国会名存实亡。[②] 正式国会名存实亡后，中华民国也就只剩下一个空招牌了，而中华民国一旦只剩下空招牌，那么帝制自为的行为就会完

① 廖大伟：《1912：初试共和》，学林出版社，2004 年，第 160 页。

② 参见张宪文主编：《中华民国史纲》，河南人民出版社，1985 年，第 65～74 页。

全失去制度性的正式障碍,而且由于大多数正式机构都已经被袁世凯的亲信控制,甚至许多新的公民权利,如请愿权等,也被袁世凯所利用。①

总统制共和制的典型是美国,美国总统既是国家元首,又是政府首脑,还是三军总司令,由人民选举产生,直接对人民负责,一切行政机构均由总统产生,替总统工作,对总统负责。② 责任内阁制的共和制又称议会共和制,其典型是联邦德国,总统仅为国家元首,他虽名义上有许多权力,但并不负实际政治责任,总理作为政府首脑,由议会中大党领袖担任,行使政府行政权,并对议会负责,各部部长对总理负责。③《中华民国临时约法》所确定的责任内阁制,并没有二战后德国那样将总统的职权限定为象征性或礼仪性的虚权总统,而是仍然赋予总统较大的行政及军事权力,④从而使临时政府的临时大总统具有更多的美国总统的特点,只不过有些事情的处理必须有相应国务员的复署而已,总统权力只是稍加制约。实际上,还不足以称为责任内阁制,但毕竟设立了内阁总理,而且内阁总理及国务员也确实可以通过复署权在某些重大事项上对大总统进行体制性制约,而这种制约在美国的总统制中并不存在。因而也不是总统制,而只能是总统内阁混合制。袁世凯不满于它不像总统制那样充分授权总统,而国民党等革命势力则不满于其内阁作用仍然非常有限。双方都不满意,且双方都急于改变现有政治体制,双方围绕总统权力的大小多少展开了形形色色的政治斗争,其中最能够体现双方斗争意图焦点的就集中在宪法立法方面。

国民党、进步党及袁世凯集团对宪法的看法各不相同,国民党与进步党

① 参见方可:《袁世凯》,民族出版社,2003 年,第 139 页。

② 参见袁晖、曹现强主编:《当代西方行政管理体制》,山东人民出版社,2000 年,第 124 ~ 132 页。

③ 参见袁晖、曹现强主编:《当代西方行政管理体制》,山东人民出版社,2000 年,第 237 ~ 248 页。

④ 参见[美]费正清编:《剑桥中华民国史》(上),杨品泉等译,中国社会科学出版社,1994 年,第 237 页。

均主张责任内阁制，并且都主张实行政党内阁制，但后者绝不同意国民党过于强调国会权力的主张，而提倡责任内阁的行政集权，进步党虽主张行政集权，但又绝不同意袁世凯的总统集权，而袁世凯集团与国民党、进步党的根本不同则在于是否赞同实行政党内阁，袁世凯强调内阁的人选要注重“才不才”，而不论“党不党”。国民党主张的责任内阁制主要体现了宋教仁的政治主张，而进步党的责任内阁制则主要体现了梁启超等人的政治主张，袁世凯集团的总统集权制主张则主要表现在《中华民国约法》中。下面，我们不妨围绕《天坛宪法草案》（以下简称《天坛宪草》）的争议及其与《中华民国约法》的不同来概略介绍三方的不同政治体制设计。

袁世凯并不是自由主义的信奉者，而仅仅是一个社会达尔文主义形式的民族主义者，他一贯以为中国的生存不仅与民主主义没有必然联系，而且中国与民主主义似乎是相互冲突的。袁世凯强调诸国竞争时代唯有统一才能生存，而统一与生存又取决于民族的力量，而民族的力量又取决于中央政府，议会制度无济于事。[①] 立法机关和政党被袁世凯看作建立强有力中央政府的障碍。1913 年，袁世凯在“政治会议”上公开表示：

> 国力之强否，视其内政外交之若何；而内政外交之善否，又视其政府之强固与否，而国体之为君主为民主不与焉。共和政治，为宪政之极轨，本大总统固欣然慕之，然何敢谓招牌一改，国力之随之充足，即以目今内政外交而论，紊乱何堪设想。一般人民以国体既改，国民均属平等，于是乎子抗其父，妻抗其夫，属员抵抗长官，军士抵抗统帅，以抵抗

① 参见[加]陈志让：《乱世奸雄袁世凯》，傅志明、鲜于浩译，湖南人民出版社，1988 年，第 127 页。

命令为平等,以服从命令为奇辱,而政治遂不能收统一之效。[①]

袁世凯一方面千方百计虚化、架空、改造和破坏《临时约法》规定的政府体制,逐渐扩大自己的政治权力。[②] 另一方面,袁世凯也曾经企图影响制宪工作,屡屡表示强化总统权力的改革意志,在影响宪法起草无果的情况下,就坚决而不失时机地陷国会于瘫痪,并使制宪机构制定的宪章被无端搁置。[③] 国会瘫痪后,袁世凯又召集了顾问咨询机构性质的“政治会议”,企图借“政治会议”解散国会和修改《临时约法》,以强化总统权力。但是“政治会议”拒绝承担修改《临时约法》的责任,建议另行成立专门的“约法会议”修改《临时约法》。

“约法会议”制定、袁世凯颁布的《中华民国约法》,确立了总统集权的政府体制,袁世凯成功获得政府首脑的地位,原先的内阁则改为“政事堂”,成为大总统的私人幕僚机构,立法院行使立法权,但该院并未实际存在过,原先的参议院改为参政院,也成了咨询性质的幕僚机构。此后袁世凯还觉权力不足,修改《总统选举法》,确立总统可无限期连任并可推荐后继总统候选人的终身总统制和世袭总统制,最终还不惜名誉地进行了帝制复辟的洪宪闹剧,不仅身败名裂,名誉扫地以尽,而且成了民国以来以帝制自为者的前车之鉴。

袁世凯在《约法增修咨询案》中表达了对《中华民国临时约法》的强烈不满,指出“约法因人而立,多方束缚,年余以来,常陷于无政府之地”,提出“现在救国之计,尤须有强有力之政府”。[④] 他在《增修临时约法大纲》中又指出

---

① [加]陈志让:《乱世奸雄袁世凯》,傅志明、鲜于浩译,湖南人民出版社,1988 年,第 165 ~ 166 页。

② 参见谢振民:《中华民国立法史》(上册),中国政法大学出版社,2000 年,第 84 ~ 86 页。

③ 参见耿云志等:《西方民主在近代中国》,中国青年出版社,2003 年,第 288 ~ 294 页。

④ 张晋藩:《中国宪法史》,吉林人民出版社,2004 年,第 205 页。

了制定宪法的七条根本指导思想,勾勒了大总统集权于上的宪法框架,该框架不仅肯定了大总统高度的行政集权,还肯定了大总统的立法参与权、宪法起草权和修正权等。《增修临时约法大纲》的内容有:外交大权归诸总统,对外宣战、媾和及缔结条约,不须参议院或国会之同意;大总统制定官制官规,及任用国务员,与外交大使、公使,无庸经参议院或国会之同意;采用总统制,不置国务总理,各部部长均称国务员,直隶于大总统;正式宪法应由国会以外之国民会议制定,大总统公布之,正式宪法之起草权,归于大总统及参政院,其修正权归于大总统及立法院;关于人民公权之褫夺回复,大总统得自由行之;大总统有紧急命令权,但次期国会开会时,须于十日内,提出于国会,得其承认;大总统有紧急财政处分权,但次期国会开会时,须得其承认。①

袁世凯提出的宪法制定的指导思想在《中华民国约法》中得到了完整的体现,因而被称为《袁记约法》。《中华民国约法》即《袁记约法》颁布于 1914 年 5 月 1 日,共十章,六十八条,依次为国家、人民、大总统、立法、行政、司法、参政院、会计、制定宪法程序和附则。“《袁记约法》虽然沿用了欧美和日本等资本主义国家的某些宪法形式和条文,但它与《临时约法》和《天坛宪草》并无传承关系。恰恰相反,它是对《临时约法》和《天坛宪草》所确认的民主精神与原则的背叛。”②

《袁记约法》给予大总统以皇帝般的几乎不受制约的统治权力,其宗旨仅仅在于强化袁世凯的总统集权,其实质仍然是因人立法,而且袁世凯连代议性的立法机构也无诚意允其存在,而仅能允许咨询性的机构存在。虽然如此,但《袁记约法》仍然保留了一些民主主义的形式,从而不能满足袁世凯的权力欲望,袁世凯权力欲望不达“帝制自为”的状态绝不罢手,而一旦“帝

① 参见张晋藩:《中国宪法史》,吉林人民出版社,2004 年,第 207 ~ 208 页。
② 张晋藩:《中国宪法史》,吉林人民出版社,2004 年,第 208 页。

制自为”就势必身败名裂而为民国初年逆流之首。

梁启超等由立宪派发展而来的政党势力则主张重国权的政党责任内阁，强调中央政府的集权的必要性，以区别于国民党人主张重民权的政党责任内阁。[①] 国民党人比较强调行政权的受制约性，主张分权制衡甚于主张中央政府集权，两大政党集团虽然都主张政党责任内阁，但是两者的理论基础及侧重点却存在根本性差异，以至于两者在争取政党责任内阁的实现过程中不仅没有实现联合，而且还为此而激烈争论和争斗。两大政党集团的争斗使袁世凯坐收渔翁之利，政党责任内阁由于政党集团的内斗及袁世凯的分化利用而最终无疾而终。梁启超的宪法主张基本体现了进步党人的政制主张。1912 年年初，梁启超写出《宪法之三大精神》一文，明确提出了张“国权”而抑“民权”的政制指导思想，即“稍畸重国权主义以济民权主义之穷”。“政治无绝对之美，政在一人者，遇尧舜则治，遇桀纣则乱；政在民众者，遇好善之民则治，遇好暴之民则乱，其理正同。若必谓以众为政，斯所以长治久安即可操券，则天下岂复有乱危之国哉？”[②]

为何要重国权及怎样才算重国权？梁启超在《中国立国大方针》中指出：中国政制要以使中国进成世界的国家为最大目的，而“保育政策，则期成世界的国家之一手段也；强有力之政府，则实行保育政策之一手段也；政党内阁，则求得强有力政府之一手段也。而所以能循此种种手段，以贯彻最高之目的者，其事纯系于国民。夫以兹事泛责诸全体国民，殆茫然无下手之方，伥伥乎若不得要领也。虽然，民之为性也，其多数平善者，恒受少数秀异者所指导而与为推移。故无论何时何国，其宰制一国之气运而祸福之者，恒在极少数人士。此极少数人士，果能以国家为前提，具备政治家之资格，而

---

① 民国初年的“国民党”不同于后来的“中国国民党”，前者提倡责任内阁制，主张分权制衡，后者则相反。

② 《宪法之三大精神》，转引自李喜所、元青：《梁启超传》，人民出版社，1993 年，第 204 页。

常根据极强毅的政治责任心与极浓挚的政治兴味，黾勉进行，而虽至危之局，未有不能维持；虽至远之涂，未有不能至止者也”①。

梁启超作为进步党的党魁，其国权主义的诉求自然就体现为进步党的基本政制主张。进步党人的政制主张综合起来讲，主要内容有三条：取国家主义，建设强善政府；尊人民公意，拥护法赋自由；应世界大势，增进平和实利。②梁启超等进步党人的重国权实际上并非鄙薄民权，而是主张平衡国权与民权，以纠正国民党人偏重于民权的不足。梁启超等进步党还不满于宋教仁等国民党的立法权独大的责任内阁，提倡行政权和立法权相调和。他认为：

> 国会与政府，其职权既相倚相辅，则当行此职权时，恒不免于相轧相猜。……夫国家所以分设此两机关，原欲使之互相限制而各全其用。倘运用之结果，致以一机关压他机关，而被压者变为隶属，则其乖分设之本意明矣。然使两不被压，巍然对峙，而此两机关者日挟敌意以相见，遇事各图牵制，则国家大计，将全堕于意气，复何国利民福之能致者。③

梁启超所撰写的《进步党人拟中华民国宪法草案》设有总纲、人民、国民特会、国会、总统、国务员、法律和司法、附则等十一章，凡九十五条，体现了平衡国权与民权、平衡行政权与立法权、平衡中央与地方权限的总观点，主张“主权在国”，提出“无论何种国体，主权皆在国家”，并以国会议员组成国民特会，“总揽主权者”，修正宪法、选举总统、变更领土和弹劾执政。④ 梁启

---

① 《中国立国大方针》，见李华兴、吴嘉勋编：《梁启超选集》，上海人民出版社，1984 年，第 614 页。

② 参见李喜所、元青：《梁启超传》，人民出版社，1993 年，第 315 页。

③ 《中国立国大方针》，《饮冰室合集》（文集之二十八）。

④ 夏新华等整理：《近代中国宪政历程：史料荟萃》，中国政法大学出版社，2004 年，第 251 ~ 253 页。

超同时主张,大总统连任与否的问题,不必由宪法明文规定,且大总统可以经国家顾问院的同意而解散国会两院或一院,可以召集临时国会,可以停止国会两院之会议,可以经国家顾问院之同意宣战、媾和、任命国务总理等。[①]梁启超等人的宪政主张至少从名义上突出了比较多的总统集权,国会的权力受到较多限制,客观上产生了不利于政党内阁的效果,方便了袁世凯政府进一步集权的野心,当然也反映了梁启超等企图联合旧官僚集团打击国民党集团的政治意志。

民国初年,大多数政治改革方案都主张行政集权,反对严格依照分权制衡理论进行政治改革。不仅权力野心不断膨胀的袁世凯主张总统集权,比较熟悉政治学理论和各国宪政情况的梁启超主张中央集权,而且原同盟会的主要思想导师孙中山也同样主张政府有能。[②] 但中国体制又确实缺少分权制衡思想的影响,所以很容易导致在强调中央政府集权的同时忘记分权制衡体制的合理性,导致新旧军阀以民国共和名义实施专制暴政,不论是袁世凯,还是孙中山,其后接踵而来的都是赤裸裸的专制暴政。

中华民国建立后之所以能够产生主张限制总统集权的《临时约法》《天坛宪草》,一方面,是由于革命派势力在将政权转交给不太令人信任的袁世凯时,“因人立法”,企图削弱袁世凯的权限;[③]另一方面,是由于当时同盟会内部确实存在一批不太服从孙中山“三民主义”的政治势力,强调分权制衡的重要性,坚决主张政党责任内阁,确立人民享有主权的具有很强的自我纠错能力的政治体制,其最重要的思想代表就是被人戏称为“议会迷”的宋教

---

① 参见夏新华等整理:《近代中国宪政历程:史料荟萃》,中国政法大学出版社,2004 年,第 257 ~ 261 页。

② 参见邓丽兰:《域外观念与本土政制变迁——20 世纪二三十年代中国知识界的政制设计参政》,中国人民大学出版社,2003 年,第 1 ~ 65 页。

③ 参见迟云飞:《宋教仁与中国民主宪政》,湖南师范大学出版社,1997 年,第 180 页。

仁。[1] 同盟会改组后成立的国民党以宋教仁为实际思想领袖。孙中山改组国民党为中华革命党后,原先的国民党集团发生分裂,坚持议会制责任内阁的国民党仍然坚持宋教仁的看法,没有加入反议会制的中华革命党,而中华革命党后又被改组为中国国民党。[2]

国民党的政治主张皈依于宋教仁,中华革命党的政治主张则皈依于孙中山,中国国民党的政治主张则是对中华革命党政治主张的继承和发展,同样皈依于孙中山,民国初年的国民党与后来的中国国民党在政治体制的主张上恰好相反,前者主张分权制衡下的议会制责任内阁,后者则主张"三民五权"的"政府有能"的政治制度。我们此处要介绍的国民党政治主张,仅是以宋教仁为思想领袖的国民党的政治主张,中国国民党的"三民主义"则另设专章予以讨论。

中国近现代的政党观念主要来自西方,而中国的政党则主要是政党观念发酵的产物,而不是所谓议会政治或社会结构自觉化的产物。中国政党观念虽受西方影响而产生,但中国并无政党政治顺利发挥作用的基本条件。

尽管中国也经历过政党林立的阶段,但中国社会却始终没有出现一个如西方那样的政党责任政府,而是出现了政党要么没有什么实质性政治影响,要么垄断政权的奇怪局面。一方面,中国传统政治文化中"君子不党"传统实质性地消解了现代政党政治观念对中国的积极影响;另一方面,中国传统不健康的朋党观念则借政党而"还魂",形成了多党政治在中国的特殊状态。民国初年,中国多党政治的表现在中国社会具有典型性意义。尽管立宪派在政党政治方面做了长期的准备,但由立宪派发展而来的政党在民国初年仍然非常糟糕,而由革命派势力改组的政党则由于准备不足而表现更差。

---

① 参见陈旭麓:《陈旭麓文集第四卷:浮想偶存》,华东师范大学出版社,1997 年,第 277 页。

② 参见迟云飞:《宋教仁与中国民主宪政》,湖南师范大学出版社,1997 年,第 188 ~ 191 页。

> 今者党之问题，可谓波靡全国矣。一般之贤愚不肖，既尽驱率人入于此帷幕之中，旗帜分张，天地异色。又有一群矫异自好或无意识之徒，以超然为美名，以党为大恶，相戒以勿争党见为爱国。党人之视己党，则神圣之；其互相视，则仇雠之；无党人之视党也，则蟊贼之。攘往熙来于通衢大道之中，指天画地于秘室之内，目有视视党，耳有闻闻党，手有指指党。既已聚千奇百怪之人而相率为党，遂即铸为千奇百怪之党蔓延于国中，乃复演为千奇百怪之崇拜政党或诋毁政党论，以相攻于一隅。于是乃有党与党争，有党与非党争，更有一党之中一部分与一部分之争。①

梁启超等人的政党政治观念不同于宋教仁，主要定位为民意表达，实质性掌握立法权，以法支持执政者，以法监督执政者。政党的出现，不仅意味着社会利益的分化已经造成了社会结构的自觉分化，而且还意味着不同根本利益人群之间的合作和博弈，可以通过政党合作和博弈予以实现。政党须追求公共利益，实质性地掌握立法权，以法律这种形式化的公共意志确定公共利益，执政者能够开明而理性地依法执政，依法行政即是遵循公共意志，依法行政即是追求公共利益，政党或执政者的不当行为或作为，都将通过独立的司法系统得到矫正。②

宋教仁的政党论则企图以优势政党同时占据立法权和行政权，而选举中得胜的政党则以全民意志的代表自居，从而使国家的根本意志和权力核心发生严重的政党偏颇，而这种偏颇很可能严重损害国家利益。不依靠任何形式的政治超人或超人集团，拒绝一切可能的专制风险，这是宋教仁政治

---

① 黄远庸：《铸党论》，转引自耿云志等：《西方民主在近代中国》，中国青年出版社，2003 年，第 304 页。

② 参见赵晓呼主编：《政党论》，天津人民出版社，2002 年，第 11 ~ 15 页。

思想的最主要特点。梁启超和宋教仁等在政党的看法上存在重大分歧,[①]这种分歧最终导致了双方合作关系的破裂,政党之间合作的缺乏导致政党纷纷沦为旧军人集团的玩物,招之即来,挥之即去。[②] 政党政治在中国社会还没有好好表现,就丧失了可贵的尝试机会,不由得令人扼腕而叹。

宋教仁作为国民党的思想领袖,在政治思想上,具有不同于孙中山政治思想的重要特征。宋教仁的视野及思想的原创性可能不如孙中山,但其政治思想的先进性却同样不容置疑。宋教仁虽然与孙中山一样倾心于民权,但他却没有孙中山对群众的鄙视心理,没有将人群人为地分成先进和后进,更没有明确将加入自己政党的人,特别是其中的思想领袖视为先进,而是坚持以通过选举的政党来代表民意,而民众在选举中选择政党提名的代表就是在行使民权。宋教仁没有孙中山那样的革命集权思想和民权实现的程序,而是主张直接赋予民众以民权。同样,宋教仁与孙中山虽然都研究了西方各国的政治制度,不过各自倾心的制度类型并不相同,宋教仁倾心于英国式的责任内阁制,主张仿照英国君主立宪的责任内阁制,参照法国的议会共和制下的责任内阁制,在中国实行“弱总统、强总理”的责任内阁制;孙中山则倾心于美国的总统共和制,主张仿照美国的政治制度,实行总统行政集权的总统制,而不主张以立法机构监督和制约总统的责任内阁制。

宋教仁主张民主选举基础上的竞争性政党制度,提倡两党制,而孙中山则取革命基础上的精英主义的一党制,以三民五权为基本教义,教育普通民众,实现他所谓的“先觉觉后觉”。孙中山的一党制主张以为,革命党不仅垄断政权,而且必须经历一段“党外无党”的革命党专权时期。[③] 宋教仁实际上

① 参见耿云志等:《西方民主在近代中国》,中国青年出版社,2003 年,第 310 ~ 346 页。

② 参见李新、李宗一主编:《中华民国史 第二编 北洋政府统治时期 第一卷(1912—1916 年)(全二册)》,中华书局,1987 年,第 486 ~ 507 页。

③ 参见迟云飞:《宋教仁与中国民主宪政》,湖南师范大学出版社,1997 年,第 82 ~ 94 页。

已经看到了军人集团的政治威胁，主张实行不利于军人集团长久把持政治的责任内阁制，而不是实行有利于军人集团长久把持政权的总统制。他以日本的藩阀元老政治为例，分析了军人集团对立宪政治的不良影响。①

袁世凯的北洋军阀集团是典型的军人政治集团，其在政治体制上的爱好就是总统集权。袁世凯抱怨《中华民国临时约法》是"弱国宪法"，其根源则是所谓"防御主义"。1912 年 11 月，袁世凯曾就蒙古问题借题发挥，指出："俄蒙事件，亦早料必有今日，特大总统不负责任，无以自由执行。能否达到目的，惟视将来宪法如何为标准。使民国所定宪法为强国宪法，则事皆易理，若为弱国亡国宪法，虽胜余十倍之人亦无能为役。此后当为全国制定宪法，不当为防闲一人制定宪法；当思我为总统我为政府办事地步，不当思为防制一人防制政府而为制定宪法宗旨。故制定宪法必取消防御主义。"②

政治实践表明，军人集团设定并占据有名有实的总统就意味着民主或民权的劫难，而劫难却只能由发达的民权来克服。不论是袁世凯，还是孙中山，抑或是梁启超，其对政党责任内阁制在现代政治体制中地位的认识均不及宋教仁。可以说，宋教仁主张的政党责任内阁制，能够防止某类政治势力在政治体制中作用过大的弊端，而其他人则只看到中国社会的具体政治困难，而不惜造成某种过大政治势力，他们对某类政治势力过大的损害性均估计不足。如果说，中国宪政在 19 世纪的主要敌人是拒绝立宪的顽固势力，那么 20 世纪以后，中国宪政的主要敌人就是不同路径产生的势力过大的政治超人或超人集团，而且这样的集团往往带有强烈的军事性质。庞大而拥有军事力量的政治超人集团不仅控制了一切国家机器，而且还掌握了国家机器的"铸造大权"，获得了高高在上的优越政治地位，形成了阻碍宪政正常发

① 参见迟云飞：《宋教仁与中国民主宪政》，湖南师范大学出版社，1997 年，第 84 页。

② 《民立报》，1912 年 11 月 12 日，《蒙警汇报》专栏，转引自迟云飞：《宋教仁与中国民主宪政》，湖南师范大学出版社，1997 年，第 222 页。

育成长的坚硬板结。中国的宪政经验一再证明，政治体制必须建立在多种政治势力平衡的基础上，才能有健康而有活力的宪政，否则宪政就会由于政治超人集团而名不副实。[①]

宪政所需要的共识不是弱势实体被强制教育的结果，而是各种意见主张自由交流的自然产物，而各种不同的主张则不过是不同社会利益的意识化表现而已。不同的人群只有通过不同的政党组织，才能将自己的根本利益和意志反映出来，与根本利益不同的其他人群交流，并通过交流而凝聚反映社会共同利益的基本政治共识，以基本政治共识作为执政者的执政纲领。责任内阁制与总统集权制在中国语境中的区别，仅仅在于有利于政治超人集团中的哪一个，责任内阁制与总统集权制的斗争和博弈其实就是不同政治超人集团之间的斗争和博弈。孙中山之所以同意宋教仁的责任内阁制，是因为它体现了同盟会限制北洋军阀集团的政治意图，而袁世凯之所以不能接受责任内阁制则主要是因为他不希望自己的权力被同盟会限制。不信任及由此而来的限制与反限制的斗争在民国时期往往表现为政体之争，同盟会与“北洋”之间的斗争如此，“北洋”内部的斗争、南方军阀之间的斗争、新旧军阀的斗争、新军阀之间的斗争等，都无不如此。

六、无政府主义政治思想[②]

无政府主义政治思想在中国具有悠久的历史，传统时代许多反专制主

① 参见孙淑:《台湾政治制度》，南京大学出版社，1993 年，第 62 ~92 页。

② “无政府主义”一词，是从日文翻译过来的，无政府主义（Anarchism）语源于希腊文，Arch 是“王”的意思，Anarch 是“无政府”的意思，日本人把它译为无政府主义，北京大学原教授高一涵曾把它译为“无治主义”，认为无治主义者不仅主张“无政府”，而且主张无强权、无宗教、无姓氏、无民族、无婚姻、无家庭，提倡自由恋爱等，无政府主义主张消灭一切治人的机关，建立一个无政府社会。近现代无政府主义思潮源自欧洲的社会主义运动，其主要代表人物有德国的麦克斯 · 施蒂纳、法国的蒲鲁东、俄国的巴枯宁和克鲁泡特金，他们分别是无政府个人主义、无政府工团主义和无政府共产主义的思想代表。

义政治批判思想家和乌托邦思想家，都具有无政府主义的政治倾向，但近代无政府主义政治思想则主要受外来政治文化的影响和刺激，而且主要表现为乌托邦政治主张。

无政府主义政治思想在中国的大肆传播开始于清末新政初期，而其最初的“被感染者”就是留日青年学生，清末留日学生中的许多人，受日本转译的欧洲社会主义思潮的影响，由反清革命而信仰无政府主义，成为无政府主义者。中国近代的无政府主义者不仅猛烈抨击和批判了传统政治制度，还在中国人民反抗封建主义政治压迫的过程中发挥了重要作用，而且对没有政府统治的未来寄予了无限希望，从而在中国社会寻找政治新路的过程中产生了重要影响。[①]

无政府主义在中国近现代的社会巨变中扮演过特殊角色，发生过特殊作用，国共两党都有许多著名的政治人物曾经是声望卓著的无政府主义者，许多血气方刚的热血青年就是受到了无政府主义的理想激励而无怨无悔地走上了抛头颅洒热血的民主革命道路。[②] 中国无政府主义思潮的主要代表人物有刘师培、刘师复、张继、张静江、朱谦之、李石曾、吴稚晖等，其中既有和平渐进主义者，也有激进的暴力革命论者。无政府主义思潮退潮后，许多人加入主张政治革命的中国共产党和中国国民党的事实表明，中国无政府主义思潮的主流倾向于彻底否定国家和权威的暴力革命论。[③]

1907 年以前，随着民主革命思潮的兴起，无政府主义政治思潮作为一种革命的“新主义”被介绍到中国。英国人克喀伯的《俄罗斯大风潮》、日本人久津见蕨村的《近世无政府主义》等书先后被翻译介绍到中国，张继专门编

---

① 参见李泽厚:《中国现代思想史论》,安徽文艺出版社,1994 年,第 32 ~ 34 页。

② 参见李怡:《近代中国无政府主义思潮与中国传统文化》,华中师范大学出版社,2001 年,第 1 页。

③ 参见胡庆云:《中国无政府主义思想史》,国防大学出版社,1994 年,第 331 ~ 334 页。

译了《无政府主义》小册子，马叙龙写了《二十世纪之新主义》，专门介绍无政府主义，一些进步刊物也都登载有关无政府主义的文章，介绍巴枯宁的“破坏主义”，宣传反对封建专制，主张对统治阶级实行大破坏，提倡暗杀反动头目。民主革命受到重大挫折之后，同盟会内部出现了一批热衷于无政府主义的革命者，主张以无政府主义指导中国民主革命。中国人在国外接受并宣传无政府主义思想的东西两个阵地几乎同时形成。1907 年，同盟会会员刘师培、何震、张继等人，在东京成立了社会主义讲习会，出版《天义报》；吴稚晖、李石曾、张静江等则在巴黎创办了名为《新世纪》的杂志。《天义报》主张“人类均力说”，认为中国革命应以“农民革命”为主要内容，让农民自发起来抗租抗税，驱逐政府官吏，组织“劳民协会”，然后实行“总同盟罢工”，继而建立一个工农结合的“人类均力”社会。《新世纪》强调知识的重要性，主张以教育为根本，指出革命的主要任务是“普及革命”，以宣传和教育为手段，传播科学知识，批判封建思想，进而推翻政府，建立无政府社会。1919 年 5 月，五四运动爆发后，无政府主义思潮在中国迅速传播开来，许多大中城市都出现了无政府主义的社团和刊物，他们提倡的“个人绝对自由”“各尽所能，各取所需”、反对强权和不要政府的极端主张，对一些憎恶军阀封建专制统治，而又向往社会主义的青年知识分子和进步团体，产生了较大的影响，产生了大量的无政府主义的忠实信徒。中国共产党和中国国民党的理论体系成熟之后，无政府主义思潮在中国无可挽回地走向没落。①

中国无政府主义思潮最主要的思想代表是孙中山的同乡刘师复。刘师复原名刘绍彬，字子麟，生于清光绪十年，即公元 1884 年，卒于 1915 年，广东省香山县（今中山县）石岐镇人。刘师复 1904 年东渡日本留学时，加入孙中山创建的同盟会，成为最早的一批会员，1907 年受同盟会派遣，回广州进行

① 参见胡庆云:《中国无政府主义思想史》，国防大学出版社，1994 年，第 2 ~6 页。

暗杀活动,事败被捕,坐牢两年。在牢中,刘师复对无政府主义做了研究,受到极深的影响,从民主主义者转变为无政府主义者,出狱后赴香港,开始从事无政府主义活动。1912 年 5 月,他在广州发起创建了中国第一个无政府主义组织“晦鸣学社”[①],并拟定八条纲领,不久又组建了另一个无政府主义组织“心社”。[②] 刘师复主义的基本思想内核是克鲁泡特金式的无政府共产主义,其主要内容有:

第一,揭露和抨击西方资本主义制度的黑暗与罪恶,号召进行无政府革命。刘师复认为,在私有制和国家出现之前是“人民潮流”占优势的时代,人们生活在自治的团体里,自己决定自己的事情。后来,“强权的潮流抬头”,少数人“奴役其被征服之人,复驱其人与它部落战,互为敌国”,于是便出现了国家。因此,国家就是“地主、军官、法官、牧师和近日资本家想互相维持各自统治人民的强权并利用多数贫民谋自己的富有的一个互相保险的社会”[③]。刘师复对资本主义制度的腐朽和黑暗进行了揭露,认为资本主义制度是现代社会罪恶的根源。他说资本主义社会“土地为地主所占据,工厂器械为资本家所独有,大多数之平民则服役于此二者,为之生产各物。其结果则大部分利益均为地主与资本家所掠夺,劳动者仅得微薄之工资,终岁勤动,曾不足以赡其生,而地主与资本家则深居大厦,坐享最高之幸福,其不平孰甚于斯?”[④]刘师复不无愤慨地说:“资本制度者,平民第一之仇敌,而社会罪恶之源泉也。土地器械均操之不劳动之地主资本家之手,吾平民为服奴隶之工作。所生产之大利悉入少数不劳动者之囊橐,而劳动以至生产者反

① “晦鸣学社”没有领导机关,凡信仰无政府主义的人都可以是它的会员,吸收会员没有任何手续,其组织形式与后来流行的革命组织截然不同,体现了刘师复比较彻底的无政府主义主张。“晦鸣学社”先后出版机关报《晦鸣录》《民生》等,并重印了无政府主义的小册子,积极宣传无政府主义。

② 参见张胜祖、韩未名:《刘师复无政府主义思想探析》,载《益阳师专学报》2001 年第 2 期。

③ 师复:《无政府浅说》,载《晦鸣录》1913 年第 1 期。

④ 师复:《孙逸仙江亢虎之社会主义》,《无政府主义思想资料选》(上册),北京大学出版社,1984 年,第 284 页。

疾苦穷愁,不聊其生,社会一切之罪恶匪不由是而起。"①因此,他主张进行无政府革命,并旗帜鲜明地提出无政府的要义是反对强权,灭除资本主义制度。

第三,猛进抨击反动政府,主张废除国家政权、军队、法律。刘师复主张反对任何性质的政府,他曾屡屡指出:"政府果为何等之物乎?""政府者剥夺自由扰乱和平之毒物也。""政府果何自起乎?曰起于强权。""政府为万恶之源","凡有政府之世,人民必无真自由"。"人类饥则食,寒则衣,能耕织以自赡,能筑室以自安,能发明科学以增进社会幸(乐),无取乎政府之指挥也,亦无需乎政客之教训也。自有政府,乃设种种法令以绳吾民,一举手,一投足,皆不能出此网罗陷阱之中,而自由全失","而和平全失"。②"政府名为治民,实即曰夺吾民之自由,吾平民之蟊贼也。吾人有自由生活之权利,有个人自治之本能,无需乎强权之统治者也。故政府必废。"③刘师复宣称:无政府党"以推翻政府及资本制度为目的,凡从事于此目的者,即为无政府党,而不必再问其他"④。无政府党对一切含有强权性质的恶制度,一概扫除之,废除军队,废除法律,废除强权,废除政府。"政府一去,百事皆了。"⑤刘师复批判了把普及教育、提高人们的道德水准作为废除政府的前提条件,认为达到无政府的道德标准主要是劳动和互助两条,这两条都是人类的本性,不需要从外面灌输。恶劣的性格是由政府造成的,"若万恶之政府既去,人类道德必立时归于纯美,不必俟久远高深之教育者也"⑥。

---

① 师复:《无政府共产主义社宣言书》,《无政府主义思想资料选》(上册),北京大学出版社,1984年,第305页。

② 师复:《无起府浅说》,《无政府主义思想资料选》(上册),北京大学出版社,1984年,第270、271页。

③ 师复:《无政府共产主义同志社宣言书》,载《民声》第17号,1914年。

④ 师复:《论社会党》,《无政府主义思想资料选》(上册),北京大学出版社,1984年,第299页。

⑤ 师复:《论社会党》,《无政府主义思想资料选》(上册),北京大学出版社,1984年,第298页。

⑥ 师复:《晦鸣录》,1913年第1期。

第四，主张社会主义学说，描绘社会主义蓝图。刘师复是这样理解社会主义的，他说："社会主义者，反对私有财产，主张以生产机关及其产物归社会共有之谓也。其简单之理由，以人类生活赖乎衣食住，衣食住之所由来，则土地生之，器械作之，而尤必加以人工者也。土地为天然之物，非个人所能私有，器械亦由人工造成，人工则为劳动者之所出，故以正理论之，凡劳动者当得衣食住。"[①]他认为，作为社会公有物应该是人人，特别是劳动者可以自由取用的，而不受任何限制。他追求并决意为之奋斗的理想社会主义是"无地主、无资本家，无首领、无官吏，无代表、无家长，无军队、无监狱、无警察、无裁判所、无法律，无宗教、无婚姻制度"[②]，并向人们描绘了社会主义的美好蓝图，"实行共产主义，人人各尽所能，各取所需，贫富之阶级既乎，金钱之竞争自绝。此时生活平等，工作自由，争夺之社会一变而为协爱"[③]。申明："凡无政府党必同时主张社会主义，故一举无政府主义之名，在习惯上已足包举社会主义之意。"[④]

第五，提出实现共产社会主义的手段及途径。在如何实现无政府共产主义社会问题上，刘师复极力宣传工团主义主张，主张总同盟罢工，他指出："总同盟罢工者，社会革命唯一之利器，而无政府党视为神圣之事业者也。""无政府其目的，工团主义其手段；说明两者之不可须臾离也。"[⑤]并将实现无政府共产主义社会手段具体化，提出了四种手段："（一）用报章、书册、宣传、演说、学校等传播吾人主义于一般平民，务使多数人晓于吾入主义之光明，

---

① 师复：《孙逸仙江亢虎之社会主义》，《无政府主义思想资料选》（上册），北京大学出版社，1984 年，第 284 页。

② 师复：《无政府共产主义同志社宣言书》，《无政府主义思想资料选》（上册），北京大学出版社，1984 年，第 305 页。

③ 师复：《无政府浅说》，《无政府主义思想资料选》（上册），北京大学出版社，1984 年，第 272 页。

④ 师复：《无政府主义释名》，《无政府主义思想资料选》（上册），北京大学出版社，1984 年，第 282 页。

⑤ 师复：《无政府共产党之目的与手段》，《民声》第 19 号。

学理之圆满，以及将来组织之完善，以及劳动为人生之天职，互助为本来之良德。（二）在传播期中，各视其时势与地方情形，可并用两手段：（1）抗税、抗兵役、罢工罢市等，（2）扰动、暗杀、暴动等。（三）平民大革命，即传播成熟，众人起事，推翻政府与资本家，而改造正当之社会。（四）平民大革命，即世界大革命。”[①]刘师复郑重地声明要“破除现代之伪道德、恶制度，以吾人良心上之新道德代之”[②]。他身体力行，率先垂范，就在他因肺痨而卧床不起的时候，仍坚持他所制定的清规戒律，他的殉道精神赢得了许多同道者的信服和钦佩。

无政府主义政治思潮涌入中国并普遍流行，既有中国传统政治文化中激进反专制主义的影响，也同中国社会仍然处在小生产者为主的传统阶段有内在联系，更有中国新知识分子所接受西方无政府主义思想资源的因素，当然更有中国社会各阶层普遍感受到了中国恶政府的恶政虐待的深厚社会基础。[③] 中国传统小农的均平心态，使饱读诗书又受到西学影响的新知识分子，很容易将一切社会苦难都归结为均平问题，并因社会存在严重均平问题而对清末及民初政府的恶政深恶痛绝。许多新知识分子在接受西方新政治文化的同时，更加深恶痛绝一切政治或社会权威，要求实现小农理想的没有政府恶政的世界，主张除恶务尽，除恶务快，许多仁人志士由无政府主义的立场出发，或积极投身反封建民主革命，或竭力支持反封建民主革命。[④] 中国近代无政府主义与西方无政府主义最大的不同在于，它更倾向于俄式无政府主义的暴力除恶特征，而不是倾向于西方无政府主义要求社会合作而

---

① 师复：《无政府共产党之目的与手段》，《民声》第 19 号。

② 师复：《师复启事》，《晦鸣录》第 2 期。

③ 参见李怡：《近代中国无政府主义思潮与中国传统文化》，华中师范大学出版社，2001 年，第 189 ~ 191 页。

④ 参见李怡：《近代中国无政府主义思潮与中国传统文化》，华中师范大学出版社，2001 年，第 21 ~ 24 页。

否定一切权威的社会合作倾向。[1] 中国无政府主义政治思想在其思想普遍流行的年代，影响社会政治发展趋向的主流始终是主张暴力除恶的激进派，[2]许多主张通过社会合作消灭一切政府权威的新知识分子，在社会合作尝试遭受挫折之后，即纷纷转向激进的无政府主义立场，并经过激进的无政府主义者而成为坚定的暴力革命论者。

俄式暴力革命的道路与俄式无政府主义的强势影响之间具有继承性的逻辑关系，由俄式无政府主义到俄式民主革命道路，这既是俄国革命的政治发展逻辑，也是中国革命的政治发展逻辑。俄式无政府主义在辛亥革命以前已有传播，而在辛亥革命以后则更有变本加厉之势，其主要原因在于，满清政府被推翻后，中国仍然存在严重的政府之恶，而俄式无政府主义的流行则直接影响了五四时期的新青年，其中以刘师复为主要代表的克鲁泡特金式的俄式无政府主义影响了当时的大多数热血青年，使不同追求的热血青年都成了各色各样的无政府主义者，他们抱着与巴枯宁等差不多的敌视国家政权的态度，坚持并实践着克鲁泡特金坚决主张的社会合作和互助，希望以此来促进中国社会的新生。不过，国家之恶阻碍了无政府美好状态的实现，国家之恶成为政治斗争的主要对象，中国无政府主义由克鲁泡特金式的互助合作再度恢复为巴枯宁式的暴力革命，而暴力革命论的高涨则意味着无政府主义思想高潮即将落幕。

无政府主义之所以不能承担起救亡和建设的重任，乃是因为其赋予青

---

① 法式无政府主义以蒲鲁东为代表，反对一切形式的权威，主张通过个人间自愿的合作，消灭私有制和继承权，实现无政府主义的理想；俄式无政府主义以巴枯宁为代表，反对现有一切权威，为此不惜采用激进的暴力、暗杀等恐怖手段消灭国家。中国的无政府主义在产生背景方面与俄国十分类似，其首要目标不是社会合作的无政府未来，而是破坏现有的恶政府，因此中国许多无政府主义者也与巴枯宁一样集无政府主义者与民粹主义、革命者于一身。

② 参见刘健清、李振亚主编：《中国近现代政治思想史》，南开大学出版社，1993 年，第 131 ~ 134 页。

年人特有的高调乌托邦空想,实际上是将在复杂社会中实现理想的事情高度简单化。无政府主义作为高调乌托邦,具有理想主义浪漫色泽,而浪漫化的理想主张很容易在复杂的实践中碰壁,从而结束其存在而使无政府主义者转变为具有务实态度的政治思想者或行动者。中国早期无政府主义者大多为急于救亡的热血青年,为了救亡图存,为了革除一切坏政府,他们大多从传统的非君罪君思潮中受到了启发,从而接受了西方社会主义运动中相对偏激的无政府主义思潮,勇敢无畏地揭露了政府的丑恶和罪行,无情讨伐了当时仍然根深蒂固的封建政治伦理,成了主张资产阶级民主革命的同路人,充当了反清革命的左翼。[①] 此时,中国无政府主义者主要进行的非议和谴责政府的行为大多与清政府相对应,而表现出了对罪恶政府的极端仇视,他们既没有论证无政府之下的社会状态,也没有为彻底消灭政府做好思想准备。中国近现代政治思潮没有尽展其思想逻辑的特点,[②]在无政府主义思潮上表现得尤为明显。

中国近现代社会的危机一浪高过一浪,遂使相应的社会政治思潮总是急于解决现实问题,并由社会问题的转变而不顾思想逻辑地发生思想方面的急转弯,无政府主义思潮既是这种社会急转弯的产物,也是它的重要表现,还是社会急转弯过程中的一个匆匆过客。同稍具思想逻辑的其他思想相比,无政府主义思潮在中国主要是夹杂着浪漫理想愤恨的发泄,从而它总是出现并起作用于群情激愤的风口浪尖上,经过风口浪尖之后的无政府主义思潮将会形成社会政治现实浪漫而激烈的强大反对者,从而使政治局势发生翻天覆地的重大变化。无政府主义的第一次大爆发促进了反清势力的大发展,并因此而形成了风起云涌的辛亥革命;无政府主义的第二次大爆发

---

① 参见王培文:《浅论无政府主义在中国现代化进程中的作用》,载《哈尔滨工程学院学报》2005 年第 2 期。

② 参见李泽厚:《中国现代思想史论》,安徽文艺出版社,1994 年,第 11 ~ 53 页。

又一次激励了爱国的热血青年,形成了五四运动的狂飙,[①]并由此促进了新军阀对旧军阀的替代和新旧民主主义革命的转型。

① 参见李泽厚:《中国现代思想史论》,安徽文艺出版社,1994 年,第 11 ~53 页。

第五章　中国国民党三民主义政治思想

20世纪20年代至40年代末，中国社会政治思想界一直存在着三种主要的政治思想潮流，其一是国民党信奉并实践着的三民主义，其二是共产党信奉和实践着的新民主主义，其三是界于国共两党之间主张西式多党制的中间势力。由于中国社会特殊的政治传统及社会政治势力对比，中间势力所提倡的西式多党制和自由主义，不仅没有成为中国社会的主导性政治思想，而且在20世纪50年代以来渐趋式微，直至20世纪80年代才渐有起死回生之势，但其政治影响仍然非常有限。中国共产党所提倡的新民主主义则在20世纪50年代转变为社会主义，不过其政治思想的主要内容和基本逻辑与新民主主义相比并没有什么本质的不同。虽然中国社会各阶级、阶层的状况已经发生了重大变化，虽然中国已经改变了一贯的锁国政策，但是在可以预见的未来，共产党所信奉的政治思想仍然是影响中国前途和命运的基本主导性政治思想。国民党信奉和实践的三民主义虽与旧三民主义和新三民主义不同，但其基本已成为历史则几无疑问，三民主义在中国大陆早已完全泯灭，而其在中国台湾的影响也正在快速地衰微，即使仍然有组织高举三民主义的旗帜，但其思想内容及基本逻辑已经发生了根本性变异，成了不同于孙中山、蒋介石等信奉的三民主义的异类，其最根本的变异就是它在很大程度上自由主义化了。[①]

本章主要讨论国民党派系中比较强势且庞杂的三民主义政治思想。三民主义创始于辛亥革命的酝酿过程中,其主要的创始人即代表人物为孙中山。三民主义与五权宪法的思想在孙中山心中可以说是由来已久,其政治理论及政治理想国的方案并没有成为同盟会的共识,并因此而不能在辛亥革命成功的最初时刻进行尝试。孙中山政治理论及政治理想国不同于宋教仁的竞争型政党制——议会制而在于革命程序论和总统强权论。[②] 经历了二次革命之后的孙中山特别记住了民国初年竞争型政党制的失败,并因此而再次唱响三民主义和五权宪法的主题歌,以三民主义、五权宪法和革命程序等理论武装会员或党员,确立领袖的思想导师地位,确立革命政党作为全国实现三民主义和五权宪法的主导政治力量,企图确立以革命党及革命教义领导革命军进行全国国民革命的革命党集权体制。孙中山在提出相应思想之后并没有机会亲自实践改造过的新三民主义,而其继承人则纷纷以不同时期的孙中山三民主义思想为重点而分崩离析。孙中山的逝世使三民主义思想发生了事实上的思想裂变,出现了不同派系、不同风格的三民主义政治思想。国民党对三民主义的多元理解可以与他们实际的政治派系庞杂相提并论,虽然两者之间不存在严格的对应关系,但三民主义的多元理解确实为地方实力派和中央的反蒋派提供了方便的理论依据。[③] 三民主义理解的多元化一直到国民党政权溃退到台湾后才渐渐消失,但是三民主义政治思想在后蒋经国时代却发生了严重的异化,比较多地体现了自由主义的理念,

---

① 三民主义的核心理念与自由主义有灵犀相通或相同之处,或者可以说三民主义的核心理念本身就是自由主义的,因此三民主义就其逻辑而言是必然要发展到自由主义的。

② 孙中山的“五权宪法”理论总结了西方政治体制的经验教训,吸收了中国传统的制度精华,强化了国家元首的政治权力,主张实行强权总统的政治体制,而强权总统的政治体制则必然要淡化其自由主义的政治价值,并在体制上留下了无法防止无赖总统的漏洞。

③ 参见贺渊:《三民主义与中国政治》,社会科学文献出版社,2002 年。

而结束了其作为革命化意识形态的历史使命。[①] 三民主义晚年的归宿接近自由主义,这也许原本就是孙中山当初的思想设计,或者也可以说三民主义的思想逻辑推演到极致只能是自由主义。但令许多中国人不能接受的思想事实,则是革命的三民主义在趋向普世的自由主义的同时,又发生了淡化其一个中国意识的后果。

一、孙中山三民主义政治思想

孙中山既是中国民主革命的先驱,也是中国民主主义政治理论的先驱,其思想的民主色泽一开始就比康有为等浓重许多。孙中山并不是靠道听途说了解民主,也不是纯粹依靠传来的西学书籍猜想民主,他的民主思想来源于他在西方社会的实际生活,因而他的民主观在本质上最接近西方自由主义政治的本意,从而成为中国政治家中最能够了解西方民主精神的杰出人物之一。中国在某种程度上就是因为有了孙中山这样的杰出人物,才彻底改变了王朝循环的帝制宿命。当然,孙中山之所以成为孙中山,就是因为他不仅处在中国已经接通世界联系的转折时代,而且成了最早体验资本主义新生活的传统知识分子。如果不是时代的重大变化,袁世凯可能就是另一个李渊或赵匡胤,而孙中山则不过是另一个刘邦或朱元璋。实际上,中国传统社会中没有受到西方政治文化明显影响的人群仍然按照王朝更替的模式进行政治思维,不是将领导人等同于皇帝而称其为万岁,就是以某种谶纬式的语言自立为王,甚至有的会道门首领还自立为皇帝,或大言不惭号令天

① 三民主义作为国民党的意识形态,非常强调革命,其会议文献及领导人著作一直将“革命”作为国民党的重要使命。作为“革命”的表示,国民党在台湾仍然强调其中国革命的使命,叫嚣着“反攻大陆”,但蒋经国去世后,国民党逐渐淡化并最终丢掉了对中国的使命意识,并就此失去了国民党的革命意识。

下，或称王称霸，或欺男霸女。[①] 孙中山的民主主义思想既不是中国传统熏陶的结果，也不是在其头脑中自动生成的，而是在西方资本主义民主的影响和熏陶下逐渐获得的，这既取决于19世纪中叶以后中国出现的新形势，也取决于孙中山个人的某种特殊经历。

孙中山，名文，字德明，号逸仙，别号中山，广东省香山（今中山）县人，出身于农民家庭，少年时代向往太平天国的革命事业，青年时期曾在香港、澳门、广州等地读书，接受了西方科学文化的教育，曾寄希望于清朝的自我改良，他上书李鸿章，提出了“人能尽其才，地能尽其利，物能尽其用，货能畅其流”[②]，未果，改行革命方略，决心推翻清王朝，建立以欧美国为模式的民主共和国。1894年12月，孙中山在檀香山华侨中建立了第一个革命团体——兴中会，以“驱除鞑虏，恢复中国，创立合众政府”为誓词。1895年2月，孙中山在香港联合建立香港兴中会，同年10月，密谋在广州起义，事泄失败后，孙中山被迫亡命海外。此后，孙中山详细考察欧美各国的经济政治，研究了多种流派的政治学说，游历日本、东南亚，积极经营革命战略，屡屡组织、发动和支持国内的反清革命，与康有为等进行救国方略的讨论，积极壮大革命派的力量。1905年8月，孙中山与黄兴等人，以兴中会、华兴会等革命团体为基础，在日本东京创建全国性的革命党组织——同盟会，孙中山被推举为总理，他所提出的“驱除鞑虏，恢复中华，创立民国，平均地权”的宗旨，被采纳为同盟会纲领。孙中山在同盟会机关报《民报》发刊词中，首次提出了民族、民权、民生三大主义。孙中山不屈的革命意志、革命主张及民主共和国的政治理想，逐渐使他在革命阵营中获得了崇高的威望，在某种程度上甚至成了反清革命的象征。

---

① 参见李昭主编：《邪教・会道门・黑社会——中外民间秘密结社纵横谈》，群众出版社，1999年，第184～235页。

② 孟庆鹏编：《孙中山文集》（上册），团结出版社，1997年，第591页。

1911年10月,武昌起义爆发,各省纷纷响应,孙中山12月下旬回国即被十七省代表推举为中华民国临时大总统,于1912年1月1日,在南京宣布就职,组成中华民国临时政府,制定和颁布了一系列改革和进步的法令,其中就包含带有共和国宪法性质的《中华民国临时约法》。1912年2月13日,孙中山被迫辞去临时大总统一职,4月1日正式解职,此后一年多,孙中山积极宣传民生主义,号召实行平均地权,提倡兴办实业;还担任全国铁路督办,力图筹借外资修筑铁路干线。1913年3月,袁世凯刺杀国民党代理理事长宋教仁,发生震惊全国的"宋教仁案",孙中山发动二次革命,武装讨袁,失败后再度出亡日本。孙中山于1914年6月,在东京改组同盟会,组织中华革命党,由于在政党组织原则上的分歧,黄兴没有参加中华革命党,孙黄由此分道扬镳。孙中山在其后几年继续为捍卫共和制度而斗争的事业,周旋于南北军阀之间,备受军阀、政客的排挤,逐渐认识到南北军阀是一丘之貉。

此后,孙中山频频赞誉俄国十月革命,改组中华革命党为中国国民党,接触俄国及共产国际的政治代表,讨论建立革命党和革命武装问题,三民主义思想逐渐具有了联俄、联共(指欢迎共产党人以个人身份加入中国国民党)和扶助农工的新内容。1924年1月,中国国民党第一次全国代表大会在广州召开,孙中山主持了大会。大会通过新的党纲、党章,实际上确立了联俄、联共、扶助农工三大政策,选出有中国共产党人参加的中央领导机构。1924年10月,冯玉祥、段祺瑞、张作霖先后电邀孙中山北上共商国事。孙中山接受邀请,并提出废除不平等条约、召开国民会议作为解决时局的办法。1925年3月12日,孙中山因患肝癌在北京逝世。孙中山在逝世前夕签署的遗嘱有《国事遗嘱》《家事遗嘱》和《致苏俄遗书》三个文件,其中《国事遗嘱》总结了孙中山四十年的革命经验,得出结论说,"必须唤起民众,及联合世界上以平等待我之民族,共同奋斗",并发出了"革命尚未成功,同志仍须努力"

的号召。①

孙中山的三民主义在内容上既有一定的逻辑体系,又因为内容的原则性与策略性相糅合,从而一方面能够以体系化的逻辑表达思想完整的内容,不易与其他思想相混同,另一方面又因为内容在原则性与策略性上没有明确的区分,从而为不同目的和不同背景的人的不同解释提供了理论可能性。在某种程度上,孙中山三民主义思想的不同解释形成了国民党内派系林立的局面,不仅蒋介石、戴季陶、胡汉民、阎锡山等能够做出不同的三民主义思想解释,而且叛国的汪精卫与侵华的日本军阀也企图通过解释三民主义巩固政权。② 我们在解释三民主义时,必须面对的问题就是三民主义到底是不是有新、旧两个阶段,如果确实有,它们区别的标志是什么。从孙中山早期及晚年的思想来看,三民主义确实有新、旧两个阶段,虽然孙中山在三民主义的新阶段上并没有积极阐释其理论,也没有在行动上完全实践新三民主义,但苏联确实在党政、党军和党国关系及政治组织的原则上对其产生了厚重的影响。不过,孙中山所追求的政治理想并没有发生根本变化,所谓新三民主义可能只是在手段和方式上丰富和发展了旧三民主义,而孙中山的三民主义思想是可以作为一个整体来看待的。

本章分四个部分介绍孙中山的三民主义,前三部分分别阐释三民主义的民族、民权和民生,最后一部分专门介绍新三民主义。

孙中山同近代大多数先进中国人一样,都是从思考国家民族的危机与转机出发,进而思考基本的政治问题。民族的危机与转机,既是前提性问题,也是根本性的问题,近代先进中国人的思考大多是从民族问题出发的,也是以民族问题的解决为根本追求的,孙中山也不例外。孙中山的民族问

---

① 叶匡政编:《孙中山在说》,东方出版社,2004 年,第 220 页。

② 参见贺渊:《三民主义与中国政治》,社会科学文献出版社,2002 年。

题起初仅仅是满汉问题，这个时候他比较同情太平天国运动，崇拜洪秀全。后来，孙中山又逐渐关注到帝国主义与中华民族的矛盾问题，虽没有完全放弃满汉问题，但毕竟萌生了利用满人政权改革的想法，因而上书李鸿章。

随着中外政治形势的变化与个人主体性的变化，孙中山民族思想逐渐集中在两个问题上，一个是如何反满，另一个是如何反帝，这两个问题集中起来就是如何“驱除鞑虏”以“恢复中华”的问题。辛亥革命以前，孙中山认为，反满和反帝是结合在一起的，即主要通过反满来进行反帝。孙中山认为，民族主义是“从种性发出来的”，在此基础上，孙中山进一步肯定了满汉不同族，他指出，“满洲入关到如今已有二百六十多年，我们汉人就是小孩子，见着满人也是认得，总不会把来当作汉人”，“这就是民族主义的根本”。[①]不过，孙中山也指出，反满只是要推翻满人政权，恢复汉人政权，不是尽杀满人。“民族主义并非是遇着不同种族的人，便要排斥他”，“惟是兄弟曾听见人说，民族革命是要尽灭满州民族，这话大错”。[②]“我们并不是恨满洲人，是恨害汉人的满洲人。假如我们实行革命的时候，那满洲人不来阻害我们，绝无寻仇之理。”[③]“我们推倒满洲政府，从驱除满人那一面说是民族革命，从颠覆君主政体那一面说是政治革命，并不是把来分作两次去做。”[④]这虽然比仇视一切满人的革命排满论温和，但是毕竟没有平等地对待中国的少数民族，从而拖着大汉族主义的尾巴。就此而论，孙中山的民族观显然不如改良派的康有为、梁启超等更为豁达开明，康有为、梁启超等改良立宪派将中华民族理解为包括满、蒙、藏、苗、回等少数民族在内的与清朝主权范围一致的全体中国人，而孙中山则将中华民族基本等同于汉族。

---

① 叶匡政编：《孙中山在说》，东方出版社，2004 年，第 54 ~ 55 页。
② 叶匡政编：《孙中山在说》，东方出版社，2004 年，第 56 页。
③ 叶匡政编：《孙中山在说》，东方出版社，2004 年，第 56 ~ 57 页。
④ 叶匡政编：《孙中山在说》，东方出版社，2004 年，第 57 页。

孙中山宣示排满并不是恨满洲人的同时又说:“我汉人有政权才是有国,假如政权被不同族的人所把持,那就是虽有国,却已经不是我汉人的国了。我们想一想,现在政权在哪里?国在哪里?我们已经成了亡国之民了。……再想想亡国之后,满洲政府愚民时代,我们汉人面子上从他,心里还是不愿的……到了今日,我们汉人民族革命的迅潮一日千丈。”[①]“照现在看来,满洲政府要实行排汉主义,谋中央集权,拿宪法作愚民的工具,他的心事真是一天毒一天。”[②]

辛亥革命后,孙中山的民族主义虽然将侧重点逐渐转移到反帝自强上,但他的中华民族观始终留有大汉族主义的痕迹,未能平等地对待中华民族中的非汉民族。孙中山在担任中华民国临时大总统后专门祭祀明太祖朱元璋,志在宣示和告知汉族的光复,这从侧面反映了当时革命者在民族观上的狭隘性。[③] 革命者在民族观上的狭隘性,不仅犯了民族团结的大忌,实际上还造成了满、蒙、藏及新疆地区的政治局势动荡,而且给日本、俄国等帝国主义势力以瓜分中国少数民族地区领土的可乘之机。[④] 孙中山虽然在临时大总统的一系列公文、函电和演讲中申明强调了“五族共和”的观念,而且中华民国的国旗也采用了五色旗,但孙中山不仅不是“五族共和”观念的提倡者和忠实实践者,而且即使在五四运动以后仍在宣传其狭隘倾向十分明显的民族观,中华民族的含义仍然主要局限于汉族,坚持了汉族至上的大汉族主义,不仅把汉族作为中国的当然主人和执政者,而且还提出要将各少数民族悉数汉化的政治纲领。孙中山指出:

---

① 叶匡政编:《孙中山在说》,东方出版社,2004 年,第 55 页。

② 叶匡政编:《孙中山在说》,东方出版社,2004 年,第 57 页。

③ 参见孟庆鹏编:《孙中山文集》(上册),团结出版社,1997 年,第 488 页。

④ 参见张永:《从“十八星旗”到“五色旗”——辛亥革命时期从汉族国家到五族共和国家的建国模式转变》,载《北京大学学报》(哲学社会科学版),2002 年第 39 卷第 2 期。

> 今日我们讲民族主义，不能笼统讲五族，应该讲汉族的民族主义。或有人说五族共和揭橥已久，此时单讲汉族，不虑满、蒙、回、藏不愿意吗？此属兄弟以为可以不虑，彼满洲之附日，蒙古之附俄，西藏之附英，即无自卫能力的表徵。然提撕振拔他们，仍赖我们汉族。兄弟现在想得一个调和的方法，即拿汉族来作个中心，使之同化于我，并且为其他民族加入我们组织建国的机会。仿美利坚民族的规模，将汉族改为中华民族，组成一个完全的国家，与美国同为东西半球二大民族主义的国家。①

五四运动后，孙中山逐渐将注意力转移到帝国主义与中国的矛盾上，民族主义思想逐渐集中在反对帝国主义对中国的侵略上，主张用民族主义的旗帜团结中国国民，提倡所谓国族思想，策略性地宣传各民族的平等与自决，但其核心思想恐怕还是主张以汉族为中心同化各少数民族，形成大中华民族。

孙中山民族主义思想的核心始终是民族解放，虽然民族解放的含义前后有所不同，但恢复汉人或形成以汉人为中心的政权始终是孙中山努力的重要目标之一。孙中山的民族主义思想在某种程度上继承了传统的天朝思想：其一是对清朝的属国和华裔比较多的东南亚特别关心，他似乎追求一种黄种人对白种人的摆脱和解放，从而使其民族主义的内涵中包括了类似于美国在美洲的门罗主义的“大亚洲主义”；②其二是反对民族间的不平等，主张各民族平等，提倡世界大同的政治理想，其中黄种人反抗白种人的任务首当其冲，因为中国的力量有限，所以在一段时间内他曾经寄很大的希望于日

---

① 《国父全集》（第三册），近代中国出版社，1989 年，第 227 页。

② 参见中国社会科学院近代史研究所中华民国史研究室等编：《孙中山全集》（第 4 卷），中华书局，1985 年，第 95 页。

本,寄希望于中国与日本的携手。1913 年,孙中山在日本东亚同文会的演讲中指出:

> 亚细亚者,为亚细亚人之亚细亚也。……亚细亚人之和平,亚细亚人有保持之义务。[①] 同年,孙中山又在中国留学生欢迎大会的演讲中指出:"现今五洲大势,澳、非两洲均受白人钳制。亚洲大局维持之责(应)任,(应)在我辈黄人……假使中日两国协力进行,则势力膨胀,不难造成一大亚洲,恢复以前光荣之历史……世界幸福,都是黄种五万万人造成的。"[②]

1924 年 11 月,孙中山仍然持大体相同的观点,呼吁日本国民理解并帮助中国,以建立实现大亚洲主义的中日协力的基础。"我们中国国民,想同日本国民联络一气,用两国国民的力量,共同维持东亚大局"[③],"两国全体国民应当为了东洋民族,广而言之应为全世界被压迫民族,携起手来,争取国际的平等。"[④]孙中山已经不是泛泛地谈论中日携手的大亚洲主义,而是立足于废除不平等条约。孙中山企图同日本建立大亚洲同盟,借助日本的协力以废除不平等条约,再由中日联手实现黄种人的解放,最终实现废除一切国际间不平等条约的目的。

---

① 中国社会科学院近代史研究所中华民国史研究室等编:《孙中山全集》(第 3 卷),中华书局,1984 年,第 15 页。

② 中国社会科学院近代史研究所中华民国史研究室等编:《孙中山全集》(第 3 卷),中华书局,1984 年,第 26 ~ 27 页。

③ 中国社会科学院近代史研究所中华民国史研究室等编:《孙中山全集》(第 11 卷),中华书局,1986 年,第 372 页。

④ 中国社会科学院近代史研究所中华民国史研究室等编:《孙中山全集》(第 1 卷),中华书局,1981 年,第 254 页。

> 中国和日本是同文同种的国家，是兄弟之邦。就几千年的历史和地位讲起来，中国是兄，日本是弟。现在讲到要兄弟聚会，在一家和睦，便要你们日本做弟的人，知道你们的兄已经做了十几国的奴隶，向来很痛苦，现在还是很痛苦，这种痛苦的原动力，便是不平等的条约，还要你们做弟的人替兄担忧，助兄奋斗，改良不平等的条约，脱离奴隶的地位，然后中国同日本才可以再来做兄弟。[①]

因此，他提倡大亚洲主义乃是强者提携弱者的王道主义，与日本帝国主义侵略者御用的大亚洲主义截然不同。实际上，孙中山在呼吁日本帮助中国的同时，也批评了日本背离了王道的霸道政策。他说，“日本无远大之志、高尚之谋，只知步武欧洲之侵略手段，竟有吞并高丽之举，致失亚洲全境之人心，殊为可惜”[②]，“你们日本民族既得到了欧美的霸道的文化，又有亚洲王道文化的本质，从今以后对于世界的前途，究竟是做西方霸道的鹰犬，或是做东方王道的干城，就在你们日本国民去详审细择”[③]。孙中山在大亚洲主义方面同日本的分歧，使孙中山不得不告别大亚洲主义，转向所谓能够“平等待我之民族”。孙中山认为，“平等待我之民族”必是援助世界弱小民族的行王道的民族，这个民族就是苏俄。苏联世界无产阶级革命和援助被压迫民族解放的政策，赢得了孙中山的信任，而孙中山的民族主义也由此而发生了重大变化，彻底放弃了依赖日本的幻想，与世界无产阶级的共产主义运动产生了思想联系，主张普遍的民族平等和自决，进入了打倒列强的新阶段。

---

① 中国社会科学院近代史研究所中华民国史研究室等编：《孙中山全集》（第11卷），中华书局，1986年，第413～414页。

② 中国社会科学院近代史研究所中华民国史研究室等编：《孙中山全集》（第8卷），中华书局，1986年，第401页。

③ 中国社会科学院近代史研究所中华民国史研究室等编：《孙中山全集》（第11卷），中华书局，1986年，第409页。

孙中山政治思想的核心是民权主义,而民权主义的实质则不过是民有、民治和民享。民权主义最初的理想标本是美国,其基本原则却来源于法国大革命的自由、平等、博爱。孙中山同朱元璋等一样是来自民间的平民革命家,而且孙中山很推崇朱元璋在恢复中华方面的丰功伟绩。孙中山不同于朱元璋的最重要的方面就是他的民权主义思想。孙中山的民权思想客观上受到了西方民主思想与中国传统民本思想的双重影响,虽然在民主思想上不是很彻底,其权能分治的思想实际上剥夺了民众的国家治理权,其所谓直接民权实际上并不是由民众直接行使的。但在理论上,孙中山继承了西方比较彻底的人民主权论,赋予民众以制约政府的直接民权,肯定了民众的平等权、选举权和自治权,明确地反对特权,即使执行训政的国民党在训政结束以后的宪政中也没有政治特权。由此看来,孙中山在政治民主化方面最接近世界潮流,也是在这方面走得最远的中国政治家。可惜天不假年,他在民权方面的思想未能如其所愿地结出硕果,在思想上也留下了不小的遗憾,其中最大的遗憾就是没有明确中国国民党训政结束以后宪政的政治地位及主要作用该如何发挥。

孙中山的民权主义的主要涉及人民主权、权能理论、五权宪法、宪政程序及以党治国等内容,下面我们就分别概述其内容。

中国传统民本思想虽然没有发展出民主思想的逻辑前提,但却客观地存在着与民主理论相通或相同之处,其中最主要的相通或相同之处就是肯定政治及政府的民事性质,甚至还包括一定程度的天下民有的思想。中国传统民本不仅强调政治及政府要为民谋福利的公共价值定位,而且中国基于民本的革命理论实际上也间接肯定了“天下者,天下人之天下”的天下民有思想。孙中山接受了西方的人民主权思想,在某种程度上,乃是把中国传统“天下者,天下人之天下”[1]转换成了世界流行的民权话语体系。在此基础上,孙中山急切呼吁的民权也就成了世界浩浩荡荡民主潮流的组成部分,并因而获得了政治合法性。与此同时,孙中山呼吁的民权也把中国传统时代只有在极端情况下才会有人重申的天下人共有天下的思想,变成了中国政治思想的主流,从而名正言顺地肯定了国民的主人地位及政府的公仆地位,直接冲击了纲常伦理,具有巨大的启蒙意义。虽然由于国民的素质低下及政治革命的紧急,他没有将发动大众进行革命提上议事日程,而且有时候还在强调政党责任的同时表达对民众素质的不满,称民众为阿斗。[2] 但是孙中山对国民的主人地位始终未予以任何否定,肯定国民有权,只是否定国民有治国之能,提倡国民以权用能、以权治能。

孙中山一直追求建立国民当家作主的民主共和国,一直孜孜不倦地进行着民众的民权政治教育工作。他在《民权初步》中不厌其烦地教给民众行使民权的方法,提倡在县自治的过程中实际培养民众使用民权的能力,以实现真正的民权政治。但是由于孙中山只是承认了民权为治权之所出,仅仅强调了治权对民权负责,而没有给予民权以积极的管理治权行为,实质性地剥夺了民众治理国家之权,形成了民治的缺失,片面扩张了政府治权,造成政权与治权的不均衡,以至政权无法驾驭和管理治权,形成治权集权甚至治权专制,一旦治权集权出现重大问题,民权也无可奈何,社会则只能无所措手足等。

---

① 中国传统主流的常态说法是家天下及天下王有,但王所以为王就在于他代表和体现了公理和公意,王是为天下之公来到世界上的,天下之公在古人看来就是外礼内仁,但仁礼非为王者存在,其本身就是公理和公意的体现。(参阅张师伟《民本的极限——黄宗羲政治思想新论》,中国人民大学出版社,2004 年,第 307 ~ 324 页)中国古代许多政治思想家也多不约而同地表达了“天下者天下人之天下”思想,“天下无一贵,则理无由通”,“立天子以为天下,非立天下以为天子也”,“天下为主,君为客”等,都不约而同地表达了天子也是为天下之公而存在和作用的,有的提法甚至还带有点牺牲君主个人福利的牺牲精神,“以一人治天下,非以天下奉一人”,就曾经是许多帝王屡屡表达的治国理念。

② 参见孟庆鹏编:《孙中山文集》(上册),团结出版社,1997 年,第 202 页。

孙中山虽然肯定了国民的主人地位，强调国民普遍地享有平等的参政权，但孙中山并不因此而承认国民可以通过自己的平等参政权直接治理国家，国民只能通过政治选举组成政府才能够进行治理。这就是政权与治权分立的权能分治理论。“政治主权在于人民，或者直接以行使之，或间接以行使之。其在间接行使之时，为人民之代表或者受人民之委托者，只尽其能，不窃其权。”[①]“政是众人之事，集合众人之事的大力量，便叫作政权；政权就可以说是民权。治是管理众人之事，集合管理众人之事的大力量，便叫作治权。所以政治之中，包含有两个力量：一个是政权，一个是治权。这两个力量，一个是管理政府的力量，一个是政府自身的力量。”[②]“把国家的政治大权分开成两个。一个是政权，要把这个大权完全交到人民的手内，要人民有充分的政权可以直接去管理国事。这个政权便是民权。一个是治权，要把这个权完全交到政府的机关之内，要政府有很大的力量治理全国事务。这个治权，便是政府权。”[③]“权能分治”的目的是造就一个为人民谋福利的万能政府。“如果政府是好的，我们四万万人便把他当诸葛亮，把国家的全权都交给他们；如果政府是不好的，我们四万万人便可以行使皇帝的职权，罢免他们，收回国家的大权。”[④]

孙中山把国民普遍享有的政权或民权，分为选举权、罢免权、创制权和复决权四个部分，称之为四大民权。孙中山形象地把人民选举官吏之权比喻为放官吏出去，而把罢免官吏之权则比喻为调官吏回来。人民，“对于政府中的一切官吏，一面可以放出去，一面可以调回来，来去都可以从人民的自由。这好比是新式的机器，一推一拉，都可以由机器的自动”[⑤]。“如果大

---

① 胡汉民：《总理全集》（第1集），上海民智书局，1930年，第1026页。

② 《孙中山选集》，人民出版社，1981年，第791页。

③ 《孙中山选集》，人民出版社，1981年，第774页。

④ 《孙中山选集》，人民出版社，1981年，第774页。

⑤ 《孙中山选集》，人民出版社，1981年，第791页。

家看到了一种法律,以为是很有利于人民的,便要有一种权,自己决定出来,交到政府去执行。关于这种权,叫作创制权。"[①]"若是大家看到了从前的旧法律,以为是很不利于人民的,便要有一种权,自己去修改,修改好了之后,便要政府执行修改好的新法律,废止从前的旧法律。关于这种权,叫作复决权。"[②]同样,孙中山把政府"治权"——"能",也分成立法权、行政权、司法权、监察权和考试权五个部分,分别由立法院、行政院、司法院、监察院和考试院五个机关来行使。

孙中山在政府治权的设计上也别有创造,他集中了分权制约理论与万能政府理念,别具匠心地提出了区别于三权的五权,又把单纯地制约发展为政府机器的协调。五权之间存在着职能的分工及相互间的制约,其中蕴涵着分权制约的基本原理,但五权之间的协调与平衡则主要依靠总统。孙中山在辛亥革命前一直主张美式总统制,后来虽然在《临时约法》中采纳了责任内阁制,但其实质上仍然主张总统集权的美式总统制,《临时约法》之所以采纳责任内阁制是因为孙中山等革命党人不信任袁世凯,想以革命党组织的责任内阁限制袁世凯。二次革命后,孙中山在组织中华革命党时又恢复了同盟会时期的总理集权组织及做法。同时,孙中山在反思民国初年政党政治及中国传统的基础上,深刻反思了知与行的关系,重新打出了革命党的旗帜,倡导以党建国和以党治国的政治责任。这就在客观上造成了中国的一个政治特权者阶层,而这个特权者阶层则采纳了总理集权的组织,在某种程度上,形成了以五权之上的集权者协调五权的政治机制,特别是在联俄之后,五权之上的集权者协调五权的机制就正式确立起来,先依靠国民党中央协调五权,宪政实施后则依赖集权的总统协调五权。[③] 国民党《五五宪草》及

① 《孙中山选集》,人民出版社,1981 年,第 791 页。

② 《孙中山选集》,人民出版社,1981 年,第 791 页。

③ 参见王祖志:《论孙中山五权宪法的集权性》,载《海南大学学报》1989 年第 2 期。

抗战后颁布的《中华民国宪法》，基本上遵循了孙中山的五权分立的政府理论。

孙中山的训政思想我们稍后再介绍，这里先介绍一下孙中山设计的宪政实施后的政府体制，具体描摹一下孙中山宪政体制中五权的制衡与下调及其同总统的权力关系。孙中山在提出权能分治时强调了政权对治权的制约与管理，但是民众的政权并不能直接影响治权，更不能参与调节治权中的五权。因此，国民大会作为行使政权的机关并不能作为调节五权的至上权力，五权的协调只能依赖同为治权的总统权力。

孙中山提出的"以权制能"的政权约束与管理治权方案根本不具备协调政府治权的职能，而且也难以兑现，因为民权对政权的制约和管理仍然必须通过治权之间的制衡关系，而五权分立却根本没有分权制衡特征。政权对治权的监管权，仅限于通过国民大会行使的选举、罢免、创制和复决。"我们主张民权，是把政权放在人民掌握之中"，"凡事都是应该的"①，"夫中华民国者，人民之国也。君权时代则大权独揽于一人，今则四万万人即今之皇帝也"；人民"为一国之主，为统治权之所出"②。虽然作为国家统治权的五权皆出自国民大会的民权，但是国民大会的民权并不能直接约束政府治权，而且治权分为五种，也不是为了相互制衡，而只是治理分工的需要。治权分为五权，"就是有五种工作，要分成五个门径去做"③，五权分工负责，互相合作与配合，以形成一个"无敌于天下"的"万能政府"。孙中山指出：政府是专家，就是有能的人，如果请了专家，一举一动都要牵制，不许他们自由行动，

① 中国社会科学院近代史研究所中华民国史研究室等编：《孙中山全集》（第9卷），中华书局，1986年，第325页。

② 中国社会科学院近代史研究所中华民国史研究室等编：《孙中山全集》（第6卷），中华书局，1986年，第413页。

③ 中国社会科学院近代史研究所中华民国史研究室等编：《孙中山全集》（第9卷），中华书局，1986年，第354页。

国家还是难望进步。[①] 因此,政府治权机关的官吏,只要他们有本领,忠心为国家做事,就不限制他们的行动,事事都由他们自由去做。[②]

王祖志先生认为,五权宪法的集权倾向是十分明显的。一方面,五权的任何一权都独立行使,不受其他权力的强制制衡,形成机构集权;另一方面,五权在实际上又集权于总统,形成整个治权的集权。[③] 实际上,孙中山的五权既然集权于总统,那么他实质上仍然是主张总统总揽治权的总统集权制。孙中山批评了三权分立制度的权力制衡造成了三权"各不相统"的现象,强调说:"我们在政权有方面主张四权,在治权有方面主张五权,这四权和五权各有各的统属,各有各的作用,要分别清楚,不可紊乱",[④]五权"分立之中,仍相联属,不致孤立,有伤于统一"[⑤]。孙中山的演讲及论著屡屡强调:总统"是全国的行政首长","总揽全国政权","具有委任考试院、司法院、监察院院长的权力"。孙中山把政府的五院看作蜂窝内各司其职的蜜蜂,而把总统比喻为蜂王,又把政府比喻为工厂、公司,把总统比喻为工厂、公司的总办,"工厂内的事,只有总办能够讲话","民国的总统,便是总办",政府内的事,只有总统能够讲话。[⑥] 从孙中山五权宪法的集权特质来看,国民党后来的实践基本没有违背孙中山的政府制度理念。

孙中山在推动民国的建立及护国、护法的一系列运动之后,基于中国的国情、民情,再次重提并强调了宪政实现的程序,主张宪政的到来必须经过军政和训政阶段。孙中山在《国民政府建国大纲》中指出,全国军法统治消

---

① 参见中国社会科学院近代史研究所中华民国史研究室等编:《孙中山全集》(第9卷),中华书局,1986年,第331页。

② 参见中国社会科学院近代史研究所中华民国史研究室等编:《孙中山全集》(第9卷),中华书局,1986年,第332页。

③ 参见王祖志:《孙中山"五权宪法"特质新论》,载《广东社会科学》1989年第2期。

④ 转引自王祖志:《孙中山"五权宪法"特质新论》,载《广东社会科学》1989年第2期。

⑤ 转引自王祖志:《孙中山"五权宪法"特质新论》,载《广东社会科学》1989年第2期。

⑥ 参见王祖志:《孙中山"五权宪法"特质新论》,载《广东社会科学》1989年第2期。

灭前，一切政治悉隶于军政之下，这时政府的政治职能有二：一是用兵扫除障碍；二是开发民智，政党负责政治的一切。国家统一后进入训政阶段，这时政府的政治职能也有二：一是运用已取得的权力，派遣已经合格的工作人员到各县筹备政权；二是当人民受四权训练完毕后，就能够选举县官，执行一县之政权，选举议员，组成代表参与中央政治，中国多数县和省都成为自治县、自治省后，成立五院，各院长由总统任免，草拟宪法，半数以上的省份达到自治后召开国民大会，颁布宪法，总统释权，交国民大会，三个月后还政于民。①

孙中山由此特别强调了革命党的重要责任，倡导以党建国和以党治国。以党建国强调了革命党在军政阶段建立统一的民主共和国的责任；以党治国则强调了革命党在训政阶段以党义培育民知的重要责任。“国民四万万，其能明了了解共和之意义，有共和思想者，尚不得谓多”②，“是故民国之主人者，实等于初生之婴儿耳，革命党者即产此婴儿之母也，既产之矣，则当保养之，教育之，方尽革命之责也”③。

孙中山以党建国的方针实施于军政阶段，以党治国实施于训政阶段，因此所谓训政就是中国国民党人以党治国，其主要的内容有以党统政和以党训民两方面。由于以党治国的“党”在理解上涉及党员及党义的歧义，而孙中山则不同时期又分别强调过党和党义的重要性，或者明确说以党员治国，或者申明以党义治国。从孙中山在国共合作的形式来看，孙中山并没有放弃以党统政的主张，共产党员必须以个人身份加入国民党，才能加入孙中山的党国体制中，以国民党员的身份参与政权及治权。但是孙中山在经历了

① 参见孟庆鹏编：《孙中山文集》（上册），团结出版社，1997 年，第 565 ~ 567 页。

② 中国社会科学院近代史研究所中华民国史研究室等编：《孙中山全集》（第 3 卷），中华书局，1984 年，第 374 页。

③ 中国社会科学院近代史研究所中华民国史研究室等编：《孙中山全集》（第 6 卷），中华书局，1986 年，第 211 页。

陈炯明叛乱之后无疑对党的主义更加重视，突出以党的主义治国，无疑是强调国民党员要在思想上入党，坚决履行和实践党义，反对为做官而入党的官僚主义恶习。

“所谓以党治国，并不是要党员都去做官，然后中国才可以治；是要本党的主义实行，全国人民都遵守本党的主义，然后中国才可以治”，“以党治国并不是用本党的党员治国，是用本党的主义治国”。[①] 国民党以党治国不允许存在反对党，而只允许作为唯一革命党的国民党存在，其他党派一概不能存在，必须由革命党予以肃清，其他非国民党人士如确是人才，也只有加入国民党，赞同三民主义，才能在以党治国的实践中发挥积极作用，许多著名的共产党员就是在以个人身份加入国民党后，才获得了在以党建国和以党治国中的“角色扮演”权。

国民党作为革命党需要通过革命将国家再造一次，在革命胜利后建立以国民党党权为中枢的权力机构，进行训政，使国民普遍信仰党的主义，培养国民运用民权的能力。国家重造以前，革命党虽然无力扫除其他政党，也不得不承认其他政党的存在，而且基于与苏联的关系，还不得不与共产党合作，但也没有采取党际合作的形式，而实际采取了允许共产党员以个人身份加入的党内合作形式。这在某种程度上恰恰说明了孙中山只认可国民党的革命党地位，从而训政阶段的权力中枢也只能是国民党，而与共产党在组织上没有什么关系，共产党也并不能因此在三民主义体系中获得革命党的地位，即国民政府只接受国民党中央执行委员会之指导与监督。

孙中山的民生主义“最要之原则不外二者：一曰平均地权；二曰节制资本”[②]。世界工业化社会在发展到19世纪末以后，各国都兴起了主张政府积

---

① 中国社会科学院近代史研究所中华民国史研究室等编：《孙中山全集》（第8卷），1986年，第282页。

② 《中国国民党第一次全国代表大会宣言》，见《孙中山选集》，人民出版社，1981年，第593页。

极干预社会经济的思潮，强调政府在社会公平及道义方面的责任与行动，典型的代表就是开创了宏观经济学的凯恩斯。孙中山的民生主义思想也强调政府在社会公平与道义方面的责任，主张政府积极干预，反对西方一直以来的古典自由主义，积极地改变中国地权过分集中的现象，以及预防私人资本过于强大的可能性。“夫吾人之所持民生主义者，非反对资本，反对资本家耳；反对少数人占经济之势，垄断社会之富源耳。”①

中国传统儒家思想的仁、义及好生等，深深影响了孙中山的民生主义，而孙中山也确实隐约提出了民生史观。② 平均地权的主张提出较早，这主要是因为地权的集中形成加剧了工业社会的社会不公平。“盖酿成经济组织之不平均者，莫大于土地权之为少数人所操纵。故当由国家规定土地法、土地适用法、土地征收法及地价税法。私人所有土地，由地主估价呈报政府，政府就价征税，并于必要时依报价收买之，此则平均地权之要旨也。”③

孙中山平均地权实际上主张土地国有，但限于财力拮据又不愿因地主反抗而引起社会动荡，只好取折中办法，“核定天下地价，仍属原主所有，其革命后社会改良之增价，则贵于国家，为国民所共享”④，逐渐将土地收归国有，而国民只享有使用权。“夫不稼者，不得有尺寸耕土。”⑤“土地国有后，必能耕者而后授以田，直纳若干之租于国，无复有一层地主从中剥之，则农民可以大苏。”⑥平均地权怎样解决农民的土地使用权？孙中山指出，国家授予耕者的土地，主要来源于：一是照价收买，二是没收地主未能照章纳税的土

---

① 中国社会科学院近代史研究所中华民国史研究室等编：《孙中山全集》（第2卷），中华书局，1982年，第219页。

② 参见蒋大椿：《孙中山民生史观析论》，载《中国社会科学》2000年第2期。

③ 《中国国民党第一次全国代表大会宣言》，见《孙中山选集》，人民出版社，1981年，第593页。

④ 中国社会科学院近代史研究所中华民国史研究室等编：《孙中山全集》（第1卷），中华书局，1981年，第297页。

⑤ 中国社会科学院近代史研究所中华民国史研究室等编：《孙中山全集》（第1卷），中华书局，1981年，第17页。

⑥ 转引自安静波：《“平均地权”几个问题之我见》，载《学术交流》1997年第2期。

地，三是公有或私有未经开垦的荒地，四是填海造田；农民获得土地使用权的方法则主要有授田和租田二法。[①] 节制资本的思想包含着节制私人垄断资本与积极发展国家资本两方面。

"凡本国人及外国人之企业，或有独占的性质，或规模过大为私人之力所不能办者，如银行、铁道、航路之属，由国家经营管理之，使私有资本制度不能操纵国民生计，此则节制资本之要旨也。"[②]节制私人资本的做法有：一是用累进税率多征资本家的所得税和遗产税；二是从经营范围和企业规模上限制私有资本，不得经营垄断性质的事业；三是根据国家经济发展情况，收买或收回私人资本经营的企业；四是通过地方自治团体建立合作经济，缩小私人资本的活动范围。[③] 节制资本是一种积极的政府干预经济思想，它一方面将私人资本限制在一定范围和规模内，防止私人垄断，形成和加剧社会不公；另一方面积极发展国家资本，推行国家资本主义，企图以国有资本实现社会的均富。孙中山的节制资本思想，不同于二战后西方流行的萨缪尔森的混合经济理论，也没有理解市场与政府之间的真正符合时代及世界潮流的关系模式，而且没有看到国家资本的巨大局限性，特别是没有看到国家资本的过分扩张，不仅可以窒息私人资本的必要发展空间，而且国家资本本身也并不是天然地创造均富。

孙中山的路没有走完，他的思想存在着前后不一致及逻辑上的不严密等问题，而他又是国民党的缔造者，国民党把孙中山称为"国父"，其实准确地说他应该是国民党的"党父"。国民党在孙中山逝世以后发生的分裂及庞杂的派系，与孙中山思想的这种特征有密不可分的联系，在某种程度上，正是孙中山思想的矛盾、歧义、混沌与空想等造成了国民党集团的派系林立及

---

① 参见李华兴：《孙中山民生主义思想剖析》，载《学术季刊》1995 年第 2 期。

② 《中国国民党第一次全国代表大会宣言》，见《孙中山选集》，人民出版社，1981 年，第593 页。

③ 参见李华兴：《孙中山民生主义思想剖析》，载《学术季刊》1995 年第 2 期。

指导思想多元化。不同的派系出于自身的需要,对孙中山的思想做了发挥性解释,从而更进一步加深了对三民主义思想理解的矛盾、歧义及混沌,并且也更加深了国民党派系的冲突。孙中山许多思想不具有可操作性,而他的政治地位又决定了国民党不能明显违背其学说,即使不合理、不可行也不得不勉强行之,而失败的后果则只能由国民来承受,变通孙中山主张没有成功的人只能落一个千秋骂名。

二、戴季陶的"儒学化"三民主义

戴季陶是孙中山逝世后重要的国民党理论家,在三民主义的阐释上产生了重大的影响,实际上是日益与共产党脱离的国民党的理论代言人,他实际充当了国共分家时国民党的理论吹鼓手。随着历史风云的远去,一方面是蒋介石等国民党人在理论上日益成长起来,已经不满意戴季陶用道统论阐释的三民主义;另一方面,戴季陶又被共产党的经典文献作为反共典型批判过,因此学术界对戴季陶政治思想的研究不多。但基于戴季陶对孙中山三民主义解读的特殊角度及其在历史上产生的深远影响,我们拟简单介绍一下戴季陶的政治思想,既从侧面说明一下孙中山政治思想的复杂性,也阐释一下国共破裂时国民党主流的思想意识。

戴季陶,名传贤,字季陶,笔名天仇,晚号孝园,1891 年(光绪十七年)生于四川广汉,于 1899 年进成都留日预备学校,倾向反满,1905 年赴日本留学,1909 年(宣统元年)回国,在江苏地方自治研究所任主任教官,次年到上海,任《天锋报》主编,鼓吹反清革命,被迫亡命日本,后转南洋槟榔屿(今属马来西亚),任《光华报》编辑,加入中国同盟会。戴季陶在辛亥革命后回到上海,曾历任孙中山的机要秘书、广州军政府法制委员会委员长、国民党中央执行委员兼宣传部部长、国民党南京政府考试院院长,又曾任《星期评论》

主笔、《建设》杂志编委，创办中央通讯社，1949 年 2 月在广州自杀。[①] 戴季陶政治思想活跃而多变，曾经追随和传播过许多新式政治理论，先后赞成过君主立宪、民主共和，提倡过地方分权和联邦分权制，[②]积极传播社会主义思潮，既是中国比较早地介绍俄国革命与马克思主义的重要人物，也曾经积极参与过中国共产党的创建。[③] 孙中山逝世后，戴季陶发表了《孙文主义之哲学基础》与《国民革命与中国国民党》两本小册子，系统提出了"戴季陶主义"，成为国民党官方学说的主要理论依据。戴季陶的论著除上面所提之外，还有《青年之路》《学礼录》《东方民族与东方文化》《中国文化在世界之地位及其价值》等，后人编有《戴季陶先生文存》。

戴季陶在政治思想的驳杂上颇与孙中山相同，其中最明显的思想特征就是对各种思潮的敏感性和选择性接受。五四时期，中国社会普遍出现了将中国天下为公思想与社会主义思潮相互比附的现象。[④] 戴季陶也是当时社会主义思潮的主要传播者，企图以社会主义思潮来济三民主义之穷，将社会主义与三民主义统一起来，使三民主义的理想尽快在中国实现，而三民主义的实现同时也就是社会主义的实现。三民主义与社会主义的关系，戴季陶曾经与大多数中国人一样，模糊地以为两者具有亲密无间的统一或同一关系。针对新文化运动中风靡全国的社会主义思潮，瞿秋白曾经指出："社会主义的讨论，常常引起我们无限的兴味。然而究竟如俄国 19 世纪 40 年代的青年思想似的，模糊影响，隔着纱窗看晓雾，社会主义流派，社会主义意义都是纷乱，不十分清晰的。正如久壅的水闸，一旦开放，旁流杂出，虽是喷沫鸣溅，究不曾自定出流的方向。其时一般的社会思潮大半都是如此。"[⑤]"在

---

① 参见范小方等：《国民党理论家戴季陶》，河南人民出版社，1992 年，第一至第六章。

② 参见范小方等：《国民党理论家戴季陶》，河南人民出版社，1992 年，第 319 ~ 320 页。

③ 参见范小方等：《国民党理论家戴季陶》，河南人民出版社，1992 年，第五章。

④ 参见陈旭麓：《近代中国社会的新陈代谢》，上海人民出版社，2006 年，第 402 ~ 404 页。

⑤ 瞿秋白：《俄乡纪程》，见《五四运动文选》，生活 · 读书 · 新知三联书店，1959 年，第 429 页。

那个时候的中国，社会主义名号下统括着马克思主义、无政府主义、工读主义、新村主义、基尔特主义、合作主义、泛劳动主义，主义与主义之间相去往往很远。但对于中国社会寻求出路的人们来说，它们曾经是同样富有吸引力的救世真义。每一种主义的周围，都会聚过有志于救世治病的知识分子。可以说，被民主与科学所唤起的成批激进的民主主义者几乎在一夜之间纷纷成了社会主义者。"①但是"时过境迁，潮来潮往。'五四'前后搬入中国的种种社会主义学理虽曾一度汇成涌流之潮，极其明显地影响过那个时候的社会思想和学术思想，但在短短几年之后就波平浪静，了无痕迹了"②。社会主义思潮风平浪静之后，或者说社会主义逐渐集中在马克思主义之上以后，戴季陶又敏感地意识到了三民主义与社会主义或共产主义的根本不同，从而坚决回归三民主义，提倡纯粹的三民主义与纯粹的国民党党员等。

孙中山的三民主义本身就受到了西方社会主义思潮的影响，但他在思想上已经区别清楚了什么是社会主义、什么是三民主义，两者之间的思想界限比较清晰，不容混同。但作为三民主义的盟友，孙中山很愿意与社会主义合作，特别是在俄国革命发生之后，孙中山比较羡慕俄国革命党的组织方式及活动能力，又从俄国革命政府的对华政策上看到了所谓的仁道，从而在策略上把俄国革命政府及中国共产党看成是现实三民主义的重要力量。值得注意的是，孙中山没有将自己的思想之路走完，而戴季陶则有机会将从中国传统中发展出的现代政治思想与社会主义思潮之间的矛盾展示出来，从而成为一个很有争议的历史人物。当然，戴季陶虽然以孙中山思想阐释的方式表达自己的政治思想，不过他的思想终究跟孙中山的思想不同，在逻辑上，戴季陶的思想要严密得多，从而使后孙中山时代的三民主义强化了原理

---

① 陈旭麓：《近代中国社会的新陈代谢》，上海人民出版社，2006年，第402页。
② 陈旭麓：《近代中国社会的新陈代谢》，上海人民出版社，2006年，第405页。

和主义，而淡化了病急乱投医的非思想的策略性成分。

中国现代政治思潮并不是严格按照思想的逻辑展开，许多思想甚至基本没有逻辑，纷至沓来的社会政治问题既引导了政治思潮的前进节奏，也限制了政治思想的逻辑形式。不仅中国现代政治思潮的演进缺乏一以贯之的思想逻辑，许多政治思想也都不讲逻辑，而是随着社会政治形势的变化而急速地调整着政治思想的内容，变化之大常常既出乎人们的意料，也完全没有思想逻辑。救亡压倒启蒙的结果就是使思想失去了自身严谨的逻辑，而时时以时事为指挥棒。[①] 中国现代的各种时事纷繁芜杂，纷至沓来，许多紧急时事吸引着众多关心国事民瘼的思想家的眼球，甚至经常是要求思想家们在思想上还没有深思熟虑就必须表态，从而造成了理性的缺位，因而带着以亢奋的民族情绪。[②] 戴季陶思想的曲折多变及孙中山思想中的许多不合思想逻辑的策略性东西，大多根源于中国现代政治思想中救亡压倒启蒙后造成的理性缺位。

孙中山的三民主义与社会主义或共产主义相比，作为主义的指导思想相去甚远，但作为伙伴在中国的革命中却可以相得益彰。然而由于两者在政治理想及基本原则方面的根本差异，两者的结合只能是阶段性的，也只能是策略性的，长久地看，国共分家是不得不然的宿命。这在某种程度上既取决于中国传统政权不能分享的独治传统，也取决于两者在组织方式及方法上积极学习俄共的民主集权制，两者从根本上都只承认自己的主义是中国未来的希望。戴季陶看重两者在主义上的根本不同，而孙中山看重两者在策略上的相得益彰。戴季陶整理过的三民主义思想，不仅突显了三民主义思想的严谨逻辑，而且重点区别了两种不同的主义。戴季陶主义不仅在逻

---

① 参见李泽厚：《启蒙与救亡的双重变奏》，载《中国现代政治思想史论》，安徽文艺出版社，1994 年，第 11 ~ 52 页。

② 参见姜义华：《理性缺位的启蒙》，上海三联书店，2000 年。

辑上更加严谨，而且也基本上抓住了孙中山三民主义思想的核心部分，但是不可否认，戴季陶主义也存在着将孙中山三民主义思想过度传统化的弊端。我们将戴季陶表达的三民主义思想看作他本人的思想，名之为儒学化的三民主义，儒学化三民主义的主要倾向有二：一是发掘、强调和强化中国传统儒家政治资源的现代价值；二是突出了三民主义与社会主义或共产主义的主义冲突，坚决反对中国化的马克思主义。儒学化三民主义的主要内容有：民生哲学、道统论、革命党论、共和国论。

戴季陶比较重视发掘孙中山三民主义的哲学基础，专门写了《孙文主义的哲学基础》一文，阐述孙中山三民主义的哲学基础。孙中山的三民主义不仅没有西方政治思想那样严谨的逻辑，也没有像中国传统政治哲学那样有专门的系列术语，更没有专门构建过自己的哲学理论。孙中山的哲学思想始终没有从革命家的实践中被真正提炼出来，其思想中具有哲学特征的部分主要就是民生论和知行观。民生论除了讨论民生改善之外，实际上还具有一定历史哲学的属性，而历史哲学又往往同时就是某种政治哲学，特别是在中国社会正寻找自己的理想归宿的时候。孙中山主要是一个革命家，他的理论在逻辑上既不严谨，也没有花大量精力去构建，而且策略性的考虑经常需要超出自己思想的逻辑而灵活地发言、讲话和发表论著。戴季陶在经历了社会主义思潮的迷茫后清晰地认识到了三民主义与社会主义或共产主义的不同，就此而论，他比孙中山更清楚社会主义或共产主义的终极追求与三民主义的根本不同，其社会哲学或历史哲学基础也截然不同。戴季陶认为，社会主义或共产主义的社会哲学基础是阶级斗争理论，而三民主义的社会哲学基础则是民生主义。他指出："生存是人类原始的目的，同时也是人类终极的目的。在生存的行进中，逢着一种障碍的时候，求生的冲动，便明显地引导着人生发出一种生存的欲望。”[①]“求生的冲动”和“生存的欲望”是鼓舞人们的力量,促使人们去克服一个又一个困难、越过一个又一个障碍、开辟一个又一个领域、创造一个又一个业绩,推动了历史的前进,人类的历史便是一个个在“生存的欲望”吸引下,克服障碍的不间断过程。“民生是历史的中心。”[②]“一切国家和社会的文化,都是以人类的生存为目的,以‘共同生活’的组织为人类生存的手段。”“人民的生活,社会的生存,国民的生计,群众的生命,便是文化的目的。所以离却民生,没有文化;离了民生,没有道德。”[③]

孙中山的政治思想综合了中国传统与西方的政治文化,但在社会哲学上则比较多地继承了中国传统政治文化,其中特别是儒家的政治文化。孙中山的民生主义、民族主义与民权主义中皆有传统儒家的身影,但随着孙中山对西方认识的深入和对革命实践的不断反思,民族主义和民权主义中的儒家成分在减少,但在社会哲学上却日益突出了儒家文化对他的濡染,强调“和”“生”与“仁”等。虽然孙中山并未有意识地强调儒家的道统继承人角色,但孙中山确实很看重儒家传统的所谓王道文化,不太认同西方各国的霸道文化。孙中山正面评价苏联的理由除了其革命党组织革命的效益外,就是认为苏联在国际关系上实践了东方的王道文化,告别了西方的霸道文化。

戴季陶为了凸显孙中山理论的世界意义,突出强调了孙中山政治思想的中国文化基础,并将孙中山思想与圣王道统的继续联系起来,不仅强调孙中山是国民革命及民族复兴的新道统,而且强调孙中山还是传统圣王道统的继承人。戴季陶认为,孙中山的民生哲学继承了尧舜以至孔孟而中绝的

---

① 戴季陶:《国民革命与中国国民党》,载高军等编:《中国现代政治思想资料选辑》,四川人民出版社,1983 年,第 441 页。

② 范小方等:《国民党理论家戴季陶》,河南人民出版社,1992 年,第 329 ~ 330 页。

③ 戴季陶:《孙文主义之哲学基础》,载高军等编:《中国现代政治思想资料选辑》,四川人民出版社,1983 年,第 421 页。

仁义道德的思想。中国自古以来就有一个道统,由尧舜开始,到孔孟以后就中断了,现在应由他们来继承这个道统,以使中国固有的伦理哲学和政治哲学的思想发扬光大起来。这是人类同胞精神的产物,要把这一个道德文化的精神恢复起来,以之救国,并且作为统一全世界的基础,才是完成了中国人在全人类中的使命。[①] 这个道统的内容便是"仁爱"。"民生是历史的中心,仁爱是人类的本性"[②],"仁爱"是永恒的,而"阶级的差别,并不是绝对能够消灭人类的仁爱性的"。戴季陶主张各阶级的人,能够从仁爱出发,"要抛弃了他的阶级性,恢复他的国民性,抛弃了他的兽性,恢复他的人性。换一句话说,就是要支配阶级的人,抛弃他自己特殊的阶级地位,回到平民的地位来"。[③] 这个时候,革命就没有其他的意义了,革命的任务就是用完美的知识,去陶融仁爱的感情,这种仁爱的"感化和助力",得到充分发展,革命就能成功,人类也就能进入大同世界。[④]

戴季陶把孙中山看作继承中国几千年仁爱道德文化的大圣,他认为孙中山的思想"完全渊源于中国正统思想的中庸之道"[⑤],并指出孙中山始终把中国古代的伦理哲学和政治哲学看作人类文明史上最有价值的成果。戴季陶强调说:"要求全人类的解放,必须要以中国固有的仁爱思想为道德基础,把一切科学的文化都建设在这一种仁爱的道德基础上面,然后世界人类才

---

① 参见戴季陶:《孙文主义之哲学基础》,载高军等编:《中国现代政治思想资料选辑》,四川人民出版社,1983 年,第 414 页。

② 戴季陶:《孙文主义之哲学基础》,载高军等编:《中国现代政治思想资料选辑》,四川人民出版社,1983 年,第 417 页。

③ 戴季陶:《孙文主义之哲学基础》,载高军等编:《中国现代政治思想资料选辑》,四川人民出版社,1983 年,第 418 页。

④ 戴季陶:《孙文主义之哲学基础》,载高军等编:《中国现代政治思想资料选辑》,四川人民出版社,1983 年,第 418 页。

⑤ 戴季陶:《民生哲学系统总说明》,转引自史爱棠:《论戴季陶主义》,载《民国档案》1988 年第 4 期。

能得到真正的平和,而文明的进化,也才有真实的意义。”①他说中国这一固有的仁爱道德思想自尧舜禹汤文武周公至孔子就中断了,为了复兴中国文化,复兴中国国民的创造力,必须随时随地尽力鼓吹中国固有道德文化的意义,赞美中国固有道德文化的价值。戴季陶在鼓吹传统固有道德文化时夹杂着现代社会的要求与提法,不仅在某种程度上以今解古,古为今用,而且还在一定程度上以洋解中,洋为中用。戴季陶说,孔子的思想就是“以知、仁、勇为道德基础的社会连带责任主义”②,社会连带责任主义主要表现在个人、家、国的三重连带责任。三重连带责任主义体现了“孔子的思想注意全在民生”,而这一民生哲学就是“二千数百年后创造中华民国的孙中山先生所继承的理论”。③ 戴季陶说:孙中山的全部思想,可以用几句简单的话来完全表明,就是“天下之达道三,民族也,民生也,民权也,所以行之者三,知也,仁也,勇也,知、仁、勇三者,天下之达德也,所以行之者一也,一周何,诚也者,择善而固执之者也”④。戴季陶认为,孙中山的主要功绩就是,“用革命的功夫,把埋没了几千年的社会连带责任主义,在三民主义的青天白日旗下,重新发扬光大起来”⑤。戴季陶把以民生哲学为基础的孙文主义称作“纯正的三民主义”。

戴季陶提“纯正的三民主义”主要是突出国民党在中国复兴过程中的唯一领导作用,具有明确的反共目的。戴季陶认为,国民革命是联合各阶级的

---

① 戴季陶:《孙文主义之哲学基础》,转引自史爱棠:《论戴季陶主义》,载《民国档案》1988 年第 4 期。

② 戴季陶:《孙文主义之哲学基础》,转引自史爱棠:《论戴季陶主义》,载《民国档案》1988 年第 4 期。

③ 戴季陶:《孙文主义之哲学基础》,转引自史爱棠:《论戴季陶主义》,载《民国档案》1988 年第 4 期。

④ 戴季陶:《孙文主义之哲学基础》,转引自史爱棠:《论戴季陶主义》,载《民国档案》1988 年第 4 期。

⑤ 戴季陶:《孙文主义之哲学基础》,转引自史爱棠:《论戴季陶主义》,载《民国档案》1988 年第 4 期。

统一革命，不能以阶级斗争为手段，国民革命一方面要资产阶级觉悟了为劳动阶级的利益来革命，地主阶级觉悟了为农民的利益来革命，另一方面又要劳动阶级、农民阶级为自己的利益来革命，国民革命的对立是觉悟者与不觉悟者的对立，而不是阶级间的对立。“中国的社会，就全国来说，既是不很清楚的两阶级对立，就不能完全取两个阶级对立的革命方式”，必须反对“纯粹以物质问题为历史中心，以阶级斗争为绝对的手段之社会革命思想”。[①] 因此，戴季陶认为，国民革命需要真正实行国民革命主义有力的国民党，而不是实行阶级革命有力的共产党，国民党在国民革命中的作用是垄断的排他性的。

戴季陶进而认为，国民党实行“容共”的政策自相矛盾，主张改变国民党与共产党的合作方式，以纯正的三民主义纯洁国民党的组织。戴季陶说：“我们中国国民党是三民主义的政党，无论是何种派别的思想者，一定要有了信仰三民主义的觉悟和决心，才可以来做中国国民党的党员，才是真正忠实的中国国民党党员。一个政党，除了主义，便没有结合的基础，主义是党的神经系，同时是党舶的血管。……没有主义，便不能成为一个党。”[②]“如果已经加进了中国国民党，不把中国国民党的组织和团结，作为自己的责任，只尽量在中国国民党中，扩张 CP（指中国共产党）或 CY（中国共产主义青年团）的组织，并且尽力的使非 CP 非 CY 的党员，失却训练工作的余地，一定使实际的政治工作上，只有反动和盲动两种势力。”[③]戴季陶一再强调：“共信不立，互信不生，互信不生，团结不固，团结不固，不能生存。”[④]戴季陶认为，国共合

---

① 转引自马佩英：《戴季陶政治思想论》，载《史学月刊》1997 年第 3 期。

② 戴季陶：《国民革命与中国国民党》，转引自范小方等：《国民党理论家戴季陶》，河南人民出版社，1992 年，第 172 页。

③ 戴季陶：《国民革命与中国国民党》，转引自范小方等：《国民党理论家戴季陶》，河南人民出版社，1992 年，第 172 页。

④ 戴季陶：《国民革命与中国国民党》，转引自范小方等：《国民党理论家戴季陶》，河南人民出版社，1992 年，第 172 页。

作是共产党采取的寄生政策,国共两党事实上“以一个大团体当中,包着一个小团体,这个小团体,尽力地发挥他的组织力和排他性,旧的细胞是失了生活力,新的营养反被小团体尽量的吸去”[①],共产党“不把国民革命当作真实目的,不把三民主义认作正当的道理,只借中国国民党的躯壳,发展他自己本身组织”[②],“国民党内一个最大的危机,就是在有了两个中心,而大多数的党员迷惑在二心之间,无所适从”,“党国的情派已经危急到了十二万分”,如果国民党不恢复自己的自信力和团结力,心口如一地组织起来,“那么必定会使国民党灭亡”[③],国民党这个团体如果要生存下去,必须对共产党进行排斥,“要真把三民主义,认为唯一理论,把国民党认为唯一救国的政党”[④]。

戴季陶的反共在国民党中具有典型的代表性,其之所以成为理论家大概就是因为他从理论上纯洁了三民主义的逻辑,划清了三民主义与社会主义的根本不同,在国民党中具有普遍的说服力。邵元冲说,戴季陶在《国民革命与中国国民党》所讲的“句句都是我想说的话,不但我想说,只要是真正爱中国历史,爱中国民族,希望把中国国民党组织好,以中国‘国民的党’,救‘中国国民的国’的同志,我相信都想说的”[⑤]。戴季陶于1935年在为国民党“第五次全国代表大会”起草的宣言中,诠释了建立“三民主义民国”的十个基本原则,其内容有:

第一,崇道德以振人心;第二,求实学以奠国本;第三,弘教育以培

---

① 戴季陶:《国民革命与中国国民党》,转引自范小方等:《国民党理论家戴季陶》,河南人民出版社,1992年,第173页。

② 戴季陶:《国民革命与中国国民党》,转引自范小方等:《国民党理论家戴季陶》,河南人民出版社,1992年,第173页。

③ 戴季陶:《告国民党的同志并告全国国民》,转引自范小方等:《国民党理论家戴季陶》,河南人民出版社,1992年,第173页。

④ 戴季陶:《国民革命与中国国民党》,转引自范小方等:《国民党理论家戴季陶》,河南人民出版社,1992年,第174页。

⑤ 转引自范小方等:《国民党理论家戴季陶》,河南人民出版社,1992年,第174页。

民力；第四，裕经济以厚民生；第五，慎考铨、严考绩，以立国家用人行政之本；第六，尊司法，轻讼累，以重人民生命财产之权；第七，重监察，励言官，以肃官方而伸民意；第八，重边政，弘教化，以固国族而成统一；第九，开宪治，依内政，以立民国确实巩固之基础；第十，恪遵总理遗教，恢复民族自信，确立正当之对外关系，以保持国家独立平等之尊严，而达世界大同之目的。[①]

戴季陶除了主张"纯正的三民主义"，建立三民主义民国，坚决反对共产党之外，即除了人所共知的戴季陶主义外，其民族主义思想也颇有值得注意的方面，其中最重要的有两方面，即一方面摆脱帝国主义侵略，另一方面反对大汉族主义，维护各民族平等，反对国家分裂等。戴季陶密切关注边疆动态，坚持国家统一，反对分裂。针对英国策动西藏独立的图谋，戴季陶指出："如果英国要主张公道，援助西藏人民的'民族自决'，就不应该主张由印度英政府干涉西藏的内政，因为世界上的'正义''人道'这个东西，是公的不是私的，若是专为扶植英国在西藏的势力计，那就完全是侵略主义了。"[②]针对边疆不稳的情况，戴季陶特别分析了其中的主要原因，极力反对和抨击清末以来的治边策略。他认为，边疆动荡的原因有三：其一是汉官剥削，心存偏袒；其二是兵差骚扰；其三是官商结合，狼狈为奸。"清末赵尔丰主川滇边政，以极短时间，开地千里，设治数十，欧化政策与汉化政策并用，二十余年来，谈边政者，无不艳称之，然其政策之根本错误，实在专尚霸道，民国以后，尹陈诸子，其失更多，以致将最驯良之康民，造成许多血腥杀伐种子。"[③]"大

---

① 《中国国民党第五次全国代表大会宣言》，转引自范小方等：《国民党理论家戴季陶》，河南人民出版社，1992 年，第 325 页。

② 唐文权、桑兵编：《戴季陶集》，华中师范大学出版社，1990 年，第 954 ~ 955 页。

③ 陈天锡：《戴季陶先生的生平》，台湾商务印书馆，1968 年，第 529 页。

约边疆之事,既无力兼顾,总宜时时想到息事宁人,以牲畜之乡,人民负担之苦,已可想见,若再加一个大将,一支大兵,则其祸患,恐至殃及牛羊,不只人而已矣。"[①]戴季陶主张中央在派人处理边疆事务时,以不轻派人为原则,若不得已而派员,必须选择老成忠厚、不急功利、不骛虚名,识大体重行宜者为良,"总期以行修品端,表率边民,……能为当地造百年福德"[②]。另外,他还主张治理边政务必取信于边民,维护中央的信誉及权威。"国家对于远人,一字都不可失信"[③],"口惠无实,徒长人之失望"[④]。

戴季陶还注意培养和选拔任用边政人才,特别注意培养少数民族的治政人才,利用宗教因素,适应边民心理,鼓舞边民的公共事业心,逐渐以三民主义及科学思想教育边民,注意发展边疆少数民族地区的公共事业。他一方面积极罗致各少数民族的优秀分子及蒙藏宗教领袖,提议增加边疆优秀人才及宗教领袖为中央委员;另一方面又积极从事边疆青年的教育,建立蒙藏学校及边疆分校,广泛教育蒙藏少数民族青年。他认为,边疆地区的治理者,"切实整顿军队,使成仁义之师,整顿吏治,俾成仁义之政,以宗教与教育合为一体,宗教为道,科学教育为器,俾成仁义之化,爱抚汉番之民,视同一体,勿轻言拓殖,勿轻事废土设治,须认真就庶富教三事,切实工作,俾成仁义之民"[⑤]。

三、胡汉民的"党治"三民主义

胡汉民是孙中山得力的理论助手,不仅在宣传三民主义方面卓有成效,

---

① 陈天锡:《戴季陶先生的生平》,台湾商务印书馆,1968 年,第 523 页。
② 陈天锡:《戴季陶先生的生平》,台湾商务印书馆,1968 年,第 530 页。
③ 陈天锡:《戴季陶先生的生平》,台湾商务印书馆,1968 年,第 522 页。
④ 陈天锡:《戴季陶先生的生平》,台湾商务印书馆,1968 年,第 522 页。
⑤ 陈天锡:《戴季陶先生的生平》,台湾商务印书馆,1968 年,第 527 页。

而且在后孙中山时代也充当着孙中山三民主义思想解释者的重要角色。值得注意的是，胡汉民作为国民党的元老级人物，其立场始终居于右翼，倾向于反共，积极实施孙中山制订的训政计划和以党治国方略，与蒋介石在以党治国的训政上存在严重分歧。① 胡汉民比较重视发挥国民党的作用，重视国民党在训政时期的法制建设，但反对制订训政时期约法，而蒋介石则比较重视国民党军队的作用，重视军队所体现的纪律、秩序、整洁和严谨的精神。值得注意的是，胡汉民作为后孙中山时代国民党的重要理论家及党内元老，既扮演孙中山那样思想家兼革命家的角色，又带上了三民主义思想的教条框框，从而在继承孙中山思想的同时也重点表达了自己的党治主张，在国民党派系中成了比较有理论思想的代表性人物。孙中山虽然屡屡组建革命党，但他基本上是依靠自身的人格魅力及思想观点聚集海内外的救国才俊，尽管晚年学习了苏俄的建党经验，借鉴了苏俄的革命党模式，但党的力量自始至终都没有在国民革命中占据主导地位，不是由革命领袖的人格驱动，就是军队强势力主导。② 胡汉民着重发挥中国国民党整体的指导、监督等重任，主张实行严格的党治，而坚决反对在训政阶段实行约法之治和民国以来的军阀之治。

胡汉民原名衍鸿，字展堂，广东番禺人，生于清光绪五年，即 1879 年，卒于 1936 年。胡汉民于 1901 年中举人，于 1902 年、1904 年两度赴日本留学，先后入弘文学院师范科、法政大学速成法政科，1905 年 9 月加入中国同盟会，被推为评议部评议员，稍后又由孙中山指定担任同盟会本部秘书，成为孙中山的主要助手，主编《民报》第 1 至 5 期，根据孙中山口授写成《〈民报〉发刊词》，先后在《民报》发表《民报之六大主义》《告非难民生主义者》等文，

---

① 参见杨天石：《“约法”之争与蒋介石软禁胡汉民事件》，载《中国社会科学》2000 年第 1 期。

② 参见王奇生：《党员、党权与党争——1924—1949 年中国国民党的组织形态》，上海书店出版社，2003 年，第 2 ~ 24 页。

与康、梁保皇派展开论战,对孙中山思想多所阐发。1911 年 11 月,广东独立,胡汉民被推为广东都督,12 月随孙中山到南京,担任中华民国临时大总统府的秘书长,袁世凯任临时大总统后再任广东都督,同盟会改组为国民党后任国民党广东支部长,后被袁世凯免去广东都督职务,"二次革命"失败后随孙中山赴日本,继续进行反袁斗争,1914 年 5 月加入中华革命党,任政治部长,主编《民国》杂志,1917 年 6 月奉孙中山命令联络西南实力派,为发动护法运动做准备,9 月在广州任中华民国军政府交通总长,次年 5 月随孙中山离广州赴上海。1919 年,胡汉民作为孙中山的代表参加"南北议和",在和会上坚持孙中山恢复旧国会、取消卖国密约的主张,同年 8 月任《建设》杂志主编,同情学生爱国运动及新文化运动,发表《中国哲学史之唯物的研究》《唯物史观批评之批评》《从经济的基础观察家族制度》等文章,一度受唯物史观的深度影响,宣传过社会主义理论,但很快就在理论上完全回归孙中山的心物观。①

俄国十月革命后,苏俄及共产国际积极影响孙中山及中国内部的社会主义思潮,协调社会主义思潮的代表人物,筹划和组织成立中国共产党,②并同时推动孙中山改组后的中国国民党向苏俄接近,督促中国国民党与中国共产党进行革命合作,共同反帝反封建。孙中山同共产国际与苏俄协商,同意中国共产党党员以个人身份加入中国国民党,帮助其进行改造。胡汉民赞成孙中山改组中国国民党的决策,参与《中国国民党第一次全国代表大会宣言》的起草与审查,被孙中山指定为国民党"一大"主席团主席,当选为中国国民党中央执行委员,但由于他对中国共产党的态度与孙中山的期望有差距,会后主政上海执行部,后奉命回粤,代理大本营事务,兼任黄埔军校教

---

① 参见李红彦、苦人:《胡汉民与社会主义在中国的传播》,载《湘潭师范学院学报》1989 年第 5 期。

② 参见鱼在水:《参与创建中共的反共高手戴季陶》,载《文史精华》2002 年第 1 期。

官,孙中山北上后代行大元帅职权,留守广州,兼任广东省长,并以武力定商团叛乱。1924 年后,胡汉民反共色泽日益突出,与国民党左派廖仲恺等意见每每相左,廖仲恺被刺后一度被拘,后赴苏联考察,1927 年 4 月与蒋介石合作反共,主持在南京成立的国民政府,并担任中央政治会议主席、军事委员会主席和国民政府主席,签署对邓演达等国民党左派及吴玉章等中国共产党人的通缉令,积极反共,1928 年任立法院长,1931 年 2 月,因为在训政时期约法的制定上与蒋介石意见相左,又拒不妥协,遭到蒋介石八个月的软禁,后经多方努力获释,回到广州后,成为南方实力派反蒋的精神领袖,标榜抗日、剿共、反蒋三大政治主张。① 胡汉民于 1935 年被选为中国国民党中央常务委员会主席,次年 5 月 2 日在广州病故。

胡汉民在理论上主要是阐发孙中山的思想,孙中山在世时,胡汉民主要的政治著作都是阐发孙中山思想的,孙中山逝世后,他又承担了孙中山著作的整理工作,于 1930 年主持编成《总理全集》。为了革新国民党,实现以党建国和以党治国的方略,胡汉民于 1933 年创办《三民主义月刊》,运作成立新国民党的政治组织。胡汉民在孙中山去世后发表的大量演讲及著作,都以阐发孙中山的思想为主题,所著《三民主义的连环性》《三民主义的心物观》《三民主义的历史观》和《三民主义的精神》等,为国民党理论家阐释三民主义的代表作。台湾中国国民党中央委员会党史委员会编有《胡汉民先生文集》,并于 1978 年刊行于世。

胡汉民与戴季陶等一样,都曾迷醉于社会主义及唯物史观,而且在宣传社会主义和唯物史观方面发挥过积极的作用,胡汉民的相关研究甚至比李大钊等更深入准确,而陈独秀则将戴季陶视为理论知己。但不论是戴季陶,

---

① 参见陈红民:《“抗日反蒋”与“联日制蒋”——胡汉民与两广的“抗日”口号与实践(1932—1936)》,载《抗日战争研究》2002 年第 3 期。

还是胡汉民，最终都没有放弃孙中山的民生论，从有条件赞同阶级斗争到彻底否定和反对阶级斗争，重新信奉和宣传孙中山的民生理论，回归三民主义理论。其中原因可能很复杂，但将社会主义及唯物史观中的以经济为中心误会为民生理论，可能是最主要的原因。这不能责怪他们在理论上的幼稚或不坚定，而是中国整个近代思潮的特点决定的，即西方的各种主义在中国都不能被按照思想的逻辑完整地理解，各种主义在中国常常互相区别不清楚，误我为你或误你为我的事经常发生，甚至自诩对西方思想熟悉的孙中山也未能幸免，将社会主义混同于他的民生主义，甚至将苏俄的苏维埃社会主义也混同于其民生主义，即使在国民党一大时孙中山仍然强调社会主义与三民主义并无冲突，不过范围大小而已。[①] 不是孙中山，而恰恰是戴季陶和胡汉民等首先意识到了信仰社会主义的共产党与信仰三民主义的国民党的根本不同，从而在吸纳共产党员加入国民党的合作问题上并不积极，甚至比较早地走向消极。

胡汉民坚持以心物关系为基础，既反对戴季陶以儒学化的方式解释三民主义，也反对国民党左派廖仲恺等以马克思化的方式解释三民主义，突出社会主义与三民主义的根本不同，强调民生与阶级斗争的根本不相容，强调国民党与共产党的根本不同。他指出："以孙中山先生来正统化、孔子化，固然是错误，以孙中山先生来马克思化、释迦化、术士化、流氓化，尤其是无可容恕的错误。"[②]胡汉民认为，孙中山主张以"生"为体，以"心""物"为用，"心"与"物"都服务于"求生"，"求生"是国家民族乃至人类社会不断演变的原动力。"文化的转变、经济结构的转变，都随着求'生'的方式而转变，把握

---

① 参见王奇生：《党员、党权与党争——1924—1949年中国国民党的组织形态》，华文出版社，2010年，第49~52页。

② 胡汉民：《三民主义的心物观》，载《胡汉民先生文集》（第2册），中国国民党中央委员会党史委员会，1978年，第526页。

住社会进化的原动力的，不是‘物’，而是人类求生的意欲。”[①]求生的意欲无止境，人类社会的发展也就无止境。所谓“求生”，一方面是主要发挥孙中山的民生理论，强调“生”是历史的主题，强调“民生”在历史进化中的核心地位；另一方面又是发挥了孙中山的民族理论，强调为民族争生存。

基于求生的理论，胡汉民信奉起“物竞天择”“适者生存”的进化论来，并以此解释孙中山的历史观。他认为，孙中山历史观的要点有：“（一）世界历史是依进化的定律而演进的，进化又是以争生存为中心的；（二）由争生存这个中心，分演出各种的进化现象和事实……分演出民族同民族争，国同国争，国内人民同君主争，劳动家同资本家争的种种现象和事实。”[②]胡汉民认为，马克思主义本不懂民族主义，对民权主义也知之甚少，在中华民族生存危机压倒一切的时候，中国只有信奉三民主义，别无他法，即三民主义是救中国出苦海的唯一正确办法。

胡汉民认为，民族、民权和民生是三个连续的小环，三者环环相扣，形成一个严谨的理论体系，“三民主义的相互关系，正如三个小环扣合起来形成的一个大连环”[③]，即“民族主义必须要是民权主义的和民生主义的民族主义”，而“民权主义必须要是民族主义的民生主义的民权主义”，当然“民生主义必须要是民族主义的民权主义的民生主义”。[④] 胡汉民认为：三民主义的作用和目的就在于求生存，而在当时的国际环境中，三民主义的基点是求以

---

① 胡汉民：《三民主义的心物观》，载《胡汉民先生文集》（第2册），中国国民党中央委员会党史委员会，1978年，第547～548页。

② 胡汉民：《三民主义的认识》，载《胡汉民先生文集》（第3册），中国国民党中央委员会党史委员会，1978年，第31页。

③ 胡汉民：《三民主义的认识》，载《胡汉民先生文集》（第3册），中国国民党中央委员会党史委员会，1978年，第34页。

④ 胡汉民：《三民主义的认识》，载《胡汉民先生文集》（第3册），中国国民党中央委员会党史委员会，1978年，第34页。

民族为单位的生存,“个人的生存不是问题,成问题的是民族的生存”[①];三民主义不但适合中国,而且适应于其他被压迫的民族。官僚主义、军国主义以及资本主义互为表里,连环而成帝国主义,构成对世界人民尤其是弱小民族极大的威胁。他们形成了一股强大的力量,仿佛是一条河流,从源头出发后,与“某时代支配人类的强有力的制度方法和势力相汇合;汇合的愈多,它这河流的泛滥力和冲击力亦愈大;到了今日,这河流的冲击力几于湮没了全世界”,“人们在它浸淫沐浴之中,几乎寻不着超出苦海之路”。[②] 三民主义是救各被压迫民族出苦海的唯一办法,“所谓个个民族不受屈辱,即世界各民族的平等,亦即实行人民有四权而政府有五权的民权主义之全世界各民族的平等,亦即实行满足人民衣食住行四大需要的民生主义之全世界各民族的平等”[③]。就三民主义的普世性而言,胡汉民的阐释基本上符合孙中山的原意。

胡汉民在阐释三民主义内部相互联系及其世界性意义的时候,没有忘记三民主义必须首先在中国兑现,即孙中山逝世后,中国国民党必须按照孙中山三民主义思想在中国建立一个三民主义的共和国,在中国实现民族、民权和民生三大主义。胡汉民坚持要以孙中山的理论按照程序将三民主义与五权宪法结合起来兑现,在军政阶段结束后,继之以一定时间的训政,以达到宪政。训政的任务主要是针对民权这个目标的。

胡汉民的民族主义思想基本上延续了孙中山的原创观点,早期主要倡导反满革命,后来又坚决反对帝国主义在中国的不平等条约,反对日本帝国

---

① 胡汉民:《三民主义的连环性》,载《胡汉民先生文集》(第 2 册),中国国民党中央委员会党史委员会,1978 年,第 255 页。

② 胡汉民:《三民主义的连环性》,载《胡汉民先生文集》(第 2 册),中国国民党中央委员会党史委员会,1978 年,第 249 页。

③ 胡汉民:《三民主义的连环性》,载《胡汉民先生文集》(第 2 册),中国国民党中央委员会党史委员会,1978 年,第 268 页。

主义在中国的武装侵略。[①] 其民生主义思想主要是坚持了孙中山一贯的平均地权和节制资本的思想。孙中山逝世时，民族主义的目标主要是反对和取缔帝国主义在中国的不平等条约，反对帝国主义在中国的武装侵略，维护中国的领土及主权完整。民生主义的奋斗目标一直是发展新兴的产业，改善人民生活，防止出现西方社会自由资本主义时期那样的社会不公，其纲领主要是平均地权、节制资本、保护农工。孙中山逝世时，三民主义的民族主义和民生主义不仅奋斗目标及策略是清楚的，而且民族主义和民生主义的实现必须依赖于民权主义，没有实行民权主义的政府，民族主义及民生主义的实现就会受到限制。因此，后孙中山时代，三民主义实现的重心乃是民权主义，而民权主义的实现虽然已经有了权威的阶段性划分及大致的策略，但并无具体的行动路线图，而且由于孙中山晚年的政策转变导致了国民党内部的理论分歧和派系倾轧，以至民权主义到底怎样实现就变得扑朔迷离。胡汉民的训政理论就是为发挥和发展孙中山的训政思想，顺利实现三民主义宪政而进行的理论探索。

孙中山后的中国国民党一致主张实现三民主义的宪政，而且在三民主义宪政的实现程序上也大多主张要有一个训政的阶段，即当国民革命实现全国的政治统一后军政阶段就结束了，继之而起的是训政阶段。胡汉民的训政理论主张严格按照孙中山的宪政程序理论，进行以党治国的训政，尽国民党的责任，培养人民行使四大民权的能力，最终实现三民主义的宪政。南京国民政府建立后，胡汉民在巴黎和柏林两次致电国民党中央，并提交了《训政大纲草案》和《训政大纲提案说明书》，在国民党内正式提出了“以党治国”的具体训政方案。胡汉民认为，国民党训政是中国政治民主进程不可

---

① 参见陈红民:《“抗日反蒋”与“联日制蒋”——胡汉民与两广的“抗日”口号与实践(1932—1936)》,载《抗日战争研究》2002 年第 3 期。

缺少的一个阶段。他起草的《训政大纲提案说明书》指出:"诚以积数千年来专制之余,大多数人民于政治意识与经验两皆缺乏,骤欲畀之以政权,其势必至复为强暴所劫取。"①

1912年后,虽然有约法、有国会、有代议士,但是人民仍然无知,民治仅限于口头,真正的民主,必须从教育人民着手,使人民有能力进行县自治。不能自治的人,是断难施行政权,应用宪法的。胡汉民认为,"训政"就是以党治国,但是"以党治国"并不是"党政府",而仅仅是"党治的政府"。胡汉民所谓"以党治国",其含义是"以党义治国",而不是党员治国。全国民众既然在政治上还不成熟、很幼稚、还不觉悟,那么先知先觉的国民党就有责任担当民众的"政治保姆",暂时替民众行使政权,即暂时代替民众管理政府治权。"党,只是在政治上体现全国人民意思的合成人格;而不是在法律上表现全国人民意思的合成人格。"②"我们要明白一个国家的政府始终应该属于全体国民所有。"③"就党与政府之关系言,党必求其有完固之重心,政府必求其有适宜之组织。就权与能之关系言,党为训政之发动者,须有发动训政之全权。政府为训政之执行者,须有执行训政之全责。就党与政府二者在训政时期中与人民之关系言,则党之目的,在以政权逐步授诸全国之民众,政府之目的,在于逐步受国民全体直接之指挥与监督。此三者为训政时期建设制度上所必须周顾之根本原则,缺一不可为。"④

胡汉民的"训政"是以党训政,即主张国民党整体以主义承担训政责任,

① 胡汉民:《训政大纲提案说明书》,载《胡汉民先生文集》(第3册),中国国民党中央委员会党史委员会,1978年,第411页。

② 胡汉民:《党治的政府》,载《胡汉民先生文集》(第3册),中国国民党中央委员会党史委员会,1978年,第399页。

③ 胡汉民:《党治的政府》,载《胡汉民先生文集》(第3册),中国国民党中央委员会党史委员会,1978年,第399页。

④ 胡汉民:《训政大纲提案说明书》,载《胡汉民先生文集》(第3册),中国国民党中央委员会党史委员会,1978年,第412页。

反对任何窃党权而为军权或个人独裁的做法。他起草的《训政大纲草案》及《训政大纲草案说明书》为国民党训政提供了制度样本，突出强调了国民党中央政治会议的重要训政角色。尽管国民党在训政阶段负有重大责任，但这并不意味着国民政府变成了党政府，更不意味着国民党可以永久地垄断政权，而是意味着国民党要培育国民的政治参与能力，使国民普遍达到可以行使本该自己所有的政权的程度。

在国民还不能行使政权的时候，政权暂时由国民党全国代表大会来行使，国民党具体负责训政的机构是对国民党中央执行委员会负责的中央政治会议，它在训政时期起着举足轻重的重要作用。“政治会议，实际上总握训政时期一切根本方针之抉择权，为党与政府间政治会议本身隶属唯一之连锁。”①在国民党方面，“一切政治的思想及主张，自有其酝酿迴翔之余地，迨其成熟结晶为具体的政纲与政策，然后由政治会议之发动，正式输与于政府，措之于实施。在政府一方面，则凡所接受之政策与方案，皆有负责执行之义务……两方之权能分工，党国之体系有别，其间连锁之责任，亦复厘然有序，不致无可捉摸”②。中央政治会议负责讨论议决包括建国大计、施政方针、对内对外政策、政府各院委员、各部部长人选问题、军事大计、各政治分会决议之审查等。同时，中央政治会议又不是国民政府的上级机关，国民政府本身就是最高的治权机关。“政治会议，在发动政治根本方案上，对党负责，而非在党以外也。国民政府在执行政治方案上，对政治会议负责，但法理上，仍为国家最高机关，而非隶属政治会议之下也。”③

---

① 胡汉民：《训政大纲提案说明书》，载《胡汉民先生文集》（第3册），中国国民党中央委员会党史委员会，1978年，第413页。

② 胡汉民：《训政大纲提案说明书》，载《胡汉民先生文集》（第3册），中国国民党中央委员会党史委员会，1978年，第414页。

③ 胡汉民：《训政大纲提案说明书》，载《胡汉民先生文集》（第3册），中国国民党中央委员会党史委员会，1978年，第414页。

胡汉民在组织设计上把国民政府常务委员作为中央政治会议的当然成员，一方面固然是为了保证国民政府名义上的独立性，确保其作为最高治权机构的性质；另一方面也是为了将治权遇到的问题及问题处理需要的经验材料输入到实质的最高决策机构，以避免决策脱离实际。

胡汉民非常重视孙中山的五权宪法思想，不仅将五权分离作为三民主义宪政的重要条件，而且主张在训政时期就在最高治权机构国民政府中试行五院制。胡汉民认为，训政只是为宪政做准备的一个过渡时期，他主张国民政府在训政时要设立立法、行政、司法、监察、考试五个院，共同分享治权，五个院职能分立，国民政府立于其上，成为总枢纽，五院委员为当然政府委员，以政府常务委员五人，分任五个院的主席，合五院之组织，总称为国民政府。

训政时期的五院与宪政时期的五院不同。一方面，宪政时期的政府五院直接对国民大会负责，自主行使治权，而训政时期的治权协调则既受中央政治会议指导和影响，又在国民政府中以委员会制进行治权协调。另一方面，五院制在训政阶段仅仅是奠定宪政时期五权的基础，强调五院之间的职能协调，宪政时期的五权由五院分别行使，即实行五权分立。胡汉民说："因为现在并没有到宪政时期，人民还没有能够自治，还没有运用四权选举权、罢免权、创制权、复决权的能力，现在是以党来训政，先在训政时期做一个五权的准备而已；一定要等到将来宪政时期，才能完成五权分立的办法。"①训政时期所以要设立五院，目的就在于"树立一个五权宪法的初基，而其努力的方向，乃在分工发达五种之治权，使之逐渐底于宪政完成之境"②。

---

① 胡汉民：《党治的政府》，载《胡汉民先生文集》（第 3 册），中国国民党中央委员会党史委员会，1978 年，第 408 页。

② 胡汉民：《三民主义之立法精义与立法方针》，载《胡汉民先生文集》（第 4 册），中国国民党中央委员会党史委员会，1978 年，第 777 页。

胡汉民坚持国民党训政要按照孙中山的遗教，完全按照孙中山指示的路径走，换句话说，训政时期的根本大法就是孙中山的遗著和遗教，此外不需要制订任何约法。胡汉民针对蒋介石在国民党二届五中全会上提出的颁布训政时期约法的提法，于国民党第三次全国代表大会的开幕辞中提出了反对制订训政时期约法的观点，并企图以全国代表大会的决议来否定五中全会的决议。他强调："本党总章……规定着全国代表大会为全党的最高机关，整个党与整个中国革命，都要代表大会来领导与指挥"，"所谓训政，是以党来训政，是以国民党来训政"，"在训政时期中，国民大会的政权乃由本党的全国代表大会代行……政治上一切最高的原则与方针，无论是外交的、财政的、军事的、内政的、教育的，都有待于大会决定"。① 胡汉民进而指出，"总理给我们的遗教，关于党的，关于政的，已非常完全，而且事实上都已条理毕具"，"我们只要去奉行，只要摸着纲领，遵循着做，不要在总理所给的遗教之外，自己再有什么创作……在总理所定的主、政纲之下努力，全党意志……统一，行动统一"。② 国民党第三次全国代表大会发表的宣言几乎完全接受了胡汉民的观点，强调："本党之理论，本以总理之遗教为理论；党之意志，亦以总理之遗教为意志，不容丝毫假借。"③国民党第三次全国代表大会还通过了旨在反对制定训政时期约法的《根据总理教义编制过去一切党之法令规章以成一贯系统；确定总理主要遗教为训政时期中华民国最高根本法案》，明确否定了蒋介石主持召开的二届五中全会主张制订约法的决定。该法案规定："总理所著三民主义、五权宪法、建国方略、建国大纲及地方自治实行

① 荣孟源：《中国国民党历次代表大会及中央全会资料》（上），光明日报出版社，1985 年，第 654 页。

② 转引自杨天石：《"约法"之争与蒋介石软禁胡汉民事件》，载《中国社会科学》2000 年第 1 期。

③ 荣孟源：《中国国民党历次代表大会及中央全会资料》（上），光明日报出版社，1985 年第 654 页。

法,为训政时期中华民国最高之根本法。"[①]

胡汉民非常重视训政阶段的法制建设,他不赞成制订训政时期约法的主要原因有二:其一是孙中山的遗教、遗著已经具备了训政时期约法的性质,训政已经有法可依;其二是军权过重使已经制定的法律案不能有效实行,他很担心人们在对一般法律案的信任危机之后再发生约法的信任危机,导致国民党政权的整体性的合法性认同危机。胡汉民主张的三民主义立法原则,贯彻着社会本位、民族本位和国家本位的立法思想,反对单纯地主张权利,强调权利与义务的平衡。胡汉民认为生活中存在着两种力:一种是离心力,表现为自由太多;一种是向心力,表现为束缚力。只有两种力平衡,才能保持稳定与发展。"个人应将其自由,纳入团体之中,而求团体之自由。斯为保持自由的力量,与维持秩序的力量于平衡发展最适当之途径。"[②]"人在法律上有无人的资格权利和地位,完全以他是否有益于社会或有损于社会为判断……法律上所以要承认生命财产之安全,这完全由于为社会的安全,不是纯粹为个人的安全。"[③]"个人之无权任意处置其自己的生命财产或利益,犹之人体上的一指一臂不能任其本身的意志而处置其自己,何况一指一臂本身无独立之意志可言,更足以喻个人之于社会。"[④]胡汉民指出:"社会对于个人权利承认之条件,亦只可较量其对于社会所尽义务之程度,而认其相当权利,断无对于社会绝不须尽义务,而能有单纯的权利之存在也。"[⑤]

---

① 荣孟源:《中国国民党历次代表大会及中央全会资料》(上),光明日报出版社,1985 年第 654 页。

② 胡汉民:《社会生活之进化与三民主义的立法》,载《胡汉民先生文集》(第 4 册),光明日报出版社,1985 年,第 800 页。

③ 胡汉民:《三民主义之立法精义与立法方针》,载《胡汉民先生文集》(第 4 册),光明日报出版社,1985 年,第 777 ~ 788 页。

④ 胡汉民:《三民主义之立法精义与立法方针》,载《胡汉民先生文集》(第 4 册),光明日报出版社,1985 年,第 788 页。

⑤ 胡汉民:《社会生活之进化与三民主义的立法》,载《胡汉民先生文集》(第 4 册),光明日报出版社,1985 年,第 786 页。

胡汉民认为，法律的效用就在于调和社会矛盾，调和社会矛盾正是立法的新趋向。“（一）权利本位转移为义务本位；（二）所有权之不可侵，因共同之利益而加以制限；（三）契约自由之原则，因社会之福利而严其范围。”[①]“凡此数者，间或有因特殊政制之关系，稍异其趣外，殆成为一般立法之趋势矣。”[②]立法的方针是：“第一方针应谋社会之安定。第二方针应谋经济事业之保养与发展。第三方针应求社会各种实际利益之调节与平衡。”[③]胡汉民将社会秩序视为第一需要，强调首先着手制定与人们生活关系紧密的民法典、刑法、劳动法、土地法等。

胡汉民还将权能区分视为三民主义的立法原则。“权能区分”包括两层含义：一是“须以法律完善恰如机器的政府组织”，二是“须以法律厘定管理此机器的人民所宜用之管理方法”。胡汉民认为：“三民主义的立法，是要把整个国家里组织到如同机器一般，人民是要成为管理机器的技师，而政府就要成为一架机器，……宪法就是支配人事的大机器，……有了宪法，人民如何管理政府，政府如何执行职务，便都规定清楚，只要大家照法律行事，则国家就成整个活动的机器，可以替我们工作了。”[④]胡汉民自称是“真的为约法宪法而奋斗”的人，但当时“各项法律案还没有完备”“军权高于一切”[⑤]。他强调指出，“约法这件东西，寒不能为衣，饥不能为食，有而不能行，或行而枉之，只于人民有害”[⑥]，不同意制订有名无实的所谓约法。胡汉民强调宪法性约法的制订，必须以各项法律案的完备和政府依法行政克服军权过重为前

---

① 胡汉民：《社会生活之进化与三民主义的立法》，载《胡汉民先生文集》（第 4 册），光明日报出版社，1985 年，第 796 页。

② 胡汉民：《社会生活之进化与三民主义的立法》，载《胡汉民先生文集》（第 4 册），光明日报出版社，1985 年，第 796 页。

③ 胡汉民：《社会生活之进化与三民主义的立法》，载《胡汉民先生文集》（第 4 册），光明日报出版社，1985 年，第 801 ~ 802 页。

④ 参见罗家伦：《革命文献》（第 22 辑），中央文物供应社，1978 年。

⑤ 《胡汉民自传续编》，《近代史资料》1983 年第 2 期。

⑥ 《胡汉民自传续编》，《近代史资料》1983 年第 2 期。

提，主张从严制订一整套法律作为国民党训政的依据，务使国民党以法律作为训政准绳，实行“以法治国”，声称“三民主义的法律，乃是建造三民主义国家的唯一工具”，以确立人人对法律负责的法治。

四、蒋介石的“力行”三民主义

蒋介石作为后孙中山时代国民党政权的实际领导人，其固然主要依托军事及特务机构巩固其政治势力，但由于其长期比较牢固地掌握国民党军政大权，从而对党权产生了强大的影响，特别是进入抗战阶段后，蒋介石也开始注意在理论上借孙中山的三民主义大旗，表达自己的治国理念。从一定程度上说，蒋介石的理论水平远不如其玩弄权术的水平，但是即从开展了国民精神总动员、发表了《中国之命运》后，[①]蒋介石作为三民主义理论最高权威的角色开始在国民党内凸显出来。就实而论，蒋介石的三民主义是三民主义儒学化了的戴季陶主义与其军事阅历及旧道德观的混合物。蒋介石的三民主义主要是标榜其作为孙中山政治继承人的角色，但其思想实质与孙中山的三民主义相去甚远，更多地突出权威、秩序、纪律和笃行，一方面企图确立三民主义的道德基础，确立稳固的社会秩序；另一方面是将三民主义与中国传统实践理性相结合，提倡所谓力行的三民主义。[②] 蒋介石政治思想研究是一个难题，这主要是因为蒋介石主要是一个政治家，他的言论及做法在很多时候并不表达自己的思想，而是带有政治策略性质的表演或表现，以至于人们往往不容易准确选择代表其政治思想的典型材料。但是鉴于其在民国政治思想史及制度史上的重要影响，而且其思想也确有一以贯之的稳

① 参见江涛等：《抗战时期的蒋介石》，华文出版社，2005 年，第 191 ~ 198 页、321 ~ 324 页。

② 参见刘俐娜：《中国民国思想史》，人民出版社，1994 年，第 194 ~ 196 页。

定内容,本书不能不予以必要的介绍。

蒋介石,幼名瑞元,学名志清,后改名中正,字介石,浙江奉化人,生于光绪十三年,即 1887 年,卒于 1975 年。蒋介石念完家乡私塾先后入宁波箭金学堂、龙津中学念书,1907 年考入保定陆军速成学堂,次年赴日本留学,入东京振武学校学习军事,经同乡陈其美介绍加入同盟会,武昌起义后归国,参加沪、杭起义,任沪军第 5 团团长,捍卫共和革命。蒋介石于 1914 年加入孙中山组建的中华革命党,讨袁时曾任上海讨袁军第一路司令、中华革命军东北军参谋长等职。蒋介石于 1918 年应孙中山之召,赴广州参加护法运动,担任海陆军大元帅府参军、援闽粤军总司令部作战科主任。1922 年,陈炯明炮轰总统政府发动叛乱时,又应孙中山之召,从家乡赶到广州登"永丰"舰,护卫孙中山脱险抵沪,次年担任东路讨贼军参谋长、国民党本部军事委员、陆海军大元帅大本营参谋长、大本营行营参谋长等职,并率孙逸仙博士代表团出访苏联考察军事政治。孙中山改组中国国民党后,蒋介石受孙中山之命负责创办黄埔军校,任黄埔军校校长兼粤军总司令部参谋长。1925 年 7 月,广州国民政府成立,蒋介石担任军事委员会委员、国民革命军第一军军长等职,次年参加国民党"二大",被选为中央执行委员,不久又先后被任命为国民革命军军事总监和中央军事政治学校校长。

1928 年,国民党二届四中全会后,蒋介石任中国国民党中央执行委员会常务委员、军事委员会主席、中央政治会议主席、国民政府主席兼陆、海、空军总司令等职。九一八事变后,蒋介石坚持"攘外必先安内"的政策,继续进行剿共内战,扩大南京国民政府的有效管辖范围,致力于集中和强化政权和军权,约束镇压国内高涨的抗日风潮,激发了西安事变。七七事变后,蒋介石在庐山发表讲话,承认共产党的合法性,国共再次合作,实行全民族的抗战,抗战后期就转向多次制造反共军事摩擦,并于抗战结束后继续发动剿共战争,失败后溃退到台湾。蒋介石溃退到台湾后,鼓吹"反攻大陆""反共复国”,始终坚持一个中国的立场,反对台湾独立,后病逝于台北。①

蒋介石早年并没有如孙中山那样比较深入地了解过西方的民主思想,也没有如戴季陶、胡汉民等那样接触过形形色色的主义,因此蒋介石在思想上受民主思想和社会主义思潮的影响比较小,从而在政治思想上缺乏必要的世界性营养,最终导致他在政治思想上成为传统的俘虏。② 蒋介石总是企图从儒学中找出现代政治的支撑性理念,甚至在政治制度上极力恢复古代因素极重的制度,其中最典型的当属保甲制。根据蒋介石的自述,我们可以清楚地判明其政治思想主要来源于三方面,这就是传统儒学、军事训练和孙中山的三民主义,其中传统儒学的影响最大,次之为军事训练,而孙中山三民主义则在提供一些合法性资源的基础上主要发挥了使蒋介石的思想相对条理化的整合作用。尽管蒋介石屡屡申明自己作为孙中山三民主义思想继承人的角色,但蒋介石的三民主义其实不过是借孙中山三民主义的梁,换为自己的人治与军治之柱而已。蒋介石不仅没有在理论上描摹三民主义的宪政秩序,而且甚至在三民主义宪政实现以后仍企图继续自己的人治体系,主要依靠军人集团进行政治统治,且广泛地在国民中提倡军人式的道德,一度深度迷恋过德、意的法西斯主义,且终身对日本武士道称道有加。

---

① 参见何虎生:《蒋介石传》,华文出版社,2005 年。

② 蒋介石与袁世凯一样,都只是羡慕西方政治的秩序与效率,而且在某种程度上说,两人所维系的政权实质上都是军人政权,尽管他们都颁布过宪法,实行过所谓的宪政,但因为他们与中国传统政治文化的联系过于密切,在政治制度上都曾经恢复过古老中国的制度。蒋介石超越袁世凯的地方在于他企图从理论上继承原有的传统政治文化,提出了支撑秩序与效率的政治道德理念,企图从精神到制度,复兴中国传统的政治体系。但由于中国近代以来与西方的密切接触,袁世凯和蒋介石都不能完全恢复古代的政治,而多多少少要吸收西方的一些制度或文化,形成中西兼蓄、古今并存的政治体系,在容纳和吸收西方政治方面,蒋介石比袁世凯要略胜一筹。总结近代以来中国救国志士的政治思想,凡是没有真正接触过西方民主思想,没有切身体会过民主政治的,基本上都在中国传统政治文化内部打转转,难以形成真正的民主思想,更难以接受真正的民主政治,而只能假民主之名,行民本之实,而民本思想则必定伴随着不同程度的专制独裁思想。中国近代以来的民主不是民本的继续,而是民本在吸纳西方民主思想后的转换,吸纳西方民主思想不够,就不能进行比较充分地转换,而民本思想则必定伴随独裁专制,近代以来的军事或政治独裁基本上都在骨子里抵制西方民主思想,在民主思想的幌子下执行着民本的思想,树立领袖人格、提倡个人崇拜等。

蒋介石自南京国民政府建立起就积极宣传儒家问题及传统道德，在繁忙的剿共战争之余，还写了不少文章宣扬自己的政治哲学观点，影响比较大的有《自述研究革命哲学经过的阶段》《革命哲学的重要》《行的道理》及《中国之命运》等。蒋介石将其所谓革命哲学称之为“力行哲学”，在孙中山知行学说的基础上，主要阐述了革命道德的确立问题，而革命道德的核心在蒋介石看来就是从和行，很接近于日本的武士道。蒋介石指出，“革命不是随便冲动的事情，一定要有个革命哲学做基础”，而不能“见着讲唯物论的人，就跟着唯物论走，见着讲唯心论的人，就跟着唯心论走，那这种人，就不能成为革命家，而乃是最没用，最可耻的游移分子”，“革命党最要紧的一个问题，就是要有革命哲学的基础”。[①] 蒋介石认为，一个国家、一个民族的命运，是由这个国家的哲学、这个民族的民族精神决定的，日本之所以强大到称霸东亚，就是因为有武士道为立国的民族精神，而武士道强调的尚侠义、轻生死、忠君爱国，实质就是中国王阳明等推崇的“致良知”。国民党的革命哲学，即是中国复兴的国家哲学和民族精神，实质性要求也不过就是“致良知”。“我们要晓得，惟有致良知才可以复兴我们中国，惟有致良知才可以打败我们的敌人。”[②]蒋介石在建构“力行哲学”时尽量发掘儒学资源，主张恢复固有的伦理道德及修身方法，以恢复中国的民族精神。

1932 年，蒋介石在《革命哲学的重要》演讲中，把儒学的伦理道德和修身方法说成是中国的国魂和民族精神及民国立国的精神基础，其中《大学》与《中庸》两书更具有重要的理论价值，不仅几千年来的伦理哲学和政治哲学，都从《大学》的格物、致知、正心、诚意、修身、齐家、治国、平天下演绎而来，而

① 蒋介石：《自述研究革命哲学经过的阶段》，转引自许兴全、陈战难、宋一秀：《中国现代哲学史》，北京大学出版社，1992 年，第 469 页。

② 蒋介石：《研究中华民族致弱之由来及日本立国精神之所在》，转引自许兴全、陈战难、宋一秀：《中国现代哲学史》，北京大学出版社，1992 年，第 470 页。

且蕴涵着革命的全部道理和学问,不但是民国立国的基础,而且是做人的基础。蒋介石将中国哲学的核心定位为“仁爱”和“笃行”,既强调“仁爱是我们中国哲学的中心思想所在”,“我们中华民族几千年来立国之道完全在于‘仁爱’之‘仁’,也强调行‘仁’之‘诚’”,[①]“我们革命的原动力……分开来说,就是智、仁、勇三个字,合拢来说,就是一个‘诚’字”,“智、仁、勇三达德,是革命精神之所由发生,亦是革命事业之所由成就,而归结其原动力,则是《中庸》上所说的所以行之者一的‘诚’”,其晚年强调“此心有立,然后可以应天地万物之变”[②]。

蒋介石认为,恢复中国的民族精神和伦理道德是三民主义的核心内容。他一方面同戴季陶一样将孙中山三民主义的解释尽量地儒学化和道统化,强调“中山先生的思想,完全是中国的正统思想,就是继承尧舜以至孔孟而中绝的仁义道德的思想”[③],“总理的人格,政治上的道德,是继承中国固有的道统”[④]。另一方面,蒋介石又认为,孙中山三民主义学说的来源完全是中国的传统文化,甚至说三民主义就是中国传统伦理道德及政治文化的集大成,“三民主义是我们总理创造出来的,他集古今的大成,将中国固有的道德文化,最要紧的东西整理出来了,许多好的道德文化,都已由总理排定次序,整理之后的名字,便叫三民主义”[⑤]。蒋介石的这种概括当然不适用于孙中山的三民主义,但却很合乎他自己的三民主义,而这也就是蒋介石三民主义与

① 蒋介石:《哲学与教育对于青年的关系》,转引自姜林祥:《中国儒学史》(近代卷),广东教育出版社,1998 年,第 410 页。

② 蒋介石:《三民主义之体系及其实行程序》,转引自姜林祥:《中国儒学史》(近代卷),广东教育出版社,1998 年,第 410 页。

③ 蒋介石:《中国教育的思想问题》,转引自姜林祥:《中国儒学史》(近代卷),广东教育出版社,1998 年,第 411 页。

④ 蒋介石:《军人的精神教育》,转引自姜林祥:《中国儒学史》(近代卷),广东教育出版社,1998 年,第 411 页。

⑤ 蒋介石:《军人的精神教育》,转引自姜林祥:《中国儒学史》(近代卷),广东教育出版社,1998 年,第 411 页。

孙中山三民主义的根本不同点，蒋介石的三民主义既没有民生，也没有民权，而只有固有道德文化及道统的恢复。

蒋介石急于想要回答的是中国复兴所需要的民族精神到底是什么，或者说他急于为他提倡的理论道德及修身方法提供三民主义的合法性。在蒋介石看来，中国固有的民族性、中国从来立国的精神及现在的急需，就是三民主义，而三民主义在伦理和政治方面讲，就是以"忠孝仁爱信义和平"作基础，在方法论上，就是知难行易的革命哲学，并且申言"现在我们要恢复的民族精神，要中国的国家民族复兴，就要先恢复中国固有的忠孝仁爱信义和平的民族道德"①。这样，蒋介石就将三民主义建设的紧急事务变成了恢复固有忠孝仁爱信义和平的民族精神的心理建设。蒋介石通过倡导和解释孙中山的"知难行易"理论，积极进行心理建设，着意确立忠孝仁爱信义和平的道德意识，确立领袖对民众的绝对权威，实际上是将信仰、服从和崇拜领袖作为民国国民道德的实质，并以此道德为民国立国的精神基础。蒋介石借孙中山的口说："良知是我们大家所固有的，故不必另外再去求知，若说要求学问的知识完全，就要用许多时间，更是不易，求'知'既是不'易'，即是很'难'，后知后觉，以及不知不觉的人们，只是跟着先知先觉的人们去行，就可以节省时间，完成革命，因为跟着去'行'是很容易的。"②

蒋介石的政治思想没有突出的民权色泽，而比较突出国权的重要性，并通过强调国权而顺势强调了领袖及主义的垄断性，在国民党众所认同的一个政党和一个主义的基础上，尤其突出了一个领袖的角色垄断，甚至要求全国民众服从领袖，而不是国民党和三民主义，国民党和三民主义的垄断皆需

---

① 蒋介石：《革命哲学的重要》，转引自姜林祥：《中国儒学史》（近代卷），广东教育出版社，1998 年，第 411 页。

② 蒋介石：《自述研究革命哲学经过的阶段》，转引自姜林祥：《中国儒学史》（近代卷），广东教育出版社，1998 年，第 412 页。

要以领袖的垄断性和权威性为载体，为此蒋介石还曾迷恋并公开吹捧过德、意等国的法西斯主义。蒋介石在1931年召开的“国民会议”开幕词中指出：“法西斯蒂之政治理论、本超象主义之精神，依国家机体学说为依据。以工团组织为运用，认定国家为至高无上之实体，国家得要求国民任何之牺牲，为民族生命之绵延，非以目前福利为准则，统治权乃与社会并存而无先后，操之者即系进化阶段中，统治最有效能者。”①

> 法西斯主义的一个最重要的观点是绝对信任一个贤明和有能力的领袖，除了完全信任一个人外，这里没有其他领袖和主义。因此，在组织内，尽管有干部、立法委员和行政官员，但在他们中间却没有冲突；这里有的仅是对一个领袖的信任。领袖对一切事物有最终决定权……现在我们中国没有这样的一个领袖，我相信，除非每个人绝对信仰一个人，我们不能重建国家，也不能完成革命……因此，领袖将自然地成为一个伟大的人并具有一个革命者的精神，这样他就能成为所有党员仿效的典范。进一步说，每个党员必须奉献自己的一切，直接为了领袖和团体而行动，间接地服务于社会、民族和革命。②

蒋介石也如法西斯那样提倡一个主义，他指出：“在民国元年的时候，有所谓共和党，有所谓进步党……各种的政党派别都起来了！起来之后，是怎样一个结果呢？就是真正的革命党从前成功中国革命的同盟会，被他们推翻了，而产生一个做皇帝的袁世凯。所以现在国家没有巩固，三民主义没有实现以前，如果允许各种主义，各种党派，在国里面活动，我们真正革命党国

---

① 蒋介石：《国民会议开幕词》，转引自姜林祥：《中国儒学史》（近代卷），广东教育出版社，1998年，第413页。

② 转引自冯玉祥：《我所认识的蒋介石》，黑龙江人民出版社，1980年，第163、164页。

民党就一定要失败!"[1]"现在革命要真正的成功,要三民主义真正的实现,我们只有承认中国国民党为领导中国革命唯一的革命党,不能让第二个主义,如共产主义无政府主义出来,也不能让第三第四个主义和国家主义派出来捣乱,来攻击革命的国民党,消灭国民革命军。"[2]

在只允许一个主义存在的情况下,蒋介石又推出了具有个人崇拜性质的"信仰领袖论",希望全体国民、全体国民党员和国民党掌握的军队都来信仰"领袖"。蒋介石在庐山训育军官团时,详细地阐述了为什么要把传统忠君理解为忠于现代国家领袖。

> 总理为我们讲明大学一书的价值,……才知道大学里所讲的天子,不一定是指皇帝而言,而大学的道理,更不是忠君的滥调。大家知道,无论专制国家、民主国家,都必须有一个元首或领袖,古代帝制国家称为帝王或天子,现在民主国家便称为总统或主席,名义虽然不同,而其代表国家的首领则一。所以大学所称的"天子",我们可以广义解作国家元首。任何政治制度的国家,都有统率群伦的元首或领袖,我们不能因为帝制推翻了,便否定一切文字,就以为都不足取……总之,本书所谓"天子",绝不是专指帝王而言,我们还是把他解作国家元首或领袖为妥。[3]

蒋介石进一步说:"我们党员要牺牲个人的自由、平等,……就是党员要有服从性,不能有一点自由、平等,而且下级要服从上级,区分部服从区党

---

① 转引自庹平:《蒋介石研究:解读蒋介石的政治理念》,团结出版社,2001 年,第 278 ~ 279 页。
② 转引自庹平:《蒋介石研究:解读蒋介石的政治理念》,团结出版社,2001 年,第 277 页。
③ 转引自庹平:《蒋介石研究:解读蒋介石的政治理念》,团结出版社,2001 年,第 297 页。

部,区党部服从县党部,县党部服从省党部,省党部服从中央党部。”①

蒋介石甚至把服从和信仰三民主义提升到人所以为人的高度来强调,他强调,“没有一个人能够离开三民主义,若是离开了三民主义,这个人不独不能救人,而且不能自救!……如果要做一个人,而不懂得三民主义,那就枉生在世界上了”,“现在这时代,是一个党的时代,是一个三民主义的时代,如果我们在这个时代,离开了党和三民主义,再讲团体派别,那就是自取灭亡”②,“我们要做一个三民主义的信徒,为三民主义而死”③。蒋介石强调:“革命团体的一切,都要集中于领袖;党员的精神,党员的信仰要集中,党员权力以及党员的责任,也要集中,党员所有的一切都要交给党,交给领袖,领袖对于党的一切、党员的一切也要一肩负起来!所以每个党员的精神和生命,完全是与领袖须臾不可分离的。”④

蒋介石的训政观点与胡汉民强调党的影响不同,主张强化领袖的作用,他在理论上千方百计地造成以党治国就是以领袖治国,在客观上造成一种以领袖意志为国家意志的局面。蒋介石千方百计地塑造忠于领袖就是忠于国家的普遍意识,企图在训政阶段确立自己在国家中至高无上的人格化权威。蒋介石的训政观点,在某种程度上就是确立忠于领袖的道德体系和建立以领袖为政治核心的秩序体系。为此,蒋介石在理论和实践上都进行了不懈的努力。蒋介石在训政阶段的理论建设主要就是确立领袖信仰的合理性,为此而进行的努力主要归结为以服从和牺牲为核心内容的道德或心理建设,其中最主要的建设活动就是“新生活运动”。

---

① 转引自庹平:《蒋介石研究:解读蒋介石的政治理念》,团结出版社,2001 年,第 302 页。

② 蒋介石:《为什么要有党》,载《中国现代政治思想史资料选辑:上册》,四川人民出版社,1983 年,第 562 页。

③ 《蒋总统集》(第 1 册),“国防研究院”,中华大典编印会,1968 年,第 706 页。

④ 《蒋总统集》(第 1 册),“国防研究院”,中华大典编印会,1968 年,第 722 页。

> 现在,提倡的新生活运动是什么呢?简单说,就是整个社会,全体人民生活的全面军事化,以便使他们能够磨炼勇气和敏捷,增强对艰巨工作和痛苦的忍耐力,特别是养成他们联合行动的习惯和能力,以便他们将来在任何时候为民族而牺牲。……所有的组织、思想和行动必须军事化……在家里、工厂里,以及政府机关里,每个人的行动都必须像在军队里一样……换句话说,就是要服从、牺牲、严格、整洁、准确、勤奋、保密……并且每一个人都必须坚定而英勇地为自己的群体和国家献身。①

"新生活运动"强调服从、秩序、等级和牺牲等道德内容的建设,并将这种道德与传统儒家道德理论结合起来。掀起新生活运动,进行国民精神总动员等,其理论目的只有一个,就是确立党国领袖体制,树立领袖的崇高形象及地位。蒋介石的训政观点,主要是一种以信任和服从领袖为基本内容的心理建设或道德建设,企图使社会如同军人信任和服从长官一样信任和服从革命领袖,将国家权威转化为人格化的领袖权威。陈诚就曾明确指出说:

> 现在领袖已是国家的代言人,他的意志就是整个国家的意志,他的言论就是全体国民所一致要求的言论,甚至领袖之喜怒哀乐,亦莫不以国家的休戚祸福为其喜怒哀乐的表现,所以我们服从领袖,就是服从国家,信仰领袖就是信仰国家。②

---

① 转引自何虎生:《蒋介石传》(上),华文出版社,2005 年,第 301 页。

② 陈诚:《服从能够领袖的真谛》,转引自秦英君:《论蒋介石的"训政"思想》,载《史学月刊》1988 年第 4 期。

蒋介石把地方自治看成是仁政。"中国古代无论地方与个人的自治力，本来是很发达的，人民守望相助的习惯很普遍，地方自治的组织规律很严明，对于个人的自治工夫尤为注重。"[①]"我们是以礼治为法治的纲维，以社会组织为政治组织的基础。……一切都有组织、有训练……最重礼义、守秩序。所有的国民，都不能规避责任和义务，不仅是法律的，而且是道德的。"[②]蒋介石地方自治的内容十分庞杂，涉及社会生活各个方面，甚至包括人们的衣食住行等生活细节。蒋介石把地方自治归纳为"散打运动"，即"新生活运动、国民经济建设运动、国民精神总动员"，中心工作就是"管教养卫"。

所谓"管"就是"凡在我们辖区以内一切人、地、事、物，都要人们来管理"，"管理之终极手段则为'统制'"，"所谓统制者……是对于管区内某种某多种事业与物品，无论官营民营，皆须在主管人员统筹监督之下，预计其一定的功用与相互关系，从而斟酌损益，统盘筹划，善为调剂"。[③]

所谓"教"，其主要内容是"国民精神总动员"的中心内容——"礼义廉耻"。"'礼'是规规矩矩的态度——守规矩之行为的表现；'义'是正正当当的行为——合于自然定律、社会规律、与国家纪律者；'廉'是清清白白的辨别——合礼义为是，反礼义为非，知其是而取之，知其非而舍之；'耻'是切切实实的觉悟——知有羞恶之心。"[④]

所谓"养"，主要是"允许私有财产制度，包括土地所有权的合理存

① 转引自周玉玲：《剖析蒋介石地方自治思想》，载《内蒙古民族大学学报》（社会科学版）2001年第11期。

② 转引自周玉玲：《剖析蒋介石地方自治思想》，载《内蒙古民族大学学报》（社会科学版）2001年第11期。

③ 转引自周玉玲：《剖析蒋介石地方自治思想》，载《内蒙古民族大学学报》（社会科学版）2001年第11期。

④ 转引自周玉玲：《剖析蒋介石地方自治思想》，载《内蒙古民族大学学报》（社会科学版）2001年第11期。

在”[①]。所谓“卫”,主要内容是通过训练壮丁、民团,靖地方治安,核心是保甲制度。“就保甲制度而言,管子以治齐,商君以强秦……而王阳明之剿匪江西,即赖厉行‘十家牌法’以奏肃清之功。此其立制之精,运用之善,信可准之百代而不贰。”[②]

通过“管教养卫”的地方自治,蒋介石企图达到社会组织的全面军事化,以便整个社会都能信任和服从领袖。“军队组织就是人类一切组织的最高范型,而一切社会的组织,也可以说都渊源于军队……我们现在所行的保甲制度,那更是社会组织完全军事化了我们所谓组织要军事化,就是要求其……如军队组织一样,使凡统属于这个组织里面的人、事、物及时间、空间的支配和利用,都要有组织,有管理,有整个一贯的系统,能够尽量发挥他的能力和功效,现在我们一切机关,要遵守纵的一贯系统,确保横的密切联系,就是军事化;我们一切行动要有指挥、命令和服从,也就是军事化。”[③]

蒋介石的政治思想在训政、宪政及动员戡乱时期,基本没有发生重大变化,整体上缺少现代民主主义的思想。但值得注意的是,蒋介石同大多数近现代中国志士仁人一样,具有比较强烈的民族主义情绪,坚持一个中国的政治立场,坚决打击台独分裂势力。

五、阎锡山的“中道”三民主义

阎锡山作为割据地方三十八年的地方军阀,在民国的军阀群体中是独

---

① 转引自周玉玲:《剖析蒋介石地方自治思想》,载《内蒙古民族大学学报》(社会科学版)2001年第11期。

② 转引自周玉玲:《剖析蒋介石地方自治思想》,载《内蒙古民族大学学报》(社会科学版)2001年第11期。

③ 转引自周玉玲:《剖析蒋介石地方自治思想》,载《内蒙古民族大学学报》(社会科学版)2001年第11期。

一无二的。之所以如此,固然有其善于周旋的政治谋略方面的因素,但其统治思想的一以贯之和与时俱进才可能是其中具有决定性的因素。阎锡山的思想既与孙中山、蒋介石等同源,又有自己独到的特征,而且在治国方略上也多大同小异。阎锡山的治国思想一以贯之,从 1912 年到 1949 年,其治国理政的指导思想与方略政策等基本保持不变。阎锡山的思想能够在形式上与时俱进,逐渐将自己的思想纳入三民主义话语体系,不仅赢得了国内更多人的支持与肯定,而且也获得了国民党时代执政指导思想方面的合法性依据。与此同时,阎锡山还表明了其思想与孙中山思想的继承关系,在表明了自己的思想合乎三民主义的同时,还表明了自己独到的思想特色,甚至表明了自己对三民主义思想的发展。

鉴于阎锡山与孙中山及其嫡系继承人在理论资源及政治倾向上比较接近,因此阎锡山将自己的思想纳入三民主义体系,既是对自己思想的理论提升,也是对三民主义体系的丰富。但由于其与孙中山等并无政治上的继承与被继承关系,即使在思想上也并没有像孙中山的嫡系继承人那样对孙中山的理论唯唯诺诺,从而在正统的三民主义者看来,特别是蒋介石系的三民主义者看来,只能是政治和思想上的盟友,而不是有共同信仰的同志。阎锡山的思想的理论和实践价值不容忽视,但在整个国民党理论系统中始终处于边缘,从而我们可以把阎锡山的思想作为一个解决中国问题的思想标本加以剖析。[①]

阎锡山,字百川(伯川),号龙池,生于清光绪九年,即 1883 年,山西五台河边村(今定襄县河边镇)人,九岁入私塾,1902 年,考入山西武备学堂,两年后被保送到日本留学,先后入东京振武学校和日本陆军士官学校。阎锡山

① 阎锡山不同于一般地方军阀,他具有明确的政治思想,而且在村政实践上做出了不同于国民党中央的政治实践,今天仍然具有一定的借鉴意义,他在理论上虽驳杂无统,但仍然企图从理论上让中国融入世界。

于1905年加入同盟会,登上政治舞台。阎锡山毕业回国后,任山西陆军小学堂教官、监督,奉召赴京参加陆军部举办的留日归国士官生会试,考列上等(分优、上、中三等),获得陆军步兵科举人,被授予协军校(相当少尉)军衔,几个月后升任山西新军第四十三协第八十六标教练官与标统。同时,阎锡山伙同其他同盟会员秘密进行革命活动,把山西新军的领导权基本上掌握在同盟会员和革命同情者的手中。辛亥武昌起义后,阎锡山等公推管带姚以价为起义军总司令,起义军攻入城内,杀死山西巡抚陆钟琦,成立军政府,公推阎锡山为都督。此后,阎锡山周旋于各种政治势力之间,始终保持对山西地方政权的实质控制,并从周旋的过程中总结出"中"的政治哲学。阎锡山随国民党退到台湾后,定居于台北市金山之麓,从事理论著述,先后写了二十多本小册子,其最主要的代表作就是《大同之路》,1960年5月23日,病逝于台北,终年七十七岁,其言论汇编成册的主要有《阎伯川先生言论辑要》《阎伯川先生抗战复兴言论集》等。[①]

阎锡山的政治思想立足于地方割据,奉行"三不二要主义","不入党、不问外省事、不为个人权利用兵,要服从中央命令、要保卫地方治安","保境安民","与邻省联络,使能不为我患,或竟邻疆乐与合作,进而为我用,代我御侮"。[②] 阎锡山的政治思想主要有三个不同层次的内容,集中表现于四个阶段:第一个阶段以推行"六政三事"的地方自治为主要内容,集中表现了阎锡山的地方治理思想;第二个阶段以反思和提炼"中"的哲学为主要内容,集中体现了阎锡山的政治哲学思想;第三个阶段以"反共"为核心内容,突出了阎锡山的政治理想国;第四个阶段就是摆脱了地方利益的纠缠,达到了全面反思和总结的阶段。

---

① 参见李茂盛等:《阎锡山全传》(上下),当代中国出版社,1997年;李茂盛:《阎锡山晚年》,安徽人民出版社,1995年。

② 李茂盛等:《阎锡山全传》(上),当代中国出版社,1997年,第282页。

1917年,阎锡山牢固地掌握了山西军政大权后,着手整顿地方政治、经济和军事,制定和执行了一系列带有地方自治性质的政策措施,奉行用民政治和村本政治,积极改善山西的社会经济境况。阎锡山认为:“民德、民智、民财三者,皆用民政治之实质也。民无德则为顽民,其弊则野蛮不化;民无智则为愚民,其弊则椎鲁劣钝;民无财则为贫民,其弊则救死不赡。……民德所应注意者,为信、实、进取、爱群;民智所应注意者,国民教育、职业教育、人才教育、社会教育各项;民财所应注意者,为农、工、商、矿四项。”[①]

阎锡山用民政治的主要表现之一是“六政三事”。“六政三事”,就是水利、蚕桑、植树与禁烟、天足、剪发六政和种棉、造林、畜牧等三事。阎锡山对“六政三事”做了许多可操作性强的规定,积极推动“六政三事”的实践。比如关于水利,他说:“凡有河流者逐渐疏凿,其有渠可凿而力不足者,由公款补助之。……今复定水利贷款之条,以善其后。当六政考核处成立之初,即制定渠道表式,委实察员携往各县,会同知事依式填列。翌年,取其所报,令实察员,一一复勘,误者更,遗者补。”[②]关于蚕桑,他规定,“欲养蚕,必先栽桑”,前曾自捐薪,于全省南北中三区,各建一万株桑园,以为提倡。[③]

阎锡山认真抓了根除封建陋俗、移风易俗的三事,表示洋烟对人的毒害太大,不戒不足以振民气,就是冒再大的风险也要戒了它;组织了专门的督查机构,组织起“剪刀队”,见辫子就剪,不得有例外,派人到农村中挨家挨户检查,凡不放足的妇女,要罚款,放足则“每人发给两毛钱,扯上三尺土布,够做一双袜子”[④]。阎锡山进一步推出了村政建设的计划,设计了“用民政治”的“行政网”。他认为:“大凡世界各国,其行政网愈密者,其政治愈良好、愈

---

① 李茂盛等:《阎锡山全传》(上),当代中国出版社,1997年,第238页。

② 转引雒春普:《阎锡山传》,山西人民出版社,2004年,第138页。

③ 转引雒春普:《阎锡山传》,山西人民出版社,2004年,第138页。

④ 转引王振华:《阎锡山传》(上),团结出版社,1998年,第153页。

进步。”[①]“鄙人现在亟亟于编村制，意欲由行政网不漏一村入手，一村不能漏然后再做到不漏一家一人，网能密到此处，方有政治可言。”[②]“村者，人民聚集之所也，为政不达诸村，则政乃粉饰，自治不达于村，则治无根蒂；舍村而言政治，终非彻底之论也。”[③]

阎锡山的“村本政治”，就是建立以村为单位的行政网络，强化以村为单位的行政组织作用，一方面进行有效的统治，另一方面将政治放在民间，训练村民自治自理的能力。阎锡山将山西全省分为十二个区，每区下辖八九个县，以县为单位，按距离的远近、人口的多少划分为若干段，段下设村，村中以二十五户为闾，闾下以五户为邻，分设村、闾、邻长，而以村长代行警察职能，以村为单位，实现自治自理，颁布《人民须知》与《家庭须知》，规范百姓行为，颁布《村禁约》，设立村公所、监察会、村民会议等机构，教育和处罚偷盗、斗殴、游手好闲不务正业，忤逆不孝及贩毒吸毒、聚赌窝娼等不良行为；组织保卫团，维持治安并对青壮年进行军事训练；组织息讼会以调解民众之间的纠纷等。阎锡山的“村本政治”还包含了“村公道”和“村仁化”的意识形态内容，提出“公道是村政治的精神，仁化是村政治的骨子”。这方面的工作主要是用军国民教育濡染后的传统道德和部分现代道德做说服教育工作，普遍施行“洗心术”。阎锡山指出，救国须先救人心，而救人心就是唤醒人心，教人以善，洗去私心，充实以公道。

中原大战后，阎锡山根据儒家的中庸之道，将自己多年的地方从政经验总结为“中”的哲学，强调适中求对，不偏不倚。阎锡山认为：“中为不偏之意，不只不偏于恶，且不偏于善。”[④]“中”为宇宙本体，宇宙本体为“宇宙万象

---

① 邢振基：《山西村政纲要》（总述），1929 年，第 7 页。

② 邢振基：《山西村政纲要》（总述），1929 年，第 7 页。

③ 转引山西政处校印：《山西村政汇编 · 序言》，太原，1928 年。

④ 转引自马小芳：《论阎锡山的“中”的哲学思想在抗战时期的体现》，载《唐都学刊》2003 年第 2 期。

之母,万象皆由本体而来,且万象均是得‘中’则成,失‘中’则毁,反证宇宙本体为‘中’,故‘中’是天道,亦是人道”[①]。“中”是“不偏,不过,不不及”,“不偏是个部位的定点,不过,不不及,是个程度的定点,处理一切的人事,能不偏,不过,不不及,人类即有幸福而无祸害,人生即能得到美善”。[②]“中”负责任,做好事,能负起责任,做好事情的,即谓之“执中”。世间的“事理”区分为“母理”和“子理”,“‘母理’是‘超时空’的、永恒不变的,能够‘创造理论’‘改造环境’;‘子理’则只能顺从环境,是随时随地而变的。但‘子理’之变是为合乎‘母理’而变的”。阎锡山认为,永恒不变的“母理”决定“事之该不该”,而随时随地可变的“子理”则“衡事之能不能”。“世上无论何事,均只有一个恰好处,此恰好处,即是中。”“若一旦舍偏而取中,去万而存一,则趋向既正,操纵由我。”阎锡山认为,“中”与“对”在具体事物上的表现,就是一内一外。“中是理的极则,对是事的极则;中为体对为用。”[③]“中”就是“不偏、不过,不及”,“对”就是“因果相称,主客观相符”。每件事的“中”只有一个,“不中”则有无限之多,每件事的“对”也只有一个,“不对”则有无限之多。阎锡山做事抱着“适中”的标准,以“俱利”为目标,在“时间上不碍将来,空间上不碍其他”,“使事物的矛盾性统一而不矛盾”。

阎锡山认为凡政治、经济各项措施与制度,“得中则治,失中则乱”,资本主义与共产主义都不持合他的“中”。他“合乎中道”的政治、经济措施与制度将以“全民资本的生产制度”为蓝本,实行所谓按劳分配。阎锡山主张废除金银本位的货币,实行物本位的物产证券货币制度,提倡按劳分配与劳资合一。阎锡山所谓“按劳分配”,是“生产资本公有、资由公给,劳动者所生之

---

① 转引自马小芳:《论阎锡山的“中”的哲学思想在抗战时期的体现》,载《唐都学刊》2003 年第 2 期。

② 转引自马小芳:《论阎锡山的“中”的哲学思想在抗战时期的体现》,载《唐都学刊》2003 年第 2 期。

③ 转引自韩玲梅:《阎锡山实用政治理念与村治思想研究》,人民出版社,2006 年,第 47 页。

物产归劳动者享有,作为自己及其应养育亲属之生活、与保护、进化、互助上负担之用。能劳动之人,须人人劳动。能力大的,知识大的多做,多享有;能力小的,知识小的少做,少享有;巧的巧做,照巧享有;笨的笨做,照笨享有。各就劳动能力生产,各就劳动结果享有;各个人之劳动能力不同,其劳动结果亦不同,享有美劣多少亦异"[①]。阎锡山所谓"劳资合一",就是有生产资本之人、与劳动之人,相合为一,农为自种之小农,工商为自本自营之小工商,……田与资本,皆归私有,无资本家与劳动者之区别;大工商业及大农场分别由国、省、县、区、村公办之,在公办农工商之下劳动者,即是田由公授,资由公给,完全同与"按劳分配"。[②] 阎锡山说,"按劳分配"有三大利:使劳动与享有相当,分配"合乎公道",以其享有,励其劳动,劳动"合乎人情","适于生产";劳动与享有一致,以其享有上之所好,励其劳动上之所恶,足以励进化;终老长幼之责,能付之直系亲属,老易得其终,幼易得其长。[③]

阎锡山为贯彻"中"的政治哲学,提出了一系列政治理想国性质的社会政治经济举措,具有比较浓郁的儒学色泽,其中最主要的就是以公道主义抗衡共产主义,防共反共。阎锡山的"公道主义"思想大体包含以下六层意思:

其一,"公道即中也,也即是事之恰好处。凡事皆有个恰好处,也只有一个恰好处"[④]。其二,"公道自在人心"[⑤],"处事得当,必须合乎本事之公道,公道如秤,想办事不错,须用秤称量;如一斤称一斤,半斤称半斤、人人满意,公道自在人心,以吾心之所愿欲者施之于人,自能得人心之所同然,以自己心中之公道处置事务,则凡圆颅方趾,与我皆同,合乎我之心理者,必合乎彼

---

① 李茂盛等:《阎锡山全传》(上),当代中国出版社,1997 年,第 523 页。

② 李茂盛等:《阎锡山全传》(上),当代中国出版社,1997 年,第 523 页。

③ 李茂盛等:《阎锡山全传》(上),当代中国出版社,1997 年,第 523 页。

④ 《阎伯川先生言论辑要》(六),转引自李茂盛等:《阎锡山全传》(上),当代中国出版社,1997 年,第 611 ~612 页。

⑤ 《阎伯川先生言论辑要》(六),转引自李茂盛等:《阎锡山全传》(上),当代中国出版社,1997 年,第 612 页。

之心理矣"[①]。其三,阎锡山认为公道主义还是民主的基础,"我国国体变更太速,人民程度有所未逮……想得救药此病,达到真真民主共和的地步,非由教育着手不可……把小学生都能变成为自动的公道及爱群人,我们的民主精神就有希望了。……我说一国人民能有自动的公道爱人精神,一国可成个真真民主共和,一县人民能有自动的公道爱人精神,一县可成个真真民主共和"[②]。其四,阎锡山主张为民主持公道就是民主,"中国今日可算是民主国家,如不能替民主持公道和爱群,就是假民主"[③]。其五,公道是济世良方,主张公道就是要扫除世间不平,"以爱心救人……人间的种种不平之事,皆源于没有公道,因此需要以主持公道之人出来进行调理","强凌弱,众暴寡,富欺贫、智诈愚,社会之不平也,赖公道以平之。老无养,幼无抚,鳏寡残废无救恤,社会之缺陷也,赖公道以补之,贪官贪,污吏污,劣绅土棍害良民,人群之四官也,尤赖公道以除之"[④]。其六,阎锡山认为,主张公道是士人(读书人)的责任……士人必须"踢破三千年以来被传子所蹂躏之臭官场气味、恢复读书人本来面目,本'父母其心公仆其身'八个字,实行推爱与主张公道也"[⑤]。

阎锡山的公道主义既是土洋结合偏重于土的治国理念,也是针对共产党的主义而采取的以主义对主义的防共的意识形态。阎锡山说:"共党号称有主义、有组织,其目的在推翻现社会,他们的组织很严密,所以与官军对抗

① 《阎伯川先生言论辑要》(六),转引自李茂盛等:《阎锡山全传》(上),当代中国出版社,1997年,第612页。

② 《阎伯川先生言论辑要》(五),转引自李茂盛等:《阎锡山全传》(上),当代中国出版社,1997年,第612页。

③ 《阎伯川先生言论辑要》(五),转引自李茂盛等:《阎锡山全传》(上),当代中国出版社,1997年,第613页。

④ 《阎伯川先生言论辑要》(六),转引自李茂盛等:《阎锡山全传》(上),当代中国出版社,1997年,第613页。

⑤ 《阎伯川先生言论辑要》(六),转引自李茂盛等:《阎锡山全传》(上),当代中国出版社,1997年,第613页。

时十分顽强,我们要剿除共党,不能和剿除流寇一样……我们也要有主义,我们的主义是‘公道主义’……我们也要有组织,我们的组织是好人团。”①“好人团”即“主张公道团”,是公道主义的组织体现。阎锡山为“主张公道团”制定的宗旨是“组织民众,训练民众,团结好人、制裁坏人,辅助行政,保乡卫国”,特别告谕公道团员不忘防共,“共产主义不公道,今天我教你们组织主张公道团,就是教你们拿出力量制裁坏人,消除社会不平,建立社会公道,消灭共祸”②。

阎锡山随国民党败退台湾后,交卸“行政院长”,经历了十年反省、思考和著述,其中最主要的政治著作有《大同之路》《中国政治文化与人生》《世界大同》和《三百年的中国》等。阎锡山所著《大同之路》系统阐述了他的大同政治理想。阎锡山说:“大是世界,同是一致,大同就是世界一致。”“去国与国的矛盾使之大,去人与人的矛盾使之同。”③“使国与国关系上得到安和,人与人生活上得到互助,共享大同的幸福。”④“在大同主义之下,无矛盾,无斗争,国与国,生存发展,得到平等;人与人间,信睦互助,利害一致。”⑤“大同的景象,不是单纯的求政治上得到真正的民主,尤须身份上去阶级的不平,在生产上去剥削的不平,国际上去国与国的不平。”⑥“必须尽除这种种下平,成为‘四海一家’,无区域大小强弱众寡之分……无种族贫富智愚之别,视人皆为同胞; 一切制度,皆公平而合理,一切施为,皆成己而成人;强不庚弱,众不暴寡,富不欺贫,智不诈愚,方能实现大同。”⑦

---

① 山西省政协文史资料研究委员会编:《阎锡山统治山西史实》,山西人民出版社,1984 年,第 184 页。

② 王生甫:《牺盟会史》,山西人民出版社,1987 年,第 259 页。

③ 阎锡山:《大同之路》,转引自李茂盛:《阎锡山晚年》,安徽人民出版社,1995 年,第 230 页。

④ 阎锡山:《大同之路》,转引自李茂盛:《阎锡山晚年》,安徽人民出版社,1995 年,第 230 页。

⑤ 阎锡山:《大同之路》,转引自李茂盛:《阎锡山晚年》,安徽人民出版社,1995 年,第 230 页。

⑥ 阎锡山:《大同之路》,转引自李茂盛:《阎锡山晚年》,安徽人民出版社,1995 年,第 230 页。

⑦ 阎锡山:《大同之路》,转引自李茂盛:《阎锡山晚年》,安徽人民出版社,1995 年,第 230 页。

阎锡山认为他的“大同主义”，必须具备四项原则，即“发展人类公道爱人互助互爱的‘种能’，正确人类的希求：满足人类的生活；圆满人类的结果”①。大同主义要达到三个目标，即“身份平等与劳动平等，政治民主与经济民主，精神互助与物质互助”②。“大同主义”要完成四项任务，“去劳动的剥削，使人的劳动得到公平，享受得到合理；去生产的枷锁，使生产得到发展，做到生产无限量，消费得美满；去产物滞销的恐慌，消除国与国的经济侵略，使国际关系得到正常；去国与国的矛盾，取消战争的因素，使人类得到安和”③。阎锡山认为，大同主义的政治是“直接的民主政治”，“至善的民主政治”，“以人类共同幸福的需要为目标”④。“直接民主政治”乃是指“不经过政党，人民直接运用民权”，“人民自治自管和互治互管”，“是人民求贤能、不能贤能求人民”。阎锡山说，“无论多党、两党、一党均不是完善的民主”，资本主义国家的自由竞选，“媚民以求当选”“民放荡”，是“败坏政治的根本”。“欲去此媚，必须人民求贤能，不使贤能求人民，方能免媚之弊，以善政治之根本。”⑤大同主义的经济，就是“供需民主经济”，“去除商品独占的经济”，实行按需分配工作的生产制度、按劳分配产物的消费制度、物产证券的交换制度。所谓按需分配工作的生产制度，就是政府按社会、个人、集体和对外交换的需要，制订出生产计划，确定生产品的规格，然后按各种生产所需的人工分配工作，“使劳适于需，产适于用，并使能劳动的人，人人有以劳动换取生活的机会”⑥。所谓按劳分配产物的消费制度，就是“劳动者劳动多少，享有多少，也就是劳享合一的消费制度”⑦。所谓物产证券的交换制度，就是

① 阎锡山：《大同之路》，转引自李茂盛：《阎锡山晚年》，安徽人民出版社，1995年，第230页。
② 阎锡山：《大同之路》，转引自李茂盛：《阎锡山晚年》，安徽人民出版社，1995年，第230页。
③ 阎锡山：《大同之路》，转引自李茂盛：《阎锡山晚年》，安徽人民出版社，1995年，第230页。
④ 阎锡山：《大同之路》，转引自李茂盛：《阎锡山晚年》，安徽人民出版社，1995年，第231页。
⑤ 阎锡山：《大同之路》，转引自李茂盛：《阎锡山晚年》，安徽人民出版社，1995年，第231页。
⑥ 阎锡山：《大同之路》，转引自李茂盛：《阎锡山晚年》，安徽人民出版社，1995年，第231页。
⑦ 阎锡山：《大同之路》，转引自李茂盛：《阎锡山晚年》，安徽人民出版社，1995年，第231页。

废除货币，采用物产证券作为交换媒介。

阎锡山说："大同的本质是不矛盾，欲开矛盾必须得中，所以大同的文化，必须是'中'的文化。"①"大同文化的本质，是必须亲爱，若不亲爱，大同即无内质，亦即违反宇宙产生人的种能律。"②阎锡山认为，大同主义的教育，就是"种能"教育，"在人的心田中满播公道爱人与互助互爱的'种能'，培成公道爱人与互助互爱的精神"③。阎锡山认为："大同的政府，即是世界一统的领导机构，机构有世界议会、世界政院、世界法院、世界学院，实行立法、行政、司法、教育四权分立。"④阎锡山描述大同世界景象为："贤者在位，能者在职，信以立己，义以制事；民无机诈，国无私谋；强不得以逞雄，弱不至于受屈。人皆和爱，暴乱不兴；国皆礼让，干戈不作。以孝报恩，老得其养，以恕处人，人得其和。各尽所能，各得所值，以劳动励享受；各俭所用，各掐所余，以慈惠救残缺。科学公有，人才公用，和平无限量，货畅其沉，物尽其用，消费得美满。人人有工作，人人有生活，以工作保障生活，以生活管理行为，做到没愚人、没闲人、没穷人、没坏人，一直到废止刑法，变政治为文化，化制度为习俗，庶几人类安和，世界大同。"⑤阎锡山说，大同主义是一个"划时代的主义"，"超乎世界各种政治经济主义之上，能取各种主义之所长，去各种主义之所短，包含了各种主义，代替了各种主义、消纳了各种主义，不与各种主义并立，当然亦不与各种主义对立，今日世界……非实行大同主义不能挽救人类"。⑥

就整体而言，阎锡山的政治思想没有什么重大的借鉴意义，与孙中山的

---

① 阎锡山：《大同之路》，转引自李茂盛：《阎锡山晚年》，安徽人民出版社，1995 年，第 232 页。
② 阎锡山：《大同之路》，转引自李茂盛：《阎锡山晚年》，安徽人民出版社，1995 年，第 232 页。
③ 阎锡山：《大同之路》，转引自李茂盛：《阎锡山晚年》，安徽人民出版社，1995 年，第 232 页。
④ 阎锡山：《大同之路》，转引自李茂盛：《阎锡山晚年》，安徽人民出版社，1995 年，第 232 页。
⑤ 阎锡山：《大同之路》，转引自李茂盛：《阎锡山晚年》，安徽人民出版社，1995 年，第 233 页。
⑥ 阎锡山：《大同之路》，转引自李茂盛：《阎锡山晚年》，安徽人民出版社，1995 年，第 233 页。

三民主义也没有什么理论上的继承关系，但由于它曾长期指导过山西的地方政治，而且其中有些措施虽借鉴自日本，但确实在中国算独树一帜，特别是村治理论与实践，在今天也具有重要的借鉴意义。阎锡山的哲理性思想多浅薄混杂，不论是“中”的理论，还是大同理想，都显得缺乏现代社会的有关知识，对许多事物的把握和概括都似是而非，所提主张和观点也大都不具有可操作性，其中大部分内容还缺乏起码的科学性。阎锡山的理想、理论和实践几乎还停留在辛亥以前，而且其视野也远不如孙中山开阔，所以其理想、理论与实践更多地与袁世凯接近，而在提倡贤人、能人的仁政与直接民主上又与孙中山接近。袁世凯和蒋介石都不善于理论建设，而且都倾向于发扬传统道德的作用，在实践上强调解决中国社会的问题。阎锡山在这一点上与袁世凯、蒋介石很接近。但是阎锡山又企图在继承传统道德的基础上，发展出一种大同理论，以实现大同主义，达到大同世界，显示了比较强的理论欲望与探索精神，这一点又使他与康有为、孙中山很接近。康有为和阎锡山的大同世界都有佛教的影子，而且传统的成分比较浓郁，现代的东西比较稀少，特别是两者都企图以比较纯粹的中国儒家哲学为大同世界的理论指导，凸显了其灵魂深处非现代的传统属性。阎锡山在政党方面的见解也颇与袁世凯、蒋介石等相同，具有明显的反政党政治的倾向。

第六章　中国保守主义政治思想

保守主义作为一种思潮，其源头可以上溯至古希腊注重经验、法治与习惯的亚里士多德，此后凡注重经验、习惯、常识、自然法等的思想家几乎都具有保守主义的色彩，从而在某种程度上成了近代保守主义的思想先驱者，如古罗马的西塞罗、中世纪的托马斯·阿奎那及法国的让·布丹、英国的胡克等。但是保守主义真正作为激进主义的对立面，是在法国大革命后的英、法两国，特别是英国的埃德蒙·柏克更成了现代保守主义思想的奠基性人物。现代保守主义的价值信仰与自由主义并无本质的不同，在某种程度上，保守主义就是保守自由主义。保守主义实际上是从自由主义的社会前提、历史积累及怀疑论的方法等方面，捍卫已经获得的自由。因此，保守主义通常的对立面不是自由主义，而是激进主义，两者的根本不同不在于价值追求，而在于价值实现的方式、方法和途径等。①

一般来说，保守主义在认识论上具有注重经验、常识等怀疑论的色彩，强调人们理性及所获知识的有限性，强调不可知或未知的东西对人们的行为或选择的约束性，强调历史经验积累的重要性，否认人可以理性地造出一个理想世界，拒绝乌托邦的诱惑，拒绝承认社会可以经人的努力而尽善尽

---

① 参见刘军宁：《保守主义》，中国社会科学出版社，1998 年，第 1 ~ 13 页。

美,反对过分强大的国家权力,反对过分渲染的群众运动。保守主义思想强调的秩序与稳妥,实际上是一种经验理性,也可以说是一种实践的理性,一切东西的发展和完善都只在实践中,而实践总对许多未曾认识或意识到的东西有着重大影响,甚至是决定性影响。保守主义还强调,过去的经验不可全否认,以往的认识未必都不对,对历史及传统不能搞全盘否定,对理性全面规划的未来不可轻易尝试,否则结果就很可能是灾难性的。[①] 保守主义的这些基本思想大多产生于经验主义色彩浓郁的英国思想家对激进的法国式革命的反思,当然20世纪极权主义的盛行又刺激了保守主义思想的进一步发展,突出了对唯理性主义乌托邦的反思和检讨,突出了对国家权力过于强大的反对,同时也突出了对创造历史等过于乐观情绪的审慎和反思。西方保守主义思潮在哲学上的经验主义、怀疑主义和注重传统及历史的自然延续性等,主张社会发展的复杂性及有机性,使他们对一切主张全面改造社会的乌托邦保持足够警惕,甚至对理性本身隐含的唯理性主义也保持警惕,似乎他们对一切以理性名义进行的东西都保持足够警惕。知道理性的局限和界限,这可能是保守主义思想的基本共同点。

中国的保守主义思想脱胎于顽固派的守旧思想,从其追求的价值来看,也具有非自由主义的性质,其中许多追求在性质上还可能是反现代的国粹主义或封建主义的。晚清以来,倭仁等的思想只能说是顽固的封建思想,而不是保守主义思想,因为倭仁的思想是眼睛向后的维系纲常而不是一般的维护现状,当然更没有列举出维系现状的种种保守主义的理由。

中国比较早的保守主义应该产生在庚子至辛亥时期,其主要代表既有清政府中主张立宪缓行的官员,也有比较典型的保守主义思想流派——国粹派。清政府中持立宪缓行的官员认为,中国不能不立宪而行宪政,但是又

① 参见刘军宁:《保守主义》,中国社会科学出版社,1998年,第32~58页。

认为中国不能马上立宪而行宪政，其基本理由就是中国还不具备立宪的条件，立宪还面临许多未知因素，而且立宪也不像立宪派中激进人士所认为的那样简单。[①] 革命派中的国粹派也比较早地举起了民族主义取向的保守主义旗帜，一方面反对进化论历史观，另一方面反对全盘西化，其主要的思想代表是章太炎。新文化运动检讨了鸦片战争以来的中国救亡史，打出了新文化的旗帜，而且确实引进了真正的新文化。就新文化运动的历史影响来说，它不仅造成了作为中国社会主流的激进主义思想，五四运动前后各种各样的主义诉求大多是激进主义的。[②]

但是自第一次世界大战结束后，中国所输入的新文化中逐渐加大了保守主义的比重，保守主义思想也逐渐加大了在思想文化界的声音，形成了与激进主义就科学、人生、文化、传统和民族性等问题进行争论的气势，并通过在激烈争论中的表现而被人们普遍意识到它的存在。我们这里主要讨论的，就是从五四运动以来历次思想争论中所表现的保守主义思想。值得注意的是，由于中国保守主义思想偏离了革命话语，并且在基本哲学理念及政治理想国等方面均与正统革命话语存在相当距离。因此，学界和民间不免就流行着对这些思潮的诸多误解，至少是不熟悉中国保守主义思想所追求的社会理想，许多人都不加区别地将保守主义与顽固守旧相等同。[③] 这就要求我们尽可能多地介绍中国保守主义者的思想，而不是作盖棺定论的评价。

另外，中国社会至今仍然没有认真思考过保守主义思想的合理性，立足常识和经验，对理性的适度怀疑还没有被培育起来。很多学者仍然按照唯科学主义或唯理性主义的方式思考学术问题，喜欢从揭示必然规律的角度

---

① 参见夏新华等整理:《近代中国宪政历程:史料荟萃》，中国政法大学出版社，2004 年，第74～80 页。

② 参见陈旭麓主编:《五四以来政派及其思想》，上海人民出版社，1987 年。

③ 中国学者视阈中的保守主义思想总是局限性多于进步性，特别是用革命话语研究时，结论尤为不甚公允。

定位和评价科学，特别是在政治领域，基本的理论思考不仅缺乏历史的视野，而且也缺乏真正政治哲学的视野。中国政治哲学健康发展，不仅需要有跨越进化论的哲学思考，而且更需要从常识、常态和常规角度，进行保守主义的政治哲学思考，切实从社会及历史的有机性而不是机械性出发，思考中国传统的必要延续，思考中华民族文化的普遍共性等基本问题，并在此基础上进行中国政治哲学的根本性创新。

世界上保守主义都与激进主义对立，反对给人以过多的政治能动性，反对人可以理性而整体地认识、利用和改造历史，从而在思维方式上决然不同于进化论。中国20世纪主流的政治思想多建立在进化论的基础上，[①]而唯有保守主义理性地分析和批判了进化论，特别是反对了社会政治思想中的进化论。中国政治思维至今仍主要受进化论的影响，而很少受反进化论的理论影响，而一套成熟的政治思想及政治思维不仅需要进化论，还需要反进化论，否则政治思想及政治思维就不能产生社会政治所必需的必要确定性和权威性。我们可以说，中国20世纪下半叶的社会动荡主要由政治因素形成，而政治因素又主要表现为政治思想及政治思维缺乏必要的对稳定等确定性的追求，而过分强调政治所要达到的终结目标和一切历史阶段的过渡性质。实际上，任何一个历史阶段都必然要延续一定的时间，而人类的社会政治在这一定的时间范围内，也同样需要必要的确定性及权威性，需要从理论上确立一些普遍必然的绝对性范畴、命题和判断。另外，人类创造并用以调节社会政治生活的普遍必然的范畴、命题和判断等也未必都属于过去，实际上，这样的普遍必然的范畴、命题和判断等常常具有跨越历史阶段的普遍性，从而长久地属于全人类。如果硬要拒绝这样的普遍必然的范畴、命题和

---

① 参见陈旭麓：《民主思想的长卷——为〈中国近代民主思想史〉作序》，见《陈旭麓文集》（第四卷），华东师范大学出版社，1997年，第206页。

判断等，那么社会生活就只能陷入一种自以为是的癫狂状态或社会生活的深度失序，而且社会生活的癫狂和深度失序常常相伴而来，并形成足以撼动魂魄的信仰或道德危机。

五四运动后，中国思想界的主流是激进主义，特别是在政治思想上，保守主义几乎没有产生什么明显的政治影响，甚至著名的保守主义者身上也存在着民族主义的激进情绪。一方面，灾难深重的现实毕竟对中国思想家的刺激太大，日趋激烈的国内战争，特别是抗日战争将人们的民族主义情绪普遍激发出来，使保守主义的思想家也多注重如何改变落后就要挨打的现实。另一方面，政治和理论领域的话语通常由激进主义的思想文化主导，保守主义大多只能跟这种激进主义主导的话题进行理论探讨，而且其主要内容并不是普遍的主义，而是为中国传统文化招魂，从而根本不可能产生与激进主义同日而语的社会影响。[①] 此外，保守主义的爱国主义情结常常使他们从根本目标上同情激进主义的理想，并在这种理想产生明显社会效果的时候有条件地放弃保守主义的主张。同近现代中国大多数理论学说一样，保守主义在中国也不完全遵循保守主义的思想逻辑，而是伴随着中国社会的政治处境和相应的理论话题，一浪高一浪低地表达着自己的态度和情绪。这决定了我们对于中国保守主义的论述，不能完全对照其在西方的理论主张，而只能从与激进主义的比较中归纳出中国保守主义者的大致态度、情绪和看法。

一、章太炎等国粹派的政治思想

中国保守主义政治思想既没有西方保守主义那样的理论素养，也没有

---

① 参见王元化：《杜亚泉与东西文化问题论战》，载许纪霖编：《二十世纪中国思想史论》，东方出版中心，2000 年，第 275 ~ 295 页。

发展出系统的政治纲领,他们更没有从普遍的角度阐述保守主义政治理念,其理论的政治性远不能与西方同道相比。中国保守主义主要是文化意义上的保守主义,而不是政治意义上的保守主义。但是中国现代面临的文化选择却是一个极为重要的政治问题,这不仅因为文化问题主要因政治而形成,更因为文化选择的何去何从将决定中国政治的基本走向,甚至文化选择的冲突还会造成激烈而持久的政治军事冲突,国共两党之间就根基于两种不同的文化选择,而民国时期的政治混乱,也可以说就根源于中国社会缺乏必要而充分的文化共识。中国社会缺乏必要而充分的文化共识,并导致社会政治动荡延续了半个世纪。鸦片战争以后的半个世纪,中国社会风气仍然很闭塞,社会主流的指导思想仍然是儒家纲常名教为主的理学思想,不仅缺乏从政治上进行彻底变革的改革思想,而且顽固思想非常盛行。整个中国似乎都陷入了顽固思想的泥淖中,即使主张变法的洋务派在政治思想上也只能随大流。由于政治变革的缺位,导致社会危机不仅没有缓解,反而更进一步严重,主张进行全面快速变革的激进改革和革命思想也顺势产生,并快速地在国内传播开来,出现了思想斗争的两极化,极顽固的思想与极激进的思想同台竞技,一争长短,两极相争的最后结果就是社会必要共识的完全瓦解。值得注意的是,两极相争在客观上还造就了大量的折中思想,这就导致社会思想文化板块的进一步碎片化,使必要社会文化共识的形成更加困难。保守主义就是介于顽固的纲常名教思想与激进的全盘西化思想之间的折中思想,而国粹派则为中国最早的保守主义思想派别。

国粹派是20世纪初到辛亥革命之间兴起的一个保守主义文化派别,章太炎、刘师培、邓实、黄节、黄侃、马叙伦等为主要代表人物,曾组织国学保存会,以“研究国学,保存国粹”为宗旨,提倡读书保国,发行《国粹学报》和《政艺通报》两种刊物。国粹派所谓国粹,主要包括中国的语言文学、典章制度和人物事迹的“可为法式者”三项。国粹派的主要主张有:一是“用国粹激动种性,增进爱国热肠”[①],即借助国粹宣传排满革命、救亡图存;二是提出“国学、君学对立论”,颂扬“国学”,批判“君学”,反对专制的帝制;[②]三是从“国学”中寻找变革政体、实行民主共和的理论根据;[③]四是提出其独特的“中西文化观”,强调在效法西方、改革中国政治的同时,必须立足于复兴中国固有文化,从传统文化中发掘中国近代化所需要的东西。[④]

国粹派不同于顽固派,他们不仅不反对学习西方,而且还强调“国粹也者,助欧化而愈彰,非敌欧化以自防,实为爱国者须臾不可离也”[⑤]。但是国粹派保守主义的特色正在于其“扬中抑西”的民族主义文化观,以西学服务国粹。国粹派不仅强调“国粹者,精神之学,欧化者,形质之学也”[⑥],而且还强调国学渊博高深,包含了西学。“诸子之旧书所含之义理,于西人心理、伦理、名学、社会历史、政法,一切声化光电之学,无所不包。”[⑦]另外,国粹派也批判国内“欧化主义”。黄节在《国粹学报·序》中说:“国固吾国也,学即吾学也。海波沸腾,宇内士夫痛时事之日亟,以为中国之变,古未有其变,中国之学诚不足以救中国,于是醉心欧化,举一事革一弊,至于风俗习惯之各不相侔者,靡不惟东西之学说是依,慨为吾国固奴隶之国,而学固奴隶之学也。不自主其国而奴隶于人之国,谓之国奴;不自主其学,而奴隶于人之学,谓之学奴。”[⑧]

国粹派的构成非常复杂,甚至可以说不同思想主张的人多多少少都有

---

① 章太炎:《东京留学生欢迎会演说辞》(1906 年 7 月 15 日),汤志钧编:《章太炎政论选集》(上册),中华书局,1977 年,第 272 页。

② 黄节:《孔学君学辨别》,载《政艺通报》1907 年第三号。

③ 参见马叙龙:《孔子政治学发微》,载《国粹学报》第 2 年第 3、6 期。

④ 参见章太炎:《原学》,《革故鼎新的哲理——章太炎文选》,上海远东出版社,1996 年,第 361～363 页。

⑤ 许守微:《论国粹无阻于欧化》,载《国粹学报》第一年乙巳(1905 年)第一册第七期。

⑥ 许守微:《论国粹无阻于欧化》,载《国粹学报》第一年乙巳(1905 年)第一册第七期。

⑦ 邓实:《古学复兴论》,载《国粹学报》第一年乙巳(1905 年)第一册第九期。

⑧ 黄节:《国粹学报叙》,载《国粹学报》第一年已巳(1905 年)第一册第一期。

一点提倡国粹的意思,即只要对于中国传统的精神及其载体没有采取全盘西化的处理方式,国学或国粹的成分都客观地存在于其思想意识中,成为其以某主义为主的政治思想的重要构成部分。中国现代是个两极相逢的过渡社会,在思想上的过渡性质既非常明显,也非常普遍,其具体表现就是思想普遍包含相互矛盾的思想成分,而矛盾的主要成分就是社会思想中的两极。国粹派的思想由于对传统经史文化的极力推崇,而成为一心想依赖中国传统学问保国保种的主要代表者,自然成了中国现代思想两极中的一极。如果说中国现代各派政治思想都不过是思想逻辑不甚严谨的拼盘的话,那么国粹思想就是不同拼盘中共同包含的基本成分,在中国现代斑驳陆离的思想版图上,国粹派的思想就如同中国境内的少数民族分布一样,既有大杂居,也有小聚居,既有典型的国粹派思想,也有浸润和包裹在其他思想中受到其他思想濡染的国粹思想。因此,国粹派思想既包含不反对其他思想而强调中国复兴必依赖中国古学的国粹派,也有认为中国古学的复兴有助于中国向西方学习或欧化,也有最后将自己和晚清以来的顽固派相混同的国粹派。[①]

章太炎是晚清民初国粹派的精神导师和主要理论代表。他不仅慨然以国粹为己任,强调"上天以国粹付余",而且在国粹观点的表达上也颇有代表性。章太炎将自己的重要使命定位为复兴国粹,进而通过复兴国粹复兴国家。"自炳麟之初生,迄于今兹,三十有六岁。凤鸟不至,河不出图,惟余亦不任宅其位,素王素臣之迹是践,岂直抱残守缺而已,又将官其财物,恢明而光大之!怀未得遂,累于仇国,惟金火相革欤?则犹有继述者。至于支那闳硕壮美之学,而遂斩其统绪,国故民纪,绝于余手,是则余之罪也。"[②]章太炎

① 参见丁伟志:《晚清国粹主义论述》,载《近代史研究》1995年第2期。

② 章太炎:《章太炎全集》(四),上海人民出版社,1985年,第144页。

的国粹思想以国史研究为载体，即激励民族的“种姓意识”、恢复民众等的民族自信和民族尊严，也砥砺革命道德。下面我们就结合章太炎的国粹观，简要介绍清末国粹派的主要文化及政治观点。

章太炎，名炳麟，初名学乘，字枚叔，后改名为绛，号太炎，浙江余杭人，生于清同治八年，即1869年，卒于1936年，是清末民初著名革命家、思想家和学者。章太炎的一生充满了传奇色彩。他少年时期就有了反满革命思想，戊戌维新时期追随梁启超，任《时务报》撰述，维新运动后被通缉，被迫流亡日本。章太炎留居日本期间，剪除发辫，立志革命，写文章同康有为论辩，因发表《驳康有为论革命书》及为邹容《革命军》作序两事，触怒了清廷而被捕入狱。章氏出狱后被孙中山迎至日本，参加同盟会，主编同盟会机关报《民报》。同时，他在日本还举办了国学讲习所，讲授《说文解字》和诸子百家之学，在日本刊行《教育今语杂志》，“以保存国故，振兴学艺，提倡平民普及教育为宗旨”。1911年，上海光复后，章太炎回国，主编《大共和日报》，曾任南京临时政府孙中山总统府枢密顾问，参加过张謇创建的统一党，散布“革命军兴，革命党消”言论。1917年，章太炎脱离了孙中山改组后的国民党，在苏州设章氏国学讲习会，以讲学为业，主编《制言》杂志，其著作被收入《章氏丛书》，今编为《章太炎全集》。[①] 章太炎的思想比较复杂，具有古今中西杂糅的特点，他在政治上是一个赞成并积极投身民主革命的杰出宣传家和学者，但在文化上他又是一个不折不扣的保守主义者，而且其文化保守主义的身份更具有重要的思想意义。我们不拟讨论章太炎思想的全部，更不会主要讨论其思想意义不大的革命思想，而仅仅讨论其国粹论的保守主义思想。

章太炎深厚的国学功底及新旧交融的知识体系，使章太炎更容易把握政治的文化根源，并使得他不那么浅薄地看待政治问题，从而能够从政治问

---

① 参见孙叔平：《中国哲学史》（下），上海人民出版社，1981年，第532～535页。

题引申出文化问题,成为中国近代比较早的文化保守主义者。国粹派把国粹视为国家兴亡的根本,体现出一定的文化决定论观点,指出国学亡则国家亡,国家兴必先国学兴,而章太炎更是以国粹以国史为主,突出民族意识的培养及民族尊严的维护。1906年,章太炎在东京留学生召开的欢迎会上做了长篇演讲,主题是“用国粹激动种姓,增进爱国的热肠”。他指出,“提倡国粹”“不是叫人尊信孔教,只是要人爱惜我们汉种的历史。这个历史,是就广义说的,其中可以分为三项:一是语言文学,二是典章制度,三是人物事迹。近来有一种欧化主义的人,总说中国人比西洋人所差甚远。所以自甘暴弃,说中国必定灭亡,黄种必定剿绝。因为他不晓得中国的长处,见得别无可爱,就把爱国爱种的心,一日衰薄一日。若他晓得,我想就是全无心肝的人,那爱国爱种的心,必定风发泉涌,不可遏抑”①。

同年,章太炎又在东京创设了国学讲习会,并撰写了《国学讲习会序》,阐述了国学研究的必要性和重要性。他说:“夫国学者,国家所以成立之源泉也。吾闻处竞争之世,徒恃国学不足以立国矣,而吾未闻国学不兴而国能自立者也。吾闻有国亡而国学未亡者矣,而吾未闻国学先亡而国仍立者也。故今日国学之无人兴起,即将影响于国家之存灭。”他又指出,“夫一国之所以存立者,必其国有独优之治法,施之于其国为最宜;有独至之文辞,为其国秀美之士所爱赏。立国之要素既如此,故凡有志于其一国者,不可不通其治法,不习其文辞。苟不尔,则不能立于最高等之位置,而有以转移其国化。”②

章太炎在分析国学不兴的原因时指出:“夫国学之所以不振,既非有纯一相对之障碍物,而锁障碍之者,或即出于同一本原。拘墟者辄用以自戕本

---

① 章太炎:《东京留学生欢迎会演说辞》,转引自汤志钧编:《章太炎政论选集》(上册),中华书局,1977年,第276页。

② 章太炎:《国学讲习会序》,转引自姜义华:《章太炎思想研究》,中国人民大学出版社,2009年,第425页。

可资为消长，而剽妄者则浅尝以忘其本。以此诸种复杂之原因，则谋所以整齐收拾之道，非有人焉，精通国学，能合各种关键而钩联之，直抉其受蔽之隐害，层层剔抉，而易之以昌明博大之学说，使之有所据，而进之以绵密精微之理想，使之有所用，无冀幸焉。”①

章太炎阐述了相对主义的文化观及道德观，针对有人以不类远西为耻，他特别强调指出，“余以不类方更为荣，非耻之分也”②，告别了简单进化论，阐述了善恶俱进化的观点，强调不同文化的不同主要是特色而不是程度。他把世界各国文化分为两类：一类是“仪刑者”，就是指规模狭隘，主要靠模仿他国的文化，如日本、日耳曼等国家或民族的文化；另一类是“因任者”，即自己发展，自成体系的文化，如中国、印度、希腊等国的文化。章太炎认为，“今中国之不可委心远西，犹远西之不可委心中国也”③，强调中西文化的差异是不同类型的两种文化的差别，根本不存在优劣之分，他还以这种不同于西方的文化而自豪。章太炎激烈批评当时提倡欧化的人指出：“近来有一种欧化主义的人，总说中国人比西洋人所差甚远。所以自甘暴弃，说中国必定灭亡，黄种必定剿绝。因为他不晓得中国的长处，见得别无可爱，就把爱国爱种的心，一日衰薄一日。”④他认为增强国人的爱国爱种之心，莫若提倡学习研究“国粹”，通过研究“国粹”，体会祖国的可爱之处，激发人们爱国保种的深厚感情，在这种感情的基础上培育普遍的民族意识。

章太炎的《革命之道德》一文举意大利民族复兴的例子，说明了国学对于振兴国家和民族的重要性，他说：“意大利之中兴，且以文学复古为其前

---

① 章太炎：《国学讲习会序》，转引自姜义华：《章太炎思想研究》，中国人民大学出版社，2009年，第425～426页。

② 章太炎：《章太炎文选》，上海东亚出版社，1996年，第363页。

③ 章太炎：《原学》，载《革故鼎新的哲理——章太炎文选》，上海远东出版社，1996年，第361～363页。

④ 章太炎：《东京留学生欢迎会演说辞》（1906年7月15日），汤志钧编：《章太炎政论选集》（上册），中华书局，1977年，第276页。

导,汉学亦然,其于种族,固有益无损已。”[1]章太炎通过研究和宣扬国粹,弘扬曾经有过的种族革命精神和“夷夏之防”的种族观念;并在强调国学以历史为主的前提下企图通过研究国粹,从古代学术文化典章制度中寻找改革政治的答案。他认为,中国古代的许多典章制度都“合乎”或“近乎社会主义”,值得借鉴,改革当前政体的关键,也就变成了从“国学”中寻找中国固有的制度,加以改造。章太炎说:“民族主义如稼穑然,要以史籍所载人物、制度、地理、风俗之类为之灌溉,则蔚然以兴矣;不然,徒知主义之可贵,而不知民族之可爱,吾恐其渐就萎黄也。”“历史上之陈迹即为爱国心之源泉,致用时之棋谱,其系于一国之兴亡为尤巨”,“若一国的历史已没有了,就可知道这一民族的爱国心亦一定衰了”。[2]

章太炎的国粹思想固然主要表现在其学术思想上,但也不尽表现在学术思想上。他在强调国史研究的重要经世价值和国粹在孕育民族精神和国民道德方面的重要作用的同时,也在政治思想上表现出了许多基于国粹思想理念的主张和观点。他既不相信西方社会的宗教式的道德方法,也日益不相信西方当时广为流行的建立在一定科学假说基础上的社会进化论。这既抽空了西方政治的道德方法基础,也反驳了西方社会政治理念的历史观基础,从而抽空了西方政治理论在中国适用的主要基础。章太炎代之以佛教式的无神宗教,代之以国史承载的国粹,从而企图确立中国政治的道德方法基础及历史观基础,将一国的兴衰与一国的国学或国粹联系起来,从而得出中国的复兴必须依赖于国粹的结论。另一方面,章太炎对西方的政治制度模式也逐渐地不信任并加以反对,其中最主要的反对对象就是代议制。

不仅如此,章太炎在政治理想国方面也存在明显的反资本主义主张,其

---

① 章太炎:《革命之道德》(1906 年),汤志钧编《章太炎政论选集》(上册),中华书局,1977 年,第 310 页。

② 章太炎:《答铁铮》,载《民报》十四号 1907 年 6 月 8 日。

中许多观点已经具有了社会主义因素，但其社会主义因素同中国当时大多数思想家的社会主义一样，基本上是在反思和反省资本主义的弊端，而且其社会主义则基本上是在没有继承资本主义积极成分基础上的封建或半封建的社会主义，或者至少是一种中国农民或农业的社会主义。国粹思想是一种没有经历过五四运动的思想，基本上代表了戊戌、辛亥时代知识分子的思想主张及思想水平。[①] 他们已经有了一定的现代知识，并能用比较多而逻辑不严谨的现代知识分析中国的历史及现状，在了解和仿效其他国家的过程中，既对中国传统有一个革命的激进心态，提出了许多反对君主专制的言论，又担心民族在现代化的过程中失去自我，也不甘心把西方社会的弊端移植到中国。表面上他们的思想逻辑是现代的，但他们的深层政治心态是传统的，他们既向往资本主义，又想超越资本主义，但他们批评用以超越资本主义的思想和心态却是封建的农民、农村和农业，他们虽然用了各种各样的新式学科名词，但他们基本的知识及其构成特征却仍然来自传统的经史子集。他们不擅长用现代的文化理论为自己的观点论证，对与中国相对的西方的了解也不够深入，他们几乎是本能地要求保留中国故有的经史子集文化。

二、杜亚泉等东方文化派的政治思想

国粹派对中国文化等的认识基本上采取列举的办法，试图比较周延地论述国粹的外延，并且在指出国粹精藏于经史子集等方面，做出了相当的学术贡献。另外，国粹派尽管指出了国粹、国学是民族复兴的基本要素，但他们不能具体指出国粹在民族复兴中可以发挥哪些积极作用，以及究竟如何

---

① 参见李泽厚：《中国近代思想史论》，安徽文艺出版社，1994 年，第 450 页。

发挥这些作用。除了激励民族自信、自尊和砥砺人的道德之外,国粹是不是还有别的积极作用,而且国粹发挥积极作用的具体原理是什么,或体现了什么普遍的规律等,也一概没有予以必要的论述。这在某种程度上是因为国粹派的西学素养还普遍比较低,从而他们只能在缺乏必要学理分析的前提下,如乾嘉学者那样进行经验性的国学研究。由于国粹派在理论上的乏力,更由于学人们西学素养的不断提高,还因为第一次世界大战后期比较流行的文化学话题,东方文化派在继承国粹派基本精神主旨的情况下,开始进行比较精细的文化保守主义思考。五四运动前后,东方文化派在学术思想界的影响已经比较大,参与了五四运动的思想启蒙准备,成为温和启蒙派的重要代表。许多人已经超越了政治革命思维对东方文化派的贬义定位,而开始正面阐释其积极的思想启蒙意义。①

东方文化派作为温和启蒙派,不同于其前辈国粹派。其一,它不是各个政治思想流派共同的思想成分,而是不同于激进主义的温和主义,其思想成分不具有社会普遍性;其二,东方文化派比较注重文化学分析方法和世界性视野,而它的前辈国粹派则基本上立足于国学阐述主张;其三,东方文化派是在与激进主义的论战中出场的,一出场就针对专门的问题,具有比较强的社会科学属性,而国粹派则具有传统经世济用的经验属性。东方文化派是伴随着一场声势浩大的争论来到人世间的,其主要观点大多集中表现在主要理论代表身上,其中最主要的理论观点可以概括为文化调和论,其最主要的理论代表就是杜亚泉。此处,我们就结合杜亚泉在东西文化论战中的观点,简要谈谈东方文化派的政治理论观点。

杜亚泉,生于清同治十二年,即1873年,浙江绍兴府山阴县人,原名炜孙,字秋帆,又署伧父,刻苦自修,精于历算,长于新式理化、矿物及动植诸

---

① 参见高力克:《重评杜亚泉与陈独秀的东西文化论战》,载《近代史研究》1994年第4期。

科,通晓日语。他曾治帖括和训诂,甲午后改学历算,应蔡元培之聘,曾任绍兴中西学堂算学教员,又创办了亚泉学馆(后改为普通学书室),出版《亚泉杂志》,应商务印书馆张元济等人的邀请,将普通学书室并入商务,任商务编译所博物理化部主任,负责编辑教科书,被人们称作"中国科学界的先驱"、徐寿以后至20世纪初成绩卓著的学者。从1911年至1920年,杜亚泉执掌《东方杂志》笔政,他刷新杂志内容,扩大杂志篇幅,使之成为当时具有重大影响的学术杂志。他主持编务之余勤于著述,著有《人生哲学》,译有叔本华的《处世哲学》等,在《东方杂志》上发表论文达二百篇。五四运动时期,中国思想界发生了东西文化的论战。杜亚泉受论战影响于1920年被迫辞去主编职务,并不再为杂志撰稿,仅担任编辑课本工作,同时创办新中华学院,两年后因经费告绌而停办,负债数千元。淞沪战争爆发,商务毁于日军炮火。杜亚泉举家避难回乡。次年,杜亚泉患肋膜炎,于12月6日逝世,享年六十岁。①

杜亚泉的思想具有比较多的新鲜成分,比之章太炎等人过于浓厚的国学气息,他的政治观具有较多的资本主义成分,其思想真正体现出西方保守主义的典型特征,即目标上追求自由而方法上追求稳健渐进。② 1912年,杜亚泉在《减政主义》一文中说:"今各国政府组织繁复之官僚政治,视社会上一切事务均可包含于政治之内,政府无不可为之,亦无不能为之。政权日重,政费日繁,政治机关之强大,实社会之忧也。""不察此理,贸贸焉扩张政权,增加政费,国民之受干涉也愈多,国民之增担负也愈速。干涉甚则碍社会之发展,担负重则竭社会之活力。"③这种观点明显是西方古典自由主义有限政府的观点,杜亚泉的精心阐述表达了他对古典自由主义有限政府理论的推崇,也是中国比较早地传播这种政府理论的学者。他的《论人民重视官

① 参见吴方:《万山不许一溪奔——杜亚泉及其前进与保守》,载《读书》1994年第4期。

② 参见刘军宁:《保守主义》,中国社会科学出版社,1998年,第32~58页。

③ 杜亚泉:《减政主义》,载《东方杂志》1911年第3期。

吏之害》《个人与国家之界说》等对古典自由主义的有限政府理论也多有阐发。他说："夫社会之事物，有自然之法则管理之，此为政者之所不可不知者也。社会之活力（人力财力之结合作用），有一定之制限，政府决不能制造之。有研究学术之活力，则教育自兴，有生产之活力，则实业自盛矣。社会之发展，有一定之秩序，政府也不能援助之。"①"一国政府之本分，在保全社会之安宁，维持社会之秩序，养其活力之源泉而勿涸竭之，顺其发展之进路而勿障碍之，即使社会可以自由发展之活力而已。"②

杜亚泉认为，社会不发生专制集权现象的重要条件，就在于要有一个民间社会的独立空间，政府只有受到了法律的严格限制，才可以避免对于社会进行过多的干预，社会活力才会有伟大的创造力量。一国的兴衰就视其社会活力是受阻而涸竭，还是相反得到了通畅的发展。杜亚泉的《中国之新生命》一文指出："现今文明诸国，莫不以中等阶级为势力之中心，我国将来也不能出此例。此则吾人之所深信也。"社会中产阶级是民主自由的主要社会基础，这是西方政治自由主义者的基本共识，而杜亚泉在这里所表达的恰恰是这样一个观念，反映了他对自由民主等的思考已经接近西方保守主义的思想水平，与埃德蒙·柏克的政治思想神似暗合。

杜亚泉同第一次世界大战时期的多数中国学者一样，非常注重东西方文明的比较，但作为文化保守主义者，杜亚泉并没有完全从进步与落后的角度突出东西方文明的先进与落后的区别，而较多地关注着东西方文明各自的总体性特征，并结合当时欧洲的情况，分析了西方文明以科学为主要特征的动的文明，以区别于中国的静的文明。杜亚泉于 1916 年撰写了《静的文明与动的文明》一文，阐述了东西方文明观。他指出："文明者，社会之生产

① 杜亚泉：《减政主义》，载《东方杂志》1911 年第 3 期。

② 杜亚泉：《减政主义》，载《东方杂志》1911 年第 3 期。

物也。社会之发生文明,犹土地之发生草木,其草木之种类,常随土地之性质而别。""西洋文明与吾国固有之文明,乃性质上之异,而非程度之差。"西方文明重人为,中国文明重自然;西方文明是外向的,中国文明是内向的;西方文明尚竞争,中国文明尚和平。"西洋社会,为动的社会,我国社会,为静的社会;由动的社会,发生动的文明,由静的社会,发生静的文明。"动的社会,其个人富于冒险进取之性质,常向各方面吸收生产,故其生活日益丰裕;静的社会,专注意于自己内部之节约,而不向外部发展,故其生活日益贫啬。为动静应当互补,各取对方之长,以补自己之短。①

杜亚泉首先承认西方相对于中国的某些先进性,强调中国需要向西方学习。"吾侪自与西洋社会接触以来,虽不敢谓西洋社会,事事物物,悉胜于吾侪,为吾侪所当效法,然比较衡量之余,终觉吾侪之社会间,积五千余年沉淀之渣滓,蒙二十余朝风化之尘埃,征结之所在,迷谬之所丛,不可不有以扩清而扫除之。"②但杜亚泉也看到了西洋文明本身固有的、难以克服的弊端,即西洋社会追求物质文明,崇尚竞争、奋斗与纵欲的生活方式与处世方针的弊端。他又结合欧战后的形势剖析了西方文明的根本性缺陷。

> 十九世纪科学勃兴,物质主义大炽,达尔文之生存竞争说,叔本华之意志论,推而演之,变成强权主义。其尤甚者,则有托拉邱克及般哈提之战争万能论。不仅宗教本位之希伯来思想被其破坏,即便理性本位之希腊思想亦蔑弃无遗。现在道德观念,竟以权力或意志为本位,而判定是否道德,则在力不在理。战争责任不归咎于强国之凭陵,而委罪于弱国之存在,于是弱者劣者为人类罪恶之魁。③

---

① 参见杜亚泉:《静的文明与动的文明》,载《东方杂志》1916 年第 13 期。

② 杜亚泉:《杜亚泉文选》,华东师范大学出版社,1993 年,第 125 页。

③ 杜亚泉:《战后东西方文明之调和》,载《东方杂志》1917 年第 4 期。

在这种背景下，杜亚泉提出了东西文化调和论，从而排斥了激进主义者的妄自菲薄式的全盘西化，也排斥了极端顽固派或严重守旧者的妄自尊大，而主张将东方的静的文明与西方的动的文明进行调和。

除了动静文明观及对东西方文明的经验分析外，杜亚泉的调和主义还具有接续主义的方法论基础，针对激进主义的整体突变论，突出强调了社会及思想变革的前提及渐进性。杜亚泉在《接续主义》一文中阐明了调和的理论根据，这就是“接续主义”。他指出，“盖接续云者，以旧业与新业相接续之谓”，“吾人之所谓我，即现在之我与过去之我及将来之我，相接续而成者”，任何事物本身的存在，就既有旧的成分也有新的成分。若只有旧的没有新的，“则仅可谓之顽固而已”；“只有新的没有旧的，假使新旧间之接续截然中断，则国家之基础，必为之动摇。”[①]“接续主义表示，一方面有开进的意味，一方面又含保守意味。”[②]

有保守无开进，则拘墟旧业；有开进无保守，则使新、旧中间的接续中断，在近世国家中，英、美两国都是开进和保守二者兼备。接续即是强调方法和方式的保守，强调习惯及社会有机体的连续性，反对激进的社会变革方式。杜亚泉所谓保守，就是“在不事纷更，而非力求复古”。“水之流也，往者过，来者续，接续者如斯而已。若必激东流之水，返之在山，是岂水之性也哉。”“新旧思想之差异，就表著者言之，不过程度分量之问题，非极端反对者。其于西洋文明，一方主张完全仿效者，一方亦主张为相当的吸收；其于固有文明，一方主张完全革除者，一方亦不主张顽固的保守则折中之结果，似不过于程度分量之间，为几分之加减而已。”[③]“现时代之新思想，对于固明，乃主张科学的刷新，并不主张顽固的保守，对于西洋文明，亦主张相当的

---

① 杜亚泉：《杜亚泉文选》，华东师范大学出版社，1993 年，第 130 ~ 131 页。

② 杜亚泉：《接续主义》，载《东方杂志》11 卷 4 号，1914 年 7 月。

③ 杜亚泉：《杜亚泉文选》，华东师范大学出版社，1993 年，第 430 页。

吸收,惟不主张完全的仿效而已。”[①]“吾国民之所谓新思想者,岂能脱离其固有之东洋思想,惟吸收几分之西洋思想而已。而所谓旧思想者,又岂能全然墨守其固有之东洋思想,以排斥西洋思想?”[②]调和论实际上也是多元论,否则就无所谓调和了。“天下事理绝非一种主义所能包涵尽净。苟事实上无至大之冲突及弊害,而适合当时社会之现状,则虽极凿枘之数种主义,亦可同时并存,且于不知不觉之间,收交互提携之效”,“凡两种主义,虽极端睽隔,但其中有一部分,或宗旨相似,利害相同者,则无论其大体上若何矛盾,尝缘此一部分之吸引,使之联袂而进行”。[③]

杜亚泉认为,中国文明的优势在于道德操守,而中国能贡献给世界与西方文明相调和以矫正其缺陷的事物也正是道德操守。道德操守虽不能解决科学所解决的问题,从而形成了在竞争生存时代普遍到来时的诸多不便和不适应,但其一贯的社会整合功能则能解决人生存的价值与意义问题,从而避免社会由于人生的意义迷惘而陷入深度混乱。“吾人在西洋学说尚未输入之时,读圣贤之书,审事物之理,出而论世,则君道若何,臣节若何,仁暴贤奸,了如指掌;退而修己,则所以处伦常者如何,所以励品学者如何,亦若有规矩之可循。虽论事者有经常权变之殊,讲学者有门户异同之辨,而关于名教纲常诸大端,则吾人所以为是者,国人亦皆以为是,虽有智者,不能以为非也,虽有强者,不敢以为非也。”[④]“吾人当确信吾社会中固有之道德观念,为最纯粹最中正者。”[⑤]“吾国道德,实无根本改革之必要。”[⑥]“吾人今日在迷途中之救济,绝不能希望于自外输入之西洋文明,而当希望于己国固有之文

① 杜亚泉:《杜亚泉文选》,华东师范大学出版社,1993 年,第 409 页。
② 杜亚泉:《杜亚泉文选》,华东师范大学出版社,1993 年,第 211 页。
③ 杜亚泉:《杜亚泉文选》,华东师范大学出版社,1993 年,第 300 ~ 302 页。
④ 杜亚泉:《杜亚泉文选》,华东师范大学出版社,1993 年,第 307 页。
⑤ 杜亚泉:《杜亚泉文选》,华东师范大学出版社,1993 年,第 271 页。
⑥ 杜亚泉:《杜亚泉文选》,华东师范大学出版社,1993 年,第 116 页。

明,此为吾人所深信不疑者"[①],且"吾国固有之文明,正足以救西洋文明之弊,济西洋文明之穷者"[②]。"然则今后之道德当若何?曰:变其不合时势者一二端者可已。变者什一,不变者仍什九也","吾以为中国道德之大体,当然可以不变。不特今日不变,即再历千百年而亦可以不变"[③],"吾人之天职,在实现吾人之理想生活,即以科学的手段,实现吾人经济的目的。以力行的精神,实现吾人理性的道德"[④],"救济之道,在统整吾固有之文明,其本有系统者则明了之,其间有错出者则修整之一方面尽力输入西洋学说,使其融合于吾固有文明之中。西洋之断片的文明,如满地散钱,以吾固有文明为绳索,一以贯之。……今后果能融合西洋思想以统整世界之文明,则非特吾人之自身得赖以救济,全世界之救济亦在于是"[⑤]。

杜亚泉在科学能解决问题的领域皆主张学习西方,其中也包括政治科学能解决问题的领域,因此他在政治上追求民主自由及共和政体,从而形成其思想中区别于顽固派的基本时代性质和进步特征。但另一方面,杜亚泉在思想方法及政治哲学观点上又具有典型的保守主义特征,反对亢奋的激进主义,反对激进主义者对理性的妄自尊大的理解,坚持文明的有机性及其发展的接续性。他看到了文明或文化的复杂性,避免了对文明或文化脸谱化的简单理解,也否定了西方文化要完全改造中国文化的简单定论,坚持认为中国传统道德中存在着具有普遍价值与意义的成分,并且肯定这样的成分是传统道德的主要部分,特别是肯定了以实践道德追求和实现人生意义与价值的中国方式,能够以非宗教的形式,解决科学不能解决的人生意义问题,不仅能解决中国当时的意义与价值迷惘,而且还有助于世界各国特别是

---

① 杜亚泉:《杜亚泉文选》,华东师范大学出版社,1993 年,第 311 页。
② 杜亚泉:《杜亚泉文选》,华东师范大学出版社,1993 年,第 242 页。
③ 杜亚泉:《杜亚泉文选》,华东师范大学出版社,1993 年,第 114 ~ 116 页。
④ 杜亚泉:《杜亚泉文选》,华东师范大学出版社,1993 年,第 271 页。
⑤ 杜亚泉:《杜亚泉文选》,华东师范大学出版社,1993 年,第 312 页。

西方解决其科学不能解决的意义与价值困惑。

东西文化派在东西方文化问题上的观点,实际上已经开启了科玄论战的先声,而科玄论战正可以看作东西方文化论战的深入。科玄论战中的科学派对西方的科学相信到了迷信的程度,甚至将科学不能解决的人生意义与价值问题也交给科学,在某种程度上把人变成了教条的奴隶,要求人以非常格式化的方式表现自己的道德。激进主义认识理性的特点表现在道德问题上就是对最高真理的绝对服从,使人的道德生活失去了起码的道德主体性,甚至还造成了道德教育及实践方法的简单化。在教条还被普遍信服的时候,人类的基本道德被完全遗弃,成了口诛笔伐的罪恶性存在,社会生活失去了保证人类互相友爱关心的道德前提,这在客观上既打乱了社会的正常秩序,也伤害了社会成员中的大多数。

世界上各种法西斯的兽性,大多是在当人类良知及基本道德素养被遗弃或人类基本道德内容被教条裹胁的情况下发生的。东方文化派及科玄论战中的玄学派则坚决否认科学可以解决人生意义的道德问题,人类花了很多年积累起来的基本道德内容及道德修养、教育等的方法得到了应有的尊重,保留了解决道德问题所必需的独立于任何教条的独立性的道德主体性。我们只有对任何理性都保持一份警惕,才可能避免被各种理性迷信裹胁,维护基本而起码的道德素养,存养社会生活所必需的基本善念,既守护自己的独立性和主体性,也尊重其他人的独立性及主体性,既不对自己进行唯理主义的理性专制,也不对别人进行理性专制。一切理性专制都是建立在对科学的独断论的理解上,因为相信存在着唯一的科学真理,从而相信道德问题上也存在着千篇一律的统一标准,这就形成了理性或教条的道德专政,道德手段不足即施之以政治强权。①

---

① 参见顾准:《科学与民主》,载《顾准文集》,贵州人民出版社,1994 年,第 343 ~ 347 页。

当国家能以理性的名义，动用政治强权解决道德问题的时候，这个国家就变成了赤裸裸的警察国家；当杜亚泉用保守主义的方式警惕理性和科学的过度作用时，他也就是在警惕警察国家，就是以保守的方式维护社会个体及整体的自由。只有脱离激进主义的理性观，脱离企图用理性解决一切问题的激进思维，才能脱离以理性名义进行专制或独裁的政治强权；只要脱离了激进主义的理性观，将解决道德问题的方法或方式定位为超越集体理性的个体觉悟，使国家强权不能借理性名义干预道德，而社会成员又都遵守人类基本道德，那么社会就是一个自由主义的现代社会，否则就回到了以政治手段解决道德问题的传统时代。

在中国现代，保守主义的方法虽保守，但是目的比较激进，要求结束以政治强权解决道德问题的状态，而代之以道德方法来解决道德问题，结束政教合一，实现天人相分。激进主义虽然在方法上是激进的，但其目的却很保守，又回到了以政治手段解决道德问题的旧状态，甚至可以说激进主义在某种程度上造成了传统“纲常体系”的“借尸还魂”，道德生活的政治化曾发展到了极其荒谬的地步，造成了极其严重的社会后果。

三、梁漱溟的新孔家政治思想

科玄论战的结果是科学派以压倒性优势战胜了玄学派，保守主义不可避免地转入低潮，其社会影响力也降至最低，各种激进主义及同样信奉科学主义的自由主义成为社会流行的主流政治思想。但中国保守主义强调的伦理道德的方法、方式及中国传统文化在现代化中的地位等问题，并没有在理论上得到满意回答。[①] 20 世纪三四十年代，中国的保守主义继续探索着东西

① 参见李泽厚：《李泽厚十年集：中国现代思想史论》，安徽文艺出版社，1994 年，第 62 页。

方文明调和的道路与方法。他们或者指出中国问题的根本解决需要考虑中国特殊的社会传统,分析改造中国的理论工具的合理性;或者指出现代化过程中及现代化了的中国社会还必须保持着中国所以为中国的文化,即不能忘了中国文化的本位地位;或者指出中国虽然在现代化过程中借鉴和学习了西方,但是中国社会的现代化与前现代化的关系是"接着讲"①。新儒家在中国保守主义的大军中的地位越来越突出,不过在20世纪三四十年代,新儒家主要还是讨论文化或文明发展中的普遍性问题,还没有将主要精力集中在政治性话题上,因此他们与其他保守主义的区别还不是很大,或者可以说,当时的新儒家还基本停留在东方文化派的层次和水平上。新儒家政治思想的主要代表要等到新中国成立后才能在港台地区及海外登场。因此,本节主要讨论梁漱溟的新孔家政治思想,其主要内容有以复兴孔家礼乐仁爱为宗旨的东西方文化理论与践行东西方文化理论的乡村建设方针。

梁漱溟,原名焕鼎,字寿铭、萧名、漱溟,后以漱溟行世,广西桂林人,生于清光绪十九年,即1893年,卒于1988年,现代新儒家的早期代表人物之一,乡村建设理论的提出者和实践者,著名的保守主义思想家和社会活动家。梁漱溟将自己一生思想的发展分为三个阶段:西方功利派、佛教出世主义、儒学。梁漱溟受比较开明的父亲梁济的影响,自小接受新式教育,在政治上赞同共和革命,参加了同盟会京津支部,这时的梁漱溟可以说与大多数主张革命的人一样,在一定程度上是一个西方功利主义的信徒。辛亥革命后,梁漱溟同当时许多人士一样转向佛学,崇尚玄奘派的唯识学,写了《究元决疑论》和《唯识述义》,并因此而被北大校长蔡元培聘到北京大学讲授印度哲学。新文化运动时期,北京大学成为东西文化论战的中心,梁漱溟在北大

① "接着讲"而不是"照着讲",这是冯友兰定位自己哲学思想与宋明理学关系的提法,鉴于哲学思想在社会中的指导地位,将这种"提法"扩大为中国文化保守主义对现代中国与传统中国关系的定位,也是准确的。他们认为,"接着讲"不应该把"照着讲"简单地抛弃。

发起了东方学及孔子哲学研究，积极为东方文化呼吁。他常发表演讲，在演讲的基础上，写作并出版了《东西文化及其哲学》一书。

《东西文化及其哲学》对中国、印度、西方三种文化的特点及其在世界文化发展史上的地位作了系统分析，剖析了西方科学取向的文化的危机，指出克服西方文化危机需借助中国文化，而全人类之最后归宿则在于印度文化。梁漱溟分析的印度文化主要是佛教文化，它主要用于解决遥远的未来的人生问题，而中国文化的主要代表儒学则可以解决当下及比较近的将来的人生问题。他基于其文化理论，积极进行着复兴儒学的工作，特别是着眼于复兴作为一种生活方式的儒学，提倡一种伦理本位的社会生活方式。

中国文化的危机不能仅仅依赖西方文化的科学，还必须依赖伦理本位的儒学，中国文化复兴的起点不是都市，而是乡村，为此梁漱溟进行了培育伦理本位社会生活方式的乡村建设运动，并发展成了一套乡村建设的理论。乡村建设的理论与实践主要集中在抗战以前，其复兴中国文化的社会活动由于抗战的爆发而中止，此后则更由于斡旋内战双方而无暇继续，或政治条件已经完全不允许其继续。抗日战争全面爆发后，梁漱溟参加了国民参政会，卷入了中国政治生活的旋涡中，为民主、民权、宪政等而呼吁和奔走各方，发起并参与创建了中国民主政团同盟。大规模内战的爆发宣告了中间势力斡旋内战双方的努力完全付诸东流，而比较松散的中国民主同盟也发生了分裂，分别做了不同的政治选择。[1] 梁漱溟在国民党败走台湾时选择留

---

① 中国民主政团同盟于1941年3月19日秘密成立于重庆。1944年9月，中国民主政团同盟在重庆召开全国代表会议，决定将名称改为“中国民主同盟”，简称民盟，先后参加的政治组织有：中国青年党、国家社会党（后改称民主社会党）、中华民族解放行动委员会（后改称中国农工民主党）、中华职业教育社、乡村建设协会的成员及其他人士。民盟主要是代表介于国共之间的政治势力构成，其最初的政治主张是“贯彻抗日主张，实践民主精神，加强国内团结”，抗战胜利后赞成并响应中国共产党提出的建立民主联合政府的号召，反对独裁，要求民主，反对内战，要求和平。国共内战全面爆发后，民盟在政治上发生分裂，赞成参加国民大会的青年党、民社党被清除出民盟，一些重要的代表人物最后流落海外，民盟的多数组织及代表性人物参加了共产党领导的联合政府。

在大陆。梁漱溟虽然留在了大陆,却没有完全皈依于马克思主义,而是一如既往地保持着他主要的政治文化观点,直至20世纪80年代的“文化热”。

梁漱溟的思想经历在其最终思想中都留下了踪迹,其思想构成实际上包含了西学、佛学和儒学,文化归宿是其思想的主题,人生问题是其思想的核心。梁漱溟之所以在东西方文化论战中脱颖而出,就是因为他所关心和关注的问题正是东西方文化论战的基础性焦点问题,而他以佛学定人生境界、用儒学的直觉安排人生的德行、在理智上不排斥西学的科学与民主,最终奠定了他在文化保守主义阵营中的重要地位。因此,梁漱溟的政治思想既根植于文化哲学思想,也主要表现为文化哲学思想,其影响和作用主要表现在政治文化及政治道德等根本性的建设问题上,这构成了乡村建设的重要理论基础。梁漱溟的文化哲学思想完整地呈现在《东西方文化及其哲学》一书中,此后基本没有发生重大变化。《东西方文化及其哲学》从检讨文化的概念起,罗列了西方化在东方世界的日益扩张,强调了西方化的强势影响在中国已逐渐深入文化的核心领域。

“我们所看见的,几乎世界上完全是西方化的世界!欧美等国完全是西方化的领域,固然不须说了。就是东方各国,凡能领受接纳西方化而又能运用的,方能使它的民族、国家站得住;凡来不及领受接纳西方化的即被西方化的强力所占领。……几乎我们现在的生活,无论精神方面、社会方面和物质方面,都充满了西方化,这是无法否认的。”[①]“陈独秀他们几位先生……的意思要将种种枝叶抛开,直截了当求最后的根本……而最根本的就是伦理思想——人生哲学……对此种根本所在不能改革,则所有改革皆无效用。”[②]

① 梁漱溟:《东西文化及其哲学》,载中国文化书院学术委员会编:《梁漱溟全集》(第一卷),山东人民出版社,1989年,第332~333页。

② 梁漱溟:《东西文化及其哲学》,载中国文化书院学术委员会编:《梁漱溟全集》(第一卷),山东人民出版社,1989年,第334~335页。

“东方化还是要连根的拔去,还是可以翻身呢?此处所谓翻身,不仅说中国人仍旧使用东方文化而已,大约假使东方化可以翻身亦是同西方化一样,成为一种世界的文化……无论世界上哪个地方人皆不能自外的。……如果不能成为世界文化则根本不能存在,若仍可以存在,当然不能仅只适用于中国而须成为世界文化。”①“东方化和西方化都是世界的文化,中国为东方文化之发源地。”②

梁漱溟将文化定义为一个民族生活的种种方面,总的来说,不外精神生活、社会生活和物质生活三个方面,而东方化在这三个方面都不及西方化,属于未进的文化,而西方化则属于既进的文化。③ 他又说:“文化是什么东西呢?不过是那一民族生活的样法罢了。生活又是什么呢?生活就是没尽的意欲(will)——此所谓意欲与叔本华所谓‘意欲’略相近——和那不尽的满足不满足罢了。……你要去求一家文化的根本或源泉,你只要去看文化的根源的意欲,这家的方向如何与别家的不同。”④不同的生活样法就主要表现为如何处理意欲,即不同的文化实际上就是用不同方式处理不同的人生意欲,东西方文化的不同在某种程度上就是人生意欲及处理人生意欲的方式不同。

综观人类处理意欲的方式及其更迭顺序,梁漱溟指出了人类处理意欲问题的三个阶段,而这三个阶段又同时是三种现实的文明的基本特点。西方文化代表人类处理意欲的第一阶段,在生存的基本问题尚未解决妥前,人

---

① 梁漱溟:《东西文化及其哲学》,载中国文化书院学术委员会编:《梁漱溟全集》(第一卷),山东人民出版社,1989 年,第 338 页。

② 梁漱溟:《东西文化及其哲学》,载中国文化书院学术委员会编:《梁漱溟全集》(第一卷),山东人民出版社,1989 年,第 344 页。

③ 参见梁漱溟:《东西文化及其哲学》,载中国文化书院学术委员会编:《梁漱溟全集》(第一卷),山东人民出版社,1989 年,第 339 ~ 340 页。

④ 梁漱溟:《东西文化及其哲学》,载中国文化书院学术委员会编:《梁漱溟全集》(第一卷),山东人民出版社,1989 年,第 352 页。

类的"意欲"是朝前去征服环境,以满足生活欲望,西方文化就是"以意欲向前要求为其根本精神的,或西方文化是由意欲向前要求的精神产生'赛恩斯'与'德谟克拉西'两大异彩的文化"①。"遇到问题都是对于前面去下手,这种下手的结果就是改造局面,使其可以满足我们的要求,这是生活本来的路向。"②

中国文化代表人类处理意欲的第二阶段,"意欲"自居一侧、调和持中、随遇而安,从而获得内在的满足和生活的愉快。"遇到问题不去要求解决,改造局面,就在这种境地上求我自己的满足。……这时下手的地方并不在前面,眼睛并不往前看而向旁边看;他并不想奋斗的改造局面,而是回想的随遇而安。他所持应付问题的方法,只是自己意欲的调和罢了。"③

印度文化则代表人类处理意欲的第三阶段,"意欲"反身向后要求,去求得自我否定,消弭意欲。

"遇到问题他就想根本取消这种问题或要求……这也是应付困难的一个办法。"④"我观察西方化有两样特长……一是便是科学的方法,一个便是人的个性申展……前一个是西方学术上特别的精神,后一个是西方社会上特别的精神。"⑤

我们虽然也会打铁、炼钢、做火药、做木活、做石活、建筑房屋、桥

---

① 梁漱溟:《东西文化及其哲学》,载中国文化书院学术委员会编:《梁漱溟全集》(第一卷),山东人民出版社,1989 年,第 353 页。

② 梁漱溟:《东西文化及其哲学》,载中国文化书院学术委员会编:《梁漱溟全集》(第一卷),山东人民出版社,1989 年,第 381 页。

③ 梁漱溟:《东西文化及其哲学》,载中国文化书院学术委员会编:《梁漱溟全集》(第一卷),山东人民出版社,1989 年,第 381 页。

④ 梁漱溟:《东西文化及其哲学》,载中国文化书院学术委员会编:《梁漱溟全集》(第一卷),山东人民出版社,1989 年,第 382 页。

⑤ 梁漱溟:《东西文化及其哲学》,载中国文化书院学术委员会编:《梁漱溟全集》(第一卷),山东人民出版社,1989 年,第 349 页。

梁,以及种种的制作工程,但是我们的制作工程都专靠那工匠心心传授的“手艺”。西方却一切要根据科学——用一种方法把许多零碎的经验,不全的知识,经营成学问,往前探讨,与“手艺”全然分开,而应付一切,解决一切的都凭科学,不在“手艺”。…… 这种一定要求一个客观共认的确实知识的,便是科学的精神;这种全然蔑视客观准程规矩,而专要崇尚天才的,便是艺术的精神。大约在西方便是艺术也是科学化;……而在东方便是科学也是艺术化。①

西方人走上了科学的道,便事事都成了科学的。起首只是自然界的东西,其后种种的人事,上自国家大政,下至社会上琐碎问题,都有许多许多专门的学问,为先事的研究。因为他总要去求客观公认的知识,因果必至的道理,多分可靠的规矩,而绝不听凭个人的聪明小慧到临时去瞎碰。所以拿着一副科学方法,一样一样地都去组织成了学问。……中国是无论大事小事,没有专讲他的科学,凡是读过四书五经的人,便什么理财司法都可做得,但凭你个人的心思手腕去对付就是了。虽然书史上边有许多关于某项事情——例如经济——的思想道理,但都是不成片段,没有组织的。而且这些思想道理多是为着应用而发.不谈应用的纯粹知识,简直没有。这句句都带应用意味的道理,只是术,算不得是学。凡是中国的学问大半是术非学,或说学术不分……与西方把学独立于术之外而有学有术的,全然两个样子。……西方既秉科学的精神,当然产生无数无边的学问。中国既秉艺术的精神当然产不出一门一样的学问来。②

---

① 梁漱溟:《东西文化及其哲学》,载中国文化书院学术委员会编:《梁漱溟全集》(第一卷),山东人民出版社,1989 年,第 354 ~ 355 页。

② 梁漱溟:《东西文化及其哲学》,载中国文化书院学术委员会编:《梁漱溟全集》(第一卷),山东人民出版社,1989 年,第 355 ~ 356 页。

> 我可以断言假使西方化不同我们接触,中国是完全闭关与外间不通风的,就是再走三百年、五百年、一千年也断不会有这些轮船,火车、飞行艇、科学方法和"德谟克拉西"精神产生出来。这句话就是说:中国人不是同西方人走一条路学。因为走得慢,比人家慢了几十里路。……慢慢地走终究有一天赶得上;若是各自走到别的路线上去,别一方向上去,那么,无论走多久,也不会走到那西方人所达到的地点上去的![1]

梁漱溟研究文化主张不是为了提出一种文化理论,而是重在探索中国文化的未来,指出其独特的文化属性,并确定其在世界文化史上的作用与地位。前文提到,中国文化处理意欲的方式决定了中国文化的世界文化史定位,而中国文化所以如此处理人生问题,解决生活的意欲问题的关键就是其产生于社会生活的艺术化的直觉思维方式。梁漱溟强调指出:

> 中国形而上学的问题与西洋、印度全然不同,西洋古代和印度古代……对于宇宙本体的追究,确乎一致。他们一致的地方,正是中国同他们截然不同的地方。……中国自极古的时候传下来的形而上学,作一切大小高低学术之根本思想的是一套讲变化的——绝非静体的。……中国形而上学所讲,既为变化的问题,则其所用之方法,也当然与西洋、印度不同。因为讲具体的问题所用的都是一些静的、呆板的概念,在讲变化时绝对不能适用。他所用的名词只是抽象的、虚的意味。不但阴阳乾坤只表示意味而非实物,就是具体的东西如"潜龙""牝马"之类,到他手里也都成了抽象的意味。若呆板的认为是一条龙、一匹马,那便大

---

① 梁漱溟:《东西文化及其哲学》,载中国文化书院学术委员会编:《梁漱溟全集》(第一卷),山东人民出版社,1989 年,第 392 页。

大错了。我们认识这种抽象的意味或倾向,是用什么作用呢?这就是直觉。我们要认识这种抽象的意来或倾向,完全要用直觉去体会玩味。①

中国这一套形而上学大约都具于《周易》。讲《易经》的许多家的说法原也各有不同,然而我们可以说这所有许多的不同,无论如何不同,却有一个为大家公认的中心意思,就是"调和"。他们虽然不一定像这样说词,但他们心目中的意思确是如此,其大意以为宇宙间实没有那绝对的、单的、极端的、不调和的事物;如果有这些东西,也一定是隐而不现的。凡是显出来的东西都是相对、双、中庸、平衡、调和。一切的存在,都是如此。②

中国的直接思维方式产生的形而上学特别强调"和"与"中",表现在社会关系上,就是儒家所谓的"仁"。梁漱溟指出,"孔子这派的人生哲学完全是从这种形而上学产生出来的","孔子的话没有一句不是说这个的","始终只是一个意思"。③

孔子的人生哲学出于这种形而上学之初一步,就是以生活为对,为好的态度。……这一个"生"字是最重要的观念,知道这个就可以知道所有孔家的话。孔家没有别的,就是要顺着自然道理,顶活泼顶流畅的去生发。他以为宇宙总是向前生发的,万物欲生,即任其生,不加造作

① 梁漱溟:《东西文化及其哲学》,载中国文化书院学术委员会编:《梁漱溟全集》(第一卷),山东人民出版社,1989年,第442~443页。

② 梁漱溟:《东西文化及其哲学》,载中国文化书院学术委员会编:《梁漱溟全集》(第一卷),山东人民出版社,1989年,第442~444页。

③ 梁漱溟:《东西文化及其哲学》,载中国文化书院学术委员会编:《梁漱溟全集》(第一卷),山东人民出版社,1989年,第447页。

必能与宇宙契合，使全宇宙充满了生意春气。[①]

孔子从中国形而上学中学到的重要东西就是不以理智的推理确定人生的态度。梁漱溟称这种态度为“不表示”，实际上就是不以理智推理出逻辑的表示，而纯任人的直觉。“孔子总任他的直觉，没有自己打架，而一般人念念讲理，事实上只讲一半，要用理智推理，结果仍得凭直觉。我们的行为动作，实际上都是直觉支配我们的。理智支配他不动；一边自己要用理智，一边自己实不听他，临时直觉叫我们往那边去，我们就往那边去。这种自己矛盾打架，不过人自己不觉罢了，其实是无时无刻不这样的，留心细省就知道了。调和折中是宇宙的法则，你不遵守，其实已经无时不遵守了。”[②]

孔子从那形而上学所得的另一道理……就是告诉你最好不要操心。你根本错误就在找个道理打量计算着去定。若是打量计算着去走，就调和也不对，不调和也不对，无论怎样都不对；你不打算计量着去走，就通通对了。人自然会走对的路，原不需你操心打量的。遇事他便当下随感而应，这随感而应，通是对的……我们人的生活便是流行之体，他自然走他那最对，最妥帖最适当的路。他那遇事而感而应，就是个变化，这个变化自要得中，自要调和，所以其所应无不恰好。[③]

人能够遇事而感而应无不恰好，就是具有了敏锐的直觉，“此敏锐的直

---

① 梁漱溟：《东西文化及其哲学》，载中国文化书院学术委员会编：《梁漱溟全集》（第一卷），山东人民出版社，1989 年，第 448 页。

② 梁漱溟：《东西文化及其哲学》，载中国文化书院学术委员会编：《梁漱溟全集》（第一卷），山东人民出版社，1989 年，第 451 页。

③ 梁漱溟：《东西文化及其哲学》，载中国文化书院学术委员会编：《梁漱溟全集》（第一卷），山东人民出版社，1989 年，第 452 页。

觉,就是孔子所谓仁"[①]。世界未来文化发展,使"人对于物质生活比今人(指西洋人)一定恬淡许多而且从容不迫,很像中国人从来的样子;因此那时社会上,物质生活的事业也就退处于从属地位,不同现在之成为最主要的;那么,便又是中国的模样。在生产上,必想法增进工作的兴趣,向着艺术的创造这一路上走;那么,又与中国尚个人天才艺术的彩色相合"[②]。

> 统驭式的法律在未来文化中根本不能存在,……只有提高了人格,靠着人类之社会的本能,靠着情感,靠着不分人我,不计较算账的心理,……从情感的活动,融合了人我,走尚情谊尚礼让不计较的道路——这便是从来的中国人之风。……既不用统驭式的法律而靠着尚情无我的心理了,那么,废法之外更如何进一步去陶养性情,自是很要紧的问题。……以后世界是要以礼乐换过法律的,全符合了孔家宗旨而后已。[③]

梁漱溟认为,世界文化的未来变化既然有一个孔家化的阶段,那么中国的出路就不是完全西方化,而是中国文化的复兴。中国文化要复兴必须有限度地学习西方的科学与民主,变未进的文化为既进的文化。中国文化变为既进文化的过程,须立足于解决中国乡村的建设问题,因为乡村建设可以解决作为中国问题总根源的文化失调。梁漱溟"眼中的乡治或村治,全然非所谓什么'当今建设事业之一',或什么'训政时期之一种紧要工作';我是看

---

① 梁漱溟:《东西文化及其哲学》,载中国文化书院学术委员会编:《梁漱溟全集》(第一卷),山东人民出版社,1989年,第453页。

② 梁漱溟:《东西文化及其哲学》,载中国文化书院学术委员会编:《梁漱溟全集》(第一卷),山东人民出版社,1989年,第520页。

③ 梁漱溟:《东西文化及其哲学》,载中国文化书院学术委员会编:《梁漱溟全集》(第一卷),山东人民出版社,1989年,第521~522页。

作中国民族自救运动四五十年来再转再变，转变到今日——亦是到最后——的一新方向。这实是与四五十年来全然不同的一新方向——以前都是往西走，这便要往东走。”[①]之所以如此，乃是因为“一个民族真生命之所寄，寄于其根本精神，抛开了自家根本精神，送了自家前途。自家新生命，全在循固有精神而求进，而向上，不能离开向外以求，不能退坠降格以求。只有发挥自己特长，站在自家原来立脚地上以奋斗，离开不得这里一步。”“除非中国民族更无前途，即亦没什么自救运动再发动起来，如其有之，此新运动之趋向，将不能不从‘民族自觉’出发。”[②]“民族自觉酌头一步，便是觉悟到乡村；从这一步就可以觉悟到一切。觉悟到我们原来社会构造的特殊，觉悟到我们不能不自有我们的前途。”[③]

梁漱溟认为：“中国原为乡村国家，以乡村为根基，以乡村为主体，发育蔚成高度的乡村文明。而近代西洋文明来了，逼着中国往资本主义工商业路上走。……无奈历史命运不得不如此。八十年来，除了乡村破坏外没有都市的兴起，只见固有农业衰残而卒不见新工商业之发达。我们今日的苦痛正在此，然而未来的幸运也在此。盖从大势上反逼着我们走一条不同的路。这一条不同的路，便是从农业引发工业，以乡村为本而繁荣都市，这是在中国今后一定的路线。新社会文明的创成在此，中国之得救在此。”[④]

总之，梁漱溟认为中国的出路，就在于中国乡土社会的建设，即用理性的方法进行乡村建设以改变中国社会结构，建设繁荣富强的国家，即解决中

---

① 梁漱溟：《主编本刊〈村治〉之自白》，载中国文化书院学术委员会编：《梁漱溟全集》（第五卷），山东人民出版社，2005 年，第 21 页。

② 梁漱溟：《中国民族自救运动之最后觉悟》，载中国文化书院学术委员会编：《梁漱溟全集》（第五卷），山东人民出版社，1989 年，第 109 ~ 110 页。

③ 梁漱溟：《乡村建设理论》，载中国文化书院学术委员会编：《梁漱溟全集》（第二卷），山东人民出版社，2005 年，第 486 页。

④ 梁漱溟：《乡村建设旨趣》，载中国文化书院学术委员会编：《梁漱溟全集》（第五卷），山东人民出版社，2005 年，第 578 ~ 580 页。

国问题的唯一正确道路是发挥自身的优势，谋取乡村的发达，完成一种“乡村文明”，即尽量在适合自己特点的情况下尽快完成国家的工业化和现代化，普遍提高乡村文化，发展物质技术，使近代都市的长处在乡村文明中应有尽有。

梁漱溟指出：“中国社会问题是以中国政治问题为中心，我今日所提倡并实地从事之乡村运动，即是我对中国政治问题的一种烦闷而得来之最后答案或结论。”[①]梁漱溟的乡村建设包括乡村救济、乡村自救、经济建设与创新文化等四个方面的内容，其中创新文化既为乡村建设的关键，也是乡村建设一以贯之的重要目标。他认为，乡村建设的主要任务之一，就是为创造性地建立区别于传统家族的新的团体组织形式，以便作为实施经济发展、科技普及、政治改革的组织基础。

梁漱溟认为：“中国今后之团体生活，仍须接续中国过去情义礼俗之精神。如不此之团，而欲移植西洋权力法律之治具于此邦，则中国社会与人与人间关系问题，团体组织新习惯之养成问题，必永无解决之希望。”[②]“中国将来的新社会组织构造成功，虽然也要有法律制度，可是法律制度产生必在礼俗已形成之后。”[③]“所谓建设，不是建设旁的，是建设一个新的社会组织构造——即建设新的礼俗。”[④]

所谓新礼俗是什么？就是中国固有精神与西洋文化的长处，二者

---

① 梁漱溟：《自述》，载中国文化书院学术委员会编：《梁漱溟全集》（第二卷），山东人民出版社，2005年，第15页。

② 梁漱溟：《中国之地方自治问题》，载中国文化书院学术委员会编：《梁漱溟全集》（第五卷），山东人民出版社，2005年，第325页。

③ 梁漱溟：《乡村建设理论》，载中国文化书院学术委员会编：《梁漱溟全集》（第二卷），山东人民出版社，2005年，第278页。

④ 梁漱溟：《乡村建设理论》，载中国文化书院学术委员会编：《梁漱溟全集》（第二卷），山东人民出版社，2005年，第276页。

为具体事实的沟通调和(完全沟通调和成一事实,事实出现我们叫他新礼俗),不只是理论上的沟通,而要紧的是从根本上调和沟通成一个事实。此沟通调和之点有了,中国问题方可解决。……当中国精神与西洋长处二者调和的事实有了时,就是一个新社会的实现,也是人类的一个新生活。[①]

中国精神(孔子的仁爱情谊)与西洋长处(民主与科学)如何调和沟通呢?梁漱溟举例回答说:“党这个东西,是西洋玩艺,虽与中国不合,但是尊崇党魁也与中国人的尊师很相像。其党魁的言教大过一切,这也就是尊贤尊智的意思。因为一个党的成功,其主张理论,常常是他一个人(党魁)创造出来的……那么,这个党中的份子当然要尊重他,多数人要听他的话。”[②]“中国如果有一个团体组织的出现,那就是一个中西具体事实的融合,可以说,是以中国固有精神为主而吸收了西洋人的长处。其组织原理就是根据中国的伦理意思而来的;仿佛在父子、君臣、夫妇、朋友、兄弟这五伦之外,又添了团体对分子、分子对团体一伦而已。这一个团体组织是一个伦理情谊的组织,而以人生向上为前进的目标。”[③]

梁漱溟认为,中国新的社会组织构造的建立,必须从乡村入手。“中国这个国家,仿佛是集家而成乡,集乡而成国。我们求组织,若组织家则嫌范围太小,但一上来就组织国,又未免范围太大;所以乡是一个最适当的范围。……我们的这个新组织,明白地说:是要每一个分子对于团体生活都会

---

① 梁漱溟:《乡村建设理论》,载中国文化书院学术委员会编:《梁漱溟全集》(第二卷),山东人民出版社,2005年,第278页。

② 梁漱溟:《乡村建设理论》,载中国文化书院学术委员会编:《梁漱溟全集》(第二卷),山东人民出版社,2005年,第291页。

③ 梁漱溟:《乡村建设理论》,载中国文化书院学术委员会编:《梁漱溟全集》(第二卷),山东人民出版社,2005年,第308页。

有力的参加。大家都是自动的，靠多数人的力量组织而成，那么，为团体主体的多数人既都在乡村，所以你要启发他自动的力量，启发主体力量，只有从乡村作工夫。……中国新社会组织的苗芽一定要生长于乡村。"①

梁漱溟的乡村建设运动在新社会组织上的创造就是乡农学校，这是一个政教合一的组织，既是行政机关，又是教育机关，全体民众皆得参与。梁漱溟企图利用传统的乡约，重建伦理情谊的社会组织，以道德手段将农民结合起来，进行非官方、非强制的带有自愿组合性质的教育乡民为主的自治。

> 我们要知道乡约的主要之点，就是立志。必须如立志开头，才能有乡约；必须把人生向上之意提起来，才能有乡约。所以我们的乡运也要从发愿来。可是这种立志发愿，不是用强制力能够往前去作的。志愿者何谓也？即自动自发之意，而强制者为被动。自动与被动是不相容的；被动不能发生志愿；出于强制则无志愿，无志愿则完了。用官府的力量就是强制，强制则使乡约成为假的，落于官样文章，而真义已失。②

"我们来组织乡村的时候，大体上是要像乡约一样，大家认识了彼此的真关系，以求增进彼此的关系。把大家放在一种互相爱惜情谊中，互相尊重中，在共同相勉于人生向上中来求解决我们的生活问题。"③梁漱溟关于乡农学校的组织设想是："在一百五六十户至三四百户的自然村范围内，成立由校董会、校长、教员、乡民（学生）四部分人组成的乡农学校。校董会中都是

---

① 梁漱溟：《乡村建设理论》，载中国文化书院学术委员会编：《梁漱溟全集》（第二卷），山东人民出版社，2005 年，第 313 页。

② 梁漱溟：《乡村建设理论》，载中国文化书院学术委员会编：《梁漱溟全集》（第二卷），山东人民出版社，2005 年，第 335 页。

③ 梁漱溟：《乡村建设理论》，载中国文化书院学术委员会编：《梁漱溟全集》（第二卷），山东人民出版社，2005 年，第 329 页。

些领袖人物，再从校董会中推出一个校长，来主持教育的事务，教员也即是乡村运动者，是有新知识且能给农民以指点的人，学众即以成年农民为主的乡村所有居民。"[①]"村学、乡学意在组织乡村，却不想以硬性的法令规定其组织间的分际关系，而想养成一种新礼俗，形著其组织关系于柔性的习惯之上。所以实验计划中设立村学、乡学办法的各条文，其意都很含蓄，且颇富弹性。"[②]

梁漱溟提出了组织中各部分人应遵循的主要原则，如学众要"尊重多数，舍己从人"，"顾全少数，彼此迁就"，"尊重学长"并"接受学长的训饬"等；学长要"自爱自重"，"抚爱后生，调和大众"，"于村中子弟有不肖者，应加督教"等。梁漱溟的乡农学校虽然是让团体里面的每个分子对团体生活会有力地参加，要大家商量着办事，但又反对在讨论决定事情时采取多数表决的方式，一则因为多数表决与中国尚贤尊师的风气不合，二则因为作为多数表决根源的权利观念容易让人走纷争的路，三则个人如提"自由权"，就落入西方社会"个人本位""权利观念"，与中国的伦理精神不合。[③]

乡村建设运动，既是吸收西方科学技术等重建传统伦理本位社会的尝试，也是诸多救国方案之一。当然由于其理论认识上的偏颇和社会条件的不充分，特别是由于抗日战争的爆发，乡村建设派的实践被迫中断，其理论的正确性或合理性变得不那么好把握，甚至成了一个永恒无解的谜团，直至今天依然如此。这是因为虽然乡村建设派由于失去舞台而使其具体救国主张变得不那么可取，但其中包含的文化问题，特别是中国文化在世界的地位问题及其发展路径问题等，却并没有通过革命得到解决，甚至中国文化应该

---

① 善峰：《梁漱溟社会改造构想研究》，山东大学出版社，1996 年，第 290 页。

② 梁漱溟：《村学乡学须知》，载中国文化书院学术委员会编：《梁漱溟全集》（第五卷），山东人民出版社，2005 年，第 448 页。

③ 梁漱溟：《村学乡学须知》，载中国文化书院学术委员会编：《梁漱溟全集》（第五卷），山东人民出版社，2005 年，第 448 页。

怎样建设的问题也没有通过革命得到解决。

中国文化的发展路径及其与世界主流文化的关系,特别是中学与西学的关系,在今天仍然是一个众说纷纭的家常话题,还没有定论。实际上,只要中国在现代化的道路上还没有或不能与西方等量齐观,中国文化的世界化就不可能完成,而中国文化在中国社会中的地位与作用及未来的可能前景等问题,就普遍地萦绕于社会各阶层的心中。因此,乡村建设理论中的文化理论虽然已经没有了直接的文化意义和政治价值,但其所揭示的问题及其部分观点的启发性仍然具有重要理论价值,不容小觑。在可以预期的将来,中国文化何去何从的问题仍然是一个极其重要的理论问题,而且中国社会在现代化阶段的成熟和定型也不能并且无法回避梁漱溟提出的问题。

四、牟宗三返本开新的政治思想

新儒家政治思想发源或开端于康有为,但康氏政治学说既十分庞杂,又在政治主张上不能顺应世界民主潮流,其政治思想乃是古今综合的大杂烩,与新儒家强调政治变革的返本开新论相距甚远。康有为的政治学说可以被看作中国现代政治思潮的实际起点,也可以看作中国政治文化发生重大转折的拐点,但很难被公认为新儒家政治学说的逻辑起点。按照李泽厚的说法,新儒家思想的实际创始人应该是熊十力。①

新儒家在理论上主要关注政治现代化情境下的中国文化议题,特别关注传统儒家现代价值的发掘,希望能够将现代民主与科学扎根于儒家传统中。他们在政治上并不反对西式民主,但特别强调西式民主可以与传统儒家伦理和政治文化很好地对接,即传统儒学中存在着发展西式民主的文化

① 参见李泽厚:《李泽厚十年集:中国现代思想史论》,安徽文艺出版社,1994 年,第 166 页。

基因。但传统儒学毕竟没有发展出西式民主,他们在坦诚承认中国过去无民主制度和民主思想方面远比以民本附会民主的保守人士令人钦佩。新儒家认为中国过去的专制政治建立在思维有偏失的基础上,过于强调良知而相对忽视了理性的作用,虽然良知在政治中也具有重要价值。

新儒家返本开新的政治哲学,一般来说,包含四方面的内容:其一,系统阐述政治系统的道德本体根基,而不是仅仅议论以国家为中心的政治现象,即新儒家是把政治学当作人学来进行研究;其二,充分肯定民主政治的普世价值,强调中国政治的可能前途中只有民主政治是最佳选择;其三,中国传统没有民主政治,也没有民主思想,而只有集权与专制的政治制度与思想;其四,虽然中国传统没有产生民主政治的本体依据,存在一定的心性本体缺陷,但心性本体的缺陷可以经过改造而成为民主政治的基础。牟宗三是新儒家中的重要政治哲学家,他比较完整地呈现了新儒家政治思想中最主要的部分,是新儒家在政治哲学上的主要代表人物。①

牟宗三,字离中,山东栖霞人,生于清宣统元年,即1909年,1995年在台北去世,是新儒家的重要代表人物之一。牟宗三毕业于北京大学哲学系,先后任教于华西大学、中央大学、金陵大学、浙江大学、台北师范大学、台湾东海大学、香港大学、香港中文大学新亚书院,讲授逻辑学、西方哲学、中国哲学、康德哲学,退休后专任新亚研究所教授。② 牟宗三自述其为学三阶段经历曰:20世纪30至40年代为第一阶段,主要从事逻辑学、知识论和康德知性哲学研究;50年代为第二阶段,研究重心转移到中国历史文化及中国文化的出路问题上;60年代为第三阶段,又转而从头疏解中国传统的儒、佛、道三家之学,而尤其侧重于宋明理学的研究,谋求儒家哲学与康德哲学的融通,

① 牟宗三以前的新儒家没有系统地阐述过政治哲学,也没有人对新儒家的政治理念进行过高度抽象的概括。

② 参见《牟宗三简谱》,载李山:《牟宗三传》,中央民族大学出版社,2002年,第299~311页。

以重建儒家的“道德的形而上学”。[①] 牟宗三的政治思想偏重抽象的政治哲学，散见于其哲学著作中，其中《历史哲学》《政道与治道》《道德的理想主义》等具有较多的政治哲学内容。[②] 本节仅拟结合上述著作中的政治哲学论述，简要论述其返本开新的政治哲学理论。

牟宗三主要是从中国文化何去何从的角度，系统谈论了新儒家的政治哲学，其理论自是经不起也不能用政治科学的尺度予以检验，而只能看作一种企图为中国奠定民主基础的本土理论。牟宗三的政治哲学与其历史哲学一样，想象和臆断的成分比较多，甚至有许多事实完全违背了其原始真实性，而屈从于其理论推理的需要，而其推理又多半是一种没有前提和不顾事实的先验性纯推理。牟宗三从文化哲学的角度探讨了20世纪上半叶中国的巨大时代变革，特别是中国共产党领导的人民革命在全国获胜这一时代巨变。他继承和坚持了保守主义前辈们对西方文化的长处是科学与民主的判断，并认定“近时整个时代之症结端在文化理想之失调与冲突”[③]。他一方面认为：“西方文化入近代以来，本有其积极之成就：一为民族国家之建立，二为科学之发展，三为自由民主之实现。此中皆有人类之积极精神在。”[④]另一方面，他又指出：“民族国家之建立固是每一民族之佳事，而因缘际会，演变而为帝国主义，则国家亦适为近人诟诋之对象。科学之发展固是知识上之佳事，然人之心思为科学所吸住，转而为对于价值德行学问之忽视，则亦正是时代之大病。自由民主之实现固是政体上之佳事，然于一般生活上亦易使人之心思益趋于社会(泛化)、庸俗化，而流于真实个性、真实主观性之丧失，真实人格、创造灵感之丧失，则亦是时代精神下低沈之征象。此后两者

---

① 牟宗三：《撰述原委及措思线索》，载黄克剑编：《牟宗三集》，群言出版社，1993年，第73~74页。

② 参见《牟宗三简谱》，载李山：《牟宗三传》，中央民族大学出版社，2002年，第299~311页。

③ 牟宗三：《道德的理想主义》，台湾学生书局，1992年。

④ 牟宗三：《道德的理想主义》，台湾学生书局，1992年。

所转生之时代病，吾人名之曰人类精神之量化，亦曰外在化。”①

中国在接受西方文明的优点时也受到了人类精神量化过度的不良影响，其中马克思主义对中国的影响就属于人类精神中量化精神过度的产物。

> 马克思顺西方阶级斗争之历史，认为近代之成就皆是第三阶级之成就，而于其流弊，则集中其观察于资本主义以及帝国主义之罪恶。因此顺第三阶级推进一步提出第四阶级之解放问题，而有共产主义之宣言，因而有共产党之组织，与无产阶级之革命。而其基本精神，则顺先在之量的精神而更推进一步，彻底以唯物论为立场，此为量的精神之极端化。量的精神之极端化，在政治上表现为极权，在社会上表现为集体农场、人民公社，视人民如蚂蚁，如螺丝钉，结果为彻底之虚无主义，将人间投置于漆黑之深渊。此为此时代大病之所在，演成今日极权与自由两世界之对立。②

牟宗三将人看作一个一个根源于道德感的文化存在，文化被集中概括为生命人格的表现。他指出：“文化是人创造的，是人的精神活动的表现，不是脱离人而现成地摆在外面，如是，你把文化收进来而内在于人的生命，内在于人的精神活动，视文化为古今圣贤豪杰诸伟大人格的精神表现，而不是与人格生命不相干的一大堆外在的材料，则综合起来了解文化是可能的。这样综合起来了解文化，就是了解创造文化的生命人格之表现方式……这种生命人格之精神表现的方式也就是文化生命之表现的方式。依是，综合起来而了解文化就是了解一个民族的文化生命之表现的方式或途径。”③

---

① 牟宗三：《道德的理想主义》，台湾学生书局，1992 年。
② 牟宗三：《道德的理想主义》，台湾学生书局，1992 年。
③ 牟宗三：《道德的理想主义》，台湾学生书局，1992 年。

在人类社会中,"'道德的心'是普遍地存在着的。……道德的心,浅显言之,就是一种'道德感'。经典地言之,就是一种生动活泼怵惕恻隐的仁心。……怵惕恻隐是生动活泼之特殊化……它……在不滞之心之感通中,常是好善恶恶,为善去恶,有所不忍,迁善改过"①。"道德的心"即是文化意识的根,而"人文主义,不外是把文化意识提高"②。人文主义系统从根本上也根源于"道德的心",道统与学统、政统皆根源于"道德的心",是道德的心或道德感的外化。

道德的心外化来的人文主义系统,"必须含有三个部门之建立:一、道德宗教的学问之纲维及其转为文制而成日常生活方面的常规,必须予以充分的重视。即必须在科学知识以外,承认有更高一层,更具纲维性,笼罩性的圣贤学问之存在。这方面的开发与承续,从学问方面说,名曰道统之不断;从文制方面说,名曰日常生活方面的常轨之建立。二、作为政治生活的常规的民主政治,必须视为生命中生根的真实理想,疏导出其基本精神与价值,而促其实现。这里含有人类客观精神的奋斗史。必须疏导出中国的文化生命里何以未发展出,西方的文化生命里何以会发展出,而且必通晓政治形态之发展与转进。这方面的开发与承续,吾人名曰政统之不断。三、科学代表知识,这是生命与外界通气的一个通孔。吾人必须了解它的基本精神与特性,必须疏导出中国文化生命里何以不出现逻辑、数学与科学,西方文化生命里何以会出现。这是知识方面'学之为学'的问题。这方面的成立与继续,名曰学统之不断"③。

牟宗三设计的人文主义系统从"道德的心"的开出路径为:

一是"遮拨一切僵化物化而唯自内透显一'道德的精神主体',以立

① 牟宗三:《道德的理想主义》,台湾学生书局,1992 年。

② 牟宗三:《道德的理想主义》,台湾学生书局,1992 年。

③ 牟宗三:《道德的理想主义》,台湾学生书局,1992 年。

大本”；

二是“树立道德的主体，始能开出人文世界”；

三是“由道德的主体始真能开出理想与价值之源，人性与个性之源”；

四是“通过此历史文化意识所确定之古典精神始能客观化吾人之心灵生命于文化生命之大流中，而通古今之变”；

五是人文主义中客观主义的特征“必须不只泛言人文世界之肯定，且须在道德理性之客观实践一面转出并肯定民主政治，且须知道德理性之能通出去，必于精神主体中转出‘知性主体’以成立并肯定科学”①。

牟宗三认为：中国思想的“进路或出发点不是由知识上的定义入手”，“它没有知识论与逻辑”，“它的着重点是生命与德行”，“它的出发点或进路是敬天爱民的道德实践，是践仁成圣的道德实践，是由这种实践注意到‘性命天道相贯通’而开出的”。②“中国的哲人多不着意于理智的思辨，更无对观念或概念下定义的兴趣。”③

> 希腊哲学是重知解的，中国哲学则是重实践的。实践的方式初期主要是在政治上表现善的理想，例如尧、舜、禹、汤、文、武诸哲人，都不是纯粹的哲人，而都是兼备圣王与哲人的双重身份。这些人物都是政治领袖。与希腊哲学传统中那些哲学家不同。在中国古代，圣和哲两个观念是相通的。哲字的原义是明智，明智加以德行化和人格化，便圣了。因此圣哲二字常被连用而成一词。圣王重理想的实践，实践的过程即为政治的活动。此等活动是由自己出发，而关联着人、事和天三方面。所以政治的成功，取决于主体对外界人、事、天三方面关系的合理

① 牟宗三：《道德的理想主义》，台湾学生书局，1992年。
② 牟宗三：《中国哲学的特质》，上海古籍出版社，2005年。
③ 牟宗三：《中国哲学的特质》，上海古籍出版社，2005年。

与调和;而要达到合理与调和,必须从自己的内省修德作起,即是先要培养德行的主体,故此必说“正德”然后才可说“利用”与“厚生”。中国的圣人,必由德行的实践,以达政治理想的实践。……从德行实践的态度出发,是以自己的生命本身为对象……他们正视道德人格的生命,使生命“行之乎仁义之涂”,以精神生命的涵养来控制情欲生命……儒家的正视生命,全在道德的实践,丝毫不像西洋的英雄主义……中国圣王的表现,是必然兼有而且驾临于情欲生命强度的道德生命强度。[①] ……

中国哲学之重道德性是根源于忧患的意识。中国人的忧患意识特别强烈,由此种忧患意识可产生道德意识。忧患并非如杞人忧天之无聊,更非如患得患失之庸俗。……君子永远是坦荡荡的。他所忧的不是财货权势的未足,而是德之未修与学之未讲。他的忧患,终生无已,而永在坦荡荡的胸怀中。……圣人焉得无忧患之心?他所抱憾所担忧的,不是万物的不能生育,而是万物生育之不得其所。这样的忧患意识,逐渐伸张扩大,最后凝成悲天悯人的观念。悲悯是理想主义者才有的感情。……儒家由悲悯之情而言积极的、入世的参赞天地的化育。[②]

牟宗三说,“中国文化的现代意义,亦即其本身的现代化,首先即是要求新外王”,[③]“以现在的观点衡之,中国文化整个看起来,外王皆不够”,[④]“今天这个时代所要求的新外王,即是科学与民主政治。……要求民主政治乃是‘新外王’的第一义,此乃新外王的形式意义、形式条件……另一面则是科学,科学是‘新外王’的材质条件,亦即新外王的材料、内容”[⑤]。牟宗三认为:

① 牟宗三:《中国哲学的特质》,上海古籍出版社,2005 年。
② 牟宗三:《中国哲学的特质》,上海古籍出版社,2005 年。
③ 牟宗三:《政道与治道》,广西师范大学出版社,2006 年,第 15 页。
④ 牟宗三:《政道与治道》,广西师范大学出版社,2006 年,第 5 页。
⑤ 牟宗三:《政道与治道》,广西师范大学出版社,2006 年,第 11 页。

“现代化的基本精神是‘对列格局’(Co - ordination)之形成,……中国早有了理性的作用表现;……另外一方面,我们又常感到中国文化的不够,这个不够的关键即在政权不民主,亦即缺乏理性的架构表现。”①但现代化不能失去民族主体性或民族本位,“中国文化若想最后还能保持得住,还能往前发展,开无限的未来,只有维持住自己的主体性始得”②。

维持住中国的文化主体性,并在此基础上开出民主与科学的“新外王”,这是牟宗三的基本政治哲学观点。他指出:“中国文化生命中,政道之不立,事功之萎缩,科学知识之停滞(停滞于原始阶段而不前),必有其故矣。中国文化生命偏重在理性之内容表现与运用变现也。……解答之线索既得,则问题即在:如何能从运用表现转出架构表现……如何能将架构表现统摄于运用表现。”③又说:“夫既曰外王,则其不能背乎内圣亦明矣。……内圣之学即儒家之‘心性之学’,其直接之本分乃在道德宗教之成立。然儒家之教与普通宗教本不同。其以道德实践为中心,虽上达天德,成圣成贤,然亦必赅摄家国天下为一,始能得其究极之圆满。故政道、事功与科学,亦必为其所肯定而要求其实现。反之,政道、事功与科学亦必统摄于心性之实学,而不能背离此本源。”④

中国传统理性的运用表现如何转出理性的架构表现,并由此而实现内圣开出“新外王”的诉求?理性的“运用表现自德行发,是属于内圣的事”,“讲内圣必通着外王,外王是内圣的通出去。……但通有直通与曲通。直通是以前的讲法,曲通是我们现在关联着科学与民主政治的讲法。我们以为曲通才能尽外王之极致,如只是直通,则只成外王之退缩。在曲通之下,其

① 牟宗三:《政道与治道》,广西师范大学出版社,2006 年,第 19 ~ 20 页。
② 牟宗三:《政道与治道》,广西师范大学出版社,2006 年,第 22 页。
③ 牟宗三:《政道与治道》,广西师范大学出版社,2006 年,第 1 页。
④ 牟宗三:《政道与治道》,广西师范大学出版社,2006 年,第 2 页。

中有一种转折上的突变,……这即表示:从理性之运用表现直接推不出架构表现来"。[①] 他指出:

> 曲通是以"转折的突变"来规定,而转折之所以为转折,则因有一种"逆"的意义存在。这"逆"的意义之形成是这样的:德行,在其直接的道德意义中,在其作用表现中,虽不含有架构表现中的科学与民主,但其道德理性,依其本性而言之,却不能不要求代表知识的科学与表现正义公道的民主政治。而内在于科学与民主而言,成就这两者的"理性之架构表现",其本性却又与德行之道德意义与作用表现相违反,即观察理性与实践理性相违反。即在此违反上遂显出一个"逆"字来,它要求一个与其本性相违反的东西,这显然是一种矛盾。……但若内在贯通地观之,则若必须在此一逆中始能满足其要求、实现其要求,则此表面之矛盾即在一实现或满足中得消融。[②]

这种"逆"的转出方法或方式就是道德理性或良知的"自我坎陷"。"要成就那外部地说的必然","知体明觉不能永停在明觉之感应上。它必须自觉地自我否定(亦即自我坎陷),转而为'知性',此知性与物为对,始能使物成为'对象',从而究知其曲折之相。它必须经由这一步自我坎陷,它始能充分实现其自己,此即所谓辩证的开显。它经由自我坎陷转为知性,它始能解决那属于人的一切特殊问题,而其道德的心愿亦始能畅达无阻。否则,险阻不能克服,其道德心愿即枯萎而退缩。……良知良能至简至易,然而它未始不知有险阻。知有险阻而欲克服之,它必须转为知性。故知险知阻中即含

① 牟宗三:《政道与治道》,广西师范大学出版社,2006年,第48~49页。
② 牟宗三:《政道与治道》,广西师范大学出版社,2006年,第49~50页。

有一种辩证的申展。故其自我坎陷以成认知的主体(知性)乃其道德心愿之所自觉地要求的。这一步曲折是必要的。经过这一曲,它始能达,此之谓'曲达'"。①

> 知体明觉之自觉地自我坎陷即是其自觉地从无执转为执。自我坎陷就是执。……经由这—执所成的认知主体(知件)是一个逻辑的我,形式的我,架构的我……它的本质作用是思……它由知体明觉之停住而成,也就是执的思。……以执思为自性的"思的我"空无内容,定常而为形式的我……既有此停住而白持其自己的"形式的我",则明觉感应中之物即被推出去而成为一所思之对象,此对象即是现象义的对象。②

知性形式我的开出,也就是架构理性的开出,而架构理性的开出也就是"新外王"的开出。

现代新儒家的思想主要是文化思想或文化哲学,为了发展和伸展其文化思想或文化哲学,特别是由于受到传统儒家对人的整体主义的认识态度的影响,更由于他们对人的文化主体性的强调,其理论不能不涉及政治领域。但现代新儒家主要的兴趣点显然不在政治上,其理论贡献当然也主要不在政治领域。牟宗三是现代新儒家中政治哲学最典型也最完整的思想家,其理论价值大小姑且不论,仅就其代表性而言就值得重视,何况他还是"中体西用"发展的最新款式。对于一切想走"中体西用"思想路线的人来说,牟宗三的政治哲学思想就是一面镜子,看看"中体"与"西用"的结合,在

---

① 牟宗三:《现象与物自身》,载黄克剑、林少敏编:《牟宗三集》,群言出版社,1993 年,第 460 ~ 461 页。

② 牟宗三:《现象与物自身》,载黄克剑、林少敏编:《牟宗三集》,群言出版社,1993 年,第 461 ~ 463 页。

逻辑上是否可能天衣无缝或真正合为一体。

牟宗三政治哲学的观点是否有说服力,已经有许多反对者进行了系统的说明,这里不拟赘述,归结评论者的观点一言以蔽之,就是内圣开不出“新外王”。儒家的思想影响如果仅仅在道德的内圣领域言之,还是很可以的,而且前景也可能比较乐观,但进入政治领域就不那么令人看好。不过,现代新儒家的新或现代都来自社会极速变化带来的西式影响,西式影响的大小多少强弱决定了新儒家新的深度和程度。对于内地而言,许多归宗或自认为自己是现代儒家的思想家,在新的深度与程度上还远远不能与牟宗三相比,其主张儒化西学的观点,在理论上也就因无多大意义而不值一提了,虽然他们的理论和道德勇气确实令人钦佩,但理论及政治见识却不能不令人大跌眼镜。

第七章　中国自由主义政治思想

中国自由主义政治思想研究可能是个世界性难题,这倒不是因为其有世界性贡献,而是因为中国自由主义除了研究它的学者外几乎没有什么政治或思想影响。中国自由主义政治思想研究之所以是个世界性难题,可能还恰恰是因为无法细说其具体的政治、历史和理论影响,因为哪些人及哪些观点可以被概括成中国自由主义实在是个太过艰难的问题。人们在这些问题上的回答五花八门且共识稀少,即使是对众所周知的自由主义,人们的评价性说法往往也悬殊很大。[①] 中国学者的研究因为受自由主义影响不够,甚至因为对自由主义了解太少而缺乏真正同情的了解,外国学者则由于对中国国情不够熟悉,对思想家做了过分西化的评价。那么中国自由主义何以这么难于研究和评价呢? 我想主要原因大概有以下三点:

其一,中国自从与西方接触以来就一直是自由主义极端不发达的环境,而且中国也没有自由主义的传统或血脉,这就造成了国内学者在研究自由主义时相关学术素养的先天不足。中国自由主义是比较纯粹而完全的舶来物[②],

---

① 参见闫润鱼:《20 世纪 90 年代以来中国近代自由主义研究述评》,载《教学与研究》2004 年第 6 期。

② 尽管有学者认为中国传统的仁政和道家的“无为”强调少干预就是自由,但多数学者不赞成。

在舶来之初就已经受到传统自由主义空白的极大限制,再加之中国学习西方的被动性,更是造成了自由主义不是作为西方社会整体的一部分被注意到的,而是作为一种富国强兵的狭隘的功利主义工具被注意到的,主要注意了其工具性而忽视了其学理性。

中国自由主义由于没有了学理上的必要支撑而沦落为一种赤裸裸的工具,那么自由主义所以为自由主义的理论性就相当稀少了。这种稀少直接导致了中国自由主义者的两张面孔:一是自由主义者间共识不够,你也自由主义者,我也自由主义者,他也自由主义者,实际上都是对真正自由主义思想各取所需,观点与主张往往冲突得厉害;二是自由主义者的立场不够坚定,虽然被人看作自由主义者,但有时候成为自由主义的反对者,有时候成为自由主义旁观者。中国现代除了少数几个自由主义的原教旨主义者外,大量的自由主义者是这种不彻底不忠诚的自由主义者。这就给把握中国自由主义者的内涵和外延带来了不小困难。西方熟悉典型自由主义思想的汉学家都不能把握中国自由主义的内涵和外延,那么不熟悉自由主义基本原则的中国学者当然就更难以把握了。

其二,中国自由主义的时代大环境及自由主义背景比较复杂。一方面,中国自由主义思想产生和发展在新老自由主义之间的过渡性阶段,具有综合新老自由主义思想的特点,甚至其中还有社会主义思潮的典型特点。这个环境不是可以自由选择的,也是不容忽视的。中国现代由于把现代与后现代的问题叠加在一起,既需要经典自由主义思想,又需要现代自由主义思想,甚至还需要点社会主义思想,因此思想家们在自身还比较存在较多理论盲区的情况下,就迫不及待地综合了经典自由主义、现代自由主义和部分社会主义,从而使思想面貌混沌难辨。

另一方面,中国自由主义者身上的东方思想也影响了其对西方自由主义的理解,从而影响了自由主义思想在具体思想家身上的理论纯度,即使纯度比较高的胡适也留下了东方儒家思想的印记。当然由于中国自由主义者的主要群体是留学生,因此留学背景也对其自由主义思想的纯度有重大的潜在影响。中国留学生主要去向是日本、美国、法国、德国和俄国,由于美国以外的国家都盛行着这样那样的社会主义思想,存在着影响较大的社会民主主义,或者活跃着一批宣传社会主义或共产主义的理论家,因此大陆法传统国家的中国留学生比较倾向于社会民主主义或社会主义,即使在自由主义者身上也不例外。[①] 美国等国的中国留学生则比较容易接受经典自由主义思想,少数时代稍后一点的也会受社会主义思想的影响,而成为带有社会主义色泽的自由主义者。[②]

其三,中国自由主义思想同中国现代其他政治思想一样,思想逻辑的追求不强烈,思想的逻辑性也不强,用自由主义思想的严密逻辑性检验中国自由主义者,几乎找不出一个符合的对象。中国现代思想的非逻辑性如同传统时代一样,思想和思想家都是针对现实的问题发表言论或观点,基本没有学理上的逻辑性。中国自由主义思想也是在时代突出的民族难题面前的一种权宜选择,许多人不重视论证自由主义,而仅仅是引用自由主义的某些说法或判断,有人引用多而系统就成了自由主义者,有人引用少而凌乱就没有机会佩戴这个头衔。自由主义在中国不充分引进不是因为其思想逻辑,自由主义的推进和普及也不是因为其思想逻辑,同样其退出民国历史也不是因为其逻辑,而是因为其非逻辑的结果不能与其他思想匹敌。既然中国自由主义不是以理性和逻辑表示自己的卓越,并以自身理性的卓越而征服社会,那么他也不是因为其思想的理性和逻辑而征服了中国的自由主义者,所以中国的自由主义者大多只是西方自由主义的同情者和利用者。因此,现

① 其主要代表就是以社会民主主义为主要思想内核的张君劢,具体内容参见后文相关部分。

② 其主要代表就是以集资本主义与社会主义平等为一体而强调协调的萧公权,具体内容参见后文相关部分。

代人以比较严谨的自由主义思想为标准谈论中国自由主义,自然就很难找到合适的标准和对象,以至于很难产生有学理说服力的成果。

中国自由主义在西方没有思想意义,但其在中国确有重大社会和思想意义。下面,我们就简要论述一下中国自由主义的政治思想。

一、中国自由主义溯源及特点

中国古来没有自由主义思想,这原本是学术思想界的共识。但自从西方自由主义思想的传入并在中国深入人心后,国人中便不乏有人从国粹中发掘所谓自由主义思想。有人钟情于儒家,企图从仁政中发掘自由思想,将儒家提倡的经济不干预等看作自由主义的不干预,或在儒家中发现了自由主义思想的资源,甚至给出了儒家自由主义的方向。有人钟情于道家,将道家的无为看成自由。不论人们以何种方法发掘或发现古代中国的自由主义思想,都不能改变一个基本事实,这就是,中国自由主义思想的起点,只能是近代翻译西方的政治法律著作。但中国历来有丰富的著作思想传统,而且中国近代的民族主义情结又特别强烈,这就造成了中国自由主义思想在学习西方的自由主义时有意无意地掺入了不少儒家或道家的思想。

陈旭麓先生指出:“研究近代思想史,周知要掌握两个来源,一是西方,一是古代,对民主思想史的研究更如此。”[①]中国自由主义是近现代的中国民主思想的重要组成部分,注定是一种中西方思想的混合。这就要求我们在学习和了解中国自由主义时必须了解她的中国和西方的两种思想源头。不然,我们就无法理解中国自由主义何以具有许多与西方自由主义不同的特

---

① 陈旭麓:《民主思想的长卷——〈中国近代民主思想史〉序言》,载陈旭麓:《浮想偶存》(陈旭麓文集第四卷),华东师范大学出版社,1997 年,第 209 页。

点，并无以解释中国自由主义在中国的尴尬遭遇。

中国自由主义的尴尬在于：一方面，自由主义传入并扎根中国是一件划时代的大事，正是自由主义从根本上改变了传统中国的政治轨迹，而且近现代中国政治上的进步也与自由主义的不断输入密切相关。另一方面，自由主义在近现代又一直不能成为时代的指导思想，而是面临被挤兑和遏制的窘迫境地；中国社会政治的文明进步需要自由主义的滋养，然而自由主义在中国却不能顺利发展，自由主义的理念对中国始终显得有点格格不入。从中国自由主义的主要观点及自由主义者的一贯程度来看，他们对自由主义的忠诚和思想纯度也不够，在提倡和坚持自由主义时往往表现出有始无终或朝秦暮楚。① 中国自由主义既没有继承西方自由主义的完整逻辑，自身也没有建构起西方自由主义那样完整的思想逻辑。因此中国自由主义研究实际上并不能整理出其思想的清晰思路和基本逻辑，而只能拾捡出其中晶莹的思想珍珠。

中国的自由主义何以会有如此的特点？这就不能不从中国自由主义的产生源头上寻找答案。从源头上说，中国自由主义从一开始发展就受到中国传统政治思想的濡染和制约，从而背离了经典自由主义的思想轨道。② 中国自由主义虽然完全是舶来物，但其舶来的时间却相当晚，几乎是在与西方文明亲密接触了半个世纪后才开始舶来的，其中标志性的人物就是严复。

严复被看作中国近代自由主义的开山人，因为他比较早地传播了西方英美传统的社会思想、政治思想与哲学思想。③ 但严复并不是一个纯粹的西方自由主义者，而是一个将中国传统与西方思想结合起来的过渡性思想人

---

① 参见董国强：《论1910—1930年代中国自由主义知识分子的发展流变——以〈新青年〉同人群体、“新月派”和“独立评论派”的结构分析为视角》，载《民国档案》2003年第2期。

② 参见卢毅：《从个人到社群：中国近代自由主义者的困顿——以严复、孙中山为例的个案研究》，载《人文杂志》2002年第4期。

③ 参见胡伟希：《中国自由主义之父——严复》，载《甘肃社会科学》1994年第2期。

物,而且其思想深处的中国传统属性远远大于其吸纳的西方现代属性。一方面,严复坚持用中国传统范畴和概念等翻译西方的人文社科著作,这就限制了西方思想在中国的充分传播,从而只能引进中国传统熟悉的经验主义及进化论思想,而没有系统引进西方自由主义政治思想。另一方面,严复用近代民族国家间激烈竞争的进化论,说明西方的优势及中国的困境,并借以激发国人的爱国、救国热情,这本身就是非自由主义的做法,因为严复说到底也是把人作为国家民族的工具,而不是政治系统的根本目的。

西方自由主义者的基本立场就是把人作为国家的目的,而不是相反。从国家摆脱危亡的立场出发,自由主义只能作为手段,自由主义所尊崇的个人也只能是手段,而将个人看作手段的自由主义就不是纯粹的或真正的自由主义,而只能是中国化了的自由主义。[①] 中国化了的自由主义只能是濡染了中国传统政治思想的现代中国政治思想。中国传统政治思想对自由主义的濡染,造成了现代中国自由主义对西方自由主义原教旨思想的背离,而现代中国自由主义的发展在某种程度上就是回归自由主义的经典轨道。不过,中国自由主义在其有限的历史征程上并没有回归经典自由主义的思想轨道。自由主义在中国的真正信徒非常少,可以说现代中国缺少自由主义的原教旨主义信徒,而多的是把自由主义作为爱国、救国有效工具的民族主义者。[②] 正因为如此,现代中国自由主义从一开始就遇上了对自己"不忠"的爱慕者,虽然刚开始时,他们都表现出了对自由主义的浓厚兴趣,并在传播自由主义思想方面做出了重要贡献,但不久就纷纷放弃了对自由主义的信仰,或者转投别的主义,或者公开地反对自由主义的基本价值,或者因为民

---

① 参见陈櫓、杨勇:《近代中国自由主义的思想偏差及其原因分析》,载《南京社会科学》2003年第8期。

② 参见章清:《"国家"与"个人"之间——略论晚清中国对"自由"的阐述》,载《史林》2007年第3期。

族主义的目标而熄灭了自由主义的政治理想。[①] 现代中国自由主义者对自由主义的不忠,还表现在他们开始传播自由主义时就已经同时在传播西方的其他政治思想,这在某种程度上表现出了对自由主义完整逻辑的不信任,至少也是对自由主义完整逻辑缺乏必要的兴趣。[②]

中国现代自由主义可以利用的思想资源虽然比较丰富,但也暴露出了一些重要的问题。这些问题主要有:第一,西方自由主义思想已经处在转折阶段,经典自由主义已经暴露出很大的问题,新自由主义已经呼之欲出,而新自由主义与经典自由主义在如何看待政府方面存在明显的思想差别。[③] 这就给中国的自由主义者增添了选择困难,并造成了中国自由主义思想逻辑混乱的客观前提。第二,西方自由主义在20世纪初已经清楚地展示了自由主义的两种不同路径,即大陆唯理性主义的自由主义路径和英美经验主义的自由主义路径。[④] 大陆唯理性主义注重平等和解放,英美经验主义注重自由和权利,这种不同在西方已经各自成一统,但在向西方学习自由主义的中国却不免产生许多无法解决的困惑和许多思想悖论。第三,西方资本主义已经孕育并促进了自己敌人的成长,资本主义与社会主义的争论已经深入人心,而社会主义的思想根基部分与自由主义雷同,但思想主张却截然相反。这在客观上导致中国自由主义以社会主义为标准,对西方自由主义经典思想进行反省乃至是批判,并造成中国自由主义思想中存在较多社会主义思想的事实,并因此而奠定了自由主义思想家最终倒戈走向社会主义的思想基础。第四,中国自由主义者从根本上说都是民族主义者,这既与现代

---

① 参见林建华:《论"修正组合型"的自由主义——兼论20世纪40年代中国自由主义思潮的特点》,载《北方论丛》2004年第4期。

② 参见张玉龙:《蒋廷黻留美时期政治思想略论》,载《东南学术》2007年第6期。

③ 参见徐大同等主编:《现代西方政治思潮》,高等教育出版社,2006年,第1~14页。

④ 参见顾准:《直接民主与"议会清谈馆"》,载《顾准文集》,贵州人民出版社,1994年,第354~369页。

世界民族国家观念的流行有关,也与救亡图存的时代大背景有关。现代中国的先进人物如严复等首先看中了西方自由主义实现国富兵强的事实,并率先输入英国古典自由主义思想,而被民族主义包裹或侵袭的自由主义,必然会渐渐被民族主义吞噬,20 世纪前半叶,中国自由主义从根本上说就是被民族主义吞噬了。[①] 自由主义本身一旦被看作实现民族主义的手段,就决定了它必然被民族主义吞噬的悲剧命运,而且即使是在被民族主义吞噬以前,自由主义也随时有可能被更有效的民族主义工具所取代。20 世纪 30 年代发生的“自由与独裁大论战”就典型地体现了这点,许多曾经是自由主义卫士的人,在这场论战中站到了自由主义的对立面,主张独裁的集权。[②]

中国的自由主义是在缺乏市场经济或市民社会基础的条件下存在的,不仅缺乏来自社会相应阶级和阶层的呼应,而且自由主义者对自由主义基本精神的理解也不很深刻,甚至根本不到位。这就决定了自由主义思想在中国如同一层薄薄的涂料,经不起时代风浪的激烈冲洗。不论是轰轰烈烈的大革命、如火如荼的抗日烽火,还是政治军事集团的对决,都可能影响甚至终结中国自由主义的思想逻辑。不过,自由主义作为现代世界的思想底色,一旦传入中国就会给国人留下深刻的记忆,这种记忆在某种程度上就是自由主义思想的草种。尽管屡屡遭受炼狱的火烤,一旦时机来临、条件具备,自由主义的草种还是会发芽,还是会成长,尽管路途遥遥,但只要中国与世界不隔绝,自由主义的草种就有机会长成参天大树。[③] 这是因为自由主义思想中包含了市民社会和市场经济的某些不可忽视的重要原则或理念。市场经济或市民社会对自由主义的需求几乎是一种本能的需求,即使实行社

---

① 参见张晓平、张云秀:《自由主义之殇——论近代中国社会转型中的自由主义》,载《探索》2004 年第 2 期。

② 参见王天根:《抗日战争前夕的学人论政——以〈独立评论〉的“民主与独裁论争”为中心》,载《厦门大学学报》(哲学社会科学版)2006 年第 3 期。

③ 参见刘艳霞、李桂丽:《自由主义在当今中国的发展》,载《社科纵横》2006 年第 8 期。

会主义的国家,只要建立了市场经济,形成了市民社会,自由主义的某些原则就不可或缺。[①]

自由主义一方面包含了人类在这个历史阶段创造的某些普遍的思想,这些普遍的思想需要经历很长的历史时期才会过时,或许其中还有些思想会伴随人类历史到永远,起码在可以预期的未来,自由主义的这些普遍思想还不会过时或失宠。[②] 另一方面,虽然自由主义思想在西方遇到了挑衅,但迄今为止的自由主义仍然是西方发达国家基础性的主流思想,仍然具有强劲的发展势头,仍然在为市场经济或市民社会创造着一定的普遍思想基础。中国与世界各国的普遍性联系越是密切,就越是需要比较多的自由主义思想成分,而自由主义思想成分越多,就越是有利于加强中国与世界各国的普遍联系。[③] 中国在发展的过程中越来越加强了与世界各国的普遍联系,与发达国家共享的东西也越来越多,其中思想与价值方面的共享也越发不可或缺,而自由主义作为现代世界的基础性思想就越来越成为中国与世界共享思想与价值的媒介。总之,中国与世界的普遍性联系日益加强,为自由主义思想在中国的传播提供了社会基础,而中国社会的自由主义记忆则成了中国自由主义思想进一步发展的重要思想资源。

自由主义在西方既是古老的,又是普遍的。自从世界一体化开始以来,西方的自由主义随全球化运动而成为世界上广为流行的普遍思想,并成为比较封闭的国家融入国际社会的思想中介。[④] 中国自由主义的产生既是现代中国日益融入世界的产物,又是促进中国融入世界的主要思想资源。中

---

① 参见徐友渔:《当代中国社会思潮:自由主义与新左派》,载《社会科学论坛》2006 年第 6 期。

② 参见王宝林:《自由主义语境下西方政治合法性理论述评》,载《中国石油大学学报》(社会科学版)2007 年第 4 期。

③ 参见吴慧强:《浅析自由主义在中国的实践与发展》,载《江汉论坛》2002 年第 2 期。

④ 参见林建华:《论自由主义与中国社会的异质疏远性——兼论 20 世纪 40 年代中国自由主义政治思潮》,载《求是学刊》2004 年第 2 期。

国自由主义的诸多特点及其历史命运，从根本上决定了现代中国与世界的普遍联系，不具有系统的有机性稳定特征，而凌乱不稳且浅显的联系则导致了中国自由主义的非逻辑性、不成熟性及非主流性。[①]

随着世界一体化运动的深入及中国再次融入世界脚步的加快，现代中国与世界的普遍联系不仅越来越密切，而且联系的稳定性及有机性也越来越强。这就不仅为现代中国与世界发生越来越密切的思想联系奠定了社会基础，而且客观上也提供了现代中国与世界进行思想与价值共享的条件。自由主义作为现代世界的基础思想，提供了世界普遍流行的价值观及政治理念，西方社会的其他思想要么基于自由主义，要么是自由主义的补充和矫正。现代中国与世界的普遍联系，表现在思想上主要就是现代中国与世界各国广为流行的自由主义。

改革开放后，中国自由主义话题及自由主义思想家群体的再度出现就是现代中国与世界恢复普遍联系的思想表现，而中国自由主义话题则反过来积极地促进了社会变化，其中权利意识的萌发和平等观念的普及乃是最引人瞩目的方面。

但自由主义作为思潮在体制内仍然没有得到承认，甚至仍然受到抑制。这就决定了中国自由主义思想的再度兴起仍然路途遥遥，坎坷重重，因此现在就预言中国自由主义的复兴还为时过早。这不仅因为中国自由主义仍然没有完整的逻辑，甚至还没有严格意义的自由主义思想家群体，特别是在体制内。自由主义的传播主要作为一种思想成分，或者依附于经济思想，或者依附于法律思想，或者依附于社会思想，或者藏匿于学者对西方思想的研究

---

① 参见林建华：《论“修正组合型”的自由主义——兼论20世纪40年代中国自由主义思潮的特点》，载《北方论丛》2004年第2期。

性专著,或者隐身于对领导人讲话等的解释中。[①] 总之,自由主义在中国仍然没有展现出其完整的逻辑性,仍然保持着现代中国自由主义的基本特点,但无疑它已经具有了更好的发展条件。中国自由主义在当代的发展如果能在其思想逻辑基本完整的情况下进行,那么它对中国社会的积极影响就会更加明显和不可忽视。即使条件不是很顺利,自由主义在中国的发展也是不可阻遏的,这是中国改革开放面向世界必须面对的事实,而自由主义在中国的发展必将加速中国融入世界的步伐,或许中国在观念方面的世界性影响也只能通过自由主义的渠道输出。

二、胡适的自由主义政治思想

胡适是中国自由主义的旗手,也是中国自由主义的象征。从某种意义上说,胡适是中国自由主义正式出场的重要标志。这是因为胡适以前的中国自由主义不仅旗帜不明显,时常夹杂或混合于其他的思想体系中,还因为胡适的实验主义哲学是现代中国自由主义的重要哲学基础,更因为胡适在中国坚持、发展和普及自由主义思想方面做出的卓越贡献。尽管胡适的自由主义思想也不是完全西方式的,尽管胡适对自由主义的坚持仍然是针对古典自由主义基本原理,但胡适自由主义的古典性在中国却具有特别重要的意义。一方面,胡适自由主义的经典性充分说明了中国自由主义的匮乏和极端不普及,并因此而凸显了胡适自由主义思想的重要启蒙意义。[②] 另一方面,胡适自由主义的经典性还说明了其在播散自由主义方面的工作还是

---

① 参见余科杰:《当代中国自由主义思潮的历史演变及其基本特征》,载《毛泽东邓小平理论研究》2004 年第 11 期。

② 参见刘晓虹:《从"自我"的觉醒到自由原则的确立——中国近代启蒙哲学冲破整体主义的历程与逻辑初探》,载《华东师范大学学报》(哲学社会科学版)2001 年第 6 期。

基础性的，其他人的自由主义思想则主要是建立在这个基础上的。胡适在中国自由主义历史上的地位虽不能说是高不可攀，但至今尚未有人能与胡适相比。

胡适之所以在中国自由主义历史上具有如此高的地位，是因为自由主义最重要的东西蕴藏于古典自由主义，而不是现代自由主义。一方面，现代自由主义可以从古典自由主义的基本原理中推导出来，从而具有普遍的启蒙意义；另一方面，现代自由主义又是自由主义的高级阶段，不能直接模仿学习，学习和移植自由主义必须从古典自由主义做起。从批评古典自由主义开始，一般不能实现学习和移植自由主义的目的，而只能走到自由主义的对立面。许多曾经在中国传播新自由主义的人，最后大多难以避免成为自由主义的叛逃者。当然，许多从批评古典自由主义思想开始思考的政治家或学者，他们大多根本不是自由主义的信仰者，而是各种各样企图超越自由主义的更不成熟的思想的代表者。①

胡适，原名嗣穈，学名洪骍，字适之，笔名天风、藏晖等，安徽绩溪人，清光绪十七年生于上海，即1891年，卒于1962年，中国现代著名学者和自由主义思想家。胡适生于官僚地主兼商人家庭，幼时就读于家塾，习四书五经，熟读中国古典小说。1904年，胡适赴上海，就读于梅溪学堂、澄衷学堂、中国公学等校，后于1910年赴美国留学，1914年在康奈尔大学获文学学士学位后，入哥伦比亚大学读哲学，师从杜威，深受其影响，完成博士论文后回国，任北京大学教授，积极参加新文化运动，发表《文学改良刍议》，猛烈抨击封建文学，反对文言文，提倡白话文，引起很大反响。随着新文化运动的深入开展，胡适凸显出了一个自由主义者的政治追求。他发表《多研究些问题，

---

① 参见卢毅：《从个人到社群：中国近代自由主义者的困顿——以严复、孙中山为例的个案研究》，载《人文杂志》2002年第4期。

少谈些"主义"》,鼓吹自由主义的实验主义和改良主义,并于1925年创办《努力周报》,提倡"好人政府",后又与徐志摩等创办《新月》与《独立评论》,反对国民党一党专政,极力宣扬人权论等自由主义的基本理论,为自由主义在中国的深入普及和继续发展做出了重要贡献。胡适的著述颇为丰富,于文、史、哲、政等方面均有著述,其政治类著作多为时论。北京大学出版社出版了欧阳哲生编辑的《胡适文集》十二卷,[①]是比较齐全的胡适著作汇编;台湾联经出版事业公司出版的《胡适之年谱长编初稿》凡十卷,[②]则是一部研究现代中国政治思想的重要资料。

胡适同大多留学美国并投身中国民主政治建设的人物一样,其政治思想建立在实用主义的基础上,既坚决反对欧洲大陆唯理性主义的形而上学和政治乌托邦,也没有明显受到欧洲社会民主主义思想的影响。从回国参政、议政的时刻起,他就抱定了多研究问题而少谈主义的宗旨,主张通过在公民间普及政治理性,实实在在地解决中国社会的贫、病、愚、贪、乱等棘手的社会问题。

胡适于1947年8月1日在北平的一次广播演说中提出了他对解决人类诸多问题的路径选择,这种选择是其早期研究问题思路的成熟表达。胡适指出,世界文化有三个共同的大趋向:第一是用科学的成绩解除人类的痛苦,增加人生的幸福;第二是用社会化的经济制度来提高人类的生活;第三是用民主的政治制度来解放人类的思想,发展人类的才能,造成自由独立的人格。[③] 胡适指出:"从历史上来看世界文化的趋向,那民主自由的趋向,是三四百年来的一个最大目标,一个最明显的方向。""最近三十年来的反自由、反民主的集团专制的潮流,在我个人看来,不过是一个小小的波折,一个

---

① 参见欧阳哲生编:《胡适文集》(共十二卷),北京大学出版社,1998年。

② 参见胡颂平编:《胡适之先生年谱长编初稿》(共十卷),台湾联经出版事业公司,1984年。

③ 参见余英时:《追寻胡适历程》,广西师范大学出版社,2001年,第233~234页。

小小的逆流。”[①]同月，他又写下了《我们必须选择我们的方向》，公开了偏袒民主自由潮流的基本立场，申述了偏袒民主自由的三条理由。“第一，我深信思想信仰的自由与言论出版的自由是社会改革与文化进步的基本条件。”“第二，我深信这几百年中逐渐发展的民主政治制度是最有包含性，可以推行到社会的一切阶层，可以代表全民利益的。民主政治的意义，千言万语，只是政治统治须得你的同意。”“第三，我深信这几百年（特别是这一百年）演变出来的民主政治，虽然还不能说是完美无缺陷，确曾养成一种爱自由、容忍异己的文明社会。”[②]

胡适对近几百年逐渐发展起来的民主政治制度的信心，不论在当时的中国，还是在后来的中国，都是首屈一指的。这显示了他对古典或经典自由主义基本思想的忠贞不渝。

胡适的政治思想受到美国平民政治实践的影响，强调对普通人的人权的尊重和保护，寄希望于普通民众的政治发育，用美国实用主义及自由主义来启蒙和武装普通民众，竭尽全力在中国培植自由主义的幼苗。综观胡适的政治诉求，可以看出，他对自由主义始终忠贞不渝，为捍卫自由主义的旗帜，他与各种各样三心二意的自由主义者进行了不妥协的斗争。胡适作为20世纪中国自由主义的大宗师，一直把人权保护作为自由主义的基本目标，始终注意以经验理性培育健全的公民精神，坚决拒绝一切形式的独裁和政治乌托邦。他用时论性的政治文字，既示范性地展示了自由主义的积极、乐观、稳健与不妥协，也示范性地展示了作为社会良心的自由主义知识分子、学者或思想家的社会责任。

---

① 胡适：《眼前世界文化的趋向》，转引自余英时：《追寻胡适历程》，广西师范大学出版社，2001年，第234页。

② 胡适：《我们必须选择我们的方向》，转引自余英时：《追寻胡适历程》，广西师范大学出版社，2001年，第235页。

从胡适的政治思想中,我们可以轻而易举地感受到经典自由主义思想的独特气质和核心内容。在中国这个政治舞台上,忽视了经典自由主义,就不可能有比较纯粹或正统的自由主义,而只能出现各种各样的修正自由主义。胡适的自由主义政治思想就是经典自由主义的中国版本,背离了胡适的经典自由主义,自由主义在思想上就没有出路。本节只能从经典自由主义的主要方面,逐次阐述胡适的自由主义政治思想。大致来说,胡适的自由主义政治思想主要有如下方面的内容:

胡适自由主义政治思想的哲学基础有二:一是以美国皮尔士、詹姆士、杜威等为主要代表的实用主义,胡适名之为实验主义;二是赫胥黎的进化论。"我的思想受两个人的影响最大,一个是赫胥黎,一个是杜威先生。赫胥黎教我怎样怀疑,教我不信任一切没有充分证据的东西。杜威先生教我怎样思想,教我处处顾到当前的问题,教我把一切学说理想都看作待证的假设,教我处处顾到思想的结果。"①胡适明确指出,陈独秀等主张的辩证法是"生物进化论成立以前的玄学方法",而实验主义则是"生物进化论出世以后的科学方法",②有"两个根本观念:第一是科学实验室的态度,第二是历史的态度","这两个基本观念都是19世纪科学的影响",因此它不过是"科学方法在哲学上的应用"。③ "实验主义从达尔文主义出发,故只承认一点一滴的不断的改进是真正可靠的进化。"④胡适郑重指出:"实验主义绝不承认我们所谓'真理'就是永远不变的天理;他只承认一切'真理'都是应用的假设,假

① 胡适:《介绍我自己的思想》,载胡适:《胡适论学近著》(一),山东人民出版社,1998年,第496页。

② 胡适:《介绍我自己的思想》,载胡适:《胡适论学近著》(一),山东人民出版社,1998年,第496页。

③ 胡适:《实验主义》,载欧阳哲生编:《胡适文集》(第二卷),北京大学出版社,1998年,第212~213页。

④ 胡适:《介绍我自己的思想》,载胡适:《胡适论学近著》(一),山东人民出版社,1998年,第496~497页。

设的真不真,全靠他能不能发生他所应该发生的效果。”①

所谓真理“原不过是人的一种工具,真理和我手里这张纸,这支粉笔,这块黑板,这把茶壶,是一样的东西:都是我们的工具。因为从前这种观念曾经发生功效,故从前的人叫他做‘真理’;因为他的用处至今还在,所以我们还叫他做‘真理’。万一明天发生他种事实,从前的观念不适用了,他就不是‘真理’了,我们就该去找别的真理来代他了”②。

在此基础上,胡适发表《多研究些问题,少谈些主义》,明确表达了他对解放和改进中国的总的看法。胡适提倡多研究些问题,而不提倡多谈主义,其理由有三:

> 第一,空谈好听的“主义”,是极容易的事,是阿猫阿狗都能做的事,是鹦鹉和留声机器都能做的事。第二,空谈外来进口的“主义”,是没有什么用处的。一切主义都是某时某地的有心人,对于那时那地的社会需要的救济方法。我们不去实地研究我们现在的社会需要,单会高谈某某主义,好比医生单记得许多汤头口诀,不去研究病人的症候,如何能有用呢?第三,偏向纸上的“主义”,是很危险的。这种口头禅很容易被无耻政客利用来做种种害人的事。……一切好听的主义,都有这种危险。③

胡适指出:“现在中国应该赶紧解决的问题,真多得很。从人力车夫的

---

① 胡适:《实验主义》,载欧阳哲生编:《胡适文集》(第二卷),北京大学出版社,1998 年,第 210~211 页。

② 胡适:《实验主义》,载欧阳哲生编:《胡适文集》(第二卷),北京大学出版社,1998 年,第 223 页。

③ 胡适:《问题与主义》,载欧阳哲生编:《胡适文集》(第二卷),北京大学出版社,1998 年,第 249~250 页。

生计问题,到大总统的权限问题;从卖淫问题到卖官卖国问题,从解散安福部问题到加入国际联盟问题,从女子解放问题到男子解放问题……哪一个不是火烧眉毛的紧急问题?……凡是有价值的思想,都是从这个那个具体的问题下手的。先研究了问题的种种方面的种种事实,看看究竟病在何处,这是思想的第一步工夫。然后根据于一生的经验学问,提出种种解决的方法,提出种种医病的丹方,这是思想的第二步工夫。然后用一生的经验学问,加上想象的能力,推思每一种假定的解决法应该可以有什么样的效果,更推想这种效果是否真能解决眼前这个困难问题。推想的结果,拣定一种假定的(最满意的)解决,认为我的主张,这是思想的第三步工夫。凡是有价值的主张,都是先经过这三步工夫来的。……我并不是劝人不研究一切学说和一切'主义'。……但我希望中国的舆论家,把一切'主义'摆在脑后边,做参考资料,不要挂在嘴上做招牌,不要叫一知半解的人拾了这些半生不熟的主义去做口头禅。"①

"'主义'的大危险,就是能使人心满意足,自以为寻着包医百病的'根本解决',从此用不着费心力去研究这个那个具体问题的解决办法了。"五四运动前后,中国的多数"主义"都是胡适反对谈论的半生不熟的"主义",许多所谓"主义"根本就是口头禅。对于这样的口头禅,确实要少谈,甚至根本不必谈。在这方面,胡适的见地不可谓没有道理。此外,胡适更表现了对一切主义的非形而上学的实证或实验态度。他指出:"一切主义,一切学理,都该研究。但只可认作一些假设的(待证的)见解,不可认作天经地义的信条;只可认作参考印证的材料,不可奉为金科玉律的宗教;只可用作启发心思的工

① 胡适:《问题与主义》,载欧阳哲生编:《胡适文集》(第二卷),北京大学出版社,1998 年,第 251 ~252 页。

具,切不可用作蒙蔽聪明、停止思想的绝对真理。"①

胡适作为一个中国的自由主义者,他首先感觉到的重要使命也正是去除人的普遍奴性,提倡一种真正个人主义的人生观。胡适写作《易卜生主义》宣扬其个人主义的人生观,他指出,"易卜生最可代表19世纪欧洲的个人主义的精华,故我这篇文章只写得一种健全的个人主义的人生观",通过娜拉的觉悟,告诉人们"无论如何,务必努力做一个人"。② 胡适用易卜生的语言概括出了所谓的易卜生主义,而易卜生主义就是胡适当时想要表达的个人主义的人生观。

易卜生主义的内容正如易卜生指出的那样:"我最期望于你的是一种真实纯粹的为我主义,要使你有时觉得天下只有关于你的事最重要,其余的事都算不得什么……你要想有益于社会,最好的法子莫如把你自己这块材料铸造成器……有的时候我真觉得全世界都像海上撞沉了船,最要紧的还是救出自己。"③将最健全的个人主义概括起来,就是"把自己铸造成器,方才没有希望有益于社会","真实的为我,便是最有益的为人"。④ 健全的个人主义的真精神,就是"贫贱不能移,富贵不能淫,威武不能屈"。

> 把自己铸造成了自由独立的人格,你自然会不知足,不满意于现状,敢说老实话,敢攻击社会上的腐败情形,做一个"贫贱不能移,富贵

---

① 胡适:《问题与主义》,载欧阳哲生编:《胡适文集》(第二卷),北京大学出版社,1998年,第273页。

② 胡适:《介绍我自己的思想》,载胡适:《胡适论学近著》(一),山东人民出版社,1998年,第499页。

③ 胡适:《易卜生主义》,载欧阳哲生编:《胡适文集》(第二卷),北京大学出版社,1998年,第486页。

④ 胡适:《介绍我自己的思想》,载胡适:《胡适论学近著》(一),山东人民出版社,1998年,第499页。

不能淫，威武不能屈”的斯铎曼医生。①

胡适的个人主义人生观是娜拉与斯铎曼的结合，既要有娜拉的独立性，又要有斯铎曼的特立独行。“这个个人主义的人生观一面教我们学娜拉，要努力把自己铸造成个人；一面教我们学斯铎曼医生，要特立独行，敢说老实话，敢向恶势力作战。”“欧洲有了十八九世纪的个人主义，造出了无数爱自由过于面包，爱真理过于生命的特立独行之士，方才有今日的文明世界。”“争你们个人的自由，便是为国家争自由！争你们自己的人格，便是为国家争人格！自由平等的国家不是一群奴才建造得起来的。”②

健全的个人主义是现代民治国家的基本构成要素，而民治国家的实践又反过来哺育、催生了健全的个人主义，连接两者的中介则是自由与人权。胡适在1929年的《新年的好梦》一文中提出了拥有自由的要求。他说：

> 我们梦想今年大家有一点点自由。孙中山先生说政府是诸葛亮，国民是阿斗。……诸位诸葛亮先生们运筹决胜，也许有偶然的失误。也许有智者千虑之一失。倘若我们一班臭皮匠有一点点言论出版的自由，偶然插一两句嘴，偶尔指点出一两处错误，偶尔诉一两桩痛苦，大概也无损于诸葛亮先生们的尊严吧？③

在《我们要我们的自由》一文中，胡适直接向训政的国民党索要自由。

---

① 胡适：《介绍我自己的思想》，载胡适：《胡适论学近著》（一），山东人民出版社，1998年，第499页。

② 胡适：《介绍我自己的思想》，载胡适：《胡适论学近著》（一），山东人民出版社，1998年，第499～500页。

③ 胡适：《新年的好梦》，载欧阳哲生编：《胡适文集》（第十一卷），北京大学出版社，1998年，第142页。

近两年来,国人都感觉舆论的不自由。在"训政"的旗帜之下,在"维持共信"的口号之下,一切言论自由和出版自由都得受种种的钳制。……我们要我们的言论自由,思想自由,出版自由。我们不用说,这几种自由是一国学术思想进步的必要条件,也是一国社会政治改善的必要条件。

我们所以要争我们的思想言论出版自由,第一是要想尽我们的微薄能力,以中国过敏的资格,对于国家社会的问题作善意的批评和积极的讨论,尽一点指导监督的天职;第二是要借此提倡一点新风气,引起国内的学者注意国家社会的问题,大家起来做政府的指导与监督。①

人民的自由权利不仅是指导监督政府的利器,而且也是政府存在的基本依据。针对训政时期,人民自由权利所受威胁主要来自政府的情况,胡适在《人权与约法》中指出:

今日我们最感觉痛苦的是种种政府机关或假借政府与党部的机关侵害人民的身体、自由及财产。……法治只是要政府官吏的一切行为都不得逾越法律规定的权限。法治只认得法律,不认得人。……现在中国的政治行为根本上从没有法律规定的权限,人民的权利自由也从没有法律规定的保障。……在今日如果真要保障人权,如果真要确立法治基础,第一件应该制定一个"中华民国"的宪法。至少,至少,也应该制定一个训政时期的约法。……我们今日需要一个约法,需要中山先生说的"规定人民之权利义务与革命政府之统治权"的约法。我们要

① 胡适:《我们要我们的自由》,载欧阳哲生编:《胡适文集》(第十一卷),北京大学出版社,1998 年,第 142 ~ 145 页。

一个约法来规定政府的权限:过此权限,便是"非法行为"。我们要一个约法来规定人民的"身体、自由及财产"的保障:有侵犯这法定的人权的……人民都可以控告,都得受法律的制裁。[①]

胡适对人民需要训政的理论不以为然。他说:

民治制度的本身便是一种教育。……只要他们肯出来参政,一回生,二回便熟了,一回上当,二回便学乖了。故民治制度本身便是最好的政治训练。……宪政之下正可以做训导人民的工作;而没有宪法或约法,则训政只是专制,决不能训练人民走上民主的路。……宪法的大功用不但在于规定人民的权利,更重要的是规定政府各机关的权限。立一个根本大法,使政府的各机关不得逾越他们的法定权限,使他们不得侵犯人民的权利——这才是民主政治的训练。程度幼稚的民族,人民固然需要训练,政府也需要训练。……人民需要的训练是宪法之下的公民生活。政府与党部诸公需要的训练是宪法之下的法治生活。[②]

中国的民权保障运动必须要建筑在法律的基础之上,一面要监督政府尊重法律,一面要训练我们自己运用法律来保障我们自己和别人的法定权利。……只有站在法律的立场上来谋民权的保障,才可以把政治引上法治的路。只有法治是永久而普遍的民权保障。[③]

---

① 胡适:《人权与约法》,载欧阳哲生编:《胡适文集》(第五卷),北京大学出版社,1998年,第524~529页。

② 胡适:《我们什么时候才可有宪法》,载欧阳哲生编:《胡适文集》(第五卷),北京大学出版社,1998年,第536~538页。

③ 胡适:《民权的保障》,载欧阳哲生编:《胡适文集》(第十一卷),北京大学出版社,1998年,第295页。

胡适对人权、自由及民主、民治的选择是真诚的，他坚信现代民治政体对社会、国家及公民的好处是无可替代的。即使在国家民族危亡的抗日战争前夜，他也绝不同意蒋廷黻、丁文江、钱端升等的专制建国论。针对蒋廷黻的专制建国论，胡适说："第一，建国固然要统一政权，但统一政权不一定要靠独裁专制。第二，我们今日要谈的'建国'，不单是要建设一个民族的国家。……我们所谓'建国'，只是要使这个中国民族国家在现代世界里站得住脚。"①

胡适指出："现在人所谓专制，至少有三个方式：一是领袖的独裁，二是一党的专政，三是一阶级的专政。……我个人是反对这种专制的，……我不信中国今日有能专制之人，或能专制的党，或能专制的阶级。……我不信中国今日有什么有大魔力的活问题可以号召全国人的情绪与理智，使全国能站在某个领袖或某党某阶级的领导之下，造成一个新式专制的局面。……我有一个很狂妄的僻见：我观察近几十年的世界政治，感觉到民主宪政只是一种幼稚的政治制度，最适合于训练一个缺乏政治经验的民族。……在我们这样一个缺乏人才的国家，最好的政治训练是一种可以逐渐推广政权的民主宪政。"②"今日提倡独裁的危险，岂但是'教猱升木'而已，简直是教三岁孩子放火。……我可以断断地预言：中国今日若真走上独裁的政治，所得的绝不会是新式的独裁，而一定是那残民以逞的旧式专制。"③

胡适坚信："一个国家的统治权必须放在多数人民手里，……因为政权是多数人民授予的，在朝执政权的党一旦失去了多数人民的支持，就成了在野党了，所以执政权的人都得准备下台时坐冷板凳的生活，而个个少数党都

---

① 胡适：《建国与专制》，载欧阳哲生编：《胡适文集》（第十一卷），北京大学出版社，1998 年，第 371 页。

② 胡适：《再论建国与专制》，载欧阳哲生编：《胡适文集》（第十一卷），北京大学出版社，1998 年，第 375 ~ 377 页。

③ 胡适：《答丁在君先生论民主与独裁》，载欧阳哲生编：《胡适文集》（第十一卷），北京大学出版社，1998 年，第 531 页。

有逐渐变为多数党的可能。"[①]"现代的自由主义,还含有'和平改革'的意思。和平改革有两个意义,第一就是和平地转移政权,第二就是用立法的方法,一步一步地做具体的改革,一点一滴地求进步。容忍反对党。……为政府树立最严格的批评监督机关,……使人民可以有选择的机会,使国家可以用法定的和平方式来转移政权。"[②]

胡适的自由主义方向始终坚定不移,致力于将现代中国融入世界的运动中,寄无限希望给中国的民主政治,并尽力发挥自由主义学者的作用,推动中国民主政治的积极发展。胡适比较纯粹地表达了自由主义的政治理想,艰苦卓绝地为自由主义进行搏击。他不仅是曾经有过的中国自由主义留下的最明显的标志,而且也是中国自由主义最重要的思想资源和文化符号。

三、张君劢自由民族主义思想

传统自由主义在20世纪经历了两个重大的变化:一是传统自由放任的自由主义受民主社会主义的影响,在西欧演绎成了主张积极干预的现代自由主义;二是许多非欧洲传统的民族国家融入现代世界体系,将西方的自由主义与觉醒的民族主义进行了嫁接,形成了自由民族主义。[③]

中国现代的自由主义有英美古典自由主义与自由民族主义两大支脉,其代表人物分别是胡适和张君劢。[④] 如果说胡适宣传的经典自由主义侧重

---

① 胡适:《自由主义》,载欧阳哲生编:《胡适文集》(第十二卷),北京大学出版社,1998年,第808页。

② 胡适:《自由主义》,载欧阳哲生编:《胡适文集》(第十二卷),北京大学出版社,1998年,第809页。

③ 参见暨爱民、彭永庆:《"全球化"语境下:自由民族主义的悖论与可能》,载《吉首大学学报》(社会科学版)2007年第1期。

④ 参见张汝伦:《中国现代思想史上的张君劢》,载张汝伦:《现代中国思想研究》,上海人民出版社,2001年。

的是普及性和基础性的启蒙性工作，奠定了中国自由主义面向的思想基础，那么张君劢宣传的自由民族主义就代表了将儒家传统与现代自由主义榫接的保守自由主义。两种类型的自由主义交相辉映，共同演绎了中国自由主义的悲壮史诗。张君劢的政治思想主要受到欧洲社会民主主义思想的影响，[①]并与自由民主的宪政话题相结合，并褒称为“中华民国宪法之父”，其政治思想具有非常明显的个人色泽。

张君劢，原名嘉森，字士林，号立斋，别署“世界室主人”，笔名君房，江苏省宝山县（今上海市宝山区）人，生于清光绪十三年，即1887年，近现代著名学者、政治学家和思想家，是新儒家的主要代表人物。张君劢早年入上海江南制造局的广方言馆学习英文和数学、物理、化学等西学，1902年中宝山县秀才，后入上海震旦学院读西方历史和哲学，1906年宝山县公费派送日本留学，入早稻田大学政治经济科。留日期间，张君劢积极参加梁启超组织的“政闻社”，宣传君主立宪，归国后被授翰林院庶吉士。辛亥革命后，张君劢担任宝山县议会议长，组织民主党，1913年又入德国柏林大学学习，1915年回国，历任《时务新报》总编、段祺瑞所设的“国际政务会”书记长、冯国璋总统府秘书。1918年，张君劢随梁启超游学欧洲，师事倭铿及柏格森，研习西方唯意志论和生命哲学。1923年，张君劢基于西方哲学的依据，提出了科学不能解决人生观的看法，挑起了科玄论战，被推崇科学的人视为玄学鬼。1926年，张君劢与李璜合办《新路》杂志，20世纪30年代初又与张东荪等共同召集了“国家社会党”的筹建会，创办《再生》杂志，积极宣扬民主自由主义理论，是抗日战争时期中间势力的重要代表，历任国社党中央总务委员会、国民参政会参政员、中国民主政团同盟常委、民社党主席等职，积极参与宪法制定，倡导无形国大，受到高度评价。张君劢于1949年经澳门去印度，

① 参见郑大华：《张君劢传》，中华书局，1997年，第72~94页。

1951 年寓居美国，1969 年病逝于旧金山。[1] 张君劢自称一生“徘徊于学术、政治之间”，阐明儒学而不忽略实际政治，大量儒学、政治学著作刊行于世，其荦荦之大者有《人生观》《民族复兴之学术基础》《中华民国民主宪法十讲》《社会主义思想运动概论》《中国专制君主制之评议》《立国之道》《明日之中国文化》《新儒家思想史》等。

张君劢的自由主义就其特色来看，接近 20 世纪流行于西欧的社会民主主义，从某种程度上说，这是社会主义思潮与自由主义思潮相混合的产物。张君劢受民主社会主义影响较大，这有两个方面的基本原因：第一，是他早年受梁启超的影响，主张改良，反对革命，服膺自由主义的基本价值，强调个人尊严，突出个体的主体性，但又急于避免传统自由主义已经产生的诸多社会问题；第二，是西欧社会确实出现了传统自由主义的矫正者，社会主义思潮伴随着无产者发动诸多争取权利的社会运动，逐渐与自由主义在价值分享的基础上达成了妥协，形成西欧传统的社会主义，即民主社会主义。

西方民主社会主义在本质上就是自由主义与社会主义的有机融合，这恰好符合张君劢将自由主义、改良主义与社会主义混同、融合的思想特质。张君劢企图通过民主社会主义消除传统自由主义带来的社会不公，并在平等地实现民众权利的基础上，建设修正的民主政治，实现个人、社会、国家相协调的宪政体制。张君劢追求的理想境界可以概括为：民族信心基础上的精神自由、个人的自由主义、经济的社会主义、政治的民主主义，其思想方法则可以概括为调和，不仅调和个人、社会与国家，而且也着力调和自由主义与民族主义、儒家传统与宪政民主等。

张君劢的政治选择及思想风格与梁启超颇为相似，将世界发展中的普

---

① 参见郑大华：《张君劢传》，中华书局，1997 年；杨永乾：《中华民国宪法之父——张君劢传》，唐山出版社，1993 年；刘义林等：《张君劢评传》，百花洲文艺出版社，1997 年。

世性与民族的关怀进行了嫁接，将重点放在国民的精神改造上，力图将现代世界的自由主义与日益流行的民族主义结合起来，培养有民族自信心的现代中国国民。在此基础上，张君劢的政治主张也与梁启超颇为类似，强调中国的自由主义的终极归宿，致力于渐进的政治改良与民族利益的切实维护。他从1906年在《新民丛报》发表《穆勒约翰议院政治论》的译文开始，就倾心于立足民族实际情况的渐进的社会政治改良，奠定了其"一生政治思想的里程碑"。次年，张君劢在《论今后民党之进行》中又将宪政的决定性因素归结为国民的要求及能力。他指出，就近世各国的立宪历史来看，其原动力无不出于国民之要求，而非政府之畀与，故宪政能否建立，其关键是看国民的能力如何，国民能力增长一倍，则政府之压制缩一倍，政府之压制缩一倍，立宪政治也就实现一分，只要中国人民的能力得到提高，立宪政治就一定能在中国建立起来。①

经历了民国初期的污浊政治后，张君劢更加认识到了民众教育对政党政治的重要性。他说："夫国民政治知识之发展，尤为政党唯一根本，国民而无知识，则政党如无根之树，不终朝而枯槁以死耳。"他还指出，"有智识之国民，知所反对或赞成。其赞成焉，则政党所得凭借，以展其怀抱。其反对焉，则少数者自安缄默，以待异日之捲土重来"，"国民愈有智识，则议会之多少数愈有价值"，"反是者，多少之数以金钱买卖而来，则虽多数而犹是一文不值，政权之争夺永无已时"。②

在提高了人民的知识力与道德力的基础上，张君劢主张告别数千年的武力政治，而实行理性政治。"吾以为真正之民主，当自排除武力解决始。而欲排除武力解决，当以真挚之理性为唯一标准。"③他认为"理性政治"的核

---

① 参见郑大华：《张君劢传》，中华书局，1997年，第19页。

② 张君劢：《政治活动果足以救中国耶?》，载《改造》1920年第3卷第6号。

③ 张君劢：《国民政治品格之提高》，载《改造》1921年第4卷第2号。

心是个人心灵、意志的自由,真正之理性政治必起于良心上之自由。只有实现了个人心灵、意志的自由,政治上人与人的分合才能以政见为主,而不以人为主,人与人的关系才会平等。这种以个人心灵、意志自由为核心的政治才称得上是真民主、真自由、真理性。[①] 理性政治的重要前提是理想的政党,"理想政党成,则理性政治之实现必矣"[②]。理想政党的关键是其主义与政策,理性政治要在中国实现,政党就必须有主义与政策,党员必须要遵守纪律,肯为党的主义牺牲,特别是不要成为经费不独立的"无聊食客"。

张君劢的政治思想深受西方民主社会主义的影响,其中德国民主社会主义与拉斯基的政治多元论的影响尤其值得重视。可以说,张君劢思想中的社会主义成分源于梁启超,并哺育于德国、英国的民主社会主义,巩固于其思想中的"社会公道"理论。张君劢认为,社会主义就是"社会所有而已",即"土地与生产机关之公有,一也;公共管理,二也;以利益分配于公众,三也","此三者,社会主义之必要内容也"。[③] 他反驳社会主义不适合中国的理论,不仅提出了"中国实行社会主义比他国更为有利"的观点,还把实行社会主义作为当时中国的当务之急。"居今日工业未兴之中国,欲确定工业之新组织,免阶级之战争,舍自始采取社会主义而施行社会所有法外,殆无他道。"[④]此处所谓社会主义是德国的民主社会主义,而非马克思主义的科学社会主义,换言之,张君劢主张中国的道路选择为德式而非俄式,两者关键的区别之一是德国采取法律手段来解决社会问题,而俄国则采取暴力手段解决社会问题。他盛赞《魏玛宪法》代表了"二十世纪社会革命的潮流",实现了单一制国与联邦制国、总统制与责任内阁制、代表民主制与直接民主制、

---

① 参见郑大华:《张君劢传》,中华书局,1997 年,第 105 页。
② 张君劢:《政治活动果足以救中国耶?》,载《改造》1920 年第 3 卷第 6 号。
③ 张君劢:《社会所有之意义及德国煤矿社会所有法草案》,载《改造》1920 年第 3 卷第 11 号。
④ 张君劢:《悬拟之社会改造同志会意见书》,载《改造》1921 年第 4 卷第 3 号。

苏维埃政治与代议政治、个人主义与社会主义、劳工阶级与资本阶级等的调和,高度评价了德国《魏玛宪法》中权利规定的平等性与广泛性及国民投票最终解决的直接民主。

张君劢的社会主义是德式,侧重于"民族自活"与"社会公道"。所谓民族自活就是实现中国经济的自给自足;所谓社会公道则是限制私人利益而不取消私人所有权,但其经营权受国家支配,取其部分盈余为发展全国事业之用,以避免社会严重的贫富悬殊之现象的发生。中国"既不能如英国之放任主义,以私有企业之主体建设国民经济,亦不能采取共产主义之主张,以阶级斗争为手段,将私有企业制度整个打倒,代之以整个的国有企业",而唯有采取"国家社会主义而已"。① "国家社会主义"是"将公私经济立于国家计划之下,以造成我国之集合的经济","为谋个人生存之安全,并改进其智能与境况计,确认私有财产","为社会谋公共幸福,并发展民族经济与调剂私人经济计,确立共有财产","不论公有与私有,全国经济须在国家制定之统一计划下,由国家与私人分别担任而贯彻之","依国家计划,使私有财产渐趋于平均与普遍,俾得人人有产,而无贫富悬殊之象"。②

张君劢主张"修正的民主政治",旨在调和个人、社会、国家三者的关系,特别是调和国家权力与个人自由,既避免过分强调行政效率的集权,也避免过度主张权利的个人至上论。修正的民主政治,就是要以民主政治为基础,取两者之长,去两者之短,形成一种全新的政治。一方面,"国家行政贵乎统一与灵敏,尤须有继续性,故权力为不可缺少之要素";另一方面,"一国之健全与否,视其各分子能否自由发展,……所以自由发展亦为立国不可缺少之要素"。③ 张君劢认为,中国在确立自己的政治制度时,既不能像第一次世界

---

① 张君劢:《立国之道》,广西桂林出版社,1947 年,第 172 页。
② 郑大华:《张君劢传》,中华书局,1997 年,第 316 ~ 319 页。
③ 张君劢:《立国之道》,广西桂林出版社,1947 年,第 149 页。

大战后欧洲出现的独裁国家那样，一味地强调政府权力，而忽视人民自由；也不能像十八九世纪的民主国家那样，一味地强调个人自由，而忽视政府权力，致使政府各方之间相互掣肘，难以灵敏，而应在“自由与权力之间求到一种平衡”，“一方得灵敏之政府，他方得自由发展之个人”。“一个国家对于自由与权力，仿佛人之两足，车之两轮，缺一即不能运用自如”，“中国民主政治之一线光明，即在自由与权力平衡之中”。[①]“政权务求其统一，行政务求其集中，而社会务使其自由，思想务听其解放。”[②]他虽反对西方古典自由主义的个人至上论，特别是民族处于存亡危急之际，“吾民族之在今日，正为存亡绝续之交，其不应以个人驾国家而上之，有断然也”[③]。民族“既要排除困难，一切政策应向此目标进行，自然一切权力应集中于政府之手，让政府放手去做，用不着像19世纪议会可以多方牵制政府”[④]。但是他也屡屡提出保障民主自由权利的舆论诉求，批评政权当局无“尊重人民权利之习惯”，强调“人身、结社集会、言论自由三项为人民基本权利之重且大者”，其有效保障“不宜待诸宪法颁布之后，而应着手于宪法未颁布之前”。[⑤]

民主“给人民种种基本的自由权利，这些基本的自由权利是不容移让的，也就是人权”，“离开了人权，没有人权的保障，就不是民主”。[⑥]人权既是民主的目的，也是国家强盛的基础。这是因为唯有保障了人权，才能形成健全的国民，而唯有国民的健全，国家才能强盛。

张君劢形象地阐述了自由权利、国民健全与国家强盛三者的关系，很合

---

① 张君劢：《民主独裁之外之第三种政治》，《再生》1934年第3卷第2期。

② 张君劢：《立国之道》，广西桂林出版社，1947年，第98页。

③ 张君劢：《国家民主政治与国家社会主义》，《再生》1934年第1卷第2期。

④ 张君劢：《民主独裁之外之第三种政治》，《再生》1934年第3卷第2期。

⑤ 张君劢：《人民基本权利三项之保障——人身自由、结社集会自由、言论出版自由》，载《新中国日报》1944年1月3日。

⑥ 中国第二历史档案馆编：《民国时期党派社团档案史料丛稿——中国民主社会党》，档案出版社，1989年，第202～203页。

乎自由主义精神。

> 国民不健全，国家不会强盛，犹之乎细胞不健全，身体不能健康一样。而国家要养成健全之国民，非得使他们发展其能力的机会，应允许人民有自由。如果国家限制人民，不让人民有判断是非之自由，则无异乎桎梏身体，使之不能发展，那国家非弱不可。①

张君劢是20世纪中国著名的宪法学者和宪政专家，其关于社会公道及修正的民主政治的思想也体现在他的宪法及宪政观点中。同时他又是中国立宪运动中的调和论者，中间派宪政观点的主要代表人物，其关于宪法及宪政的思想在实践和理论上都具有重要意义。就实践而论，1946年制定的《中华民国宪法》带有明显的张君劢痕迹，他也因此被称为“中华民国宪法之父”。就理论而言，张君劢的宪法及宪政观点属于典型的折中派，不仅具有理论标本意义，而且在如何折中上还具有理论启发意义。此处仅以其20世纪40年代的言论为依据，简要谈谈张君劢的民主宪政观。张君劢在抗日战争后期发表《两时代人权运动概论》《威尔斯氏政治思想及其近作人权宣言》及《法国人权协会之人权宣言》，系统介绍了西方人权思想，指出了人权在新时代发生的社会的、计划的与国际的等显著变化，重申在重视集体或社会的利益的同时要保障人的种种自由。他的《丘吉尔氏民主政治标准七事释义》一文说：西方民主政治包含个人权利之保障、言论自由、反对党之存在、政府之进退取决于民意、人身自由之保障、司法独立、公平竞争之风气等内容。

> 民主之所以为民主，曰民意有所宣泄，不至隐怀不平，激而生变耳；

① 张君劢：《法治与独裁》，载《再生》1934年第2卷第10期。

曰施政之善否，有所以监督之者耳；曰有至公至平之法，以定个人所应享受与其所应节制者耳，曰其政治制度，许人民以负责，因而易达内部之一致耳。①

张君劢认为，现代民主国家要保护人民的安全与自由，就少不了宪法，但是“宪法本身所以能存在，并不是一张纸片的文字就够的，而是要靠国民不断的注意，然后宪法的习惯方能养成，然后宪法的基础方能确立”，“假定人民对自己的权利及政府的不法横行，一切淡然处之，不以为意，人民的心理如此，宪法是决不会拥有保障”。他奉告国人指出：“你们对自己之权利有警觉性，自然就有宪法，否则，若是你自己没有胆量维护自己的权利，那么尽管有一篇美丽的宪法，也就是所谓徒法不能以自行了。”②

针对政协会议上“五权宪法”与英美式宪法争持不下的情况，张君劢提出了一个以五权宪法之名行英美式宪法之实的折中方案，其中最具有创意的设计就是无形国大。张君劢主张把五权宪法中的有形国大变为无形国大，公民投票运用选举、罢免、创制、复决四权就是国民大会，不必另设国民大会，立法院为国家最高立法机关，行政院为国家最高行政机关，行政院只对立法院负责，而不对总统负责，立法院有权对行政院投不信任票，行政院有解散立法院、重新进行大选之权；限制总统权力，使他仅仅成为一个名义上的国家元首，而不负实际政治责任。“国大不需要在南京开会，而只有各县议会、省议会及中央一些人，得有几十万人，……其总体即为国大。”③

后来，政协通过的《宪法草案》又经过与国民党的博弈，发生了回归五权

---

① 张君劢：《丘吉尔氏民主政治标准七事释义》，载《民宪》第2卷第1期。

② 张君劢：《国家为什么要有宪法——中华民国未来民主宪法十讲之一》，见《中国民主社会党专辑》，2012年，第8页。

③ 张君劢：《中国新宪法起草经过》，载《再生》周刊第204期。

宪法的某些变化,张君劢据变化后的内容,根据一贯的折中精神,草拟了一部宪草。该宪草坚持"欧美民主政治与三民五权原则之折中""国民党与共产党利害之协调""其他各党主张之顾到"。[①] 张君劢起草的《宪法草案》规定:

> 行政院为国家最高行政机关,对立法院负责,立法院对行政院重要政策不赞同时,得以决议移请行政院变更之,行政院对于立法院之决议得移请其复议,复议时,如经出席立法委员三分之二维持原决议,行政院长应予接受或辞职,行政院对立法院通过之法律案、预算案、条约按应予执行,但行政院如有异议,得于该案送达后十日内具备理由请立法院复议,复议时,如立法院仍维持原案,行政院院长应予执行或辞职,明确责任内阁制倾向的政府体制。[②]

该草案在政协框架内最终不了了之,但在国民党后来的国大制宪中又以某种形式得到了继续。1946 年的《中华民国宪法》接受了张君劢先前起草的草案基础,经过王宠惠、吴京熊等人的修改,最后由蒋介石删定,主要的修改淡化了责任内阁制,强化了总统权力,塑造了一种英美混合制或变相总统制的政府体制,其权力分割介于总统制与责任内阁制之间。

四、萧公权的自由社会主义思想

20 世纪上半叶,中国出现了职业政治学家,他们大多学贯中西又富有爱

---

① 张君劢:《中国新宪法起草经过》,载《再生》周刊第 204 期。

② 郑大华:《张君劢传》,商务印书馆,2012 年,第 417 ~418 页。

国热情，带给国人以科学化的政治思考。他们一方面在政治学专业上学有所长，能够以科学化的思考带来并扩充社会的政治理性。另一方面，他们因为专业化的思考而避免了意识形态化理论的诸多迷茫。对于身处现代世界又相当缺乏科学的政治理性的中国而言，政治学家们对现代政治的科学分析具有非常重要的启蒙价值。20 世纪上半叶的政治学者，大多服膺自由主义的基本价值，又受到了民主社会主义思潮的若干影响，从而在某种程度上成了世界主要政治思想潮流在中国的中和者，但其思想基调又无疑是自由主义的。此处介绍其中的主要代表——萧公权的政治思想。

萧公权，江西南安（今江西大庾）人，字恭甫，号迹园，生于清光绪二十三年，即 1897 年，卒于 1981 年，是享誉中外的中国现代著名政治学家。萧公权早年先后读了私塾与新式学堂，后就读于教会学校及清华学堂，并赴美国留学，先后就读于密苏里大学和康奈尔大学，1926 年在康奈尔大学取得博士学位，后历任南开大学、燕京大学、清华大学、光华大学、四川大学、华盛顿州立大学教授，讲授政治学、比较政府、法理学、西方政治思想、中国政治思想等。萧公权的主要著述有《中国政治思想史》《宪政与民主》《翁同龢与戊戌维新》《十九世纪中国乡村的政治控制》《近代中国与新世界：康有为变法与大同思想研究》以及早年他的博士论文《政治多元论》（*Political Pluralism: A Study in Contemporary Political Theory*，1927），其全部著作由汪荣祖教授编为九卷本的《萧公权全集》，由台湾联经出版公司陆续出版。[①]

萧公权是职业政治学家，对西方近代以来的政治思想有精深的研究，特别是对涉及主权理论的政治多元论，更取得了令西方同行瞩目的成就，其研究成果出版后，在西方世界“佳评如潮”[②]。基于对西方近代以来主要政治思

① 参见汪荣祖：《萧公权学术年表》，见萧公权：《宪政与民主·附录》，清华大学出版社，2006年。
② 汪荣祖：《萧公权先生学术次第》，见萧公权：《宪政与民主·附录》，清华大学出版社，2006年。

潮的了解，也基于其对政治问题的深入研究，萧公权对主义的选择既有鲜明的美国色泽，又不失传统中庸的精神，避免了主义选择中过度脸谱化的弊端。他所标榜的自由社会主义，既与西方社会民主主义有相通之处，又在平等与自由之间做出了有特色的调和，颇有深入研究的价值。

萧公权明确提出“自由社会主义”的概念，并将其看作20世纪人类调和、综合十八、九世纪的思想的历史性任务。

> 假如我们认民主政治为十八世纪的特殊贡献，认社会主义为十九世纪的特殊贡献，我们可以说它们“各有千秋”，但也各有欠缺。前者企求个人身心的解放而忽略了大众肚腹的饥饿，后者企求大众肚腹的饫饱而忽略了个人身心的束缚，于是十八世纪的自由主义和十九世纪的社会主义成了对立于现代的两大思潮，把人类分成两大壁垒。我们虽然不能说二十世纪中的许多冲突都是这个对立的直接结果，然而我们不得不承认第二次世界战争以后的若干矛盾和它有深切的关系。

因此，20世纪的可能贡献不是创造一个崭新的主义或政治运动，而是调和十八、九世纪的特殊贡献，使之成为一个集成合美，为人类造福的生活体系。因为这个体系要兼采自由主义和社会主义之长，我们似乎可以称它作“自由社会主义”①。

萧公权的自由社会主义，在价值上兼采自由与平等，在手段上拒绝暴力革命。他指出：“自由社会主义与其他社会主义之间，在方法上和目的上都有差异。具体点说，自由社会主义与渐进的社会主义在方法上略同而在目

① 萧公权：《二十世纪的历史任务》，见《迹园文录》，联经出版事业公司，1983年，第289～290页。

的上有异,与共产主义在方法上和目的上都不相同。""共产主义的方法与一般社会主义的方法最显著不同之点是:前者主张暴力革命,后者主张和平改造。""一般社会主义者反对共产党的残暴方法,而主张用和平的方法去改造是确有见地的。自由社会主义同情于这个主张,认为合理公平的经济生产分配制度,只能由和平公正的途径达成。""凡人都有人性,也都有缺点,资产阶级中的人与无产阶级中的人不是两种先天禀赋迥异的动物。不良的制度与恶劣的传统使前者有机夺人,后者无力自卫。破除这个制度传统就可以改善人类交互的关系。仇恨残杀的方法是过于浪费而不必要的。自由社会主义在方法上与一般社会主义相近,但在目的上却大有分别。传统的自由主义托根于欧洲宗教改革以后,重视个人道德价值的思想。""财富是发展人格的一个条件,只要个人得着了精神上的自由平等,纵然人与人间贫富不尽均平也无大碍。社会生活最高的目的不是人人温饱而是人人能发展其最优之品性。"①

自由社会主义在本质上是受到社会民主主义影响的自由主义,因而在目的上也明显不同于西欧的社会民主主义。萧公权认为:

> 民主的社会主义者虽然不明白否认个人自由,然而不偏重个人自由。社会改造的目的是全体人类的生活均足,不是个人的身心解放。这和自由主义的理想也显然有别。简单地比较言之,社会主义不愿意有人挨饿,自由主义者不愿意有人受拘。这不是方法上的差异而是目的上的差异。自由社会主义者既不愿意有人挨饿,也不愿意有人受拘。坐在精神牢狱里面得到身体的温饱,不是一个美满的生活。②

---

① 萧公权:《二十世纪的历史任务》,见《迹园文录》,联经出版事业公司,1983 年,第 290 ~ 291 页。

② 萧公权:《二十世纪的历史任务》,见《迹园文录》,联经出版事业公司,1983 年,第 291 页。

萧公权既注重18世纪的自由，也注重19世纪的平等，兼采自由主义与社会主义的价值诉求，然在两者之间又比较侧重自由。

一个生物按照自身所适宜的方式，作求生的活动而达成其目的，便得到了物质生活的满足，求生活动的圆满达成可以叫作“遂生”。

人类号称万物之灵。因为除了要求生存之外，人类还要求精神的满足。人类有思想、语言、想象、情感等能力。除了经济活动之外，人类还有宗教、学术、文艺等一切超物质的活动。精神生活的满足可以叫作“达意”。

如果自由是人类物质生活与精神生活的满足，换言之，自由是遂生和达意的总称，那么自由实在是人类天性发展的自然结果。《中庸》说：“天命之谓性，率性之谓道。”所谓率性就是自由。……一个人按照他自己本性的要求而活动就是自由。这是自由的基本意义。自由当然包含不受外力障碍的意义。但不受阻挠仅仅是自由的消极条件。本性自身的发展才是自由的积极内容。①

自由不是消极地不受拘束而是积极地满足人性。因此自由不仅是个人权利的享受，而是生活本身的表现。一个人愈作生活的努力便愈有自由。社会当然应该保障个人的自由。但假如个人不努力生活，不努力于遂生达意的活动，社会纵然规定人民有某些自由，自不长进的个人还是没有多少自由。不但如此。努力便是进步。近代人类的文化便是遂生达意活动的结果。因此我们可以说，不进步便是不自由。……自强不息的人才是真正自由的人。

自由不仅是个人天性的满足，也是人类社会性的满足。爱类和互

---

① 萧公权：《自由的理论与实际》，商务印书馆，1948年，第32~33页。

助的心理产生了合群的现象。合群的事实又产生了人我交互的关系。个人的自由也因此必须制度化，必须受社会的指导与管制。但自由既是个人自己天性的满足，管制自由的制度也必须由人民自己去选择运用。自由不是个人不受拘束，但自由只能在民主的拘束之下而安全存在。①

萧公权的自由社会主义虽然提出较晚，在20世纪40年代后期，但从《自由的理论与实际》所涉及的思想资料来看，其思想显然形成于留学时期。萧公权在政治上的主义选择在《政治多元论》中就已经接近完成，其主义可以概括为多元论与一元论的某种调和，也可以概括为自由与平等的调和，还可以概括为个人自由与国家权威的调和。一方面，他在维护人的基本自由方面毫不妥协，对不尊重个人自由的社会制度充满敌意；另一方面，他又在一定程度上肯定了国家权威对维系社会秩序的重要价值。

萧公权在论及言论自由时指出：

言论自由乃个人最迫切之要求……盖自由辩难之外，绝无任何权威足以保障人类意见之正确也。……言论自由范围之大小，国家有斟酌时宜而为决定之权。在非常状态中自由之范围可以缩小，在经常之状态中自由之范围当然扩大。现代民主国家，无不准此原则而行之者。……盖非言论自由无以宪政，非行宪政无以得言论自由。②

他认定，中国必须尽快实行宪政，而宪政不过就是法治。他说：

---

① 萧公权：《自由的理论与实际》，商务印书馆，1948年，第59页。

② 萧公权：《论言论自由》，见《宪政与民主》，清华大学出版社，2006年，第30～32页。

近代国家所以须实行宪政,并不是少数人骛新好奇的主张,而是从各国人民长期经验得来的结论。经验告诉我们,非民主无以立国,非法治无以立政,非民主与法治无以措国家于治平,致人民的福利。所谓宪政,不过就是民主的法治。[①]

宪,法也;政,治也;宪政者,法治也。国民治立大法以定制,政府依据此法以行权。

如此,宪政思想至少包含三重含义:“一曰国家当有至尊无上之基本大法以规定政府之职权。二曰人民之权利当受此大法之保障,不容任何人士或法令侵削。三曰国家之治权当以法律为最高之形式。”[②]他不相信民众能力不足,从而需要单独地列出一个训政阶段,提倡从较幼稚的宪政做起,在实行宪政中学习宪政,逐渐达到较圆满的宪政的历程。“宪政是一种政治的生活方式,并不是高远玄虚的理想”,“宪政随时可以开始,但比较完美宪政的实现需要经过相当时日的推广与进步”,“由低度宪政到高度宪政实行的过程,在实质上包含一个学习的(也可以说是教育的)过程,而且学习的过程和实行的过程融为一片,不容分割为先后的段落”,“宪政是过程,也是目标。由幼稚园的宪政‘逐渐升学上去’是过程,大学的(或研究院的)宪政是目标。‘从少数有政治能力的人做起’是过程,养成多数人的‘民治气质’以达到‘全民’‘普选’是目标”。[③] 当然幼稚园宪政也要有最低限度的条件,“除读书识字外,还有两个极端重要的条件:(一)一般的人民有尊重法律的习惯,(二)一般的人民依法发表政见并服从多数的习惯”[④]。

---

① 萧公权:《宪政的心理建设》,见《宪政与民主》,清华大学出版社,2006 年,第 51 ~ 52 页。
② 萧公权:《宪政卑论》,见《宪政与民主》,清华大学出版社,2006 年,第 35 页。
③ 萧公权:《宪政的条件》,见《宪政与民主》,清华大学出版社,2006 年,第 26 ~ 27 页。
④ 萧公权:《宪政的条件》,见《宪政与民主》,清华大学出版社,2006 年,第 28 页。

萧公权十分重视人民在宪政中的作用,不仅宪政之进步及有无取决于人民的努力,而且宪政有无实质性内容也取决于人民的素质,而人民素质中最重要的就是宪政国家必备的理智人生观。

现代之国家,就其立国之根本原则,大致可以分为宪政与独裁之二型。此两类之国家,不特各有其特殊之政制,而其所以能各有成功者,则有赖适合其立国精神之心理背景。约言之,独裁政治以民众之信仰为基础,故自法西斯以至共产主义之国家,均以培养信仰,激发感情为国策中之要图。……独裁国家之教育既以培养信仰为方针,势必轻视理智之自由发展与思维之自由运用。①

在宪政国家中,除理智人生观外,更无有较适于平等自由精神与乎自治会议制度之公民理想也。②

西洋学者亦尝谓宪政之成功,有赖于人民之良好习惯,而非专恃政府之法令,故宪法宜如草木之天然生殖而不可勉强人为也。……宪政以人民之智慧为基础,故自由主义之教育亦注重训练理智。所谓训练理智者,既非径在传授知识,更非培养信仰,而在养成各人之思想力、理解力、评判力,俾其学成之后,不独于事理之是非得失能有独立之见解与判断,而又能根据真理无止境之认识,对于一切异己之主张,持宽容商榷之态度,不人云亦云,亦不必强人同己。……人民必有如此之训练,然后民主政治乃能尽量发挥其优良之效用。……人民若无理智之修养,言论自由亦失其真正之效用,而培养理智遂成为宪政准备之要务。……民治之精髓,在吾人前此所说之理智人生观,而不尽在参加人

① 萧公权:《施行宪政之准备》,见《宪政与民主》,清华大学出版社,2006 年,第 19 页。

② 萧公权:《施行宪政之准备》,见《宪政与民主》,清华大学出版社,2006 年,第 22 页。

数之多少。①

人民理智人生观之养成,并不需特别的训政。“我们不能再蹈袭前人‘训政论’的错误。然而我们也不要轻视了我国人民的弱点。我们虽不可于实行宪政之外求训政,却必须于实行宪政之中努力养成‘民治气质’。”②“语云:‘未有学养子而后嫁者也’,人民政治之智慧,大半只能在实际政治生活中求之”,“愚意绝不主张缓行宪政”③,“除实行宪政外,别无其他训练宪政能力的方法”④。

萧公权的宪政思想体现了浓郁的历史意识,从宪政及政治史的高度对宪政诉求中的浪漫主义进行了驳斥,重申了现实主义循序渐进的宪政诉求,其主要观点可以概括为行宪比制宪更重要,开始执行一部有瑕疵的宪法比制定一部完美无瑕的宪法更重要。这不仅因为“欲求宪法每一条每一字均令人满意,实为不可能之事”,更因为宪法本身即为妥协之产物,其不能令方方面面的人满意乃是势所必然。“追求完美,本是人类的一个优点。……然而经验却告诉我们,尽善尽美的理想虽是领导行为的有效目标,它不是在任何时间、任何地方所能完成的实际境界。我们可以由努力前进而接近理想,我们不能因理性的境界未能实现,就放弃了前进的努力。”⑤

人类可以有高妙的政治理想,却没有完美的政治生活。“第一个可能的解释是‘心有余而力不足’”,高妙的理想往往出于先知先觉,他们的计划与主张既不易为其他人理解,又与现实有可观的距离,况且社会不良习俗的改

① 萧公权:《施行宪政之准备》,见《宪政与民主》,清华大学出版社,2006 年,第 18 ~ 22 页。
② 萧公权:《宪政的条件》,见《宪政与民主》,清华大学出版社,2006 年,第 28 页。
③ 萧公权:《施行宪政之准备》,见《宪政与民主》,清华大学出版社,2006 年,第 23 页。
④ 萧公权:《宪政的条件》,见《宪政与民主》,清华大学出版社,2006 年,第 28 页。
⑤ 萧公权:《制宪与行宪》,见《宪政与民主》,清华大学出版社,2006 年,第 108 页。

良也不会一蹴而就。[1]“第二,运行有效的政治制度大都是应实际的需要或对事实而妥协的产物”,[2]演进的制度多半为历史上偶然事件促成,既不能有计划,也不是理想的推进,而是头痛医头、脚痛医脚应付问题的结果,民主国家的宪法虽然也有理想的基础,其最后结果总难免有妥协与迁就。“第三,政治理想的本身也有一些问题,……最美妙的理想可以得着许多人的赞同,但不能够得着每一个人的赞同。”[3]“人为之事物断难极尽美善,而人为之制度,万难臻于完备。”[4]“有精美的宪法当然比有不精美的宪法好一些”,“有不精美的宪法又比根本没有宪法好一些”,“因为一个国家没有宪法,她就连民主政治的起码条件都没有了,……中国是宪政未立的国家”,“我们急需的是‘百年大计’的奠基,不是百年大计的落成”。“不满意的宪法不一定就是恶劣的。不精美的宪法不一定就是不能行的。……只要我们有实行宪政的诚意,以互谅的态度对人,以守法的精神律己,宪法纵不完善,民治必可成功。”[5]

“只要制出了宪法,国民大会就算完成了任务”,“此后大家的工作不是吹求宪法的缺点,不是清算制宪的功过,更不是‘保留’个人或党派的反对意见,而是——怎样去实行宪法,把一个不尽满意的制度,运用之,改善之,使之成为一个比较满意的制度”。[6]“今日的宪法纵然不满人意,只要不是废纸,我们便有改进的希望。任何宪法(除了废纸宪法)都是可以修正的。任何政制(除了未行的政制)都是可以改善的。”他恳切地呼吁:“我们必须把握住今日的机会,从现行宪法的几点出发,步步前进。一方面奉公益,守法纪,

---

① 萧公权:《制宪与行宪》,见《宪政与民主》,清华大学出版社,2006年,第109页。
② 萧公权:《制宪与行宪》,见《宪政与民主》,清华大学出版社,2006年,第110页。
③ 萧公权:《制宪与行宪》,见《宪政与民主》,清华大学出版社,2006年,第111页。
④ 萧公权:《中华民国宪法述评》,见《宪政与民主》,清华大学出版社,2006年,第159页。
⑤ 萧公权:《制宪与行宪》,见《宪政与民主》,清华大学出版社,2006年,第112页。
⑥ 萧公权:《制宪与行宪》,见《宪政与民主》,清华大学出版社,2006年,第112页。

一方面培智能,求进步,只要大家的政治能力和道德进步,只要社会的风俗习尚进步,我们的宪政就可一同进步。""正因为宪政是百年大计,所以成功不可一日求,开端不可一日缓,制宪的争执可以放松,行宪努力不需加紧。"①

① 萧公权:《制宪与行宪》,见《宪政与民主》,清华大学出版社,2006年,第113页。

第八章　中国共产党新民主主义政治思想

中国共产党的政治思想究竟如何概括，是一个比较难的学术问题：一方面，中国共产党自身没有对自己的政治思想进行过明确的理论概括；另一方面，中国共产党的政治思想是不是从根本上经历了性质不同的阶段，学术界没有公论。① 鉴于我们这里主要讨论中国共产党在新民主主义革命阶段的思想，且共产党人在这个阶段也明确将自身政治思想定位为新民主主义政治思想，因此我们姑且把这个阶段中国共产党的政治思想定位为新民主主义政治思想。这样定位虽有一定的依据，但困难也不少，其中最主要的困难，就是回答中国共产党的政治思想在1954年或1956年是否发生了根本性变化。1954年，新中国召开了第一次全国代表大会，结束了《共同纲领》确定的联合政府，在某种程度上可以说是结束了新民主主义政治。1956年，新中国完成了社会主义的三大改造，正式宣布进入社会主义阶段。那么，中国共产党的政治思想是否也相应地进入了社会主义阶段？社会主义政治思想与新民主主义政治思想究竟有何根本不同？这些问题都是现当代中国政治思

---

① 例如林尚立教授的《当代中国政治形态研究》将新中国自1949年以来的政治都归结为社会主义政治，不承认新中国政治史上存在着新民主主义政治。这样做对于研究当代中国政治来说就足够了，但实质性地回避了新民主主义政治存在与否的问题，更回避了新民主主义政治与社会主义政治的本质区别，特别是在回答中国共产党的政治思想究竟为新民主主义还是社会主义的问题上，这样处理基本于事无补。

想研究无法回避又一时难以解决的重大问题。我们不拟讨论上述还无法解决的问题,只是对中国共产党在新民主主义时期的政治思想作简要介绍和评价。

中国共产党在新民主主义阶段的政治思想,经历了比较复杂的成长阶段,不同阶段有不同的代表人物,但不同的代表人物除毛泽东外又不足以比较完整地表达新民主主义的政治思想。中国共产党新民主主义政治思想的发展路数不同于中国国民党的三民主义,因此其论述的方式也应与三民主义政治思想的论述有所不同。鉴于中国共产党新民主主义政治思想发展的特殊性,本章的论述以新民主主义政治思想的重要理论为专题,分别从不同的方面,阐述新民主主义政治思想的不同理论。新民主主义政治思想的成长,在某种程度上,就是毛泽东思想的形成,新民主主义政治思想的理论专题,都不过是铸造毛泽东思想的必要理论部件,而当这些理论专题融合进毛泽东思想的时候,它们在理论上也同时获得了深化和升华。一方面,中国共产党新民主主义政治思想是在各个专题充分发展的基础上,逐渐酝酿成熟的;另一方面,新民主主义政治思想成熟后,各个理论专题也比较完整地保持了其理论独立性,虽然有理论独立性,但同时又是新民主主义政治理论的重要组成部分,各个专题之间在理论上具有密不可分的有机联系。

一、新民主主义的科学观与历史观

中国共产党的新民主主义政治思想孕育于五四运动,而五四运动的重要内容就是民主与科学,而民主与科学的话题随后又衍生出了相应的科学观和历史观的争论,表现在话题上就是中国现代史上著名的“科玄论战”。“科玄论战”的核心议题,就是科学究竟能不能解决人生观和历史观问题。“科玄论战”实际上是对五四精神的第一次反省,梁启超、张君劢等结合第一次世界大战后欧洲的破败情况，提出了科学不能解决人生观的问题，从而对五四运动提出的科学及建立科学人生观、历史观的说法提出了挑战。虽然科学与民主受到怀疑，但新文化运动及新知识阶层对科学的信仰日益牢固，而且新文化及新知识阶层也借机深入地思考和反省了科学，系统地提出了科学观，并据此而提出了科学的人生观和历史观。五四运动以来，甚至可以说从洋务运动以来，许多先进人士就认为中国的问题只有依靠科学才能解决，其中包括民主的问题。科玄论战不仅第一次暴露了中国社会部分精英人士对“科学万能论”的怀疑，而且也由此形成了不同的科学观。

大致来说，当时形成的科学观主要有三种：其一是以张君劢等为代表的观点，认为科学不能解决人生观和历史观问题，科学只能解决自然事实的因果律；其二是以胡适、丁文江等为代表的观点，认为科学既能解决自然事实的因果律问题，也能解决人生观和历史观问题，并主张确立科学的人生观和历史观，培育理性的现代人；其三是以陈独秀、邓中夏、瞿秋白等为代表的观点，同样认为科学不仅能解决人生问题，主张确立科学的人生观，其不同于胡适、丁文江等的正在于其科学不是区别于哲学的现代科学，而是同时包含了哲学和科学两个方面的内容。①

中国共产党人并不是此次科玄论战的主要角色，但他们的观点却直指科学与人生观论战的核心问题，虽也主张确立科学的人生观，但科学的含义却与胡适等人的科学有本质上的重大不同。

胡适和丁文江等所谓科学，乃是欧美实证主义意义上的经验科学，他们用实证的教育科学的精神指导人生，影响人生观的形成过程，最终形成科学

---

①　参见李泽厚：《记中国现代三次学术论战》，见《李泽厚十年集：中国现代思想史论》，安徽文艺出版社，1994 年，第 53 ~ 79 页。

人生观。所谓科学精神、科学方法和科学态度，主要是指“摒除个人的成见”[①]，“无论遇见什么事，都能平心静气去勇于研究，从复杂中求简单，从紊乱中求秩序，拿论理来训练他的意想……了然于宇宙生物心理种种的关系，才能知道生活的乐趣……”[②]换言之，“依科学态度而整理思想，构造意见，以至于身体力行，可以叫作科学的人生观”[③]。科学的人生观之所以可能，就是因为胡适等认定科学可以解决人生问题。“科学是凭借因果和齐一两个原理而构造起来的。人生问题无论所谓生命之观念或生活之态度，都逃不出这个原理的金钢圈，所以科学可以解决人生问题。”[④]

陈独秀等中国共产党人所理解的科学，显然不是欧美实证主义方法指导的现代自然科学，而是受到古典科学观的影响，强调科学揭示了世界的本质和必然，即一切揭露客观世界必然法则的东西都可以被涵盖在科学的概念中。中国共产党人的科学观认为，万事万物皆有其本质的规律，人生及历史也有其本质的规律，从而人生观和历史观也就有了科学的与不科学的区别，其中科学的历史观是历史唯物主义，而科学的人生观则是指建立在辩证唯物主义和历史唯物主义基础上的人生观。

中国共产党人的科学观主要解决历史观和人生观问题，其中历史观解决中国社会的出路何在，而人生观则解决如何动员社会成员为中国社会的出路而努力。科学的历史观和人生观是密切联系的理论问题，有了科学的历史观，也就有了科学的人生观；反过来，有了科学的人生观，才能实现科学

---

① 丁文江：《玄学与科学》，转引自李泽厚：《中国现代思想史论》，安徽文艺出版社，1994 年，第 55 页。

② 丁文江：《玄学与科学》，转引自李泽厚：《中国现代思想史论》，安徽文艺出版社，1994 年，第 55 页。

③ 王星拱：《科学与人生观》，转引自李泽厚：《中国现代思想史论》，安徽文艺出版社，1994 年，第 58 页。

④ 王星拱：《科学与人生观》，转引自李泽厚：《中国现代思想史论》，安徽文艺出版社，1994 年，第 58 页。

的历史观。中国共产党科学的历史观就是新文化运动以来在中国逐渐传播开来的历史唯物主义。科学与玄学关于人生观问题的论战由历史唯物主义来收场很有象征意义,这在某种程度上说明了历史唯物主义在中国将征服大多数热血青年,而成为许多人分析社会历史的基本理论工具,并成为他们确立人生观的理论基础,而科学的人生观将主要是受历史唯物主义影响的人生观,而不是胡适等提倡的那种实证主义、经验主义层面上的科学人生观。中国共产党人既积极介绍和宣传历史唯物主义,而历史唯物主义又如此深远地影响了人们的理论思维,那么中国共产党人关于科学人生观问题的论述就不仅在理解中国共产党的政治思想方面起基础作用,而且对20世纪后半叶中国政治思想也具有重要的基础作用。下面,我们就结合陈独秀、邓中夏、瞿秋白等人的论述,简要介绍一下中国共产党人的科学观、历史观、科学人生观,作为理解和剖析中国共产党人政治思想的起点和基础。

陈独秀指出:“社会科学是拿研究自然科学的方法,用在一切社会人事的学问上……凡用自然科学方法来研究、说明的都算是科学;这乃是科学最大的效用。我们中国人向来不认识自然科学以外的学问,也有科学的威权;向来不认识自然科学以外的学问,也要受科学的洗礼;向来不认识西洋除自然科学外还有别种应输入我们东洋的文化;向来不认识中国底学问有应受科学洗礼的必要。”“我们要改去从前的错误,不但应提倡自然科学,并且研究、说明一切学问国故也应包含在内,都应严守科学方法,才免得昏天黑地乌烟瘴气的妄想胡说。”①“我们相信科学(自然科学和社会科学)也就是因为‘科学家之最大目的,曰摈除人意之作用,而一切现象之化为客观的,因而

---

① 陈独秀:《新文化运动是什么》,转引自朱长久:《陈独秀的科学思想探析》,载《安徽史学》2001年第4期。

可以推算,可以穷其因果之相生'(张君劢语),……和玄学家的胡想乱说不同。"①"因果律且是一切科学共通的原则,而各种科学之方法论却各不相同,不但社会科学和自然科学不同,即自然科学中,数学和化学、动植物学也都各不相同。社会上有相类的因之现象,必将有相类的果之现象;惟其果之现象之特定的时空及现象中之个体现象,则另有因果关系,而非社会科学范围内之事,这本是社会科学重要方法之一。"②

陈独秀指出,社会科学中最主要的是指经济学、社会学、历史学、心理学、哲学;而哲学又主要指实验主义的及唯物史观的人生哲学。陈独秀还认为,近代科学的方法侧重于归纳法,当然它与演绎法是相互为用的,与古代人偏重演绎法相区别;马克思以自然科学的实证的归纳法应用于社会研究,他搜集了许多社会上的事实,证明其学说,所以,其学说为科学的社会学。③"我们相信只有客观的物质原因可以变动社会,可以解释历史,可以支配人生观,这便是'唯物的历史观'。"④

陈独秀的科学观虽然强调了实证和经验的方法,但是其所追求的其实是以牛顿力学为代表的决定论意义上的因果确定性,这种因果确定性不仅表现在自然科学中,也表现在包括哲学在内的所谓社会科学中,世间万事万物都处在决定论意义上的因果链条上。人生中的许多东西之所以可能是科学的,就是因为人生不是完全自由的,而是被决定的,人不能选择自己生活的具体时空,但人可以适应社会中的因果决定性,而做出合乎社会因果规律

① 陈独秀:《科学与人生观》,转引自李泽厚:《中国现代思想史论》,生活·读书·新知三联书店,2001年第4期。

② 陈独秀:《新文化运动是什么》,转引自李泽厚:《中国现代思想史论》,生活·读书·新知三联书店,2001年第4期。

③ 参见陈独秀:《马克思的两大精神》,转引自朱长久:《陈独秀的科学思想探析》,载《安徽史学》2001年第4期。

④ 陈独秀:《科学与人生观》,转引自李泽厚:《中国现代思想史论》,生活·读书·新知三联书店,2008年,第65~66页。

的选择，从而有可能产生科学的历史观和科学的人生观。所谓科学的历史观，就是当时刚刚流行的历史唯物主义；所谓科学的人生观，当然就是合乎社会发展因果律能够发挥人的主观能动性的人生观。科学的人生观必须也必然建立在历史唯物主义的理论基础上，建立在社会因果的必然规律基础上，而社会因果链条的决定性环节则是经济制度的变更。

陈独秀在《实行民治的基础》一文中指出："最进步的政治，必然把社会问题放在第一位，别的都是闲文……社会经济问题不解决，政治上的大问题没一件能解决"[①]，"全社会的一种经济组织生产的制度未推翻前，一个人或一个团体绝没有单独改造的"，"经济制度不变更，其他一切社会问题都是无法解决的"。[②] "我们无论如何反对我们所生存的社会制度 ，在我们未曾用我们的力量把现存的制度翻以前，我们仍旧必然为现存的我们所反对社会制度所支配……因此，我们应该觉悟，我唯一的使命只有改革社会制度。"[③]

瞿秋白是陈独秀之后在中国共产党政治理论上有重要影响的卓越领导人，他在历史唯物主义与辩证唯物主义的普及上有比较重要的影响，从而在中国共产党的科学观、历史观及人生观的发展方面产生了重要影响。瞿秋白在《自由世界与自然世界》中指出：科学无论是在自然领域还是在社会领域，都是去发现、揭示其运动规律，"社会里与自然界同样是偶然的事居多，然而凡有偶然之处，此偶然本身永久被内部隐藏的公律所支配，科学的责任在于发现这些公律"[④]。"社会现象确有因果律可寻，唯知此因果律之'必

① 陈独秀：《实行民治的基础》，见胡明编选：《陈独秀选集》，天津人民出版社，1990 年，第 90 页。

② 陈独秀：《谈政治》，见《新青年》第 8 卷第 1 号，转引自金怡顺：《五四时期陈独秀社会历史观探析》，载《安徽史学》2003 年第 2 期。

③ 陈独秀：《答黄哲民》，见《新青年》第 8 卷第 1 号，转引自金怡顺：《五四时期陈独秀社会历史观探析》，载《安徽史学》2003 年第 2 期。

④ 瞿秋白：《自由世界与自然世界》，转引自孙超：《论建党初期瞿秋白的科学观》，载《安徽史学》1993 年第 4 期。

然'，方能得应用此因果律之'自由'"，"科学的因果律不但足以解释人生观，而且足以变更人生观"。[1]

瞿秋白于科玄论战时代在科学观、人生观等方面几乎与陈独秀没有什么根本性差异，但在随后的发展中则重点介绍了俄式辩证唯物主义，从而提供了更精确而哲学化了的科学观，并由此而确立了共产党人科学的原科学——辩证唯物主义，使原先单纯将社会历史法则的历史唯物主义和科学人生观有了更加详细确定的内容，使历史观和人生观的科学化更加哲学化，即更加辩证唯物主义化，并使辩证唯物主义的基本规律成为根本性的科学规律，其他规律不过是它的具体体现而已。瞿秋白指出，"宇宙的根本是物质的动，动的根本性质是矛盾，是肯定之否定，是数量质量的互变，社会现象的根本是经济的（生产关系）动，亦即是'社会的物质'之互变"[2]，"宇宙间的一切现象，既然是永久动的，互相联系着的，社会现象亦是如此，所以社会科学中，根本方法是互辩的唯物主义"[3]，"所谓'动'就是斗争，就是矛盾"，"所以斗争与矛盾（趋向不同的各种力量互相对抗）——是以规定变动的历程"。[4] 李泽厚在谈到辩证唯物主义作为科学对人生观产生的影响时说："从瞿秋白介绍用辩证唯物论来观察事物，研究世界，到艾思奇《大众哲学》的通俗宣传，的确在普及这种新的哲学世界观上起了非常大的作用，使得年轻一代不必再像上代人那样，经由达尔文的进化论而走向唯物史观，而是直接由此而接受、信仰这既普遍又非常'科学'的对宇宙、自然、社会个中现象的解

---

① 瞿秋白：《自由世界与自然世界》，转引自郝孚逸：《注重并发挥马克思主义世界观的指导作用》，载《理论月刊》2001 年第 6 期。

② 瞿秋白：《社会哲学概论》，转引自李泽厚：《中国现代思想史论》，安徽文艺出版社，1994 年，第 164 页。

③ 瞿秋白：《现代社会学》，转引自李泽厚：《中国现代思想史论》，安徽文艺出版社，1994 年，第 164 页。

④ 瞿秋白：《现代社会学》，转引自李泽厚：《中国现代思想史论》，安徽文艺出版社，1994 年，第 164 页。

释，以作为世界观和方法论，作为引导人生、参加革命的行动指南，并与其他各派现代哲学唯心论划分界限。”①

中国社会的新知识分子在五四运动后，开展科玄论战的理论目的不是发展科学，而是解决中国向何处去的历史观和救国仁人志士的人生观问题、一大群被科学与民主精神唤醒的新知识分子急切地希望解决中国社会及新知识青年的发展趋向及基本理论依据问题。李泽厚在解释何以科学人生观战胜玄学人生观时指出："科学的、理性的人生观更符合当时变革中国社会的需要，更符合向往未来、追求进步的人们的需求。”“承认身、心、社会、国家、历史均有可确定可预期的决定性和因果律，从而可以用以反省过去，预想未来，这种科学主义的精神、态度与方法，更适合于当时中国年轻人的选择。”②一方面，“十八、十九世纪西方近代的科学及其精神和方法，对落后的中国，还是新鲜的和先进的东西，人们欢欣鼓舞地去接受它，是很自然的”③。另一方面，当时大多数中国人科学及其精神和方法，“在某种意义上恰恰又是中国传统哲学精神在现在的展现，是以人（人生）为中心的‘究天人之际，通古今之变’，将‘天道’（宇宙普遍规律，现在是科学）与‘人道’（社会人生道路即人生观）联结沟通起来的传统思维——行为模式的现代翻版，仍然是传统‘实用理性’在现代的延续，即人们更愿意去选择企望解决现实社会问题的理性（现在是科学），来作为信仰和准则以指导生活”④。

胡适、丁文江与张君劢的理论博弈实际上必然导致陈独秀代表的历史唯物主义的社会科学观与所谓科学人生观的大流行。

---

① 李泽厚：《中国现代思想史论》，安徽文艺出版社，1994 年，第 165 页。
② 李泽厚：《中国现代思想史论》，安徽文艺出版社，1994 年，第 62 页。
③ 李泽厚：《中国现代思想史论》，安徽文艺出版社，1994 年，第 62 页。
④ 李泽厚：《中国现代思想史论》，安徽文艺出版社，1994 年，第 62 ~ 63 页。

> 科玄论战后，马克思主义在青年中得到更广泛的传播，而五四时期的‘赛先生’（科学）在这里和以后日益成了马克思主义唯物主义的代称；或者说马克思主义日益作为科学被人们所理解、接受和信仰。意识形态（共产主义）与科学（唯物史观）成了一个东西。马克思主义作为意识形态与科学的融合，唯物史观以决定论的历史必然因果关系来建立对未来共产主义社会的伟大理想，都非常适应于中国知识分子的实用理性的传统心态和传统精神。[1]

科玄论战的结果一方面使历史唯物主义作为科学的地位得到确立和巩固，另一方面又使建立在历史唯物主义基础上的人生观广为流行，共产主义思潮影响的扩大和共产党员队伍的急速扩充，都与这种从根本上反映了天地人普遍规律的科学观及建立在科学观基础上的科学人生观的广为流行有密切联系。

中国共产党人的科学观与科学人生观随着历史唯物主义和辩证唯物主义的普及而确立后，他们就开始用获得的分析工具来认识世界、认识社会、认识自我，确立科学人生观与历史唯物主义和辩证唯物主义的必然联系，确立个人在人类及中国的神圣使命与责任，全面进行政治理论的建设。科学观与科学人生观的理论创造一旦完成，中国共产党的政治思想就具备了知识论及道德论的基础，从而在认识世界、认识社会与认识自我的征途上跨出了具有战略意义的一步，具有了提供系统的政治理论的起码基础。中国共产党在理论方面不同于其他党派的最重要的理论基础，就是她的科学观和科学人生观。中国共产党以科学观、科学历史观及科学人生观为基础，系统阐述了自己的政治主张和追求，新民主主义不过是中国共产党的一个阶段

---

① 李泽厚：《李泽厚十年集：中国现代思想史论》，安徽文艺出版社，1994 年，第 67 页。

性政治主张和追求。

二、新民主主义阶级论与革命论

中国共产党正式提出新民主主义虽比较晚,但其正式的理论文献和权威著作一直将五四运动至新中国成立这个时间段的革命,定位为新民主主义革命,并在抗日战争后期系统地阐述了新民主主义的政治思想。从新民主主义的政治实践及相关理论著作看,新民主主义政治思想中涉及政治哲学的最主要的内容是阶级论与革命论。本节即主要介绍新民主主义的阶级论与革命论。新民主主义的阶级论与革命论一方面具有马克思主义理论体系的原有内容,另一方面也包含中国共产党特殊的理论内容。本节主要对中国共产党重要理论家的著作进行阶级论与革命论的理论解读,其中最主要的理论文献是中国共产党著名理论家的理论著作。

历史唯物主义首先给人们提供了一种决定论的科学历史观,其中包含比较严谨的因果联系,突出了经济制度的决定性影响。随着历史唯物主义的深入传播和辩证唯物主义的传入,马克思主义理论家逐渐将辩证法融进历史唯物主义,演绎出了系统的阶级论和革命论,并以此为基础,构建了宏观系统的人类发展史,并以阶级和革命来刻画人类社会最基本的政治关系和政治局势。阶级与革命既可以描摹人类社会的纵向演进,也可以刻画人类社会的横向构成,还可以提供政治存在的普遍价值基础,提供衡量政治是非的正义标准。[①] 作为历史唯物主义理论最基本的范畴,阶级和革命都是建立在严格的具有进化论倾向的历史决定论的基础上,通过阶级与革命,确立

---

① 政治追求正义既是维系其合法性的起码要求,也是激励社会成员的必然要求,人们既不能普遍追随不正义的东西,也不能真正服从不正义的东西,阶级革命的正义在中国曾经那样的天经地义,既有效地维系了政权的稳定,也极大地鼓舞和激励了中国的大多数人。

了一系列必然的因果关系链条，并由此而形成了一个论述政治关系及政治局面的政治哲学体系。

阶级曾经只是政治社会学的观念，指客观存在的社会势力集团，特别是指明确意识到自身特殊利益的社会集团，它作为一个政治社会学概念，最早应该产生在社会明显分割为互相区别的集团划分的法国大革命前夕，最早就是被用来分析法国大革命的基本概念。阶级获得历史哲学和政治哲学层面的含义，主要是通过马克思主义经典作家的经典著作，其中《共产党宣言》具有十分重要的理论地位。[①] 革命虽然也出现在中国旧典籍中，但其含义与现代政治学的革命概念截然不同。中国旧典籍中的革命一词，乃是"因革天命"的同意语，其概念外延实际上仅仅包含以暴力推翻"独夫民贼"的"顺天应人"的"汤武革命"。现代政治学意义上的革命一词，也同样开始于法国大革命中的流行提法，并确立以法国大革命的阶级斗争方式为脚本的概念内涵和外延，突出强调革命是一个阶级推翻另一个阶级的暴动。[②]

中国共产党在阶级与革命的基本理论方面并无理论上的创造，其关于阶级与革命的理论提法基本保留了马克思主义经典作家的原始含义，而且这方面的提法主要来自日本的马克思主义学者，日本马克思主义学者的著作直到20世纪30年代，仍然是中国共产党基本理论知识的主要供给者，即使苏联的理论主张也有不少是通过日本马克思主义学者的著作获得的，中国马克思主义的学术著作也较多地受到日本学者的影响。[③] 中国共产党的理论家们系统地提供了新民主主义政治理论所必需的唯物主义历史观，并

---

① 参见《共产党宣言》，见《马克思恩格斯选集》（第一卷），人民出版社，1972年，第256～286页。

② 这个定义在当代中国可以说是家喻户晓，几乎大多数社会科学都这样定义革命，而中国传统的那种革命观念反而湮没无闻了。

③ 参见王炯华：《李达与马克思主义哲学在中国》，华中理工大学出版社，1988年。

详尽地阐释了唯物主义历史观的普遍理论意义。[①] 本节在此主要介绍中国共产党主要理论家宣传和普及阶级论与革命论的文字。

中国共产党的政治理论明显不同于其他政治派别的范畴，就是阶级斗争。阶级斗争既是中国共产党理论家着力论述的重点和基础，也是其他政治派别明确不认同的理论观点。[②] 李大钊于1919年发表的《我的马克思主义观》指出，阶级斗争学说是马克思主义的三个组成部分，经济上有共同利益自觉的社会团体，都有毁损别的社会团体以增加自己团体利益，阶级斗争不可避免，它与人类历史相终始，是阶级社会发生的必然规律，直到消灭阶级为止。[③]

俄国的十月革命重新点燃了中国社会的革命火炬，并且突出了以阶级斗争为主的革命内容，主张从阶级的解放中追求并获得民族的解放。毛泽东《在新民学会长沙会员大会上的发言》也明确主张俄式道路，认为俄式道路是诸路走不通后发明的新路，较之别的改造方式所含可能较多，并指出阶级专政的方法最宜使用。[④] 陈独秀认为《共产党宣言》的精髓是以唯物主义说明阶级斗争，指出阶级斗争学说的要义有二：一是一切过去社会的历史都是阶级斗争的历史，二是阶级之成立与斗争崩坏都是经济发展之必然结果。[⑤] 陈独秀根据《共产党宣言》关于资产阶级与无产阶级的主要论述，指出：

> 到了有产阶级底生产力发展到了与有产阶级社会底制度不适合的时候，社会制度就成了社会生产的障碍物，有产阶级及有产阶级社会底

---

① 主要代表人物有李大钊、陈独秀、瞿秋白、李达等。

② 国民党及其他民主党派屡屡申明自己对阶级斗争理论的反对态度，强调阶级合作或中国传统的“和”。

③ 参见李大钊：《我的马克思主义观》，载《新青年》第6卷，第5、第6号。

④ 参见中共中央文献编辑委员会：《毛泽东著作选读》，人民出版社，1986年，第1～2页。

⑤ 参见陈独秀：《马克思学说》，见《新青年》第9卷第6号。

> 制度也是必然要崩溃的。……有产阶级不但造成了致自己灭亡的武器,还培养了一些使用武器的人,这些人就是近代的劳动阶级,也就是无产阶级。……从前有产阶级和封建制度争斗时掌了政权才真实打倒了封建,才完成了争斗之目的;现在无产阶级和有产阶级争斗,也必然要掌握政权利用政权来达到他们争斗之完全目的……①

陈独秀进而指出了无产阶级斗争的不可避免性,重申了近代劳动阶级不能沿用有产阶级的政权机器,“我敢说若不经过阶级战争,若不经过劳动阶级占领权力阶级地位的时代,德谟克拉西永远是资产阶级的专有物,也就是资产阶级永远把持政权抵制劳动阶级的利器”②。

李达认为,阶级是由于生产力的发展,生产手段共用事实的消灭,原始共产制因而崩坏而产生的。

> 阶级者,社会的生产历程之结果,由生产条件产生而出,因生产手段之分配,及社会人员被分配于生产历程中所成之社会系统而生者也。……阶级确为经济概念,同时又为与此经济概念相适应之法律概念及政治概念。……阶级概念宜总合经济的、政治的、法律的各方面之内容为一体,而由经济的见地鉴定之。③
>
> 阶级实构成于经济方面,而又活动于政治方面者也。④

李达还阐述了建立在阶级论基础上的国家观。李达指出,“国家者,社会

① 陈独秀:《马克思学说》,见《新青年》第9卷第6号。
② 陈独秀:《谈政治》,载《新青年》第8卷第1号。
③ 《李达文集》(第一卷),人民出版社,1980年,第317页。
④ 《李达文集》(第一卷),人民出版社,1980年,第319页。

历程中之产物，为统治阶级对立而发生者也。国家非即社会”[1]，“国家为剥削的支配”，“国家为阶级的统治”，“国家为社会之机关”，“国家由抑制阶级对立之必要而产生，同时又生于阶级冲突之中，故几所谓国家者，皆强有力之经济的支配阶级之国家也”，“强有力之经济的支配阶级，借国家为媒介又得成为政治上支配阶级，以取得镇压剥削统治阶级之新手段”，[2]国家将随着阶级的消灭而消灭。李达后来在自著《社会学大纲》中着重论述了阶级的政治性，强调“一切政治现象都是阶级现象”，并着重强调了阶级在政治理论中的重要地位，说“要理解政治的上层建筑，必先理解阶级的全部理论”。[3]“当社会分裂为阶级时，阶级间必然因利害关系而引起阶级冲突”，“阶级冲突发生以后，无生产手段的阶级，势必侵犯生产手段的独占，因而有破坏社会已成秩序的危险”，“于是在这种斗争中，那独占着生产手段的少数特殊阶级，为维持并扩张经济的剥削的可能性起见，不能不利用特殊势力设法保持自己的地位，而其当作镇压多数无生产手段者的阶级的最有力的武器，即是国家”。[4]

中国共产党明确区别于别的政治派别的范畴是阶级斗争，而阶级斗争的主要内容又是暴力革命，即强调革命是一个阶级推翻另一个阶级的暴动。开始于1915年的新文化运动在俄国十月革命后发生了重大变化，伦理觉悟的启蒙主题再次变为救亡图存的革命主题，随着马克思主义学说的传播，阶级斗争和阶级革命理论逐渐流行起来。当然，由于俄国十月革命的积极影响，阶级斗争和阶级革命在中国共产党理论的萌芽状态就得到了强调，而且把阶级斗争与阶级革命作为历史发展的普遍动力。

新文化运动在陈独秀和李大钊等人的身上经历了一个由国民运动话题

---

① 《李达文集》（第一卷），人民出版社，1980年，第322页。
② 《李达文集》（第一卷），人民出版社，1980年，第341页。
③ 《李达文集》（第二卷），人民出版社，1981年，第397页。
④ 《李达文集》（第二卷），人民出版社，1981年，第492页。

到阶级革命话题的转化过程，而这个过程同时又是他们从民主主义者转化为社会主义者的过程。我们不应忘记中国马克思主义者最初的理论知识虽大多来自日本，特别是日本的河上肇对中国共产党马克思主义理论知识方面提供了支持，但中国共产党的缔造者选择马克思主义主要是受俄国十月革命的影响，即中国共产党的缔造者从一开始的理论准备，就已经有了明显的暴力革命主张，其最明显的表现就是把阶级斗争作为人类历史发展的普遍动力，并把阶级斗争作为解决中国和世界问题的着手点。[①]

李大钊在《我的马克思主义观》中简述了社会革命发生的过程：

生产力与社会组织有密切的关系。生产力一有变动，社会组织必须随着他变动。社会组织即社会关系，……是人类依生产力产出的产物。……生产力在那里发展的社会组织，当初虽然助长生产力的发展，后来发展的力量到那社会组织不能适应的程度，……不但不能助他，反倒束缚他、妨碍他了。…… 生产力虽在那束缚他、妨碍他的社会组织中，仍是向前发展不已。发展的力量愈大，与那不能适应他的社会组织间的冲突愈迫，结局这旧社会组织非至崩坏不可。这就是社会革命。新的继勉将来到了不能与生产力相应的时候，他的崩坏亦复如是。[②]

蔡和森在《社会革命底商榷》中指出：

政治力本来是一阶级压服他阶级的一种组织力。无产阶级若和资本阶级战斗，迫不得已，自己不得不组织一个阶级，用革命的手段，把自

① 参见中共中央文献编辑委员会：《毛泽东著作选读》，人民出版社，1986 年，第 1 ~ 2 页。

② 李大钊：《我的马克思主义观》，见北京大学哲学系现代中国哲学教研室等编：《中国现代哲学史教学资料选辑》（上册），北京大学出版社，1988 年，第 104 页。

已造成一个支配阶级，并且用权力扫除旧生产条件于是阶级对抗的存在和一切阶级的自身都要扫除的，于是无产阶级的优越也是要废除的。社会革命的目的，在推倒有阶级有特权的旧社会，组织无阶级无特权的新社会。社会革命底具体的手段大约可分数种：一、议会政级；二、工会运办；三、直接行动。……直接行动……是一种最有效的手段。……阶级斗争的手段，以最普遍最猛烈最有力量的为好。①

李达在《现代社会学》中也指出：

革命为进化之母，社会无革命，则社会无进化，此历史之公例也。……社会革命者何，即社会全体超升一进化阶级之谓，……即社会由旧而且低之生产关系进至新而较高之生产关系，并变更其上层建筑之全部者是也。……社会革命，可分为经济革命及政治革命两方面观察之。经济革命即社会基础之变革，政治革命即社会上层建筑之变革。经济革命之实现也以渐而进，非一朝一夕所能蒇事；政治革命之实现也可一蹴而就，固无须长久之年月也。惟经济革命与政治革命，必相须并进，而后社会革命始能完成。为企图社会革命而实行之政治革命，必在经济革命开始时始能有成，而经济革命进行式，又必有待于政治革命始能实现。故政治革命为社会革命之前提，又为社会革命必经之途径，经济上被压迫之阶级苟不先取得政权以改造经济组织，社会革命必无由实现也。②

---

① 蔡和森：《社会革命底商榷》，见《中国现代哲学史教学资料选辑》（上册），北京大学出版社，1988 年，第 151 ~ 154 页。

② 李达：《现代社会学》，见《中国现代哲学史教学资料选辑》（上册），北京大学出版社，1988 年，第 307 ~ 309 页。

阶级、阶级斗争及革命观在中国共产党内已经成为众所周知的理论常识，成了主要理论工作者阐述观点的理论前提和主要领导人进行社会政治分析的基本工具。毛泽东、刘少奇等主要领导人在分析中国社会及前途时都恰当地使用了阶级、阶级斗争及革命的学说，在论述相关问题时也大都以阶级、阶级斗争及革命的学说为重要前提。比如毛泽东在《丢掉幻想，准备斗争》中指出："阶级斗争，一些阶级胜利了，一些阶级消灭了。这就是历史，这就是几千年的文明史。拿这个观点解释历史的就叫作历史的唯物主义，站在这个观点的反面的是历史的唯心主义。"①"在阶级社会中，每一个人都在一定的阶级地位中生活，各种思想无不打上阶级的烙印。"②"社会的变化，主要的是由于社会内部矛盾的发展，即生产力和生产关系的矛盾，阶级之间的矛盾，新旧之间的矛盾，由于这些矛盾的发展，推动了社会的前进，推动了新旧社会的代谢。"③"凡是反动的东西，你不打，他就不倒。这也和扫地一样，扫帚不到，灰尘照例不会自己跑掉。"④"敌人是不会自行消灭的。无论是中国的反动派，或是美国帝国主义在中国的侵略势力，都不会自行退出历史舞台。"⑤"革命不是请客吃饭，不是做文章，不是绘画绣花，不能那样雅致，那样从容不迫，文质彬彬，那样温良恭俭让。革命是暴动，是一个阶级推翻一个阶级的暴烈的行动。"⑥

刘少奇为了说明党员的修养问题，就在观点展开之前先进行了唯物史观基本观点的阐述，其主要观点是：

---

① 毛泽东：《丢掉幻想，准备斗争》，见《毛泽东选集》（第四卷）人民出版社，1967 年，第 1376 页。

② 毛泽东：《实践论》，见《毛泽东选集》（第一卷）人民出版社，1967 年，第 260 页。

③ 毛泽东：《矛盾论》，见《毛泽东选集》（第一卷）人民出版社，1967 年，第 277 页。

④ 毛泽东：《抗日战争胜利后的时局和我们的方针》，见《毛泽东选集》（第四卷）人民出版社，1967 年，第 1029 页。

⑤ 毛泽东：《将革命进行到底》，见《毛泽东选集》（第四卷）人民出版社，1967 年，第 1265 页。

⑥ 毛泽东：《湖南农民运动考察报告》，见《毛泽东选集》（第一卷）人民出版社，1967 年，第 17 页。

当人类社会发展到了一定的历史阶段，就产生了阶级和阶级斗争。在阶级社会中，每个社会成员都作为一定阶级的人而存在，都在一定的阶级斗争的条件下生活。……在这些不同地位、不同利益、不同思想意识的阶级之间进行着不断的阶级斗争。……无产阶级应该自觉地去经受长期的社会革命斗争，并且在这种斗争中改造社会、改造自己。……我们提出在社会斗争中改造自己……是社会发展的客观规律的要求。①

三、新民主主义的中国社会分析

中国共产党发展理论的根本目的，是解决中国社会向何处去的实践问题。虽然解决中国社会向何处去的实践问题不能没有先进理论的指导，虽然在解决中国社会向何处去的实践问题时也能产生积极理论成果，但中国共产党理论的发展并不在基础理论方面，而恰恰是在基础理论中国化方面。马克思主义基础理论中国化必然产生大量分析中国社会政治、经济等的理论文献。前文既然已经介绍了中国共产党在基础理论方面的储备，接下来，我们就着重分析新民主主义政治理论的基本内容。鉴于新民主主义主要内容的逻辑层次清晰，我们拟分三个方面进行介绍，分别介绍新民主主义的中国社会分析、新民主主义的联合政府理论及政治协商会议与《共同纲领》。本节主要介绍新民主主义的中国社会分析，其最主要的内容有：中国社会性质及各阶级分析，中国革命的性质、任务与途径，中国革命的领导阶级、指导思想及革命方略等。

中国社会分析最基本的问题就是中国社会的基本性质，而中国社会的

① 刘少奇：《论共产党员的修养》，见《刘少奇选集》（上），人民出版社，1981 年，第 98 页。

基本性质问题又是一个中国社会如何在世界或人类历史中定位的问题，只有解决了这个问题，中国社会向何处去的问题才可能从理论上得到解决。按照常理，一个问题特别是重大问题，只有首先在理论上解决了，才可能在实践中解决。如果人们在理论上对一个问题特别是重大问题害惘然不知，或知之不多，那么该问题的解决就无从着手。中国社会的基本性质问题，其提出和解答都需要一定的视野和理论储备。一方面，中国社会不同于西方社会，提供了提出中国社会基本性质问题的比较对象，许多人都是从世界大视野的角度把握中国社会基本性质，确定其在人类历史上的逻辑位置。另一方面，西方的社会科学传入中国，特别是留日学生群体从日本学术界移来了马克思主义色泽浓郁的理论分析方法，尤其是其中的社会形态分析方法。社会形态是马克思提出的重要概念，是经济基础、政治上层建筑和社会意识形态三者的有机统一。①

中国社会基本性质的判断分歧充分体现在20世纪30年代的社会性质大辩论中，在此我们不拟列举各种不同的观点，主要介绍代表中国共产党对中国社会基本性质看法的观点。中国共产党对中国社会基本性质的看法，在毛泽东的《中国的红色政权为什么能够存在》《星星之火，可以燎原》中已经基本成型，其基本看法可以概括为：中国是帝国主义间接统治的半殖民地社会。② 概括尚不很到位，只是强调了帝国主义统治的半殖民地性质，还没有突出与帝国主义勾结的半封建性质。1939年，毛泽东发表《中国革命与中国共产党》，其中对中国社会基本性质的概括就比较完全了，提出“自从一八四〇年的鸦片战争以后，中国一步一步地变成了一个半殖民地半封建的

---

① 参见林尚立：《当代中国政治形态研究》，天津人民出版社，2000年，第37～38页。

② 参见毛泽东：《中国的红色政权为什么能够存在》，见《毛泽东选集》（第一卷），人民出版社，1967年，第49页；毛泽东：《星星之火，可以燎原》，见《毛泽东选集》（第一卷），人民出版社，1967年，第94页。

社会"[①]。

在20世纪30年代初的社会性质大论战中,参与论战的政治思想派别,主要有以陶希圣等为代表的"新生命派"、严灵峰为代表的托派和表达中国共产党看法的"新思潮派"。"新生命派"及托派都强调中国社会的资本主义性,而"新思潮派"则反复强调中国社会的封建性。本节主要介绍"新思潮派"的观点,以突出中国共产党理论中的中国社会具有的比较强的封建性质。

"所谓十八行省或二十一行省地方,多数乡村间,尤其内地的行省的多数乡村间的所谓农村经济的,大体仍是以自给自足为原则,农家自己需要的物质的生活资料由自家生产消费……商品生产无论其在农村与都市,都只是简单商品的生产,前资本主义生产方式的,尤其是封建的半封建的生产方式的生产。"[②]"至于资本主义经济,资本家的生产方式,除去沿海大都市或少数地方外,我们在广大的中国土地中,很难看见。"[③]"在封建剥削之下,农民因'经济以外的压制',强迫地需把全部剩余产品甚至超过这数量以上的部分,缴纳于地主,并受许多附加的剥削。"[④]"中国社会基本尚建立在农村经济的基础上,而农村基本上仍是封建的土地制度即以地主对农民的超经济的地租剥削为主体;帝国主义开始侵蚀但并未瓦解更未消灭广大农村的自然经济;中国是那么大的国家,农村地域如此广阔,帝国主义和资本主义的经济影响和渗透毕竟还局限在沿海和大中城市的周围农村,远没有取得全部

---

① 毛泽东:《中国革命和中国共产党》,见《毛泽东选集》(第二卷),人民出版社,1967年,第589页。

② 王昂(王学文):《中国资本主义在中国经济中的地位其发展及其前途》,转引自李泽厚:《中国现代思想史论》,安徽文艺出版社,1994年,第71页。

③ 王昂(王学文):《中国资本主义在中国经济中的地位其发展及其前途》,转引自李泽厚:《中国现代思想史论》,安徽文艺出版社,1994年,第71页。

④ 吴黎平:《中国土地问题》,转引自李泽厚:《中国现代思想史论》,安徽文艺出版社,1994年,第71页。

统治或主宰支配地位。所以半封建半殖民的社会性质再次科学地被肯定，从而反帝反封建的革命任务也就明确无疑了。”①

中国社会既然是半殖民地半封建社会，那么她的出路自然唯有革命，而革命的性质则只能是无产阶级领导的资产阶级民主革命，这样的革命是世界无产阶级革命运动的主要组成部分，革命的主要敌人就是帝国主义及国内反动派。而新民主主义革命就是以战胜帝国主义及国内反动派为历史任务的资产阶级民主主义革命。中国共产党的新民主主义政治理论实际上就是如何取得新民主主义革命胜利的理论。中国共产党作为革命党，要想领导革命胜利，就必须对中国社会进行阶级分析，分清敌我。

毛泽东在《中国社会各阶级分析》中指出：

> 谁是我们的敌人？谁是我们的朋友？这个问题是革命的首要问题。……革命党是群众的向导，在革命中未有革命党领错了路而革命不失败的。我们的革命要有不领错路和一定成功的把握，不可不注意团结我们的真正的朋友，以攻击我们的真正的敌人。我们要分辨真正的敌友，不可不将中国社会各阶级的经济地位及其对于革命的态度，做一个大概的分析。②

毛泽东的《中国社会各阶级分析》立足于唯物史观，将各阶级的经济地位与对革命的态度作为调查重点，并将两者联系起来，重点分析了中国社会中的地主阶级和买办阶级、中产阶级（主要指民族资产阶级）、小资产阶级、半无产阶级、无产阶级及游民无产者等。毛泽东认为：

---

① 李泽厚：《李泽厚十年集：中国现代思想史论》，安徽文艺出版社，1994 年，第 75 页。

② 毛泽东：《中国社会各阶级分析》，见《毛泽东选集》（第一卷），人民出版社，1967 年，第 3 页。

一切勾结帝国主义的军阀、官僚、买办阶级、大地主阶级以及附属于他们的一部分反动知识界,是我们的敌人。工业无产阶级是我们革命的领导力量。一切半无产阶级、小资产阶级,是我们最近的朋友。那动摇不定的中产阶级,其右翼可能是我们的敌人,其左翼可能是我们的朋友——但我们要时常提防他们,不要让他们搅乱了我们的阵线。①

刘少奇也指出:

工人阶级在国民革命运动中,能领导一切民众向帝国主义与军阀进攻。……国内军阀是帝国主义之工具和走狗。帝国主义及国内军阀永远是群众的敌人,也即是国民革命的对象。……中国资产阶级……有参加国民革命之可能,但资产阶级参加国民革命终究是妥协的,不能彻底的。……中国小资产阶级,包括小商人、学生,在国民革命运动中战友很重要的地位。……农民为国民革命重要势力,是工人阶级天然的同盟军。中国工人阶级应切实提携农民,进行中国的革命。②

因为国内军阀是帝国主义的工具与走狗,所以革命领导阶级必须设法建立其最广泛的革命阶级的统一战线,团结一切可以团结的人,巩固无产阶级的革命领导权,最大限度地孤立最主要的敌人。③

中国的新民主主义革命在性质上是资产阶级民主革命,但同时又属于

---

① 毛泽东:《中国社会各阶级分析》,见《毛泽东选集》(第一卷),人民出版社,1967年,第9页。

② 刘少奇:《工人阶级在革命中的地位与职工运动方针》,见《刘少奇选集》(上),人民出版社,1981年,第1~2页。

③ 参见毛泽东:《论反对日本帝国主义策略》《为争取千百万群众进入抗日民统一战线》《为动员一切力量争取抗战胜利而斗争》等,均见《毛泽东选集》第一、二卷;刘少奇:《肃清关门主义与冒险主义》《领导权问题是民族统一战线的中心问题》《争取全国民主统一与党在统一战线中的领导权》《建立我党领导下的抗日民主政权》等,均见《刘少奇选集》(上)。

世界无产阶级革命的重要组成部分,其中的关键就是因为一方面革命的领导权掌握在无产阶级手里,另一方面新民主主义革命具有比较彻底的反帝反封建性质。中国无产阶级革命的领导权又掌握在其先锋队——中国共产党手里。中国无产阶级的领导权集中在中国共产党又主要是因为其具有科学的马克思主义。毛泽东在《改造我们的学习》中说:

> 灾难深重的中华民族,其优秀人物奋斗牺牲,前赴后继,摸索救国救民的真理,是可歌可泣的。但是直到第一次世界大战和俄国十月革命之后,才找到马克思列宁主义这个最好的真理,作为解放我们的最好的武器,而中国共产党则是拿起这个武器的倡导者、宣传者和组织者。马克思列宁主义的普遍真理一经和中国革命的具体实践相结合,就使中国革命的面目为之一新。①

马克思主义的普遍真理和中国革命的实践相结合,就是用马克思主义的立场、观点和方法分析中国社会及革命的实际,提出适合中国社会的革命方略,完成反帝反封建的历史性任务。革命的核心问题是政权,一切革命的阶级只有掌握政权才能真正完成革命,无产阶级领导的社会主义革命或资产阶级民主革命,也概莫能外。但中国共产党领导中国革命阶级与阶层获得政权的方式却必须适合中国社会的特点,否则就不能成功。②

中国是一个帝国主义列强共同支配的半殖民地半封建社会,而且作为体现半殖民地性质的帝国主义及买办势力,又与作为半封建性质的封建大地主阶级相勾结,这就决定了中国的资产阶级民主主义革命必须彻底地反

① 毛泽东:《改造我们的学习》,见《毛泽东选集》(第三卷),人民出版社,1967 年,第 764 页。

② 参见毛泽东:《中国革命战争的战略问题》,见《毛泽东选集》(第一卷),人民出版社,1967 年,第 170 ~ 175 页。

帝反封建。[1] 但同时中国社会又缺乏足够的近代无产阶级，而且中国的无产阶级还具有小生产者的局限性，这就要求革命的领导者还必须时时与革命队伍内部的小生产者的局限性进行斗争，一次又一次地开展整风运动，克服来自小生产传统的极端民主化、非组织性、绝对平均主义、本本主义、主观主义、宗派主义、个人主义、流寇思想及盲动主义等。[2] 一方面，中国无产阶级在政治上势力小，即使在半殖民地经济和资本主义经济比较发达的大都市也没有足够的影响力；另一方面，中国的反动势力虽不是很强，但用于城市中阶级决斗则颇有富裕，因此中国革命就不能仿照俄国夺取中心城市的方式。

中国的反动势力既不像俄国那样被战争弄得虚弱不堪，但是中国的工业能力及自然经济的本性又造成了许多“天高皇帝远”的偏僻村落，客观上形成了有利于实践农村包围城市革命战略的条件。[3] 中国共产党领导革命民众，通过武装割据的方式，在广大的农村地区，建立巩固的革命根据地，积累革命力量，积极反帝反封建，最终实现了农村包围城市的革命战略，实现了由农村到城市的转移，完成了新民主主义革命。

毛泽东《中国革命和中国共产党》一文，就中国革命的对象、任务、动力、性质、前途及中国共产党的地位与作用，进行了系统的阐述。他指出：

> 中国现时的社会性质，既然是殖民地、半殖民地、半封建的性质，那末，中国现阶段革命的主要对象或主要敌人，……就是帝国主义和封建

---

① 参见毛泽东：《中国社会各阶级分析》，见《毛泽东选集》（第一卷），人民出版社，1967 年，第3～9 页。

② 参见毛泽东：《关于纠正党内的错误思想》，见《毛泽东选集》（第一卷），人民出版社，1967 年，第 83～93 页。

③ 参见毛泽东：《中国的红色政权为什么能够存在》《星星之火，可以燎原》，见《毛泽东选集》（第一卷），人民出版社，1967 年，第 47～55、94～104 页。

主义,就是帝国主义国家的资产阶级和本国的地主阶级。……中国革命的敌人是异常强大的,中国革命的敌人不但有强大的帝国主义,而且有强大的封建势力,而且在一定时期内还有勾结帝国主义和封建势力以与人民为敌的资产阶级的反动派。……在这样的敌人的面前,中国革命的长期性和残酷性就发生了。……中国革命的主要方法,中国革命的主要形式,不能是和平的,而必须是武装的,也就决定了……革命的根据地问题也就发生了。……把落后的农村变成先进的巩固的根据地,……中国革命主力军的农民的斗争是在无产阶级政党共产党的领导之下,……中国革命有在农村区域首先胜利的可能,……在这种革命根据地上进行的长期的革命斗争,主要的是在中国共产党领导之下的农民的游击战争。……中国革命的任务……就是对外推翻帝国主义压迫的民族革命和对内推翻封建地主压迫的民主革命,而最主要的任务是推翻帝国主义的民族革命。……现阶段中国革命的性质,……是资产阶级民主主义的。但是……已不是旧式的一般的资产阶级民主主义的革命,……而是新式的特殊的资产阶级民主主义的革命。……我们称这种革命为新民主主义的革命……是世界无产阶级社会主义革命的一部分,它是坚决地反对帝国主义即国际资本主义的。它在政治上是几个革命阶级联合起来对于帝国主义者和汉奸反动派的专政,反对把中国社会造成资产阶级专政的社会。……这种新式的民主革命,虽然在一方面是替资本主义扫清道路,但在另一方面又是替社会主义创造前提。……是为了终结殖民地、半殖民地、半封建社会和建立社会主义社会之间的一个过渡的阶段。……中国现阶段的革命所要造成民主共和国,一定要是工人、农民和其他小资产阶级在其中占一定地位起一定作用的民主共和国。……是一个工人、农民、城市小资产阶级和其他一切反帝反封建分子的革命联盟的民主共和国。这种共和国的彻底完成，只有在无产阶级领导之下才有可能。……中国革命的终极的前途，不是资本主义的，而是社会主义和共产主义的，……中国革命的全部结果是：一方面有资本主义因素的发展，又一方面又社会主义因素的发展。这种社会主义因素……就是无产阶级和共产党在全国政治势力中的比重的增长，就是农民、知识分子、和城市小资产阶级或者已经或者可能承认无产阶级和共产党的领导权，就是民主共和国的国营经济和劳动人民的合作经济。①

四、新民主主义的联合政府理论

新民主主义政治理论既然认定中国革命分为新民主主义革命和社会主义革命两个阶段，现阶段的新民主主义革命是无产阶级政党领导的资产阶级民主革命，而新民主主义革命胜利后建立的政权乃是各革命阶级、阶层的联合政权，政府形式则是各革命阶级、阶层的联合政府。但新民主主义的联合政府理论在强调各革命阶级、阶层联合建立革命政府的时候，仍然强调无产阶级及其政党在联合政府中的领导地位，强调联合政府在无产阶级及其政党的领导下向社会主义阶段的无产阶级专政政府迈进。我们此处主要介绍毛泽东和刘少奇等论述的新民主主义的联合政府理论。②

毛泽东在《新民主主义论》中指出："中国无产阶级、农民、知识分子和其

① 毛泽东：《中国革命和中国共产党》，见《毛泽东选集》（第二卷），人民出版社，1967 年，第 596～613 页。

② 从抗日战争中后期开始，中国社会就出现了一个呼吁建立联合政府的舆论热潮，国民党、共产党及民主党派都呼吁先建立又广泛阶级基础的抗日联合政府，然后再建立中国社会各阶级、阶层的联合政府，避免内战。但由于主要政治势力在联合政府建立方面缺乏足够的共识，联合政府并没有真正地建立起来，而是走向了内战时期国民党的一党专政。参阅邓野：《联合政府与一党训政：1944—1946 年间国共政争》，社会科学文献出版社，2003 年。

他小资产阶级，乃是决定国家命运的基本力量。这些阶级，或者已经觉悟，或者正在觉悟起来，他们必然要成为中华民主共和国的国家构成和政权构成的基本成分，而无产阶级则是领导的力量。现在所要建立的中华民主共和国，只能是在无产阶级领导下的一切反帝反封建的人们联合专政的共和国，这就是新民主主义的共和国，也就是真正革命的三大政策的新三民主义的共和国。”①

“这种新民主主义共和国，一方面和旧形式的、欧美的、资产阶级专政的、资本主义共和国相区别，……另一方面，也和苏联式的、无产阶级专政的、社会主义共和国相区别……一切殖民地、半殖民地国家的革命，在一定的历史时期中所采取的国家形式，只能是第三种形式，这就是所谓新民主主义共和国。”②“只要是殖民地或半殖民地国家的革命，其国家构成和政权构成，基本上必然相同，即几个反对帝国主义的阶级联合起来共同专政的新民主主义的国家。”新民主主义国家的国体是“各革命阶级联合专政”，其政体是“民主集中制”。③

毛泽东在《新民主主义宪政》中阐述了新民主主义的政治就是新民主主义的宪政。他指出：“宪政……就是民主的政治……我们现在要的民主政治……是新民主主义的宪政。……就是几个革命阶级联合起来对于汉奸反动派的专政。”④中国共产党在各抗日根据地建立的抗日民族统一战线性质的政权，实际上就是共产党所主张的新民主主义的政权。毛泽东在《抗日根据地的政权问题》中指出：“在抗日时期，我们所建立的政权的性质，是民族统一战线性质的。这种政权，是一切赞成抗日又赞成民主的人们的政权，是

① 毛泽东：《新民主主义论》，见《毛泽东选集》（第二卷），人民出版社，1967年，第635～636页。
② 毛泽东：《新民主主义论》，见《毛泽东选集》（第二卷），人民出版社，1967年，第636页。
③ 毛泽东：《新民主主义论》，见《毛泽东选集》（第二卷），人民出版社，1967年，第636～637页。
④ 毛泽东：《新民主主义宪政》，见《毛泽东选集》（第二卷），人民出版社，1967年，第690～691页。

几个革命阶级联合起来对于汉奸和反动派的民主专政。……根据抗日民族统一战线政权的原则,……应规定共产党员占三分之一,非党的左派进步分子占三分之一,不左不右的中间派占三分之一。”①

新民主主义性质的抗日民族统一战线的抗日根据地政权“必须保证共产党员在政权中占领导地位,因此,必须使占三分之一的共产党员在质量上具有优越的条件。只要有了这个条件,就可以保证党的领导权,不必有更多的人数。所谓领导权,不是一天到晚当作口号去高喊,也不是盛气凌人地要人家服从我们,而是以党的正确政策和自己的模范工作,说服和教育党外人士,使他们愿意接受我们的建议”②。

在抗日战争时期开始的革命阶级联合反帝反封建的新民主主义革命并没有随着抗日战争的结束而成为历史,而且随着抗日战争胜利的即将来临而得到了更多人的肯定,于是共产党人顺势推出了联合政府理论,毛泽东发表了《论联合政府》③。这是中国共产党历史上一部极其重要的政治理论文献,系统阐释了中国共产党的联合政府理论。毛泽东强调指出:

> 中国急需把各党各派和无党无派的代表人物团结在一起,成立民主的临时的联合政府,以便实行民主的改革,克服目前的危机,动员和统一全中国的抗日力量,有力地和同盟国配合作战,打败日本侵略者,使中国人民从日本侵略者手中解放出来。……然后,需要在广泛的民主基础之上,召开国民代表大会,成立更广大范围的各党各派和无党无

① 毛泽东:《抗日根据地的政权问题》,见《毛泽东选集》(第二卷),人民出版社,1967年,第699~700页。

② 毛泽东:《抗日根据地的政权问题》,见《毛泽东选集》(第二卷),人民出版社,1967年,第700页。

③ 这是毛泽东1945年4月24日在中国共产党第七次全国代表大会上所做的政治报告,总结了抗日战争的历史经验和抗日解放区的建设经验,全面阐述新民主主义革命理论和国家学说,总结了中国民主革命的经验,制定了正确的纲领和策略,收入《毛泽东选集》(第三卷)。

派代表人物在内的同样是联合性质的民主的正式的政府，领导解放后的全国人民，将中国建设成为一个独立、自由、民主、统一和富强的新国家。①

这样的联合政府已经有一定的基础，因为在所有解放区内，“实行了抗日民族统一战线的全部必要的政策，建立了或正在建立民选的共产党人和各抗日党派及无党无派代表人物合作的政府，亦即地方性的联合政府”②。“我们主张在彻底地打败日本侵略者之后，建立一个以全国绝大多数人民为基础而在工人阶级领导之下的统一战线的民主联盟的国家制度，我们把这样的国家制度称之为新民主主义的国家制度。”③“新民主主义的政权组织，应该采取民主集中制，由各级人民代表大会决定大政方针，选举政府。它是民主的，又是集中的，就是说，在民主基础上的集中，在集中指导下的民主。只有这个制度，才既能表现广泛的民主，使各级人民代表大会有高度的权力；又能集中处理国事，使各级政府能集中地处理被各级人民代表大会所委托的一切事务，并保障人民的一切必要的民主活动。”④

毛泽东系统论述了联合政府的政治追求，指出：

民族压迫和封建压迫残酷地束缚着中国人民的个性发展，束缚着私人资本主义的发展和破坏着广大人民的财产。我们主张的新民主主义制度的任务，则正是解除这些束缚和停止这种破坏，保障广大人民能够自由发展其在共同生活中的个性，能够自由发展那些不是“操纵国民

---

① 毛泽东：《论联合政府》，见《毛泽东选集》（第三卷），人民出版社，1967年，第930～931页。
② 毛泽东：《论联合政府》，见《毛泽东选集》（第三卷），人民出版社，1967年，第945页。
③ 毛泽东：《论联合政府》，见《毛泽东选集》（第三卷），人民出版社，1967年，第957页。
④ 毛泽东：《论联合政府》，见《毛泽东选集》（第三卷），人民出版社，1967年，第958页。

生计”而是有益于国民生计的私人资本主义经济,保障一切正当的私有财产。①

一切中国共产党人,一切中国共产主义的同情者,须为着现阶段的目标而奋斗,为着反对民族压迫和封建压迫,为着使中国人民脱离殖民地、半殖民地、半封建的悲惨命运,和建立一个在无产阶级领导下的以农民解放为主要内容新民主主义性质的,亦即孙中山先生革命三民主义性质的独立、自由、民主、统一和富强的中国而奋斗。②

只有经过民主主义,才能到达社会主义,这是马克思主义的天经地义。而在中国,为民主主义奋斗的时间还是长期的。没有一个新民主主义的联合统一的国家,没有新民主主义的国家经济的发展,没有私人资本主义经济和合作社经济的发展,没有民族的科学的大众的文化即新民主主义文化的发展,没有几万万人民的个性的解放和个性的发展……没有一个由共产党领导的新式的资产阶级性质的彻底的民主革命,要想在殖民地半殖民地半封建的废墟上建立起社会主义社会来,那只是完全的空想。③

拿资本主义的某种发展去代替外国帝国主义和本国封建主义的压迫,不但是一个进步,而且是一个不可避免的过程。它不但有利于资产阶级,同时也有利于无产阶级,或者说更有利于无产阶级。……我们共产党人根据自己对于马克思主义的社会发展规律的认识,明确地知道,在中国的条件下,在新民主主义的国家制度下,除了国家自己的经济、劳动人民的个体经济和合作社经济之外,一定要让私人资本主义经济在不能操纵国民生计的范围内获得发展的便利,才能有益于社会的向

① 毛泽东:《论联合政府》,见《毛泽东选集》(第三卷),人民出版社,1967 年,第 959 页。
② 毛泽东:《论联合政府》,见《毛泽东选集》(第三卷),人民出版社,1967 年,第 960 页。
③ 毛泽东:《论联合政府》,见《毛泽东选集》(第三卷),人民出版社,1967 年,第 961 页。

前发展。①

毛泽东注意区别了新民主主义的联合政府与无产阶级专政政府的本质不同。他指出：

几个民主阶级联盟的新民主主义国家，和无产阶级专政的社会主义国家，是有原则上的不同的。……我们这个新民主主义制度是在无产阶级的领导之下，在共产党的领导之下建立起来的，但是中国在整个新民主主义制度期间，不可能、因此就不应该是一个阶级专政和一党独占政府机构的制度。只要共产党以外的其他任何政党，任何社会集团或个人，对于共产党是采取合作的而不是采取敌对的态度，我们是没有理由不和他们合作的。……中国……在一个长时期中，将产生一个对于我们是完全必要和完全合理同时又区别于俄国制度的特殊形态，即几个民主阶级联盟的新民主主义的国家形态和政权形态。②

毛泽东阐述了共产党在抗战时期关于建立全国联合政府的主张，提出“要求立即取消国民党一党专政，建立一个包括一切抗日党派和无党派的代表人物在内的举国一致的民主的联合的临时的中央政府。……为着彻底消灭日本侵略者，必须在全国范围内实行民主改革。而要这样做，不废止国民党的一党专政，建立民主的联合政府，是不可能的”③。

所谓国民党的一党专政，实际上是国民党内反人民集团的专政，它

① 毛泽东：《论联合政府》，见《毛泽东选集》（第三卷），人民出版社，1967年，第961~962页。
② 毛泽东：《论联合政府》，见《毛泽东选集》（第三卷），人民出版社，1967年，第962~963页。
③ 毛泽东：《论联合政府》，见《毛泽东选集》（第三卷），人民出版社，1967年，第966~967页。

是中国民族团结的破坏者,是国民党战场抗日失败的负责者,是动员和统一中国人民抗日力量的根本障碍物。①

我们共产党人提出结束国民党一党专政的两个步骤:第一个步骤,目前时期,经过各党各派和无党无派代表人物的协议,成立临时的联合政府;第二个步骤,将来时期,经过自由的无拘束的选举,召开国民大会,成立正式的联合政府。②

中国人民争得的自由越多,有组织的民主力量越大,一个统一的临时的联合政府便越有成立的可能。这种联合政府一经成立,它将转过来给予人民以充分的自由,巩固联合政府的基础。然后才有可能,在日本侵略者被打倒之后,在全部国土上进行自由的无拘束的选举,产生民主的国民大会,成立统一的正式的联合政府。没有人民的自由,就没有真正民选的国民大会,就没有真正民选的政府。③

刘少奇在《抗日游击战争中的若干基本问题》中论述了抗日根据地的政权建设,详细说明了抗日根据地建设地方性联合政府的程序和方法等问题。

首先召集这些区域中各党、各派、各民众团体、各武装部队、原来政府的代表和民众大会选举的代表举行会议,选举临时政府委员会。……这个临时政府除开执行政府一切职能外,还要筹备正式政府的建立;起草政府的组织大纲、选举法,并办理各级政府的选举。待民选的该区政府代表大会召集后,正式政府产生,临时政府的职务即行终了,将政权移交于人民选举的正式政府。……这种政府……实行民主制度。实行普

① 毛泽东:《论联合政府》,见《毛泽东选集》(第三卷),人民出版社,1967 年,第 967 ~ 968 页。
② 毛泽东:《论联合政府》,见《毛泽东选集》(第三卷),人民出版社,1967 年,第 969 ~ 970 页。
③ 毛泽东:《论联合政府》,见《毛泽东选集》(第三卷),人民出版社,1967 年,第 971 页。

遍、秘密投票的选举……凡男女公民年满十八岁无精神病者均有选举与被选举权。各级政府采取委员会制，由委员会任命各部部长，表决时以多数赞成成为通过。……这种政府应该是地方的民族统一战线的政府（现在中央与地方的政府仍然是国民党一党专政的政府），一切在抗日战争中坚决奋斗并取得民众信任的政党、团体、军队和个人，均应有代表参加政府。①

刘少奇也比较系统地论述过新民主主义联合政府的性质，将其定位为各革命阶级或民主阶级的联合政权。他说：

中国在革命中及革命后要建立，也不能不建立革命各阶级的联合的民主专政，……要实行也不可不实行彻底的民主集中制的政治制度。②

在革命中及革命后建立革命各阶级联合的民主专政，是不包括反革命者在内的。……参加革命政权的，只是工、农、小资产阶级与革命的资产阶级及其他阶级分子。……这种各阶级联合政权的内容，即参加政权的各阶级，在不同的历史时期，实际可能有某种程度的变动的。但无论如何变动，它总还是革命各阶级联合的政权，而不能是议和阶级单独的专政，既不能是资产阶级专政，也不能是无产阶级专政。③

为了组织各革命阶级的联合政权，就必须实行广泛的民主制度（如国民大会、省民大会、县民大会、区民大会、乡民大会等）。④

---

① 刘少奇：《抗日游击战争中的若干基本问题》，见《刘少奇选集》（上），人民出版社，1981 年，第 88 ~ 89 页。

② 刘少奇：《论抗日民主政权》，见《刘少奇选集》（上），人民出版社，1981 年，第 171 页。

③ 刘少奇：《论抗日民主政权》，见《刘少奇选集》（上），人民出版社，1981 年，第 172 页。

④ 刘少奇：《论抗日民主政权》，见《刘少奇选集》（上），人民出版社，1981 年，第 172 页。

抗日各阶级联合的抗日民主政权，是抗日民族统一战线的最高形式。它只有在平等原则上，采用完全的民主制度，才能组织成功。[①]

根据抗日民族政权的这种性质，政府的组织必须实行民主集中制，实行各阶级民主政府的委员制、代表会议制，实行普遍的选举，实行少数服从多数的制度。在政府人员中，共产党员应只占三分之一，非党进步分子与中间分子占三分之二，这就是八路军新四军活动区域抗日民主政权的“三三制”。[②]

中国共产党反对国民党的“一党专政”，但并不要建立共产党的“一党专政”。共产党和八路军、新四军作为民主的势力，愿意为大多数人民、为老百姓服务，为抗日各阶级的民主政权而奋斗。……八路军新四军所到之处，如果能够建立政权的话，就要建立统一战线的各革命阶级联合的政权。……共产党并不愿意包办政府，这也是包办不了的。所以共产党很愿意一切抗日的党派、团体和公正的人士来参加抗日民主政权，共同管理政府。[③]

五、新政治协商会议与人民民主专政

抗日战争胜利后，中国各派政治力量分别于1946年和1949年联合举行过两次政治协商会议，分别产生了两个不同类型的联合政府设计。1946年的政治协商会议由于主要体现了中间党派的政治理念，比较多地具有自由主义代议政治的特征，本书已在“中国自由主义政治思想”一章详加论述。

---

① 刘少奇：《论抗日民主政权》，见《刘少奇选集》（上），人民出版社，1981年，第173页。
② 刘少奇：《论抗日民主政权》，见《刘少奇选集》（上），人民出版社，1981年，第174页。
③ 刘少奇：《论抗日民主政权》，见《刘少奇选集》（上），人民出版社，1981年，第176～177页。

1949 年,中国共产党倡议的新政治协商会议召开,并制定了体现了共产党新民主主义的人民民主专政的联合政府理论的《中国人民政治协商会议共同纲领》(以下简称《共同纲领》)。[①] 本节主要论述 1949 年新政治协商会议及其制定的《共同纲领》所体现的新民主主义的人民民主专政的联合政府理论。

毛泽东的《在新政治协商会议筹备会上的讲话》指出:

> 中国共产党、各民主党派、各人民团体、各界民主人士、国内少数民族和海外华侨都认为:必须打倒帝国主义、封建主义、官僚资本主义和国民党反动派的统治,必须召集一个包含各民主党派、各人民团体、各界民主人士、国内少数民族和海外华侨的代表人物的政治协商会议,宣告中华人民共和国的成立,并选举代表这个共和国的民主联合政府,才能使我们伟大的祖国脱离半殖民地的和半封建的命运,走上独立、自由、和平、统一和强盛的道路。[②]
>
> 我们召集新的政治协商会议成立民主联合政府的一切条件,均已成熟。[③]

一方面,"中国人民解放战争和人民革命的伟大胜利,已使帝国主义、封建主义和官僚资本主义在中国的统治时代宣告结束"。"中国人民由被压迫的地位变成为新社会新国家的主人,而以人民民主专政的共和国代替封建

---

① 新政治协商会议制定的《共同纲领》,由共产党负责起草,体现了共产党一贯的追求成立联合政府的主张,其在某种程度上是毛泽东《论联合政府》在理论上的继续,与毛泽东《论人民民主专政》一起,共同阐述了新民主主义的人民民主专政的联合政府理论。

② 毛泽东:《在新政治协商会议筹备会上的讲话》,见《毛泽东选集》(第四卷),人民出版社,1967 年,第 1352 ~ 1353 页。

③ 毛泽东:《在新政治协商会议筹备会上的讲话》,见《毛泽东选集》(第四卷),人民出版社,1967 年,第 1355 页。

买办法西斯专政的国民党反动统治。”[①]另一方面，人民民主专政已经确定了社会各革命阶级在新民主主义联合政府中的地位，特别是各革命阶级的统一战线已经形成了一个新的政治范畴——人民，各革命阶级的联合专政理论已经发展成了人民民主专政理论。

人民，“在中国，在现阶段，是工人阶级，农民阶级，城市小资产阶级和民族资产阶级”[②]。人民民主专政就是，“这些阶级在工人阶级和共产党的领导之下，团结起来，组成自己的国家，选举自己的政府，向着帝国主义的走狗即地主和官僚资产阶级以及代表这些阶级的国民党反动派及其帮凶们实行专政，实行独裁，压迫这些人，只许他们规规矩矩，不许他们乱说乱动”[③]。“人民民主专政是中国工人阶级、农民阶级、小资产阶级、民族资产阶级及其他爱国民主分子的人民民主统一战线的政权，而以工农联盟为基础，以工人阶级为领导。”[④]

人民民主统一战线的组织形式，就是中国人民政治协商会议。“中国共产党、各民主党派、各人民团体、各地区、人民解放军、各少数民族、国外华侨及其他爱国民主分子的代表们所组成的中国人民政治协商会议，就是人民民主统一战线的组织形式。”[⑤]“中国人民政治协商会议代表全国人民的意志，宣告中华人民共和国的成立，组织人民自己的中央政府。”[⑥]

新政治协商会议通过的《中国人民政治协商会议共同纲领》，确立了政

---

① 《中国人民政治协商会议共同纲领》，见《中华人民共和国宪法及有关资料汇编》，中国民主法制出版社，1990年，第84页。

② 毛泽东：《论人民民主专政》，见《毛泽东选集》（第四卷），人民出版社，1967年，第1364页。

③ 毛泽东：《论人民民主专政》，见《毛泽东选集》（第四卷），人民出版社，1967年，第1364页。

④ 《中国人民政治协商会议共同纲领》，见《中华人民共和国宪法及有关资料汇编》，中国民主法制出版社，1990年，第84页。

⑤ 《中国人民政治协商会议共同纲领》，见《中华人民共和国宪法及有关资料汇编》，中国民主法制出版社，1990年，第84页。

⑥ 《中国人民政治协商会议共同纲领》，见《中华人民共和国宪法及有关资料汇编》，中国民主法制出版社，1990年，第84页。

权的新民主主义性质，规定了反帝反封建等一系列新民主主义而非社会主义的社会、经济、文化等的奋斗目标。

> 中华人民共和国为新民主主义即人民民主主义的国家，实行工人阶级领导的、以工农联盟为基础的、团结各民主阶级和国内各民族的人民民主专政，反对帝国主义、封建主义和官僚资本主义，为中国的独立、民主、和平、统一和富强而奋斗。①
>
> 中华人民共和国必须取消帝国主义国家在中国的一切特权，没收官僚资本归人民的国家所有，有步骤地将封建半封建的土地所有制改变为农民的土地所有制，保护国家的公共财产和合作社的财产，保护工人、农民、小资产阶级和民族资产阶级的经济利益及其私有财产，发展新民主主义的人民经济，稳步地变农业国为工业国。②
>
> 中央人民政府应争取早日制订恢复和发展全国公私经济各主要部门的总计划，规定中央和地方在经济建设上分工合作的范围，统一调剂中央各经济部门和地方各经济部门的相互联系。中央各经济部门和地方各经济部门在中央人民政府统一领导之下各自发挥其创造性和积极性。③

中华人民共和国经济建设的根本方针，“是以公私兼顾、劳资两利、城乡互助、内外交流的政策，达到发展生产、繁荣经济之目的。国家应在经营范

① 《中国人民政治协商会议共同纲领》，见《中华人民共和国宪法及有关资料汇编》，中国民主法制出版社，1990 年，第 85 页。

② 《中国人民政治协商会议共同纲领》，见《中华人民共和国宪法及有关资料汇编》，中国民主法制出版社，1990 年，第 85 页。

③ 《中国人民政治协商会议共同纲领》，见《中华人民共和国宪法及有关资料汇编》，中国民主法制出版社，1990 年，第 90 页。

围、原料供给、销售市场、劳动条件、技术设备、财政政策、金融政策等方面，调剂国营经济、合作社经济、农民相手工业者的个体经济、私人资本主义经济和国家资本主义经济，使各种社会经济成分在国营经济领导之下，分工合作，各得其所，以促进整个社会经济的发展"①。"土地改革为发展生产力和国家工业化的必要条件。凡已实行土地改革的地区，必须保护农民已得土地的所有权。凡尚未实行土地改革的地区，必须发动农民群众，建立农民团体，经过清除土匪恶霸、减租减息和分配土地等项步骤，实现耕者有其田。"②"凡有利于国计民生的私营经济事业，人民政府应鼓励其经营的积极性，并扶助其发展。"③"合作社经济为半社会主义性质的经济，为整个人民经济的一个重要组成部分。人民政府应扶助其发展，并给以优待。"④"国家资本与私人资本合作的经济为国家资本主义性质的经济。在必要和可能的条件下，应鼓励私人资本向国家资本主义方向发展，例如为国家企业加工，或与国家合营，或用租借形式经营国家的企业，开发国家的富源等。"⑤

在积极推进民族资本主义经济因素发展的同时，还积极促进社会主义经济因素的发展，以推动社会由新民主主义社会向社会主义或共产主义社会迈进。《共同纲领》肯定了国营经济"为社会主义性质的经济"，并规定"凡属有关国家经济命脉和足以操纵国民生计的事业，均应由国家统一经营。凡属国有的资源和企业，均为全体人民的公共财产，为人民共和国发展生产、繁荣经济的主要物质基础和整个社会经济的领导力量"。⑥

① 《中国人民政治协商会议共同纲领》，见《中华人民共和国宪法及有关资料汇编》，中国民主法制出版社，1990 年，第 89 页。

② 《中国人民政治协商会议共同纲领》，见《中华人民共和国宪法及有关资料汇编》，中国民主法制出版社，1990 年，第 89 页。

③ 《中国人民政治协商会议共同纲领》，见《中华人民共和国宪法及有关资料汇编》，中国民主法制出版社，1990 年，第 90 页。

④ 《中国人民政治协商会议共同纲领》，见《中华人民共和国宪法及有关资料汇编》，第 89 页。

⑤ 《中国人民政治协商会议共同纲领》，见《中华人民共和国宪法及有关资料汇编》，第 90 页。

⑥ 《中国人民政治协商会议共同纲领》，见《中华人民共和国宪法及有关资料汇编》，第 89 页。

> 在国家经营的企业中,目前时期应实行工人参加生产管理的制度,即建立在厂长领导之下的工厂管理委员会。私人经营的企业,为实现劳资两利的原则,应由工会代表工人职员与资方订立集体合同。公私企业目前一般应实行八小时至十小时的工作制,特殊情况得斟酌办理。人民政府应按照各地各业情况规定最低工资。逐步实行劳动保险制度。保护青工女工的特殊利益。实行工矿检查制度,以改进工矿的安全和卫生设备。①

新政治协商会议通过的《共同纲领》不仅规定了中华人民共和国各级政府的权力归属,还规定了建立政府的过程与基本原则。新的政治协商会议及《共同纲领》的首要任务,就是通过革命的人民统一战线组织建立中华人民共和国,并确立中国人民政治协商会议在中华人民共和国权力系统中的职能定位。《共同纲领》规定:"中国人民政治协商会议为人民民主统一战线的组织形式。其组织成分,应包含有工人阶级、农民阶级、革命军人、知识分子、小资产阶级、民族资产阶级、少数民族、国外华侨及其他爱国民主分子的代表。"②

> 在普选的全国人民代表大会召开以前,中国人民政治协商会议的全体会议执行全国人民代表大会的职权,制定中华人民共和国中央人民政府组织法,选举中华人民共和国中央人民政府委员会,并付之以行使国家权力的职权。在普选的全国人民代表大会召开以后,中国人民政治协商会议得就有关国家建设事业的根本大计及其他重要措施,向

① 《中国人民政治协商会议共同纲领》,见《中华人民共和国宪法及有关资料汇编》,第90页。
② 《中国人民政治协商会议共同纲领》,见《中华人民共和国宪法及有关资料汇编》,第86页。

全国人民代表大会或中央人民政府提出建议案。①

中华人民共和国的国家政权属于人民。②

人民行使国家政权的机关为各级人民代表大会和各级人民政府。各级人民代表大会由人民用普选方法产生之。各级人民代表大会选举各级人民政府。各级人民代表大会闭会期间，各级人民政府为行使各级政权的机关。国家最高政权机关为全国人民代表大会。全国人民代表大会闭会期间，中央人民政府为行使国家政权的最高机关。③

此外，《共同纲领》还以结成统一战线的人民的名义规定了地方政权的建立程序。

凡人民解放军初解放的地方，应一律实施军事管制，取消国民党反动政权机关，由中央人民政府或前线军政机关委任人员组织军事管制委员会和地方人民政府，领导人民建皮革命秩序，镇压反革命活动，并在条件许可时召集各界人民代表会议。在普选的地方人民代表大会召开以前，由地方各界人民代表会议逐步地代行人民代表大会的职权。军事管制时间的长短，由中央人民政府依据各地的军事政治情况决定之。凡在军事行动已经完全结束、土地改革已经彻底实现、各界人民已有充分组织的地方，即应实行普选，召开地方的人民代表大会。④

① 《中国人民政治协商会议共同纲领》，见《中华人民共和国宪法及有关资料汇编》，第86~87页。

② 《中国人民政治协商会议共同纲领》，见《中华人民共和国宪法及有关资料汇编》，中国民主法制出版社，1990年，第86页。

③ 《中国人民政治协商会议共同纲领》，见《中华人民共和国宪法及有关资料汇编》，中国民主法制出版社，1990年，第86页。

④ 《中国人民政治协商会议共同纲领》，见《中华人民共和国宪法及有关资料汇编》，中国民主法制出版社，1990年，第87页。

> 各级政权机关一律实行民主集中制。其主要原则为:人民代表大会向人民负责并报告工作。人民政府委员会向人民代表大会负责并报告工作。在人民代表大会和人民政府委员会内,实行少数服从多数的制度。各下级人民政府均由上级人民政府加委并服从上级人民政府。全国各地方人民政府均服从中央人民政府。[①] 在县市以上的各级人民政府内,设人民监察机关监督各级国家机关和各种公务人员是否履行其职责,并纠举其中之违法失职的机关和人员。人民和人民团体有权向人民监察机关或人民司法机关控告任何国家机关和任何公务人员的违法失职行为。[②]

随着 1954 年第一届全国人民代表大会的召开及宪法的颁布施行,新政治协商会议的角色发生了根本性变化,而《共同纲领》则由此而直接结束政治使命,成为一段光荣的历史。

---

① 《中国人民政治协商会议共同纲领》,见《中华人民共和国宪法及有关资料汇编》,中国民主法制出版社,1990 年,第 87 页。

② 《中国人民政治协商会议共同纲领》,见《中华人民共和国宪法及有关资料汇编》,中国民主法制出版社,1990 年,第 88 页。

主要参考文献

1.《孙中山选集》,人民出版社,1981 年。

2. 陈旭麓:《陈旭麓文集》(第四卷),华东师范大学出版社,1997 年。

3. 陈旭麓:《近代中国社会的新陈代谢》,上海人民出版社,1992 年。

4. 陈振江:《义和团文献辑注与研究》,天津人民出版社,1985 年。

5. 杜亚泉:《杜亚泉文选》,华东师范大学出版社,1993 年。

6. 高旺:《晚清中国的政治转型:以清末宪政改革为中心》,中国社会科学出版社,2003 年。

7. 郭嵩焘:《郭嵩焘诗文集》,岳麓书社,1984 年。

8. 胡汉民:《总理全集》,上海民智书局,1930 年。

9. 蒋廷黻:《中国近代史纲》,东方出版社,1996 年。

10. 雷颐:《郭嵩焘:开眼看世界的"名教罪人"》,《寻根》,2001 年第 1 期。

11. 李泽厚:《中国近代思想史论》,人民出版社,1979 年。

12. 李泽厚:《中国现代思想史论》,安徽文艺出版社,1994 年。

13. 刘军宁:《保守主义》,中国社会科学出版社,1998 年。

14. 罗荣渠:《现代化新论》,北京大学出版社,1993 年。

15. 师复:《无政府主义思想资料选》(上册),北京大学出版社,1984 年。

16. 苏舆:《翼教丛编》,上海书店出版社,2002 年。

17. 汪荣祖:《中国现代学术经典 · 萧公权卷》,河北教育出版社,1999 年。

18. 王楷模、田正利、张师伟主编:《政治学原理》,中国政法大学出版社,2006 年。

19. 王韬:《弢园文录外编》,中华书局,1959 年。

20. 王先明:《近代新学与社会文明转型的几点思考》,《天津社会科学》,2001 年第 6 期。

21. 吴于廑、齐世荣:《世界史》(近代史编上卷),高等教育出版社,1992 年。

22. 萧公权:《康有为思想研究》,新星出版社,2005 年。

23. 熊月之、周强:《海外上海学》,上海古籍出版社,2004 年。

24. 熊月之:《中国近代民主思想史》,上海人民出版社,1986 年。

25. 余英时:《追寻胡适历程》,广西师范大学出版社,2001 年。

26. 张灏:《烈士精神与批判意识》,广西师范大学出版社,2004 年。

27. 张枬、王忍之编:《辛亥革命前十年间时论选集》(第三卷),生活 · 读书 · 新知三联书店,1977 年。

28. 郑大华:《中国启蒙思想文库 新政真诠——何启 胡礼垣集》,辽宁人民出版社,1994 年页。

29. 郑观应:《盛世危言》,华夏出版社,2002 年。

30. 钟叔河:《走向世界——近代中国知识分子考察西方的历史》,中华书局,2000 年。

31. 周振甫选注:《严复选集》,人民文学出版社,2004 年。

后 记

中国数千年文明史的筋骨无疑是政治史，其中政治思想史在呈现文明的特质及逻辑方面又具有较政治制度史更为纯粹的特点。在鸦片战争以前，中国传统时代的历史脉络异常清晰，经过几千年的积累和沉淀，中国在政治制度传统及政治理论思维上迥然不同于西方，既有着自足的政治理论话语体系，也在制度体系上延续着以往的惯性，徘徊迟滞在传统的延长线上。虽然现代化开始于西方，并在政治上获得了一定的先进性，但在现代化大潮出现在中国的家门口之前，西方政治理论对中国的影响完全可以忽略不计。西方政治知识在鸦片战争前就已送到了中国的家门口，不过它开始影响中国传统知识分子，并改变中国传统政治发展的轨迹，却仍然只能从鸦片战争开始。鸦片战争提供了中国先进分子“开眼看世界”的动力，立足中国遇到的现实问题，依托中国固有的学术资源，接受并理解送上门来的西学，将清中叶的经世济用学风沿用于西学，在中西学术接触的边缘上逐渐长出了作为新学的近代中国学。中国现代政治哲学的历史行程就藏匿在新学形成和发展的历史过程中，既有除旧布新的新陈代谢，也有新旧杂陈的相互濡染和相互改造。本书试图简要呈现这个历史过程，分析其中理论逻辑，并依据理论与历史相统一的原则，评价相关理论流派及思想观点。

中国的现代化能否从两千多年的秦汉时期算起？这个问题看似与本书

不相关,但如果稍微深究一下就会发现其实不然。如果中国的现代要从秦汉时期的大一统政治算起,那本书岂不就得把秦始皇以后的政治思想内容悉数纳入分析范围吗?但中国的现代如果要上溯至秦汉时期,那就不能回避一个恼人的问题,即中国数千年来并未依靠自身的知识步入一个民主和科学的现代。民主和科学来到中国只能发生在“数千年未有之大变局”的环境下,从“开眼看世界”和“师夷之长技以制夷”开始。即便如此,民主和科学进入中国也是经过了曲折的历史过程和思想历程,并伴随着古今中西之间发生的激烈争辩。中国现代政治哲学的行程在根本上取决于传统政治理论现代转化和现代政治理论中国化的节奏。前者的藩篱渐破,零落成泥,但仍在潜移默化地发生着影响,客观上促成了现代化的落足中国,促进了其中国化;后者是风雨如晦,无孔不入,却也只能落在中国的大地上,被零落成泥的传统文化濡染和改造,在促进传统现代转化的同时,也将自身的内容进行了中国化改造。本书在内容体系上凸显的这个趋向,体现了一种历史的选择,历史在演进中对其中的理论内容进行了逻辑筛选,中国现代政治哲学在历史逻辑、理论逻辑和实践逻辑上具有高度的一致性。

中国现代政治哲学的理论演进与历史行程在时间节奏上存在着明显的不平衡。中国现代政治哲学的孕育期较长,发展节奏也较慢。在鸦片战争后的五十多年里,中国传统政治哲学的理论结构还完整地保存着,并有着强势的影响时,西学东渐在政治层面上的内容就很受限制,西方政治知识在华传播的知识总量及传播范围都较为有限,不同派别之间的主要差异还在于要不要学习西方,彼此的争论也很少涉及政治理论。虽然如此,西学中的政治知识还是在慢慢传播着,并逐渐在舆论中产生了一定影响,一些关键的概念在悄悄地发生着含义的转变。不过,中国现代政治哲学此时却还没有明显地破土而出,其中一些新的东西还基本上被包裹在旧理论体系的土壤中。甲午战争后,新的危机迎面而来,变法改革的浪潮逐渐掀开了学习西方政治的阀门，西学中的政治知识汹涌而入，传统政治理论在总体上进入“失魅”阶段，选择什么样的西方政治制度，什么样的主义能救中国，先后成为中国现代政治哲学的焦点问题。中国现代政治哲学历史进程的后五十年即被关于这两个问题的理论话题所主宰，分别形成了不同的宪制主张和形形色色的主义。不同的宪制主张和形形色色的主义虽然有偏向中国传统与偏向西化等的不同，但都已经是中西混合的产物了，既亦中亦西，也不中不西。中国传统政治理论的现代转换和西学中政治理论的中国化已经普遍地发生了，中国传统政治理论现代转换和西方政治理论中国化相结合的最佳版本，也在这个过程中产生出来，并最终成了历史的不二选择。

本书在一定意义上是教学研究的产物，形式上也带有很强的教科书特质。一方面，本书在内容体系安排上具有明显均衡性，各章节论述篇幅大致相同，在内容上也没有明显派别偏好。另一方面，本书保留了较多的思想史料，试图在介绍和论述相关内容的同时也给学习者提供一定的史料，增加其对某些理论的感性认识，并给对相关问题有兴趣的学习者提供进一步钻研的史料线索。本书在编著过程中参考了诸多学界同仁的研究成果，也在教学过程中获得了学生的不少启发，在此一并向学界同仁和学生朋友表示深深的谢意！谢谢天津人民出版社郑玥、王琤和郭雨莹三位老师的辛勤付出！谢谢家乡父老、父母兄弟的深情厚爱！谢谢贤惠妻子吕润平和暖心儿子张宇的亲情温暖和倾心帮助！

张师伟

2023 年 2 月 18 日